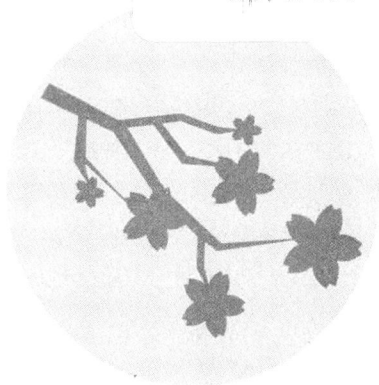

跨文化

传播视角下的日本学研究

主　编　孙敦夫

副主编　毋育新　吴少华

编　委　孙　逊　曹珺红　徐　靖

浙江工商大学出版社
ZHEJIANG GONGSHANG UNIVERSITY PRESS

图书在版编目（CIP）数据

跨文化传播视角下的日本学研究 / 孙敦夫主编 . — 杭州：
浙江工商大学出版社，2016.9
　　ISBN 978-7-5178-1684-3

　　Ⅰ . ①跨… Ⅱ . ①孙… Ⅲ . ①日本—研究—文集
Ⅳ . ① K313.07-53

　　中国版本图书馆 CIP 数据核字（2016）第 131346 号

跨文化传播视角下的日本学研究

孙敦夫　主编

责任编辑	姚　媛
封面设计	林朦朦
责任印制	包建辉
出版发行	浙江工商大学出版社
	（杭州市教工路 198 号　邮政编码 310012）
	（E-mail: zjgsupress@163.com）
	电话：0571-88904970，88831806（传真）
排　版	杭州雅蓉斋文化创意有限公司
印　刷	杭州恒力通印务有限公司
开　本	787mm×1092mm 1/16
印　张	23.75
字　数	562 千
版　次	2016 年 9 月第 1 版　2016 年 9 月第 1 次印刷
书　号	ISBN 978-7-5178-1684-3
定　价	59.00 元

前　言

　　"2015日本学国际研讨会暨中国日语教学研究会西北分会成立大会"于2015年5月9日至10日在西安外国语大学召开。此次研讨会的宗旨在于进一步提高我校日语教师的科研能力和教学水平,加强西安外国语大学日本文化经济学院与西北地区乃至国内外大学之间的学术交流,促进中日两国在语言学、文学、经济学、日语教学、文化等研究领域的交流,共同商讨在新形势下日语专业如何发展等课题。

　　同时,此次研讨会还成立了中国日语教学研究会西北分会。众所周知,西北地区从其面积来说,占中国的总面积的将近三分之一。然而,这个地区长期以来却没有中国日语教学研究会的分会,该区域内的各大学之间的交流也较少。此次,在中国日语教学研究会的支持下,我们成立了西北分会,旨在推进教师之间的交流,校际学术交流、教学资源共享和教师培训等工作的开展。

　　此次研讨会的开幕式上,西安外国语大学前校长刘越莲教授为研讨会致开幕词,中国日语教学研究会会长、北京日本学研究中心徐一平教授为大会致辞。卡西欧中国贸易公司副总经理岩丸阳一先生、西安外国语大学日本文化经济学院院长孙敦夫教授也分别致辞。我们还邀请了日本日本语学会理事、青山学院大学近藤泰弘教授,武藏大学大野淳一教授,上海外国语大学日本文化经济学院院长许慈慧教授做了主旨演讲。此次参会的人员有来自中日两国约50所大学、研究所的101名教师和研究生,其中91人发表了研究成果,涵盖包括语言、文学、日语教学、翻译、文化、历史、外交、哲学思想、经济、语料库开发等多个领域。

　　此次研讨会的特点是年轻人踊跃参加,据统计,讲师、助教、研究生的比例占参会人员的60%。此外,西安外国语大学日本文化经济学院的教师及研究生的参会人数达23人,占参会人员的20%以上。

　　为了将各位参会人员的科研和教学成果推向社会,让更多人得惠于此,我们对征集的文稿进行了严格的评审、筛选、再次修改、重新评审等程序,最终精选出篇,编成了这本论文集,予以出版。论文集分为基调演讲、日本语学、日本文化、日本文学、日本语教育、翻译理论与

实践五个部分,较完整地反映了本次大会的盛况。

此次研讨会能够成功举办,得到了中国日语教学研究会、国际交流基金北京日本文化中心及各位主旨演讲者的大力支持,同时也得到了卡西欧贸易有限公司、浙江工商大学出版社的积极协助,在此表示衷心的感谢。在学会筹办方面,毋育新、段笑晔、南海、韩思远、陈曦、王琰、赵小宁、张蠡、张忠锋、曹捷平、杨晶晶、徐坚、赵心僮、谭林、李佳、周梦瑶等老师付出了辛勤的劳动。在论文集的编辑、出版方面,吴少华、孙逊、徐靖、曹珺红等老师付出了辛勤的劳动,孙敦夫、毋育新、吴少华、南海、张忠锋、徐靖、曹珺红、孙逊等老师参加了审稿工作,在此一并表示衷心的感谢。

由于文稿数量多,编辑工作量大、时间紧,本论文集存在的不当之处,敬请作者和读者指正。

孙敦夫

西安外国语大学日本文化经济学院院长

2015 年 12 月 3 日

目　录

翻译理论与实践

基调演讲

新世纪高校日语专业学科发展与现状研究
——聚焦全国及西北地区新建本科日语专业

曹大峰
（中国·北京日本学研究中心）

1. プロジェクトの概要

1.1 プロジェクトの企画背景

学習者世界一となった中国日本語教育の発展には、大学の増長が大きな割合がある。中でも、日本語学科の新設は３倍増と目立つ。多様な困難を抱えて努力する新設学科への支援が必要であるが、その基礎となる教育実態に関する調査と研究は大変不足している。中国の日本語教育の現状と今後の行き方を把握するには、大学新設学科の発展状況と教育実態の調査と研究が不可欠であろう。

1.2 プロジェクトの計画内容

外国語教育学と教育評価に関する理論と方法に基づいて、2000 年以来新設された中国大学日本語学科を対象に、その教育実態（教育目標・カリキュラム・教員構成・運営実績・コース特色・学習状況・現存問題など）を調査し、そのデータベースをもとに全体および各地域の状況と傾向を分析し対照的に考察する。代表性のあるケースを選定し実際に教員と学生への聞き取り調査と現場検証を通して、さらに具体的な状況を分析しその背景と原因を考察する。

1.3 プロジェクトの期待目標

調査と研究を踏まえて、ここ十数年中国の大学における日本語教育の速やかな発展の実態とその背景をはっきり認識し、現在の状況と今後の課題を提示する。調査結果と研究成果をデータベースと研究報告で公開することによって、中国大学専攻日本語教育の現状と今後の行き方への関心及び新設学科への有効な支援をアピールし、そのための研究と連携が促進されると期待する。

1.4 プロジェクトの実施方法

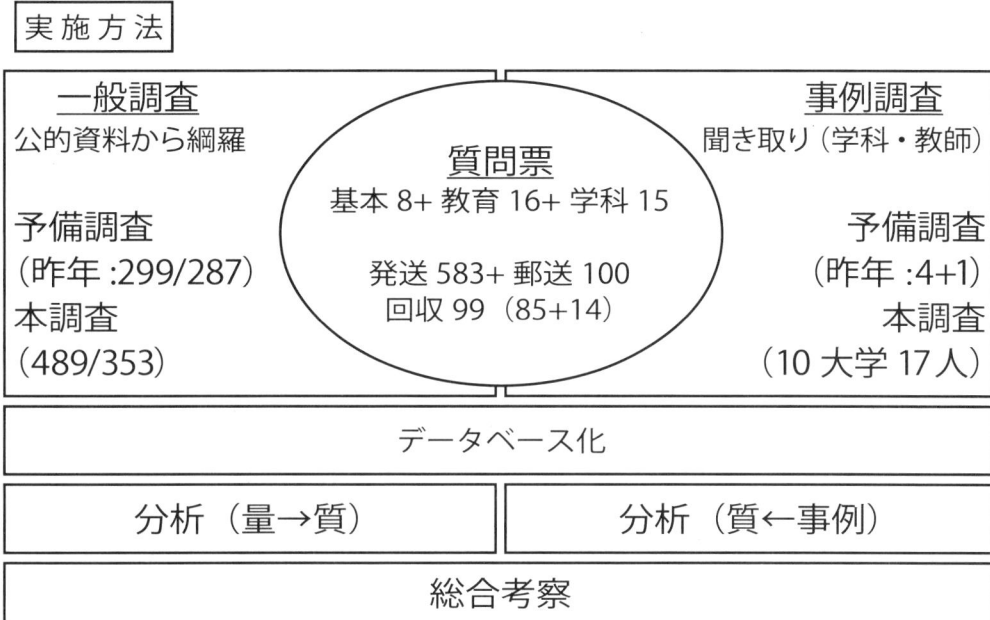

実 施 方 法

一般調査
公的資料から網羅

予備調査
（昨年 :299/287）
本調査
（489/353）

質問票
基本 8+ 教育 16+ 学科 15

発送 583+ 郵送 100
回収 99（85+14）

事例調査
聞き取り（学科・教師）

予備調査
（昨年 :4+1）
本調査
（10 大学 17 人）

データベース化

分析（量→質）	分析（質←事例）

総合考察

図 1　本研究の実施内容と方法

　図 1 に示されるように、本プロジェクトは調査（ネットや出版物など公的資料による一般調査、調査票による現状実態調査、メールや電話の聞き取りによる事例調査）、現場検証（必要により実地訪問）、データベース化（回収したデータを整理し検索分析可能にする）、分析と考察（研究計画の課題を分担し、データに基づいて分析と考察し、内部研究会で総合的に考察する）、公開（データベースと研究報告をまとめて関係機関と研究者の請求により配布し国内外の研究会議で成果を公表する）などの段階と方法で実施された。

2. 量的調査の結果と分析

　ここでは、主に新設日本語学科の設立時間、地域分布、大学ランク、学生数、教師数、及び専攻コースといった 6 つの面から調査の結果を報告する。

2.1 設立時間

　2000 年以降は、日本語学科の設立がブームとなり、平均毎年 25 校のスピードで 14 年間 353 校増えた。図 2 で時期別に全国の発展状況を見れば、2004 年には 44 校増え、ピークとなっていること、また、その後スピードが落ち始め、2012 年に 4 校と大きく減るが、2013 年には 10 校へと持ち直したことが分かった。　方、西北地区の状況はほぼ同じ傾向にあるが、2006 年以降は上がったり急落したりまた上がったりして不安定な時期が目

立っている。これは経済的発展がやや遅い内陸地区での日本語人材需要状況の不安定の表れかもしれない。

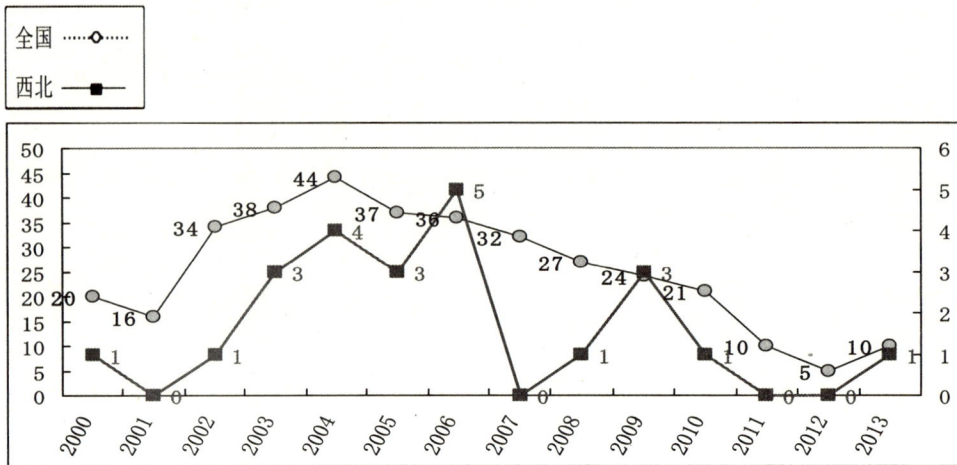

図2　時期別日本語学科の新設状況（全国と西北地区）

2.2　地域分布

　政治と経済が発達する東部地域は新設学科の主な分布地域であり、全体の48%を占める。次は中部地域（23.9%）、西部地域（18.2%）と東北地域（9.9%）の順で続く。新疆を除いた30省と自治区では日本語学科の新設が続いたが、新設数の1位は広東省（29校）であると一般の予想を超えた。2位は江蘇省（28校）、3位は山東省（27校）、西北地区は浙江省と並んで4位（23校）を示している。

2.3　大学ランク[1]

　新設学科の中で、「一本」大学は42校で全体の11.65%、「二本」大学は192校で54.54%、「三本」大学は120校で33.81%となっており、「二本」と「三本」の大学は目立って多い。特に「二本」大学は全体の半分以上を占めるが、新設数が一番多いのは山東省（21校）である。それに対して「三本」大学の新設数が一番多いのは江蘇省（13校）である。また、新設学科の353校の中、修士課程を持つ大学は14校（内「一本」大学9校、「二本」大学5校）、博士課程を持つ大学は1校ある。

　西北地区では「1本」大学は3校、「2本」大学は14校、「3本」大学は6校、修士課程は1校である。

---

　〔1〕中国では大学の教育レベルにより学生募集の優先度を一般には「一本」「二本」「三本」とランク付けする。

表1　西北地区の新設日本語学科（設立時間順）

西安翻译学院	3本	2000	北方民族大学	2本	2006
宁夏大学	2本	2002	青海师范大学	2本	2006
长安大学	1本	2003	陕西理工学院	2本	2006
西安电子科技大学	1本	2003	西安工业大学	2本	2006
西北师范大学	2本	2003	延安大学	2本	2006
陕西师范大学	1本	2004	西安培华学院	3本	2008
青海大学	2本	2004	安康学院	2本	2009
青海民族大学	2本	2004	西安文理学院	2本	2009
西安工业大学北方信息工程学院	3本	2004	西安交通大学城市学院	3本	2009
渭南师范学院	2本	2005	西藏民族学院	2本	2010
西安外事学院	3本	2005	咸阳师范学院	2本	2013
西安工业大学明德学院	3本	2005			

2.4　学生数

新設学科の学生総数は92441人、広東省（8711人）、山東省（8361人）、江蘇省（7811人）、浙江省（5875人）と遼寧省（5861人）は上位5位を占め、全体の4割近くに当たる。しかし、各大学の平均学生数からすれば、上位5位は遼寧省、黒竜江省、天津市、重慶市と山東省であり、これらの省と直轄市にある大学の学生募集規模が大きいことが窺える。

西北地区の学生募集規模はやや少なく、4201人であり、全体の4.5%である。

2.5　教師数

新設日本語学科の教師総人数は4699人、江蘇省（334人）、山東省（340人）、浙江省（339人）、遼寧省（272人）と広東省（311人）は上位5位。一方、日本人教師の総人数は651人、浙江省（64人）、山東省（60人）、江蘇省（63人）、広東省（45人）と遼寧省（37人）は上位5位を占める。西北地区ではそれぞれ210人と32人である。

また、教師対学生の比率（表2）からみると、各地域のとも国の評価基準（優=1:14　良=1:16　合格=1:18）より低いが、西部地域は学生数が少ないため、教師総人数対学生の比率が国の評価基準に近い。その中で西北地区では1:17と最もよい水準を示している。東部地域の日本人教師対学生の比率は割によく見えるが、学生の募集規模が大きいため、教師総人数対学生の比率がよくない。

表2　地域別と西北地区教師対学生の比率

地域分布	中国人教師＋日本人教師		
	教師総数	学生数	比率
東北地域	595	11666	1:19.6

続　表

地域分布	中国人教師＋日本人教師		
	教師総数	学生数	比率
東部地域	2374	46591	1:19.6
中部地域	983	20126	1:20.5
西部地域	747	14058	1:18.8
合計	4699	92441	1:19.7
西北地区	242	4201	1:17.4

2.6　専攻コース

　　表3の調査結果に見られるように、新設日本語学科は主に「応用型」「複合型」の人材の育成を目標としている。経済の発展に応じて現れた「ビジネス日本語」「ガイド日本語」と「日本語翻訳・通訳」は人気のあるコースとして注目される。また、開設した科目から見れば、新設学科の多くは各コースに相応しい科目を設けているが、コースと科目が不相応の大学も少数見られた。

表3　コースの類別及び量的分布

専攻コース		大学数（校）	
類別	専攻コース	大学数	合計
学術型	日本語学日本文学	38	57
	日本語教育 (師範類を含む)	19	
応用型	ビジネス日本語	87	241
	ガイド日本語	20	
	日本語翻訳 (通訳)	12	
	コンピュータ日本語	12	
	科学技術日本語	9	
	服飾デザイン日本語	2	
	秘書日本語	2	
	国際エンジニアリング日本語	1	
	その他	96	
複合型	学術＋応用	113	120
	二言語	7	

3. 事例調査の結果と分析

ここでは、新設学科の中、数が多い「二本」の大学 6 校、「一本」と「三本」の大学それぞれ 2 校を対象に事例調査の結果と分析を報告する。上記 10 校の基本情報は表 4 の通りである。

表 4　10 校の基本情報

学校	ランク	分布	設立時間	学校	ランク	分布	設立時間
A	一本	東部地区 (上海)	2002	F	二本	中部地区 (河北)	2009
B	一本	東部地区 (福建)	2003	G	二本	西部地区 (青海)	2004
C	二本	東北地区 (遼寧)	2003	H	二本	西部地区 (陝西)	2010
D	二本	中部地区 (江西)	2007	I	三本	西部地区 (陝西)	2009
E	二本	東部地区 (山東)	2008	J	三本	東部地区 (広州)	2007

地域分布から見れば、学校が多い東部地域の 4 校、地域差が大きい西北地区の 3 校、中部と東北地域それぞれ 2 校と 1 校という構成であるが、アンケート及びインタビューの結果に基づき、上記 10 校の教育実態を次のように分析する。

3.1 基本状況

(1) 新入生数: 一部の大学の新入生数が減る傾向にある。例えば、F 校では 2008 年 74 名、2009 年 54 名、2011 年以降は毎年 30 名となった。西北地区の I 校では 2009 年は 50 名、2013 年は 19 名しかいなかった。その影響要因は主に中日関係、日系企業の変化、将来の見通しなどという。

(2) 教員の構成: 各大学では教師の数はほぼ飽和状態。中には修士号を持つ人が最も多く、年齢がほとんど 20—30 代。教師の職階構成は講師が多く、教授と準教授がいない大学もあり、不均衡な状態である。例えば、2002 年設立した A 校では、教授と準教授の数が三分の一を占めるが、2007 年設立した D 校では、教師 8 名の中に教授がいず、準教授が一人のみである。2010 年設立した西北地区の H 校では教師 7 名の中、講師 6 名と助手 1 名の状態である。設立時間が遅いほどその問題が目立つ。

3.2 教育実態

(1) コースの特色: 10 校の内、1 校を除き、社会のニーズ、地域の特徴或いは所属大学の特徴などにより、特色のある学科と専攻が設立された。例えば、A 校の日本語学科では日本言語文学と日本経済貿易という二つの専攻に分けられ、C 校の日本語学科では五年制で、学生は日本語学とソフトウェアプロジェクトというダブル学位がもらえる。D 校の日本語学科は所属する理工系大学の優勢を生かし、科学技術日本語を設けた。西北地区の G 校と H 校ではチベット族の学生が多いので、日本語専攻を一般向けとチベット族向けの二つに分けられた。10 校の内、4 校がビジネス日本語専攻を開設した。

（2）カリキュラム：カリキュラムは各大学とも専攻とも緊密に関わる。例えば：C校は日本語とソフトウェアのダブル専攻として、日本語のほかにソフトや計算機に関する科目も多く設置。ただ、日本語の授業とソフトウェアの授業をどうやってうまく融合させるかは現在直面する問題である。また、多数の大学では社会のニーズにより、カリキュラムの調整をしているが、調整方法や実践科目の設置には差がある。

（3）グローバル化：学生の日本留学チャンスの差から、各大学のグローバル化の努力と条件の差が見られる。例えば、A校では学生の留学が多様な形で積極的に支えられ、しかも行く前に課題設定とプロジェクト化を導き日本で完成させるというやり方が導入され、学生の成長に結び、留学先の大学にも評価されたという。西北地区のG校では、学科設立当初は留学のルートがなかったが、努力でやっと一人の学生を送り出し、その学生を通してさらに日本の大学と連絡を広めた結果、今は毎年3～4人が行けるようになった。それに対して、D校、J校と西北地区のH校では学生の留学チャンスはまだないようである。

3.3　学科状況

（1）研究実力：同じランクの大学の日本語学科の間でも研究実力には差がある。両方とも「一本」大学のA校とB校では、A校の実力は割りと強く、省レベルの研究助成プロジェクト4個、市庁レベル2個、学術誌掲載論文が毎年一人当たり3本であるが、B校は省レベルのプロジェクトがなく、掲載論文が毎年一人当たり1本のみである。「二本」大学の間にも差が大きい。その影響要素は次の三つあるという。①研究リーダーがいるかどうか、②教師に強く研究実績を要求するかどうか、③授業の負担が大きいかどうかである。

（2）改革意識：大学ごとに直面する難題は異なるが、全体として学科責任者は社会の変化に応じて改革の意識を持っている。主に学生の就職、教育問題、科目間の連結、カリキュラムとニーズの対応、地域問題など改革意識があるが、実施に移行することは難しいと言う責任者もいる。

（3）教師研修：各大学では教師研修への支援程度が異なり、毎年研修に参加する教師の数も違う。一方、研修情報が大学の職場に届かないという問題も指摘された（「三本」大学の教師）。

4.　まとめと今後の課題

上述の結果から分かるように、大学日本語学科の75％を占める新設学科の存在は中国の日本語教育の発展と経済社会の建設に大きく貢献しているのが見逃せない事実であろう。

新設学科には多様な問題と困難を抱えるが、主に学生の入れ過ぎ、教員構成の不均衡、研究リーダーの不足、学科建設の遅れなど目立っているのが今回の調査で分かり、これか

らはさらに全体的な評価・調整・支援が必要であろう。

　また、一部の新設学科の発展には目を瞠る実績と成果があり、その方策の研究と参照を広める意義があると痛感したところである。逆に少数の新設学科（青海大）は学生募集ストップ、存亡の選択に追われる。

　西北地区に関しては、学科数少ない地域として中国の日本語教育における位置づけが特殊といえよう。西部地域の中心として、全国と同じような問題を抱えながらも、独自の特色と課題があるようだが、具体的な事例調査と質的研究が不足している。

　そこで、今後も引き続き考察すべき課題を次にあげる。

　(1) 地域間または西部地区の新設日本語学科の内訳とその対照分析。

　(2) 同じランク内と異なるランク間の特徴と対照分析。

　(3) 同じランクで学科の発展状況に大きな差がある事例の原因の究明。

　(4) 学科発展のために研究リーダーを備え教師の組織構成を合理化・均衡化にする得策の調査。

　(5) 各ランクの大学の教育実態を評価する基準（同じ基準かランク別の基準か）。

　(6) 中日関係の変動による学生数減に直面する大学の日本語学科の対応動向。

　(7) 2000年以前設立した学科の教育実態との対照分析。

　以上、本プロジェクトの概要と成果を西北地区の状況に触れて報告したが、調査のデータは既にデータベース化しているので、関心ある大学や研究者に公開する予定である。今後はもっと多くの研究者とともに調査データを利用して研究の輪を広めていけばと願っている。

作者简介

　曹大峰,北京日本学研究中心教授,博士生导师,研究方向：日本语学、语料库语言学。

联系方式

　（E-mail）cdfeng2005@163.com

日本語コーパスと文法研究

近藤泰弘
（日本・青山学院大学）

1. コーパス検索のメリット

日本語の文法研究でも、他の言語の場合と同じように、そのような表現があるかどうかがはっきりしない場合がある。それは日本語を母語とする話者であってもそうであるし、まして、外国語として日本語を学習している場合には、ますますわからなくなることがある。

次にそのような例をひとつあげてみよう。日常に使う表現で次のような対話を考える。東京の渋谷の駅前には、タクシー乗り場や、有名なハチ公の銅像がある。そこでは、こんな会話がありそうだ。

Ａさん「ねえ、渋谷の駅前にはタクシーがいるかしら?」

Ｂさん「うん。北口にはタクシー乗り場があるから、そこにいけばたくさんいるよ。」

Ａさん「そういえば、駅のそばに、ハチ公の銅像があるってほんと?」

Ｂさん「はい。有名なハチ公の銅像は駅の西にあります。」

日本語の存在動詞、つまり何かがあることを述べる動詞には、2種類があって、ひとつは「いる」で、もうひとつは「ある」である。一般的には、「いる」は、人間や動物（有情物）に用いるもので、一方、「ある」は、植物やその他無生物（無情物）に用いるとされる（日本語記述文法研究会2009など）。「あの部屋には多くの人がいる」とか「中国にはパンダがたくさんいる」とかのような人や動物の「いる」「私の家には大きな木がある」「机の上に本がある」のような植物や無生物の「ある」の用法が普通である。

ところで最初の対話の例に戻ると、二番目のハチ公は、動物の意味ではあるが、銅像であって動くことはない。生物でもない。したがって無情物と言える。そのために「ある」になっている。これはとりあえずわかりやすい例である。しかし、最初の例の「タクシーがいる」はわかりにくい。これは「いる」が絶対に正しいのであって、「駅前にタクシーがある」とすると日本語として極めて不自然である。しかし、同じ動く乗り物でも、自転車として「＊私の家の駐車場には、今自転車が3台いる」は不自然であり、この場合は「自転車が3台ある」と言わなくてはならない。しかし、自動車を運転していて、まわりに自転車がたくさん走っている場合には「道路に自転車がたくさんいるので運転しにくい」と言うことになる。「自動車」とか「自転車」とかいう車の区別だけでは説明できないのである。

このように「いる」と「ある」の区別という基本的な文法事項でも、それを正確に使い分けることはなかなか難しいし、日本語の教科書にもすべてが書かれているわけではな

い。さらに研究が必要なわけであるし、また、学習者としては、より正確な区別を学習したいわけである。こういう時に、コーパス（Corpus・語料庫）があるとありがたい。

最新のコーパスである国立国語研究所編「現代日本語書き言葉均衡コーパス」（Balanced Corpus of Contemporary Written Japanese・BCCWJ）は、複雑な条件による検索が可能なコーパスなので、これを用いて検索ができる。これを用いることで、格助詞「が」に続いて、その直後に「いる」が存在するパターンを検索すると、次のような用例があることがわかる。（図1はBCCWJの検索インターフェースの「中納言」である）。

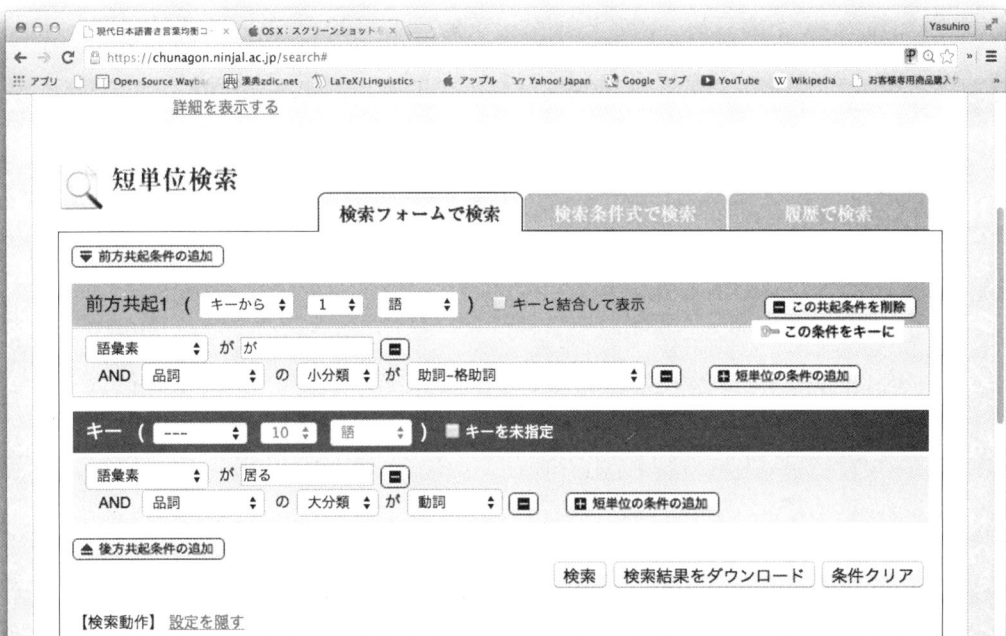

図1

「ロボットがいる」「霊能者がいる」「コンドルとかの猛禽類がいる」「魚がいる」など多様な主語についての「いる」の例があがってくる。また、「目の前のドア。その奥には、恐ろしいほどのエネルギーを持つ何かがいる」のように、実態は「何」の形で、生物かどうかわからないにもかかわらず「いる」を用いている例もある。また、「お腹の中に赤ちゃんがいる」のように、移動することはなくても、人間なら「いる」を用いることもわかる。「ホタルがいる」のように昆虫でもいい。全体で28342件の結果が出てくるのであり、とうてい、普通に頭だけで考えたのでは想像できない例がいろいろと見つかるのである。

図2は「中納言」の出力をエクセルに入力可能なCSV形式で出力して、エクセルで表示したものであるが、このようにすることで、検索・加工がさらに容易になる。

kwic-857751.txt

	A	B	C	D	E	F
13	OC09_05294	310	まだ|現役|で|野球|を|やっている|方|(かり)	い	ます。|孫|のような|私|から|見て	イル
14	OC09_09034	370	に|なりますか|?|知っている|方|(かり)	い	たら|教えてください。|なる|んじゃない|か|	イル
15	OC09_14764	1030	と|思っていた|年下|の|男|友達|(かり)	い	ました。|でも|当時|の|会社|でいろいろ	イル
16	OC10_04326	210	・|・|・。|小学|4年|の|息子|(かり)	い	ます|が、|授業|参観|に|行く|のが|嫌	イル
17	OC11_00314	390	の|料理|に|手|を|出す|女|の|人|(かり)	い	ます、|みな|さん|も|誰|か|と|食事|し	イル
18	OC14_01278	1390	でしょうか?|個人|情報|云々|って|言う|人|(かり)	い	ます|が、|コレ|に|は|?|!|?|です	イル
19	OT03_00026	46290	恩師|に、|T|先生|という|女|先生|(かり)	い	た。|当時|二十|四、五|歳|で、|長崎|市	イル
20	OY03_11304	540	?|タイトル|みて|ドキッ|とした|人|(かり)	い	たり|して|!!!|いっとき、|よっちゃん|イル
21	OY11_01273	480	あります|が、|その|場|に|ルークさん|(かり)	い	て、|ルークさん|自身|が|笑って|済ませ	イル
22	OY14_27960	690	歳|は|喜ん|で|ザリガニ|とり、|錦鯉|ちゃん|(かり)	おり	ました。|で|ぶ|でぶ|に|育って|ました	オル
23	PB23_00737	63620	の|で|あろう。|メイド|が|いて|ドライバー|(かり)	い	て、|青い|芝生|と|プール|が|あって、	イル
24	PB29_00288	35850	清|、池波|正太郎|など|という|大|先輩|(かり)	居	た|わけ|だ|が、|勿論、|その|時|の	イル
25	PB29_00434	20470	、その|国家|に|所属|する|大勢|の|民草|(かり)	い	て、|われら|は|その|民草|の|平和|と	イル
26	PB31_00070	66040	界|に|は|引|常時|死罪|を|司る|役人|(かり)	居	て|殺す|こと|に|なっている|のだ|から	イル
27	PB51_00061	9080	「理性」|を|持つ|特殊|な|指導|者|(かり)	い	て、|その|指導・|教育|の|もとに、	イル
28	PB51_00130	49190	した、|ところが|この|とき、|神|(かり)	い	て、|毒気|を|吐いて|、|人々|は|すべて	イル
29	LBd9_00039	50490	県|の|炭鉱|の|場合|など|は|、人|(かり)	い	なくなって、|その|周り|の|海|が|すごく	イル
30	LBm3_00120	23680	に|乗って|ローレックス|を|買い|に|来る|人|(かり)	い	なかった|時代|の|マーケティング|手法。	イル
31	LBn3_00086	21160	・|支部|別|管内|地域|に、|弁護|士|(かり)	い	ない|か|もしくは|1|名|しか|いない|地域|イル
32	LBd7_00010	46080	ツアー|の|ステージ|が|燃えて|て、|ぼく|たち|(かり)	い	なくなる。|消えちゃう、|という|話。	イル
33	LBe9_00154	3110	の|お|楽しみ|よ。|あなた|、|まだ|私|さん|(かり)	い	ない|間|どう|していて|も|聞かせ	イル
34	LBd9_00001	15990	だ。|それ|は|お前|が|この|先|自分|(かり)	い	なくて|も|何|不|自由|なく|暮らし|て|行ける	イル
35	LBd9_00102	25280	人|たち|に|聞き込み|して、|目撃|者|(かり)	い	ない|か|どうか|調べて|ください」|「はい	イル
36	LBd9_00157	4910	占め|できる|の|は|悪く|なかった」。|マヤ|(かり)	い	なくて|寂しい|と|は|まったく|思わ|なかっ|イル
37	LBe1_00005	31010	ている|のだ|と|思い、|使用|人|(かり)	い	ない|ばかり|に|こ|な|のだ|という|こと	イル
38	OC12_00794	40	織田|信長|(かり)	い	なかった|ら、|天下|を|取った|の|は|誰	イル
39	LBe9_00005	40560	加賀|に|は|共に|語る|に|足りる|奴|(かり)	い	ない|から、|また|修行|に|出る|のだ。	イル
40	LBa3_00016	51960	に|踏み|潰され|そう|に|なる。|その|ガリバー|(かり)	い	なくなって、|小人|たち|は|ドングリ|の|背	イル
41	LBa4_00006	1190	教授・|故人|という|物理|学者|(かり)	おら	れた。|中谷|教授|は|わかり|やすい|流麗|オル
42	LBan_00027	13040	も|そば|で|だれ|も|きいて|いる|人|(かり)	い	なくて、|ありがたい|と|思いました。|対|イル
43	LBan_00027	16830	よかった|の|に。|空中|に|は|ねずみ|(かり)	い	ないから、|それ|が|気|になる|けど、	イル
44	LBe9_00180	11130	ない|のよ。|だれ|か|好き|な|女性|(かり)	い	ない|の|」|と、|たずね|た|ことが|ある	イル
45	LBf3_00050	23940	。|「その|ほか、|やっぱり|家|の|中心|(かり)	い	なくなって、|子ども|たち|に|緊張|感|が	イル
46	LBf3_00050	30550	だから|日曜|日|に|遊ん|で|くれる|父親|(かり)	い	ない|と|「つまらない|な」|と|いう|こと	イル
47	LBg3_00019	21360	そういう|おどろ|おどろ|した|考え|を|もつ|人|(かり)	い	なくなった|ようだ」|「効き目|の|ない	イル

図2

BCCWJ は 1 億語のコーパスであるが、母語話者が頭で考えても出てこないような例をいくらでも見つけることができることにひじょうにメリットがあるわけである。もちろん、外国語として日本語を学習している場合には、他には代えがたいほどの威力を持ったものである。もちろん、これは日本語のコーパスだけでなく、現代英語のコーパスや現代中国語のコーパス（北京大学中国語言学研究中心 CCL 語料庫など）にも同じように言えることである。

このようにコーパスを使っていろいろと調査してみたところ、「いる」は「ある」と比較して次のようなものが主語になる使い方があることがわかる。

（1）人間・動物・昆虫・魚・ウイルス・菌・ロボットのように自ら主体的に移動するこ

とができるもの（胎児のように移動できないものも例外的にある）。

（2）タクシー・バス・自転車・トラック・電車などの乗り物が、動いている時、あるいは、動く可能性を持って存在している場合に、動物に比喩して使う。

（3）何かわからないが、それを人間・動物・昆虫等ではないかと感じる場合に用いる。

これ以外のモノ・植物等は「ある」を用いる。ただし、対象が人間であって、その所有を表す場合の「子供が」等には「いる」ではなく「ある」を用いてもいい。例えば「田中さんには子供が三人ある」のようである。これは一種の所有表現であり、「が」も普通の主語を表すものとは違うので、特殊なものである。ただし、この所有は、人間に限られ、動物の場合には使いにくい。「＊田中さんにはシェパードが三匹ある」は不自然である。

なお、「タクシー」「バス」のような乗り物でも、動く可能性がない場合には、「会社の車庫には、昔、それを使って営業していたバスが一台あるが、もう壊れて動かない」のように「ある」を使わなくてはならない。

このように、日本語の普通の存在表現は、その主語が「生きて動く」、正確には、「自ら場所を移動する能力がある」かどうかについてきわめて細かく配慮することがわかる。実は、この「自ら移動する能力がある」というのは、他の表現の場合にも見られる特徴である。たとえば、「つかまえる」という動詞があるが、この目的語となるのは、この特徴がある名詞だけであって、動かない物や植物は「つかまえる」ことができない。コーパスを使って調査するとわかるが「虫をつかまえる」「パンダをつかまえる」「どろぼうをつかまえる」は言えるが、「＊桜の花をつかまえる」「＊本をつかまえる」は言えないのである。ところが、面白いことに、なぜか「タクシーをつかまえる」（道路を走っている空車のタクシーを呼んでそれに乗り込むこと）とは言えるのである。これは、「つかまえる」の場合も、「タクシー」が言語的には一種の動き回る動物のようなものとして認知されていることの反映だと思う。「比喩的」な表現と言えるわけだが、その「タクシーは動物だ」という「比喩」は文学的なものではなく、日常言語の中に組み込まれたものである。レイコフ（1986）の言うような一種の「概念メタファー」と考えるとわかりやすいと思う。最初にあげた「自動車の周りをうるさく走り回る自転車」も、やはり「動物」や「虫」のメタファーなので、「いる」だと考えるとよい。

このようにコーパスは言語研究にとって極めて有用なものであるのだが、次に、コーパスとは何かについてもう少し述べておこうと思う。

2. コーパス（語料庫）とは何か

コーパス（複数形はコーポラ Corpora）とは、語源的にはラテン語の「身体」という意味であるが（例えば、Corpus Christi とはキリストの身体、またそれを記念する祝日の意味）、古くから文学や法律などの図書・典籍の「全集」「集成」の意味で用いられてきた。例えば、古代ギリシャの医学書の集成である Hippocratic Corpus（ヒポクラテス・コーパス）などが著名である。しかし、1950 年代後半から言語学のための言語資料の集成の意

味で用いられるようになる（OED による）。その時代の代表的な業績は Quirk（1964）等
による Survey Corpus であり、このコーパスは紙のカードに書かれていた。

　このコーパスを駆使して書かれた記述的文法が Quirk らによる有名な Comprehensive
English Grammar である。そして 1964 年に米国のブラウン大学で完成した世界初の電
子化コーパスである The Standard Corpus of Present-Day Edited American English（通称
Brown Corpus）以来、コーパスは、もっぱら電子化コーパスあるいは機械可読コーパスの
意味で用いられるようになった。前述の Survey Corpus も後に電子化され London-Lund
Corpus の一部となって現在に至っている。

　似たような意味でテキストデータベース（Text Database）あるいはフルテキストデー
タベース（Full-Text Database）という用語も用いられるが、これは、論文や図書の書誌情
報や商品の売り上げ数値などの典型的なデータベースの対義語として用いられるもので
あり、たとえば特許文書の全文とか、法律の全文や新聞の紙面など、実用的にその全文を
サーチして利用できるようなデータベースを指す用語である。したがって、単一あるい
は複数の文学作品のテキストの集成の場合も、それをテキストデータベースと呼ぶこと
もあり得るのであり、その点でコーパスとの区別がつけにくい場合もある。例えば、シェ
ークスピアの全作品の全文が電子化されて掲載されているウェブサイトが複数あるが、
それをシェークスピアコーパスと呼んでいるサイトもあれば、シェークスピアデータベ
ースと呼んでいるサイトもある。今回の講演では混乱を招かないように、単一の作品の
電子化されたものから複数の作品の集成までを含めて、すべての電子化テキストやアー
カイブを単純にコーパスと呼ぶこととしたい。

　ところで、コーパスにはいくつかの分類基準がある。単純に列挙していくと、次のよう
になる。

　　○位相（話し言葉・書き言葉）
　　○アノテーションの種類（プレーンテクスト・品詞タグ・統語タグ）
　　○代表性（サンプリングコーパス・資料そのまま・レジスタの多様性）
　　○地域性（標準語・方言）
　　○時代（現代語・古代語・共時・通時）
　　○配布方法（オンライン・ダウンロード・DVD・CD）
　　○ライセンス（オープンアクセス・無料での登録・有料・商用）

　これらについて若干の解説を施しておく。話し言葉と書き言葉との別や、地域性につ
いては特に問題はないものと思うので、アノテーションについて一言しておこう。まず、
出典情報（その文がどういう書籍から取られたか）などをコーパスに埋め込むことが第
一に必要なことである。また、コーパスは、平文（plain text）そのものでも文字列検索に
よって必要な単語を検索できるが、同音異義語や動詞・名詞の同形語や、助詞「が」など

のありふれた文字列については、検索結果が不十分なものになるため、品詞などの形態論情報を付け加えることが必須である。このような作業をアノテーション（注釈付与）と称する。

　出典情報は、初期のコーパスでは、プログラミング上の都合から、固定長形式（テキストの各行の開始部分に固定された桁数のテキストの番号や行数を記載する方法）で置かれたが、＜＞の形のタグを用いて、出典を示した COCOA 形式も広く用いられた。

　形態論情報は、Brown コーパスの段階から、品詞を独自の規格でタグ付けすることで表記する方法が行われていた。また、その品詞タグ〔part-of-speech（POS）tag〕付けはコンピュータで自動化されていた。また、近年のものでは、係り受け関係を示した統語タグを付けたコーパス（Parsed Corpus）も、英語コーパスではかなり一般化している。

　なお、出典情報も、形態論情報も、そのアノテーションには、初期の独自タグや COCOA 形式のタグを用いていたものから、近年では SGML（Standard Generalized Markup Language）そして XML（eXtensive Markup Language）といった汎用マークアップ言語によるものが一般化してきている。これはコーパスのアノテーションを統一化しようとする TEI（Text Encoding Initiative）の運動が、最初は SGML、現在は XML をその記述言語として採用していることが大きい。特に XML は、web サイトの記述言語である HTML の発展形であるため、使いやすく、現在開発されている新しいコーパスはいずれも XML によるマークアップを施されていることになっている。日本・国立国語研究所の「現代日本語書き言葉均衡コーパス」（BCCWJ・2011）「日本語話し言葉コーパス」（CSJ・2004）「日本語歴史コーパス」（CHJ・2013）、イギリス・オクスフォード大学の「上代日本語コーパス」（OCOJ・2012）などいずれも XML によるマークアップである。（なお、国語研究所のコーパスは現時点では TEI には従っていないが、オクスフォード大学のものは TEI にも準拠している。）

3.　日本語コーパスの内部の仕組みと検索ツール

　コーパスを文法研究に用いるためには、内部でそれを単語レベルに分割しておく必要がある。そうでないと、助詞・助動詞などを検索することが困難になる。また、日本語のように、動詞の「活用」などの語形変化がある場合には、原形を並記しておく必要もある。そうでないと「走る」「走ら」「走り」などを別々に検索することになってしまう。また、「記念シンポジウム開催」のように、短い単位が連続して長い単語を形成することもあり、この場合は、「シンポジウム」からも検索でき、「記念シンポジウム開催」からも検索できることが必要である。英語のコーパスでは、基本的には、表記上の区切り（スペース）を頼りに単語に分割すればよく、中国語のコーパスでは、漢字 1 字をひとつの単語相当とすればよいので比較的設計が容易であるのに対し、日本語コーパスを作るのは面倒なことが多い。次はコーパス（BCCWJ）の一部（属性の一部は省略）である。

```
＜sentence＞
　＜LUW B="B" SL="v" l_lemma="公共工事請け負い金額" l_lForm="コウキョウコウジウケオイキンガ
ク" l_wType="混" l_pos="名詞－普通名詞－一般"＞
　＜SUW lemma="公共" lForm="コウキョウ" wType="漢" pos="名詞－普通名詞－一般" pron="コーキ
ョー"＞
　公共
　＜/SUW＞
　＜SUW lemma="工事" lForm="コウジ" wType="漢" pos="名詞－普通名詞－サ変可能" pron="コージ
"＞
　工事
　＜/SUW＞
　＜SUW lemma="請け負い" lForm="ウケオイ" wType="和" pos="名詞－普通名詞－一般" pron="ウケ
オイ"＞
　請負
　＜/SUW＞
　＜SUW lemma="金額" lForm="キンガク" wType="漢" pos="名詞－普通名詞－一般" pron="キンガク
"＞
　金額
　＜/SUW＞
　＜/LUW＞
　＜LUW SL="v" l_lemma="の" l_lForm="ノ" l_wType="和" l_pos="助詞－格助詞"＞
　＜SUW lemma="の" lForm="ノ" wType="和" pos="助詞－格助詞" pron="ノ"＞の＜/SUW＞
　＜/LUW＞
　＜LUW B="B" SL="v" l_lemma="動き" l_lForm="ウゴキ" l_wType="和" l_pos="名詞－普通名詞－一般
"＞
　＜SUW lemma="動き" lForm="ウゴキ" wType="和" pos="名詞－普通名詞－一般" pron="ウゴキ"＞
　動き
　＜/SUW＞
　＜/LUW＞
　（略）
＜/sentence＞
```

　このように長単位（LUW）の中に、短単位（SUW）が含まれる形になっており、また、それぞれの単位に、語彙素（lemma）、語彙素読み（lForm）、語種（WType）、品詞（pos）、発音（pron）などの属性が XML 形式で付されている。

　これを検索するためのツールとして現在国語研究所で一般公開されているのは、「中納

言」(http：//chunagon. ninjal. ac. jp) と NINJAL-LWP (http：//nlb. ninjal. ac. jp) のふたつである。「中納言」の検索画面は、先の「いる」の例で示した通りであり、XML で記述された要素 (たとえば、語彙素・語彙素読み・品詞) などを指定した検索 (「形容詞に名詞が連続したものをすべて」とか『『が』という読みで、格助詞のもの」など) が可能である。NINJAL-LWP は、動詞・名詞・形容詞などと助詞との共起パターン、頻度の高いコロケーション、その用例を一度に検索できるツールである。

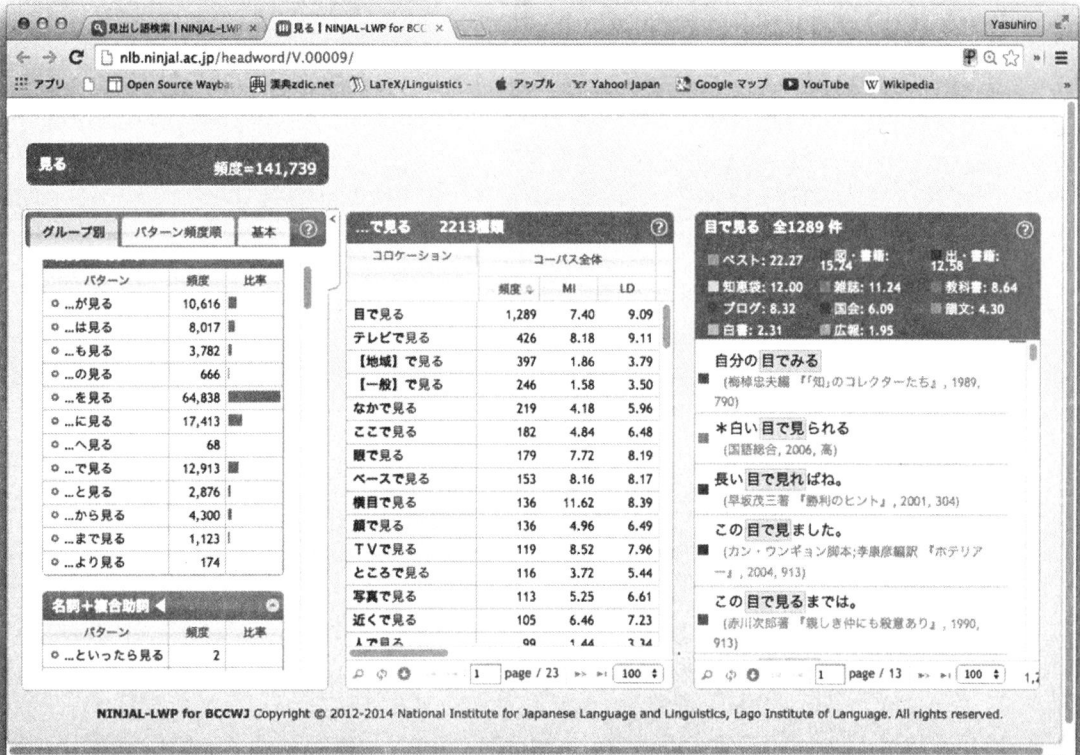

図 3

NINJAL-LWP などは日本語学習者にはきわめて便利なツールであり、どういう文型が日本語によく使われるかをすぐに調査することができるわけである。なお、書き言葉均衡コーパス (BCCWJ) も、話し言葉コーパス (CSJ) もいずれも XML 形式のデータそのものも国語研究所で DVD で有料配布されている。

これらのコーパスを使うことで、日本語話者ではなく、第二言語として日本語を学習・研究している話者も、母語話者と同等かそれ以上の研究ができる可能性があるということは、注目しなくてはならない。

4. 歴史コーパスによる日本文化研究への発展

　以上、日本語のコーパスを使って文法研究をすることが大変に有益であること、そして、そのためにはどのようなデータ構造が必要であるかということ、そして、その検索ツールとして公開されているのは何かという三点について述べてきたが、ここで、もうひとつ、新しいコーパスの使い方についても述べておこう。今まさに自分が研究しているテーマのひとつだからである。これがコーパスを使うことのさらなるメリットである。

　どこの国の文学にも、古典というものがある。古典は、伝統的なその言語や民族における物の捉え方や感じ方を示していると思われる。ひとつ例を挙げてみよう。中国文学においては、詩に「月」という素材がよく使われる。次は、有名な、杜甫の「月夜」であるが、中国文学における「月」の典型的な表現である。

　　　今夜鄜州月，
　　　閨中只独看。
　　　遥怜小儿女，
　　　未解忆长安。
　　　香雾云鬟湿，
　　　清辉玉臂寒。
　　　何时倚虚幌，
　　　双照泪痕干。

　　　（日本語・訓読）
　　　今夜鄜州の月　閨中只だ独り看ん
　　　遙かに憐れむ小児女の未だ長安を憶ふを解せざるを
　　　香霧に雲鬟湿ひ　清輝に玉臂寒からん
　　　何れの時か虚幌に倚りて　双び照らされて涙痕乾かん

　長安にいる杜甫が、鄜州にいる妻子を思い、月に託して望郷（疎開先の妻子の居所）の念を詠じたものであるが、このような「月」と「望郷」の思いは、まさに中国の詩に典型的な素材であり、中国文化に奥深く根ざしたものであろう。奈良時代に、日本から長安に派遣された、阿倍仲麻呂も、ここ長安の地で「天の原ふりさけ見れば春日なる三笠の山に出でし月かも」という有名な和歌を残したが（現代語訳「大空遠くを見ると、月が空に出ている。その月は、自分が故郷の奈良にいた時に、奈良の春日の三笠山に出ていたあの月と同じなのだなあ」）、これも望郷の念を歌ったものである。（翹首望東天，神馳奈良邊。三笠山頂上，想又皎月圓。〈興慶宮公園仲麻呂記念碑〉）これは長安で長く暮らした仲麻呂がその文化や言語表現に深く通じていたことを示す例であろう。

　ところで、最近整備された国立国語研究所の「日本語歴史コーパス平安時代編」（http://

chunagon. ninjal. ac. jp）で「月」を検索してみると、「望郷」の「月」というテーマはこの仲麻呂の歌以外にはほとんど見られない。代わりにあるのは「月は悲しい」というテーマである。

　月みればちぢにものこそ悲しけれ。わが身一つの秋にはあらねど。（大江千里・『古今和歌集』秋上）（現代語訳「月を見るとあれこれと本当に悲しくなる。自分だけに訪れた秋というわけでもないのに。」）

　「月」が満月から三日月へと姿を変えることから、物事の変化しやすさを感じる素材となり、その時間の流れを「悲しい」と捉えるものだと思われるが、このような感性は近代・現代の日本にもそのまま受け継がれており、例えば、有名な詩人、萩原朔太郎の詩集には『悲しい月夜』というものがある。また、同じように、季節の移り変わりを「悲しい・さびしい」ととらえる見方は、同じ平安時代の『古今和歌集』の「桜」の歌においても顕著である。代表的なものは世の中に絶えて桜のなかりせば、春の心はのどけからまし。（在原業平・『古今和歌集』春上）（現代語訳「もし仮にこの世に桜というものが存在しなかったなら、いつ桜が散るかなどと心配して悲しむこともなく、静かに暮らせただろうに。」）

　このように、「桜」を時間の流れと関連させる捉え方は、古典文学だけでなく、現代日本の文学表現でも極めて一般的である。「月」「桜」などの変化する自然物を見て、その時間の流れを「悲しむ」という表現手法は日本文学・日本文化に一般的なものなのである。

　このように、現代語コーパスが現代日本語の実態をよく反映するように、古典語のコーパスもまた、その時代の文化の状況までを写しだすのである。これをうまく活用することで、従来にない、細かな文法記述や、また、文化背景にまで及ぶ単語の意味記述ができるものと考えている。このような文化の源泉としての古典を「言語リソース linguistic resources」と定義することができるが（近藤みゆき 2015 参照）、コーパスによるまったく新しい研究分野が広がっていると思うのである。古典語コーパスについては、近藤泰弘（2013）や近藤泰弘（2015）で詳しく解説したのでぜひ参照していただきたい。

参考文献

［1］近藤泰弘. 電子化コーパスを用いた古典語のテンス・アスペクト研究［J］. 日本語学, 2013, 32(12).

［2］近藤泰弘, 田中牧郎, 小木曽智信. コーパスと日本語史研究［M］. 東京: ひつじ書房, 2015.

［3］近藤みゆき. 王朝和歌研究の方法［M］. 東京: 笠間書院, 2015.

［4］日本語記述文法研究会. 現代日本語文法2 第3部格と構文 第4部ヴォイス［M］. 東京: くろしお出版, 2009.

［5］レイコフ, ジョンソン. レトリックと人生［M］. 東京: 大修館書店, 1986.

[6] CRYSTAL D, QUIRK R. Systems of prosodic and paralinguistic features in English[M]. The Hague：Mouton, 1964.

作者简介

近藤泰弘，日本青山学院大学教授，研究方向：日本语、语法、信息处理。

联系方式

（E-mail）yhkondo@cl.ri.aoyama.ac.jp

作家漱石を通して見た日本の近代史

大野淳一

（日本・武藏大学）

　この度日本学国際シンポジウムにお招きいただき、基調講演の機会を与えられました。たいへん光栄なことと感謝しております。

　私はこれまで日本の近代文学、とりわけ小説について研究してきた人間ですので、このシンポジウムにあたって漱石という日本の小説家の思索を手懸かりに日本の歴史、社会を考察することとし、「作家漱石を通して見た日本の近代史」というタイトルを選びました。具体的には十九世紀以来の、「欧米列強」といわれた各国との関係が大きな問題となりますが、これは日本ばかりではなくアジア各国にも共通する問題ですから、皆さまにも興味を持っていただけると考えた次第です。

　夏目漱石〔慶応3年(1867)―大正5年(1916)〕はほぼ百年前、西暦では20世紀の初め、日本の年号では明治の終わりから大正の初めにかけて活躍した小説家です。彼の小説の多くは東京で暮らす比較的若い知識人を主人公としています。彼らの生活の舞台、あるいは背景として当時の日本社会が描かれ、そこに読者は近代日本の様々な問題を発見できる、そうした作品になっています。

　その中で、比較的早い時期に書かれた『三四郎』〔明治41年(1908)〕という小説があります。主人公三四郎は東京帝国大学に入学するため地方から上京する、高等学校を卒業したばかりの青年です。はじめて東京で生活することになった彼の気持が、次のように表現されています。

　　三四郎が東京で驚いたものはたくさんある。第一電車のちんちん鳴るので驚いた。それからそのちんちん鳴るあいだに、非常に多くの人間が乗ったり降りたりするので驚いた。次に丸の内で驚いた。もっとも驚いたのは、どこまで行っても東京がなくならないということであった。しかもどこをどう歩いても、材木がほうり出してある、石が積んである、新しい家が往来から二、三間引っ込んでいる、古い蔵が半分とりくずされて心細く前の方に残っている。すべての物が破壊されつつあるようにみえる。そうしてすべての物がまた同時に建設されつつあるようにみえる。たいへんな動き方である。　（『三四郎』、二の一）

　この驚きははじめて上京した「普通のいなか者」に共通するものだとされ、次のように続きます。

　　三四郎は東京のまん中に立って電車と、汽車と、白い着物を着た人と、黒い着物を

着た人との活動を見て、こう感じた。けれども学生生活の裏面に横たわる思想界の活動には毫も気がつかなかった。―― 明治の思想は西洋の歴史にあらわれた三百年の活動を四十年で繰り返している。　（同前）

こうした具体的な描写を通して問題の所在を示すのが漱石の作品の特徴です。すべてが破壊されつつあり、同時に建設されつつある東京。そうした激しい「動き」に三四郎は驚くのですが、その「動き」の方向が西洋を目指している、しかも西洋の何倍もの速度で、ということが最後の一文で示されます。しかし未熟な三四郎自身はまだそこまで認識できていません。

翌年発表された『それから』〔明治 42 年 (1909)〕の主人公代助はやはり東大を卒業した青年で、就職もせず財産家である親の援助で優雅な生活をしていますが、彼はこの問題について三四郎よりも明確な認識を持っています。彼は同じ大学卒業生である友人に次のようにいいます。

第一、日本程借金を拵らえて、貧乏震いをしている国はありゃしない。この借金が君、何時になったら返せると思うか。そりゃ外債位は返せるだろう。けれども、それ許りが借金じゃありゃしない。日本は西洋から借金でもしなければ、到底立ち行かない国だ。それでいて、一等国を以て任じている。そうして、無理にも一等国の仲間入をしようとする。だからあらゆる方面に向かって、奥行を削って一等国丈の間口を張っちまった。なまじい張れるから、なお悲惨なものだ。牛と競争をする蛙と同じ事で、もう君、腹が裂けるよ。　（『それから』、六の七）

代助はさらに続けて、「その影響はみんな我々個人の上に反射している」「西洋の圧迫」を受けつつ現代日本に生きる我々は皆「揃って神経衰弱」で「大抵は馬鹿だ」と激しいことばを口にします。

この発言、西洋からの「借金」が「外債」だけではない、つまり経済的な負担だけではないとしている点に注意すべきでしょう。しかし後に触れることがあるかと思いますが、「外債位は返せる」としている点にも注意が必要です。

これが彼らの生活の背景となる近代日本の姿です。しかし彼らの生活では恋愛や家族関係も重要な要素であり、小説中でこうした認識や議論ばかりが続く訳ではありません。では、小説の背後にいる作家漱石自身はこの問題についてどのように考えていたのでしょうか。『それから』発表の二年後、漱石は『現代日本の開化』〔明治 44 年 (1911)〕という講演を行います。それを詳しく見て行きたいと思います。

漱石はまず問題を近代に限定せず、広く「人間活力の発現の経路」という意味の「開化」から考えを進めて行きます。（補注）その上で一般の開化と西洋近代の開化は「内発的」で、「現代日本の開化」は「外発的」であると規定します。また近代以前の日本の開化も「比

較的内発的」としています。

　　内発的と云うのは内から自然に出て発展するという意味で丁度花が開くように自から蕾が破れて花弁が外に向うのを云い、また外発的とは外からおっかぶさった他の力で已むを得ず一種の形式を取るのを指したつもりなのです。

では、「現代日本の開化」の外発性とはいかなるものでしょうか。

　　我々が内発的に展開して十の複雑の程度に開化を漕ぎつけた折も折、図らざる天の一方から急に二十三十の複雑の程度に進んだ開化が現はれて俄然として我らに打ってかかったのである。この圧迫によって吾人は已むを得ず不自然な発展を余儀なくされるのであるから、今の日本の開化は地道にのそりのそりと歩くのでなくって、やっと気合を懸けてはぴょいぴょいと飛んで行くのである。開化のあらゆる階段を順々に踏んで通る余裕をもたないから、……足の地面に触れる所は十尺を通過するうちにわずか一尺ぐらいなもので、他の九尺は通らないのと一般である。

こうした開化のあり方を要約して、漱石は「皮相上滑りの開化」といいます。

ここから少々考察を加えます。まず、一般の開化をこのような意味で「内発的」とするのは妥当でしょうか。純粋に内部的な要因だけで変化、発達するのはよほど小規模な社会か、孤立した社会で、現実には極めて稀なケースと思われます。これはむしろ「現代日本の開化」がどれほど「外発的」か、どれほど「不自然な発展」か、その点を強調するために提示したモデルと考えるべきでしょう。

しかしそうした「不自然」は開化が「外発的」であること、即ち外からもたらされたものであることから直接に生じているのでしょうか。外からもたらされたものと言えば、朝鮮における儒教も、日本における仏教も、ヨーロッパにおけるキリスト教も、外からもたらされたものです。それらはここで見た様な意味で「不自然な発展」とはいえないのではないでしょうか。

近代日本における西洋的要素が漱石のいう意味で「外発的」、「不自然」であるのは単に外からもたらされたというだけではなく、それが日本の伝統文化に対して異質であるとともに、急激で大規模な変化、さらに「已むを得ず（不得已）」受け入れた変化、即ち選択の余地のない変化であったから、と考えるべきでしょう。

そうした補足や訂正を加えた上で漱石の議論の続きを見ましょう。

このような「外発的」開化の中を生きて行く人間はいかなる心理的影響を受けるでしょうか。「それから」の代助は、みんな「神経衰弱」になる、「馬鹿」になる、といっていました。

　　開化が甲の波から乙の波へ移る……ところが日本の現代の開化を支配している波
は西洋の潮流でその波を渡る日本人は西洋人でないのだから、新らしい波が寄せる
たびに自分がその中で食客（いそうろう）をして気兼（きがね）をしているような
気持になる。

　「食客」は古い漢文にも出て来ることばですが、日本の「いそうろう」たちは「食客」と
は少しちがいます。彼らには孟嘗君の「鶏鳴狗盗」のような特殊な能力はありません。
単に他人の家に住み他人に養われて、不安や圧迫を強く感じている存在です。
　しかし漱石の観察では、すべての人が「いそうろう」であることの「気兼」、不安や圧迫
を自覚する訳ではない。こうした変化を自然なもの、「内発的」なものと錯覚できる人は
上の「いそうろう」とは異なる自己認識、自己評価を持つことになります。漱石はそれを
次のように批判します。

　　あたかもこの開化が内発的ででもあるかのごとき顔をして得意でいる人のある
のは宜しくない。それはよほどハイカラです、宜しくない。虚偽でもある。軽薄で
もある。

　「ハイカラ」というのは high collar で、日本人の洋服姿から生まれた当時の流行語です。
西洋文明への心酔、また心酔している人を指します。そしてその心酔は「虚偽」、「軽薄」
であるが、拒否することもできない。これがこの問題に関する漱石の議論の核心です。
「いそうろう」の不安が昂じて「神経衰弱」になるか、あるいは自分を見失って「ハイカラ」
で「軽薄」な「馬鹿」になるか……
　この背景には漢詩や俳句に深い愛着を持ちながら大学では英文学を専攻し、英国留学
（明治 33—36 年、1900—1903）中は前述の「いそうろう」以上の混乱に苦しんだ漱石自身
の体験があります。帰国直前の明治 35 年（1902）、彼は親しい友人にこんな手紙を書い
ています。「文章抔（など）かき候ても日本語でかけば西洋語が無茶苦茶に出て参候。
又西洋語にて認め候えばくるしくなりて日本語にし度（たく）なり……」このように変
化してしまった自分がこのまま日本に帰れば、「随分の高襟（ハイカラ）党」に見えるだ
ろう、ということばも書き添えられています（高浜虚子宛書簡、12 月 1 日）。
　では、どうすれば良いのか。講演での漱石の結論は次のようなものです。

　　私には名案も何もない。ただできるだけ神経衰弱に罹らない程度において、内発
的に変化して行くが好かろうというような体裁の好いことを言うよりほかに仕方
がない。

　こうした認識が妥当、正確なものだとすれば、漱石自身のいう通りまことに「苦い真実」

であります。短時間で「内発」化しようとすれば「神経衰弱」になるばかりだという意味のことばがこれ以前にありますから、その判断に拠る限りこの「体裁の良い」結論も文字通り「体裁」だけのものになりそうです。既に紹介した『それから』の主人公のことばもここに連なるものでしょう。

　しかし、『三四郎』の一節には「明治の思想は西洋の歴史にあらわれた三百年の活動を四十年で繰り返している」とありました。われわれはその百年後の人間です。この問題、百年かかればどうなるのか、といった見方をすることが出来ます。また漱石は明治を生きた人、つまり当事者です。そこから離れた人の見方と対照させてみるとどうなるでしょう。この辺から少し漱石を離れつつ漱石の問題を検討することにします。

　　　日本の歴史の夜明けから今日に至るまで、外国思想に対して――それが中国であろうと、中世ポルトガル、旧式なオランダ、一九世紀と二十世紀のヨーロッパのものであろうと――日本人のとった態度は、常に素直な学生の態度であった。なるほど、外国からの大量の輸入品で目立つ時代の次には、それと代って、その材料を使って日本の国土に適合する品物を熱心に作り上げる時代がやってきた。しかし、どちらの作用も完全に休止することはなかった。その結果は、一四世紀間にわたる、着実な社会的、知的、領土的成長となってあらわれた。明らかに退歩した期間は、ごく稀にしか見られない。日本の輸入文明同化作用を皮相なりとするのは、批評家を装う者の皮相的な知識にのみ存在するだけである。[1]

　ここに引用した B. H. チェンバレン（1850―1935）はイギリスの言語学者で明治6年（1873）来日し、同44年（1911）まで滞在、同19年（1886）から数年間東大で講義を担当した人物です。彼は『現代日本の開化』の漱石とは異なり、むしろ「輸入文明」を「同化」することによって自らの成長、発展を実現してきたのが日本の歴史だったとし、それを「皮相」とする見方こそが「皮相」であるとしています。「皮相」ということばに注目すれば、彼らふたりの認識は正反対です。

　ただし、彼らの見方は決定的に矛盾するものでもないでしょう。漱石は明治の数十年に、チェンバレンは千四百年にわたる日本の歴史に注目して議論しているのですから。彼のいう「同化作用」が漱石のいう「内発的に変化して行く」ことと同じものなら、漱石の悲観的な結論も十分な時間（百年?!）をかければ有効な「名案」に変わる可能性があると読むべきかも知れません。

　彼らの矛盾、相違を考える上で、もうひとつ注目したいことばがあります。それは「外国思想に対して……日本人のとった態度は、常に素直な学生の態度」であったという一節です。ここ西安で考えれば、青龍寺の恵果から真言密教を学んだ日本人留学生空海、後

---

〔1〕Basil Hall Chamberlain（高梨建吉訳）:『日本事物誌1』、平凡社東洋文庫（1969）、p. 198―199。

の弘法大師（774―835）は確かに素直な学生であったでしょう。ところでその素直な学生たちに「外国思想」を伝えた先生たちは、常に恵果のように優しく親切な先生だったのでしょうか。「外国思想」を西洋文明に、時代を十九～二十世紀に限定すると、二人の相違、というより漱石の見方の源泉が理解しやすくなると思われます。

　確かに空海は素直な学生で恵果は親切な先生、チェンバレンたちもすばらしい教授だったでしょう。チェンバレンと同じく初期の東大で教えた動物学者モース（E.S.Morse、1838―1925）も「これ程熱心に勉強しようとするいい子供を教えるのは、実に愉快だ。」と回想しています。[1]

　しかし十九世紀の日本にとって西洋の象徴だった黒船はアメリカ海軍の軍艦です。乗せてきたのは素晴らしい先進的な文明と、学生を啓発しつつ彼らの自然な成長を待つ優しい先生ばかりではありません。無力な異国の学生たちを直接支配下に置くことの可能な武力も備えていました。「現代日本の開化」が已むを得ない急激なものとなるのは西洋文明が武力においても日本より遥かに「進んだ開化」であり、その「開化」が「我等に打ってかかった」からです。漱石はより端的に、われわれが「己を棄てて先方の習慣に従わなければならなくなる」のは「ただ西洋人が我々より強いからである」ともいっています。だからこそ日本は急速な、上滑りの現代日本の開化を進めなければならなかったのです。

　もう一人、西洋人の議論を参照しましょう。

　　欧米列強の圧力で変革を迫られた日本ではあったが、他の非西欧諸国にはない利点ももち合わせていた。革命の必然性が国内に存在していた、という点がこれである。近代化途上にある他の国々の場合は、……何のことかよく理解もされないような外国のイデオロギーを正当化の手段としてもってこなければならなかった。それに比べ日本はむかしながらの王政を復古させることで、十分にその必要を充たし得たのである。

　　明治維新が成功したいま一つの重要な要素は、指導者がゆっくりと、しかも実務的に事を運んだことで、その方が日本には適しているとみなしたからだった。背伸びを求められるような既成のイデオロギーがとくにあったわけではなく、国民や欧米列強の側の過大な期待という圧迫感もなかった。日本が成し遂げるまでは、非西欧国家に近代化が可能だ等とは誰も信じていなかったのである。指導者は何の束縛も受けずに物事を論理的に捉え、最初に基礎的なことに集中し、後になって困難ではあるがそれほど本質的でない段階へと進んでいったのである。

　　まず法と秩序を確立し、通信手段を発展させ、高度教育の普及に先立って初等教育を徹底させ、さらに複雑で資金もかかる工業化に手をつける前に、農業の発展と

　（1）E. S. Morse（石川欣一訳）:『日本その日その日 2』、平凡社東洋文庫（1970）、p.5。

軽工業の育成を心がけた。しかも彼らは間違っていることに気づけば、すでに手がけたものもさっさと放棄して、うまくいくまで新しいものを試してみるなど、試行錯誤を恐れない点で実務性に富んでいた。[1]

ライシャワー（1910―1990）はハーバード大学の日本史の教授、日本経験も豊富で一時は駐日アメリカ大使（1961―1966）も務めた人物です。この発言も「現代日本の開化」が急激な、その意味で「上滑り」のものだったか、という点に関係しています。ライシャワーは漱石とは逆に「ゆっくり」と進んだとしています。ライシャワーが後代の人であり、漱石のような当事者ではないから生じた矛盾でしょうか。

そうした点も否定できませんが、敢えて違う見方をしてみます。注目したいのは、ライシャワーの挙げている例では「法と秩序」に関わるものですが、選挙制度です。徳川幕府の瓦解が明治元年（1868）、まもなく憲法制定と国会開設を求める自由民権運動が始まり、全国に広まります。選挙によって国会が成立したのが同23年（1890）。成人男子すべてが選挙権を持つ、いわゆる普通選挙制の実現が大正14年（1925）。女性にも選挙権が認められるのは戦後のことです。明治維新からここまで八十年近くかかっています。「ゆっくり」と言ってよいでしょう。付け加えれば、有権者の最低年齢を二十歳から十八歳に引き下げる法案が最近国会で可決されました。

この間有権者拡大の運動は続き、制度はその方向へ進み続けてきた訳です。そういえば、漱石も苦しい努力を数十年続けてきた、という言い方をしています。つまりその苦しさは開化の挫折や停滞という苦しさではなく、進行し続ける苦しさだった、ということです。たとえ遠くない未来に「腹が裂ける」と感じられるほどの苦しさであったとしても。そう見るとライシャワーと漱石の見方にもつながる点はあるようです。ライシャワー自身、先の著書の中で漱石を「偉大な文豪」と呼び、「彼は明らかに西欧の影響を強く受け、日本人の内面の葛藤を鋭い洞察力と、ときにはユーモアも交えて探った」[2]と評価しています。「内面の葛藤」ということばに注目すべきでしょう。

歴史的に見れば『三四郎』も『それから』も、日露戦争の数年後に書かれています。日本の苦しい努力が数十年続き、開化もある程度達成され、「欧米列強」も含めて対外関係も明治初年よりずっと改善した時期です。三四郎の驚きも代助の批判も、そうした状況でのものです。西洋からの「借金」を指摘する代助が「外債くらいは返せる」と云っていたこと、外形だけですが「一等国」になったと云っていたことも思い出されます。

これはここまでに述べたことを少々訂正することにもなります。日本は西洋から強い圧迫を受けたが、彼らに直接支配されその支配下で外発的開化が発生、進行した訳ではありません。漱石は已むを得ないといっていましたが、それはあくまで日本側が已むを得

---

〔1〕E. Reischauer（國弘正雄訳）:『ライシャワーの日本史』、講談社学術文庫（2001）、p.165―166。
〔2〕同上、p.201。

ないと判断したということで、その開化を選択し実行したのは日本人です。ライシャワーの引用文の一節に日本の「指導者は何の束縛も受けずに物事を論理的に捉え、最初に基礎的なことに集中し……」とあるのがこの点につながります。彼は、日本が西欧の支配下におかれる危険から脱したのは 1880 年代後半と述べています。彼に従えば、この頃から日本の指導者を束縛するものは主として国民の支持や反発だということになります。

　実行したのが日本人であること。その結果として、日本の開化はどのようなものになったか。真正の西洋文明に比べて日本的な限界や偏り、歪みを持った。これは明治以後現在に至るまでしばしば日本人自身によって指摘、批判されてきた点です。

　同じ状況を外から見た場合、どのように見えるでしょうか。次のようなベトナム人の意見が日本の学者によって紹介されています。

　　　　日本は、世界の最先端を行く近代的工業国家であるが、自らの伝統を守り発展させ、民族的なアイデンティティーを維持している点でも、ベトナムには大いに参考になる面がある。[1]

　ここで「大いに参考に」すべき先例とされている二十世紀末の日本の姿が、すべて日本人の意識的選択によって計画され努力され、抗争も混乱もなく達成されたとするのは「過大評価」[2]でしょう。十九世紀以来主張されてきた議論には極端な欧化論、原理主義的な伝統尊重論等、一方向のみを強調する過激な傾向のものもありました。先に紹介した通りその混在を「歪み」と見る人もいますし、ライシャワーも「試行錯誤」といっています。

　しかし伝統への愛着も近代化への憧れも、議論や主張よりも深い、日本人のメンタリティーや感覚という共通性から生み出された。それによって両者は共存可能なものになって行った。そういう推測はできないでしょうか。つまり議論の次元では当然論理は先鋭化し対立は激化するが、欧化主義者の中にも幾分かの伝統への愛着があり伝統主義者の中にも多少の近代化西洋化への憧れがあって……という推測です。あるいは、愛着と憧れ、どちらへの偏りも先の共通性の範囲の中のことだ、という見方です。（補足すれば、日本人の得意なもの・苦手なものという、能力に関わる問題もあったでしょう）。先に「結果として」と述べたのはその点を指摘したつもりなのです。

　仮に日本が西洋列強の支配下に置かれていれば、その伝統と近代化はまったく別の形、別のバランスのものになっていたでしょう。それを決めるのは支配者側の意図、利害などであって、日本人の感覚でも主張でもないからです。

　また、次のような体験を述べている日本人の学者もいます。

---

〔1〕古田元夫:「ベトナムの日本像」、山内・古田編『日本イメージの交錯 ―アジア太平洋のトポス―』、東大出版会（1997）、p.88―89。
〔2〕同上、p.89。

　　あるパキスタンの学生が私に向かって、日本は広いアジアで西欧に征服され植民地になったことのない数少ない国なのに、人々の西欧諸国に対する考え方や反応は、彼の知っているどの旧植民地よりも、はるかに植民地的で驚いたと語ったことがあります。[1]

　植民地でなかった国が旧植民地よりも植民地的である……この一見意外な観察を検討してみましょう。まず旧植民地が植民地的でない、ということはあり得るのでしょうか。そこに暮らす人々は西欧諸国の支配下にあって已むを得ない「外発的」開化を体験して行くことになります。それはまさに植民地的です。しかしその中で、そうした支配や外発性に対する反発、即ち西欧諸国への反発も育って行く。これが旧植民地の持つ反植民地性で、パキスタンの学生はこうした状況を体験して来たのでしょう。

　しかし日本に来てみると、彼はそうした反発を見出せなかった。漱石に従えば日本にも「圧迫」の実感はあり、外発的開化に伴う苦しさの自覚はあります。しかしそうした開化が日本人自身の選択であった限り、それらへの反発は自己批判や自己嫌悪の性格をも持つこととなり、その分西欧への反発は薄められることとなります。漱石がたびたび言及する「神経衰弱」もその個人への反映でしょう。

　こうした西欧への一見温和な受容的態度、それがこの学生には植民地的傾向と見えたのと思います。

　このふたつの発言、評価としては大きな違いがありますが、それぞれの判断の根底にある認識には共通するものがあるように思います。こうした見方も理解した上で、近代日本をどう評価するか、漱石の見方は既に克服された古いものになったのか、それはまだ日本に於いて問い続けるべき問題だと思いますし、私自身も考え続けていくつもりです。

　またこれらふたつの発言の背後に、パキスタンやベトナムにおけるどのような歴史的体験、どのような現状があるのか。さらにはアジア各国においてはどうか。これもまた重要な研究課題です。しかしそれについて何か意味のあることを今ここで手短に申し上げることはできません。それらも視野に入れた研究に励み、いつかまたお話しする機会があればこの上ない幸せと思っています、ということを申し上げて、本日のつたない話の締め括りとさせていただきます。

　ありがとうございました。

　【補注】　この部分の漱石の議論も重要な内容を含んでいますが、本稿では冒頭に述べたような問題に集中するためそれに触れずに話を進めました。しかし「開化が進めば進ほど競争が益（ますます）劇しくなって生活はいよいよ困難になる」、「生存競争から生ずる不安や努力に至っては決して昔より楽になってはいない」などのことばは、開化の

---

〔1〕鈴木孝夫：『日本人はなぜ英語ができないか』、岩波新書 (1999)、p.160。

本質を考える上でも漱石の文学を理解する上でも見逃せないものと考え、簡略ですがここに註記する次第です。

作者简介

　　大野淳一,日本武藏大学教授,研究方向:近代日本文学。

联系方式

　　http://www.musashi.ac.jp

日本语学

文法概念としての「変化」

孙敦夫

（中国・西安外国语大学）

はじめに

　「変化」という言葉は文法研究において多く使われる用語の一つである。その使用状況を概観すると、少なくとも二つの意味として使われる。一つは語彙的に「変化」を表す場合（以下、語彙的「変化」と略す）である。これは実世界のさまざまな変化を語彙に反映させることによるものである。もう一つは文法的に「変化」を表す場合（以下、文法的「変化」と略す）である。これは実世界のさまざまな変化を文法に反映させることによるものである。なお、言語研究において、前者は意味論的範疇であるのに対し、後者は形態論的範疇であるとされる。意味論では、実世界のさまざまな変化を語彙的にどう表現するかを考察し、形態論では、実世界のさまざまな変化を文法的にどう表現するかを考察する。両者にはこのような違いが見られる。しかし、現在の文法研究の実態を見ると、「変化」という言葉は頻繁に使われるが、それは意味的に使われるのか、又は文法的に使われるのかがはっきりしない。時に文法的に使われるようであるが、しかし文法的意味としての「変化」とは何か、その形態的標識は何かということに対する記述が見当たらない。そこで、本稿は文法的「変化」とは何かという問題を明らかにしたい。

1. 語彙的「変化」

　実世界の変化は実に多岐にわたる。巨視的には宇宙の変化、地球の変化、環境の変化などがあり、微視的には微生物の変化、分子の変化、遺伝子の変化など、さまざまである。一番身近な存在としてわれわれ人間のことが挙げられると思う。人間の一生の成長過程を見れば、必ず幼年期、少年期、青年期、壮年期、中年期、高年期といった段階を経なければならない。この段階というのは人間の生理的変化の特徴によって分けたものである。このような人間の外観的変化、考え方の変化などはその各段階に応じて変わる。また、変化の所要時間から見れば、瞬間的変化もあれば、長い年月をかけて変化を遂げる場合もある。「千変万化」という言葉のように、世界を構成するものにはすべて変化が存在する。

　この現象としての変化は多くは語彙的な形で言語に反映されている。そのため、その変化の種類によって動詞を分類する論文が見られる。例えば、「変化動詞」という動詞分類がそれであろう。奥田靖雄（1978）では、「変化動詞」という分類を提唱し、高橋太郎（1985）を経て、工藤真由美（1996）になって、「変化動詞」を更に細分類し、「動詞の全体的分類」の中で動詞を大きく三分類している。（A）外的運動動詞、（B）内的情態動詞、（C）

静態動詞になる。その内、(A) 外的運動動詞の下位分類は次の通りである。

　(A.1) 主体動作・客体変化動詞 [他動詞]

　①客体の状態変化・位置変化をひきおこす動詞：あたためる、あける、あむ、いためる、
　　かえる、……

　②所有関係の変化をひきおこす動詞：あげる、あずける、うる、かう、かす、……

　(A.2) 主体変化動詞

　①主体変化・主体動作動詞 [再帰動詞]：かぶる、きがえる、きる、ぬぐ、はく、……

　②人の意志的な (位置・姿勢) 変化動詞 [自動詞]：あがる、あつまる、いく、うつる、
　　かえる、……

　③ものの無意識な (状態・位置) 変化動詞 [自動詞]：あたたまる、あく、うれる、おれる、
　　かたずく、……

　以上のように、現象としての変化に照り合わせて、動詞を「客体の状態変化」「所有関係の変化」「主体の変化」「位置、姿勢の変化」などの分類にしている。これは語彙の本来持つ意味による分類である。例えば、(A.1) の①「客体の状態変化・位置変化動詞」中の「あたためる、あける」を例に見れば、一般的に物を温めれば、温める対象となる物が熱くなるという温度の変化が見られる。また、ドアを開ければ、ドアが開くという客体の状態の変化が見られる。このような分類は動詞の持つ個々の意味によって行われたものである。言ってみれば、語彙的「変化」である。

2. 文法的「変化」

　現象としての変化は客観的存在である。人間がそれを表現することによって、必然に言語を用いなければならない。しかし、このような「千変万化」の現象としての変化をすべて言語の形式として反映させることはまず不可能であろう。例えば、実世界の 100 種類の異なった変化を言語の 100 種類の形式で表現しようとしたら、言語の形式が無限に増加するに違いない。池上嘉彦 (1981: 24) の論述を引用する。

　　　外部における変化と状態はきわめてさまざまな様相で現れ、それらを表現する言語形式もそれに応じて一見さまざまであるように思われる。しかし、変化と状態の表現において実際に用いられる言語の表現形式は、その基本的な型だけを取りあげれば、ごく限られた数のもので、それらはまたごく限られた要素により規定されているように思える。

　のように、実世界の変化はさまざまであるが、それを言語形式に反映させる場合はごく限られた数のものになると述べている。つまり、そのごく限られたものは文法化されたものでなければならないということである。本稿でいう「タ」には文法的「変化」を表すかどうかは検証を通して証明しなければならない。これについては、大堀壽夫 (2004) の

提出された文法化（grammaticalization）の基準（主要意味のみ）によって検証すること
にする。

1) 意味・機能の抽象性。上記のように、実世界ではさまざまな変化が見られる。これ
らのさまざまな「変化」を言語に反映させる際に、人間は人間の持つ抽象化などの能力に
よって、それらの現象の本質的部分を抽出し、他の非本質的部分を捨象することで、それ
らが同一であるかのように扱って、概念に抽象化し、標識として言語に反映する。またそ
の標識は文法的意味を持つ非自立語でなければならない。その「変化」を表す標識とな
るものは日本語において「タ」であると考える。ここまでの事を例で説明しよう。例えば、
人間の成長過程から見れば、人間が幼年期から少年期へ、また少年期から青年期へ、青年
期から壮年期へ変わる際に、年齢の変化、体格の変化、考え方の変化など、あらゆる側面に
変化が起きて、その変化の内容がかなり違う。しかし、このさまざまな表面の変化を乗り
越えて本質的部分をとらえようとする場合、年齢の変化、体格の変化、考え方の変化とい
った非本質的部分が捨象されていき、最後に「ある状態から他の状態に変わる」（『広辞
苑（第四版）』「変化」の項）という概念に帰着するのだろう。このように形成された「あ
る状態から他の状態に変わる」という概念はあらゆる現象としての変化に適応できるも
のになる。さらに、「ある状態から他の状態に変わる」という概念を言語に反映させる場
合は、個々の現象としての変化ではなく、その概念を代表できる一定の形式（標識）が必
要になる。その形式は多くの語彙的意味を持つ自立語（例えば、消える、開くなど）など
に接続し、その概念を表すことができるように、文法的意味を持つ非自立語（形態素）で
なければならない。日本語の「タ」形は文法的意味を持つ非自立語で、語彙的意味を持つ
自立語の「消える」「開く」などに付いて、変化という文法的意味を実現する。逆に、「〜始
める」「〜終える」のような、語彙的意味を持つものはあくまで意味的に「開始」と「完了」
を表すだけで、文法的形式ではないと言える。なぜなら、これらのものには本来の実質的
意味があるため、その前に来る動詞に意味的影響を与えてしまうからである。その意味
で、「タ」形は意味・機能の抽象性を持つ非自立語であると言える。

2) 文法的カテゴリー。その抽象化された「変化」は「完了」という概念と共に、「アス
ペクト」という文法的カテゴリーに属するものである。今までの研究では、「タ」には「過
去」と「完了」という二つの主要意味があると認められている。現在、多くの研究では「変
化」という用語が使われるものの、「タ」の主要意味の一つとして認識されていない。孫
敦夫（1999、2009）は、「変化」は「タ」の主要意味の一つであると主張してきた。「過去」
はテンスであるならば、「変化」は「完了」の意味とともに、アスペクトという限られた文
法的カテゴリーに入るものだと考える。語彙的「変化」はこのような範疇には入らない。

3) 標示の義務性。「特定の形態素による標示が、ある機能を表すために要求されるこ
とが義務性である」（大堀 2004:26—33）。「変化」か「変化の結果の継続」かといった対立、
つまり「タ」—「テイル」の対立は、過程の局面を表すにはどちらかを選択しなければな
らないという点で義務性が強い。「変化」という意味を表そうとする場合は「タ」という

標識の使用が義務付けられることになる。「明かりが消える」という「ル」形を使うと、「明かりが消えるに違いない」「明かりが消えるだろう」といった「予言」や「推測」などを表し、「表現主体の表現時における心的態度」(益岡隆志 2000：87)というモダリティーの問題になりがちで、アスペクト的意味が薄れてしまうのではないかと思われる。「変化」の瞬間を表すには「明かりが消えた」のように「タ」を使用しなければならないことになっている。つまり、その標示が義務的であると言える。

これによって、アスペクト標識「タ」には文法的意味としての「変化」が含まれていると言えるのではないかと考える。

では、実例で「変化」の内容を確認したい。

(1) そして、いちばん大きくともっているランプに狙いをさだめて、力いっぱい投げた。パリーンと音がして、大きい火がひとつ消えた。(『おじいさんのランプ』 新美南吉)

(2) 五月の緑の間に咲く白い花を私は愛する。東京を立って来る前、隣りの花園で梨の花が咲いた。(『夏遠き山』 宮本百合子)

(3) ぴしり。高い金属的な音がした。と思った刹那、帆村の差上げていた棒は、真二つに折れた。(『鬼仏洞事件』 海野十三)

(4) 「何だ。なにがあった。」「人が死んだんです。お化け師匠が死んだんです。」(『半七捕物帳』 岡本綺堂)

(5) 「その短刀は、御主人が執りださなくとも、祭さえしてくださいますなら、私が執りだします」女房の眼は暗んで来た。彼女はあっと云って倒れた。(『宝蔵の短刀』 田中貢太郎)

(6) 私が二階でうとうと睡つてゐると、下の方ではけたたましく雨戸をあける音がして、田の方に人声が頻りであつた。ザザザと水の軋るやうな音がする。堤が崩れたのである。(『廃墟から』 原民喜)

例 (1) の「消えた」、(2) の「咲いた」、(3) の「折れた」、(4) の「死んだ」、(5) の「倒れた」、(6) の「崩れた」はそれぞれ違う変化を表すものである。しかし、このさまざまな変化を表すことができるのはアスペクト標識「タ」の存在があるためである。これらの動詞に「タ」が付くことによって、変化を遂げた瞬間を表すようになる。例 (1) のように、火が燃えていた状態から消えた状態に変わった瞬間を表す。(2) は花が閉じていた状態から咲いた状態に変わった意味を表す。「火が消える」「花が咲く」「棒が折れる」という「スル」形だけでは、何の変化を表すことなく、単に未来への予測などを表す。このように、さまざまな語彙的意味を持つ自立語に、文法的意味を持つ非自立語「タ」をつけることによって、「変化」を表すようになる。

このような表現の仕方は日本語のみならず、中国語にもある。上記の動詞と同じく、「火灭了」「花开了」「棒了断了」「人死了」「堤坝塌了」のように、動詞「灭」「开」「断」「死」「塌」の後に「了」をつけることによって、「変化」を表すようになると同時に日本語より「変

化」の概念が一般化されている。例えば、「脸红了」（顔が赤くなった）「一切都安静了」（全てが静かになった）「她十四岁了」（彼女は14歳になった）のように、形容詞「红」と「安静」の後に「了」をつけることもできれば、名詞「十四岁」の後にも「了」をつけることもできる。それによって「変化」を表す。日本語の場合は形容詞や形容動詞、名詞の場合なら、動詞「〜なる」を借りてその「変化」を表すことになる。しかし、「〜なる」を使っても変化の瞬間を表すには、「タ」を使わなければならない。

(7)「いや、ただ、――」佐野君は狼狽（ろうばい）した。顔が赤くなった。（『令嬢アユ』太宰治）

(8) 船はその動揺を止めた。一時に一切が静かになった。（『海に生くる人々』 葉山嘉樹）

(9) マリアは十四歳になった。（『マリア・バシュキルツェフの日記』 宮本百合子）

このように、言語によって、「変化」を表す非自立語が語彙的意味を持つ自立語に接続できる範囲が違うものの、多くの言語では、現象としての変化を、抽象化することによって、文法的概念としての変化が生れるのである。このような文法的概念は現象としての変化から抽象化され、一般化されたものであるが、しかし現象としての変化とは同じではないのである。

3. 従来のとらえ方

以上のように、「変化」という概念を用いて、今まで「変化」であるはずの現象を「完了」や「過去」で説明するもの、または説明できないものを説明できるようになったのではないかと思う。これをアスペクト標識「タ」の重要な意味の一つとして位置付けるべきだと主張してきた。しかし、従来の研究では、それをはっきりさせることが見当たらないと思われる。工藤（1996: 81）の記述を見よう。

　　　シテイルが表す〈動作の継続〉と〈変化結果の継続〉は、運動の時間的展開段階の視点から言えば、全く異なっていて、前者は、運動が終了限界に到達する前の過程段階であり、後者は、終了限界に到達した後の結果段階である。

このように、〈変化結果の継続〉という言葉を使用しているが、つまり「消えている」という状態は変化が起きた後、その変化による結果が継続しているという説明になる。では、「変化」とは何か。それは自立語である「消える」＋非自立語「タ」によって表現される「変化」ではないか。「タ」によって変化の瞬間そのものを表すのである。工藤（1996）ではこの「変化」の概念を使用してはいるが、「変化」という概念に関する論述が見当たらない。「変化」を文法概念としてとらえていない。つまり、「変化」を「タ」の意味の一つであるとはまだ認識されていないのではないかと考えられる。そのため、場当たりの説明しかできないということになる。寺村秀夫（1984:137―138）でも工藤（1996）と同

様な説明をしている。

　私はこの半年で5キロもふとっている（やせている）という文を聞く人は、話し手が、半年前と現在の自身の体重を比べ、その変化を述べているのだととるのがふつうである。つまり、この〜テイルは、「ふとる」または「やせる」という変化の起こった「結果の状態」を述べる用法の一例と理解される。

　この論述では「変化」という用語を使用しながら、変化そのものとは何か、ということについて言及しない。変化そのものがなければ、変化結果の継続も存在しないはずである。このことは逆にアスペクト標識「タ」に「変化」という文法的概念を立てる必要性があることが裏付けられるものになるのではないか。高橋（1985）などでも同じ使い方をしているが、一々枚挙しないことにする。

4.　形態論との関係

　上記のように、工藤（1996）などの「変化動詞」という分類はあくまで動詞の本来持つ意味的分類で、語彙段階の問題であると指摘した。しかし、非自立語としての「タ」は文法的意味を持つ文レベルの問題である。この「変化」は「完了」と共にアスペクトというカテゴリーの問題である。他動詞と非能格動詞、例えば「読む、走る」などという自立語が「タ」という非自立語と結び付いて実現した文法的意味は「完了」だとすれば、非対格動詞、例えば「消える、倒れる」などが「タ」と結び付いて実現した文法的意味は「変化」になる。

　日本語の古語では、「変化」という概念が現在の「タ」ではなく、助動詞「ヌ」であった。それに対し、動作の「完了」が助動詞「ツ」によって表現されていた。古語では、「変化」と「完了」に対する認識が別々の標識で表現していて、現在に比べてかなりはっきりしていた。しかし、後になって「ヌ」と「ツ」を含めた複数の文法形式が同じ「タ」という形に統一されるようなったのである。

　このような問題を扱うのは語彙論ではなく、形態論である。

5.　おわりに

　上記において、語彙的「変化」と文法的「変化」の違いを検討してきた。文法的「変化」は非自立語によるもので、形態論の問題である。語彙的「変化」は自立語によるもので、語彙論の問題である。従来の研究において、その文法的概念である「変化」は使われるものの、自らその根源にあるアスペクト標識「タ」の意味の一つとして認識されていなかったが、「タ」の主要用法に「変化」を加えることの必要性が証明されたことになるのではないかと考える。

参考文献

[1] 池上嘉彦. 「する」と「なる」の言語学―言語と文化のタイポロジーへの試論―[M]. 東京:大修館書店,1981.

[2] 大堀壽夫. 文法化の広がりと問題点 [J]. 月刊言語,2004,33(4):26-33.

[3] 奥田靖雄. アスペクトの研究をめぐって―金田一的段階 [J]. 国語国文,1977(8).

[4] 工藤真由美. アスペクト・テンス体系とテクスト―現代日本語の時間の表現―[M]. 東京:ひつじ書房,1995.

[5] 孫敦夫. 日本語アスペクト研究の新視点―助動詞タの意味の一つとしての「変化」について―[J]. 青山語文,1999(29):209-217.

[6] 孫敦夫. 珍しい用法のアスペクトについて―《過程》性アスペクトの提案―[J]. 日本語学,2006,25(9):66-77.

[7] 高橋太郎. すがたともくろみ段階 [M]// 金田一春彦. 日本語動詞のアスペクト. 東京:むぎ書房,1976:117-153.

[8] 寺村秀夫. 日本語のシンタクスと意味Ⅱ [M]. 東京:くろしお出版,1984.

[9] 仲本章夫. 論理学入門 [M]. 東京:創風社,2001.

[10] 益岡隆志. 日本語文法の諸相 [M]. 東京:くろしお出版,2000.

作者简介

孙敦夫,西安外国语大学日本文化经济学院教授,研究方向:日本语文法、アスペクト研究。

联系方式

（E-mail）sundunfucn@163.com

浅析处在状态转变前
「もう」和「まだ」的作用及其定位

席卫国

（中国·陕西师范大学）

1. 引　言

例文（1）—（8）中，如果（1）、（3）、（5）、（7）是"真"的话，那么（2）、（4）、（6）、（8）便是"伪"，相反，如果（2）、（4）、（6）、（8）是"真"的，那么（1）、（3）、（5）、（7）便是"伪"。

（1）もう大丈夫だ。

（2）まだ大丈夫ではない。

（3）まだ大丈夫だ。

（4）もう大丈夫ではない。

（5）もうあきらめた／あきらめている。

（6）まだあきらめていない。

（7）まだあきらめている。

（8）もうあきらめていない。

但在（9）、（10）中，无论是「もう」还是「まだ」，两者都呈现出状态转变前的情景，这种情况下「もう／まだ」并不呈现互补性的对立分布。不仅「もう少し足りない（稍微不足）」是"真"，「まだ少し足りない（还差一点）」同样也是"真"。

（9）水がもう少し足りない。[1]

（10）水がまだ少し足りない。

因例句（10）中的「まだ」表示的是状态转变前的情景〔即从开始的「水が足りていない（水还不够）」这种状态向「水が足りている（水够了）」的状态转变〕（佐野，2008），所以这种情况下「もう／まだ」并不呈现互补性的对立分布这一说话是可以理解的。那么（9）中「もう」的作用是什么？该如何给它定位呢？这一点，在目前的相关先行研究中还未涉及，因此笔者认为有必要进行详细的分析。在接下来的第 2 部分中，笔者将针对处在状态转形

---

〔1〕例如「コーヒを飲む（喝咖啡）」这一现象，无论是谁在做「飲む（喝）」这个动作之前，他都处在「コーヒーを飲んでいない（还没有喝咖啡）」的状态，如果正在发生这一动作，则该人就应该处在「コーヒーを飲んでいる（正在喝咖啡）」的状态。像这样如果某种状态是真实的话就有另一个与它相对应的不真实的状态存在，笔者把像这样从一种状态向另一状态的变化称为"状态转变"。这正如把「花が美しい（花美丽）」作为静态的状态时一样，如果说成「まだ花が美しい（花仍然美丽）」的话，所表述的则是表示从「美しい（美）」到「美しくない（不美）」发生转变前的状态。

前「もう」所起的作用及其定位做进一步考察分析。

2. 处在状态转形之前的「もう」

2.1 在动作性谓语句的情况下

「もう」在与动作性谓语句的「る」形相呼应时,发话时正处在单一事态开始转化前(席卫国,2006)。

（11）あいつはもう死ぬ。

（12）僕はもう寝る。

（11）、（12）发话时都是处在「死ぬ（死）」事态的开始前,所以（11）、（12）跟下面的（13）、（14）一样,只要在不改变其意义的状况下,就可以添加时间性的副词(如:「すぐ／じき,今から／これから」),笔者认为这正是「もう」在起作用。

（13）あいつはもう（すぐ／じき）死ぬ。

（14）僕はもう（今から／これから）寝る。

即使是在与表示命令、劝诱的句子相呼应时,只要是处在事态开始转变的临界前[1],「もう」也能够使用,如例句（15）、（16）、（17）。这种情况下,由于「もう」的作用,在句子中的括号里才可以附加一些信息性的句子。

（15）もう（これ以上ここにいないで）帰れ。

（16）もう（これ以上）しゃべるな。

（17）もう（これ以上）あんなことはやめよう。

不难看出,例句（15）、（16）、（17）都是通过使用「もう」来表示在此之前一直持续着的状态已被终止或是在时间上的临近。

再如例句（13）、（14）,如果单纯用「死ぬ／寝る」而不用「もう」的话,就表现不出在这之前「生きていた／起きていた」的持续状态。如果使用「もう死ぬ／もう寝る」的话,就增添了此类的含义,即「今まで生きていたのをやめて／今まで起きていたのをやめて」。这种阻止状态持续的作用就是通过谓语句体现出来的。所以,在例句（15）—（17）中,命令句也好劝诱句也好,都有「これ以上」的含义。

然而「まだ」也可以跟动作性谓语的「る」形的否定形呼应使用(柏木,2005)。这种情况下发话时也是处在单一事态的开始临界前,这一点与「もう」句相同,在不改变其意义的状况下可以添加其他(数量)词汇。[2]如:

（18）あいつは（まだ／まだしばらく）死なない。

（19）僕は（まだ／まだしばらく）寝ない。

（1）像「水がもう、少し足りない（水还,稍微不够）」这种在「もう」与「少し」稍加停顿一下的说法,它所表示的是由于「今まで十分に足りていた水が減った（之前十分充足的水减少了）」而转变为「足りない（不足）」的状态。所以,此说法不是本论文所研究的对象。

（2）所谓单一状态开始界限主要指的是某一状态从还未开始此状态向已开始此状态转变以前的过程。

不过从作用上看,例句(18)、(19)中的「まだ」与例句(15)—(17)中的「もう」完全不同,它没有阻止状态持续,而是延续了这种持续的状态,因此可以添加像(「まだ／まだしばらく」)这一类表示时间性的副词(石神,1978)。

2.2 在状态性谓语句的情况下

「もう」与状态性谓语句相呼应时,它并不表示状态转变以后的情景(席卫国,2006)。例如:

(20)水がもう少し足りない(水还有些不足)。

(21)完成までもう一、二年時間がかかる(到完成还需要花一到两年时间)。

(22)人材をもう何人か増やしたい(还想再增加几个人才)。

例句(20)—(22)中,「もう」与2.1所说的的动词性谓语相呼应的情况不同,如果没有数量词(「少し／一、二年／何人か」等)的话,其意义就不好理解。

(23)? 水がもう足りない。

(24)? 完成までもう時間がかかる。

(25)? 人材をもう増やしたい。

在同样的情况下,如果将句中的「もう」转换成「まだ」,就没问题了。

(26)水がまだ足りない。

(27)完成までまだ時間がかかる。

(28)人材をまだ増やしたい。

综上所述,在动作性谓语句中,「もう」起到的是阻止状态持续的作用,而「まだ」起到的是延续状态持续的作用。值得注意的是,在「もう」的句子中,这种终阻止态持续的作用是由谓语句表现出来的;相反,在状态性谓语句中,它的这种作用并不是通过谓语句表现出来,而通过将达到阻止状态持续的数词或量词作为一种表现形式代替了这种作用。所以,这些数词或量词在此类句子中是必不可少的。而在「まだ」句中,因它所起的作用是延续原有的持续着的状态,所以句中的数词也好,量词也好,它们只不过是用来增加一些信息而已,不是必需的成分。另外,如例句(29)、(30)、(31)所示,假如把「もう＋数量を表す语」作为谓语的话,原文便可以改写为另外一种形式,这也说明「もう」与谓语句的结合是非常密切的。

(29)水がもう少し足りない。= 足りないのは、もう少しだ。

(30)完成までもう一、二年時間がかかる。= かかるのは、もう一、二年(の時間)だ。

(31)人材をもう何人か増やしたい。= 増やしたいのは、もう何人かだ。

3. 能够与「もう」相呼应的数量词

为了明确在状态谓语句里「もう」必须与表示数、量的词语搭配使用这一点,请再看一下前面已举过的例句。

(32)水がもう少し足りない。

(33)完成までもう一、二年時間がかかる。

（34）人材をもう何人か増やしたい。

以上三个例句中，我们可以发现发话时的基点分别是在「水が足りない」「完成まで時間がかかる」「人材を増やしたい」，而在反映「水の不足量」「完成までの時間量」「増やしたい人材の数」的句子里，分别使用了像「少し／一、二年／何人か」这一类的数量词。

那么究竟什么样的数量词才能与「もう」相呼应使用呢？就这一点，笔者将通过例句（35）、（36）、（37）做进一步的分析（＊表示不能使用）。

（35）水が（もう）（少し／ちょっと／わずかに／＊たくさん／＊ずいぶん／＊かなり／＊とても）足りない。

（36）完成まで（もう）（少し／ちょっと／わずかに／＊たくさん／＊ずいぶん／＊かなり／＊とても）時間がかかる。

（37）人材を（もう）（少し／ちょっと／わずかに／＊たくさん／＊ずいぶん／＊かなり／＊とても）増やしたい。

例句（32）、（33）、（34）中的「少し／一、二年／何人か」数量词可以用例句（35）、（36）、（37）中的「少し／ちょっと／わずかに」等表示极小或极少的数量词来替换，而不能够用表示数量多或大的词汇（如＊たくさん／＊ずいぶん／＊かなり／＊とても）来代替。但如果没有「もう」的存在，以上所有的例句都是成立的。这一点与在2.1中所分析的动作性谓语句的情况一致。再如：

（38）あいつはもう（すぐ／じき）死ぬ。

（39）僕はもう（今から／これから）寝る。

从（38）、（39）中的「すぐ／じき／今から／これから」来看，它们都具有「間もなく」的含义，时间量上也是极少量的。

另外，如下面的例句（40）、（41）、（42）所示，一般情况下，「もう」是不出现的（或者说不能够使用），所以笔者认为「もう」只能同表示微小数量的词汇在状态性谓语句中相呼应。

（40）×水がもう足りない。（○水が足りない。）

（41）×完成までもう時間がかかる。（○完成まで時間がかかる。）

（42）×人材をもう増やしたい。（○人材を増やしたい。）

相反，在「まだ」句中就不受「もう」句中这样的限制。例如（43）、（44）、（45）、（46）、（47）、（48）所示，各句在意义上分别可以理解为：「今まで水が足りなくて、依然として水が足りない状態が継続していること（水一直不够，并且这种不够的状态仍一直持续着）。」「完成まで時間がかかるという状況が以前から継続していること（到完成还需花费时间这种状况从一开始就持续着）。」「人材を増やす活動を継続したいこと（想把增加人才这种活动持续下去）。」

（43）水がまだ（少し／ちょっと／わずかに／たくさん／ずいぶん／かなり／とても）足りない。

（44）完成までまだ（少し／ちょっと／わずかに／たくさん／ずいぶん／かなり／とても）時間がかかる。

（45）人材をもう（少し／ちょっと／わずかに／たくさん／ずいぶん／かなり／とても）増やしたい。

（46）水がまだ足りない。

（47）完成までまだ時間がかかる。

（48）人材をまだ増やしたい。

综上所述，笔者认为「もう」与表示某种极小或极少数量词的结合非常密切，是不可分割的。与此相反，「まだ」不与表示数量的词汇结合，而与其谓语句的结合非常密切。换言之，可以把「水がまだ少し足りない」看成「水がまだ足りない」加「水が少し足りない」结合的一种表达形式，而「水がもう少し足りない」并不是由「? 水がもう足りない」与「水が少し足りない」结合而成的。

这里，笔者假设在与数词或量词相呼应的句子里，「もう」与数词、量词的结合不仅密切而且还修饰这些词汇，「まだ」不与数词或量词结合，始终保持与谓语的密切关系，表示既存的状态一直在持续着，那么我们就可以用下面的例句证实这一假设。

（49）水がまだもう少し足りない

    ＝「水がまだたりない」＋「水がもう少したりない」

但是，如果把「まだ」跟「もう」调换一下，下面的说法就是不成立的。

（50）＊水がもうまだ少し足りない。

    ＝「水がもう足りない」＋（「水がまだ足りない」＋「水が少し足りない」）

如例句（49）所示，「水がまだ足りない」表示的是「今までから水が足りなくて、その状態が現在も継続中であること」，而「水がもう少し足りない」只表示所差水的量，从意义上看，可以简单地理解为「今まで水が足りなくて今もなお水が足りないのだが、その不足量はわずかである」。而在例句（50）的「水がもう足りない」中，「もう」没有与数词或量词呼应使用，所表示的只是一种状态转变为另一种状态后的形式，也就是「今まで足りていた水が足りなくなった」的状态。与之不同的是，「水がまだ足りない」所表示的是「今までから水が足りなくて、その状態が現在も継続中であること」，从意义上看它与「今まで足りていた水が足りなくなった」是完全不同的。所以，例句（50）「水がもうまだ少し足りない」，是不成立的。

4. 结 语

通过以上各节分析，笔者认为，「もう」在状态性谓语句和动作性谓语句里的作用是不同的，只要把「もう」当成阻止状态持续（迄今为止一直的持续状态）的一种手段，就可以得出一致性的答案，即在动作性谓语句中，「もう」这种阻止状态持续的作用是由谓语句表现出来的，故在「もう」的后面不用特意添加数词或量词（实际上很多情况下为了强调某种意境，有不少句子使用了数词或量词，其实这是没有必要的）。相反，在状态性谓语句中，它的这种作用（即阻止状态持续的作用）并不是通过谓语句表现出来的，而只能通过数词或量词与「もう」相呼应才能体现出来。所以，在这种的句子里，数词或量词是必不可少的。但在「ま

だ」句中,「まだ」只起到延续原状态持续的作用,所以无论是在动作性谓语句还是在状态性谓语句里,「まだ」不受「もう」那样的限定。

参考文献

[1] 石神照雄. 時間に関する〈程度性副詞〉「マダ」と「モウ」―〈副成分〉設定の一試論―[J]. 国語学研究,1978(18):26-38.

[2] 柏木成章.「まだ」と「もう」[J]. 大東文化大学紀要(人文科学),2005(43):125-131.

[3] 佐野平.「もう」「まだ」とアスペクト辞「ている」との共起関係について[J]. 日本文学誌要,2008(78):158-170.

[4] 席卫国.「もう」と「まだ」その周辺―状態の移行前における二つの副詞[J]. 語文研究,2006(9).

[5] 森田良行. 基礎日本語(2)[M]. 東京:角川書店,1980.

作者简介

席卫国,陕西师范大学外语学院副教授,研究方向:日语语言学。

联系方式

(E-mail)xi.weiguo@163.com

日汉「肩」（肩）语义扩展的认知考察

钟 倩

（中国·广州大学外语学院）

1. 引 言

人类在认知世界时，就遵循"近取诸身，远取诸物"的原则，即以"体认"的方式把人自身作为衡量周围事物的标准来认同世界。[1]根据"人类中心说"中"一切都是从人自身出发，引申到外界事物，再引申到空间、时间、性质"等[2]可知，人体及其器官是人类认知的基础和出发点。因此，由人体器官单位构成的人体词所代表的概念则成为人类认知世界最基本的概念之首，并能在日常应用中派生出更多意义，具有显著的隐喻系统性特征。

近年来，从隐喻、转喻等认知角度考察人体词语义成为比较新的课题，如吴宏（2009）主张"颜"类惯用句的词义扩展是基于生理特征、运动特征和社会特征，并通过认知机制实现的；万红梅（2011）以日语"头"一词为例，阐述了意象图式在词义延伸中发挥的重要作用；吴宏（2012）基于认知的视角对日语人体词惯用句的语义构建进行了考察。

总之，可以说国内学界对"头、颜、口、目、腹"等词的语义扩展的认知性研究已渐成系统。个别学者尝试以"肩"类惯用语为研究对象，但针对"肩"一词的语义扩展机制未做深入、具体的论述。作为对上述研究的补充，本文拟从认知的角度分析"肩"一词本身的语义扩展过程，进而探讨「肩」（肩）这一人体词在日汉语言中的语义构建及运行机制的异同所在。

2. 认知理据

传统词汇语义学在谈论词义变化的原因时，更多是强调历史、社会的因素。但它们只是外部因素，其内因源于语言使用者的认知思维。[3]而隐喻和转喻作为基本认知方式，在语义的发展和变化中起到了重要的作用。

隐喻涉及两个不同领域事物之间的关系，主要以两事物间的相似性为根据，是一种近似关系。隐喻的理解过程实际上是不同认知域之间的投射，即始源域事物特点向目标域事物映射的过程。据统计，语言中 70% 的词义都是隐喻或者源于隐喻。[4]正如 Lakoff & Johnson（1980）所言："隐喻普遍存在于人们的日常生活中，不仅存在于语言中，也存在于思维和行为中。我们赖以思维和行为的一般概念系统从根本上说都是隐喻的。"隐喻的本质是根据一种事物来理解和体验另一种事物。

---

〔1〕束定芳：《隐喻学研究》，上海外语教育出版社 2000 年版，第 41—42 页。

〔2〕沈家煊：《"语法化"研究综观》，《外语教学与研究》1994 年第 4 期，第 17 页。

〔3〕赵艳芳：《认知语言学概论》，上海外语教育出版社 2001 年版，第 120—121 页。

〔4〕同上，第 51 页。

　　与之对应，转喻所涉及的是一种"接近"和"突显"的关系。Lakoff & Johnson（1980）认为："我们用一个实体去指另一个相关的实体就称为转喻。"隐喻涉及两个不同认知域，而转喻常常涉及同一认知域中相接近或相关联的事物之间的关系，即采用一个突显事物替代另一个事物，如部分与整体、容器与其功能或内容之间的替代关系。

　　语义扩展类型主要有两种：（1）辐射型，即派生义从字面义向四周辐射，各个派生义相对独立；（2）连锁型，即源于字面义的派生义又可派生出其他意义。这两种类型往往相互交织，从而实现语义扩展。

　　同时，语义取象[1]也在语义构建过程中起到了重要作用。赵倩（2013）指出：语义取象是词义演变的基础，词义在发展过程中往往受人们认知经验中的意象特征影响，形成一个个与语义取象特征有关的具体意义。某方面的意象特征越突出，据此引申而来的意义则越多，认知语言学中将这种与认知特性相关的、词义中最为突显的语义取象特征称为词义的"强势特征"。

3．日语「肩」的语义分析

　　本文在参考多本词典的基础上，对「肩」（肩）的各个义项进行归并、整理，并作为本文的研究对象。其中日语「肩」的释义及用例主要来源于《日本国语大辞典》[2]，参考了《广辞苑（第五版）》等。

3.1 日语「肩」的语义

基本义：

①首の付け根から腕の付け根に至るまでの胴体の上側の部分。（指从颈项根部到臂膀根部的躯干上部。）

②動物の前肢·翼などが胴体に接続する部分の上側。（动物的前肢或翅膀等与躯干上侧相接的部分。）

引申义[3]：

③衣服の①に当たる部分。（衣服的肩部。）

④山·道などの人の①に似た位置にある部分。（位于相当于山、道路等肩部位置的部分。）

　　ア：山の頂上から少し下がった平らな部分。（从山顶稍微向下倾斜的平坦的位置。）

---

〔1〕赵倩（2013）指出：语义取象即语义取自某种意象。语义取象特征是对一个固定器官部位属性的分解和抽取，人们在建立这个事物的概念时，选取认知经验中的突出特征，形成一定的心理意象，因此词义也常常随之发展。

〔2〕《日语国语大辞典》为日本国内最大规模的国语辞典，所收条目义项较为完备，释义准确，用例丰富。以此权威辞书作为主要材料依据，可以充分利用已有的研究成果，避免在义项归并及释义上的主观性。同时，此处有关日语"肩"的用例，源自上述两部词典则不予以标记，出自他处的将会注明。

〔3〕以下日文释义（ ）内及例句 // 之后为其汉语译文。

イ：道の谷側の端。（靠近路槽的一端。）

⑤文字や物のかどの部分。（文字或物的上角、上端部分。）

⑥物を担ぐ力。また、物を投げる力。（使用肩膀的动作及所用之力。）

⑦助力、ひいき、味方。（支援、协助、袒护。）

⑧担いでいる荷物、また、その負担、責任。（所担负的重物；负担、责任。）

⑨［肩に倶生神が宿っていて人の運命を支配するという俗信から］運。〔（源于命运之神寄宿在人肩的迷信）運（运气）。〕

⑩（接尾語）駕籠などをかつぐ人数を数えるのに用いる。（作为量词接尾，用于计量轿夫人数。）

3.2 日语「肩」的语义扩展分析

3.2.1 日语「肩」的隐喻分析

人体词是最早被用来指称具体事物的相似部位的词语。而人体域到具体事物域投射的实现则基于两个概念在形貌、位置及功能等取象特征上的相似性。例如：眼睛凹陷于面部上方，其语义取向为一种"凹陷之物"，基于"眼"与"孔洞"之间在"凹陷"这一语义特征上的相似性，实现了人体域向其他事物域的投射，"眼"扩展出"孔洞"的引申义，如炮眼、泉眼等。

具体到"肩"一词，首先基于肩部这一人体部位的位置特征，在突显位置相似性基础上，实现了从人体域到"衣物、文字"等具体事物域的隐喻投射，形成了义项③和⑤。而义项④的形成则是基于肩部形貌及位置特征的相似性基础上，在隐喻作用下实现了向"山、道路"的投射。

义项⑨「運（运气）」。该义项源于"命运之神寄宿在人肩"的迷信说法。『大辞林』记载，倶生神是佛教从印度神话中所传承的神，一般情况下为两性合体，一旦分为男女时则位于阎王两肩，记录人们的日常行为活动。其中，男神位于右肩，记录善事；女神位于左肩，记录恶事。最终以此判定人死后是打入地狱还是升入天堂。基于以上文化背景，日语中的「肩」作为倶生神寄宿的部位，经隐喻扩展后被赋予了"运气"之意。由此可见，文化要素在语义扩展中亦起到十分重要的作用。

3.2.2 日语「肩」的转喻分析

义项⑥「物を担ぐ力。また、物を投げる力（使用肩膀的动作及所用之力）」。肩作为担负、投掷重物的部位，在"主体—功能"的转喻作用下，实现了用「肩」指代相关行为及性质，从而引申出义项⑥，其语义取象为肩的功能特征。

义项⑦「助力、ひいき、味方（支援、协助、袒护）」。该义项取象基于肩的功能特征，在"原因—结果"的转喻作用下，借肩担负重物这一具体动作引申出"支援、协助、袒护"之意。

义项⑧「担いでいる荷物、また、その負担、責任（所担负的重物；负担、责任）」[1]。首先，

---

〔1〕该义项属于隐转喻共同作用下的引申义。基于该义项生成最初始于转喻，因此将其划入转喻分析部分，下同。

基于位置邻近性关系特征，在转喻作用下，实现用「肩」指代与其相接触的具体事物，从而衍生"所担负重物"之意。基于"所担负重物"与"负担、责任"两者都给人以负重感的相似性基础，进而实现由具体物理域到抽象心理域的投射，实现"责任"这一义项的引申。由此可见该义项的引申是基于肩的功能特征，在隐转喻[1]的作用下得以实现的。

义项⑩「駕籠などをかつぐ人数を数えるのに用いる（用于计量轿夫人数）」。「肩」作为担负重物的部位，基于其功能特征，在"部分—整体"的转喻作用下，借用「肩」指代"轿夫人数"。

3.3.3 小　结

以上笔者就日语「肩」的语义扩展做了分析，我们发现在日语「肩」的8项引申义中，基于隐喻引申的有4项，基于转喻的有3项，基于隐转喻的有1项。从语义范畴[2]来看，日语「肩」的引申义涉及"具体事物""抽象事物"及"量词"，其中表示"抽象事物"的义项最多。从取象特征来看，基于肩膀功能特征所引申的义项有5项，占大多数，即「肩」一词的语义扩展中功能特征最为突出。由此可以得出日语「肩」的词义强势特征为功能特征。同时我们还注意到，在「肩」的语义扩展过程中，其取象特征不限于该部位的形貌、位置、功能其中的一项，如义项④是基于肩部形貌及位置特征的相似性基础上通过隐喻引申的。

4. 汉语"肩"的语义分析

与日语「肩」相对应，汉语中"肩"也有多种说法。如"肩""肩膀""肩头""肩胛""肩子""肩巴""肩膊"等。本文仅以"肩"为对象展开分析，其具体义项及用例主要来自《汉语大词典》[3]，同时参照《辞海》等。

4.1 汉语"肩"的语义

基本义：
①人的胳膊和躯干相连的部分。
②四足动物的前脚根部。
引申义：
③背；背在肩上。
④担负。
⑤任用。作为此义时，一般见于古文。

---

〔1〕Goossens（1990）认为，虽然隐喻和转喻原则上是两种不同的认知过程，但它们并不总是相互排斥而是相互作用的，并创造了隐转喻这一术语来指同时利用隐喻和转喻的结构。

〔2〕孙影（2012）将人体词语义划分为10个具体的语义范畴，分别为身体器官、具体事物、行动、人、抽象事物、空间、时间、性质、量词、虚词。

〔3〕《汉语大词典》中所收条目义项完备，释义确切，层次清楚，文字简练。以此权威辞书作为主要材料依据，可以充分利用已有的研究成果，避免在义项归并及释义上的主观性。同时，此处有关汉语"肩"的用例，源自《汉语大词典》的则不予以标记，出自他处的将会注明。

⑥比喻承担的责任、负担。

⑦犹言相提并论或等齐。

⑧量词。肩作为量词使用时意义较为广泛。既可用于肩荷之物，亦可表示换一次肩的行程以及官职级别。

4.2 汉语"肩"的语义扩展分析

4.2.1 汉语"肩"的隐喻分析

义项⑦"犹言相提并论或等齐"。排队成一列时，通过肩膀的高低大致可以判断身高。基于此种经验联想，在隐喻作用下，实现由人体域向抽象事物域的投射，从而引申出该义项。如例句中"差肩"本指肩膀的实际高度差，基于以上认知基础，用于比喻"在弹奏方面的实力差别"。

4.2.2 汉语"肩"的转喻分析

义项③"背"。肩膀是承担负荷重物的部位，基于这一显著功能特征，在"主体—功能"的转喻作用下，用"肩"指代"背负"这一具体动作，即义项③。

义项④"担负"、义项⑤"任用"（此意的使用限于古语，在现代汉语中几乎不出现）。首先，基于肩的功能特征，在"主体—功能"的转喻作用下，用"肩"指代与其相关的具体动作，从而衍生义项③。后来在隐喻作用下，实现从具体动作域到抽象域的映射，表示对"责任、使命"等的承担，由此引申出义项④和⑤。由此可见，这两项的语义扩展方式属于基于功能特征的隐转喻。

义项⑥"承担的责任、负担"。该义项是基于"担负重物"与"承担责任、负担"两者均在心理、身体上给人负重感的相似性基础上，由人体域到抽象心理域投射，从而扩展出"负担、责任"的隐喻义。而"重物"与"肩"之间为位置临近关系，属于转喻。由此可见，该义项的引申基于肩的功能特征，亦为隐转喻共同作用的结果。

义项⑧"肩"作为量词，用来计量具体事物，如"一肩山轿""一肩行李""一肩柴"等。该义项的引申是在功能相关性基础上的转喻作用下得以实现的。而"挑一肩"则是基于肩担负重物的功能特征，将"肩"作为参照点用于指代"担负重物换一次肩所行走的路程、距离"的整体认知域，表示"换一次肩的行程"。可见，该引申义的产生是基于肩的功能特征，在"部分—整体"的转喻模式下得以实现的。另外，"只下太守一肩"中"一肩"原指一定的高度，而职位亦有高低之分，由此在此种相似性基础上实现了由人体域向具体事物域的隐喻投射，从而将"肩"用于官职上表示级别，"只下太守一肩"意为"只比太守低一个级别"。

4.2.3 小 结

通过以上对汉语"肩"的语义扩展分析，我们发现在"肩"的6项引申义中，基于隐喻引申的有1项，基于转喻的有2项，基于隐转喻的有3项。从语义范畴来看，汉语"肩"主要涉及"行动""抽象事物"及"量词"，其中表示"行动"的义项占据一半。从取象特征来看，基于肩膀担负重物之功能特征所扩展的义项多达5项，即在汉语"肩"一词的语义扩展中功能特征最为突出。由此可见，汉语"肩"的词义强势特征为功能特征。

5．结　语

　　以上运用认知语言学的隐、转喻理论对日汉「肩」（肩）的语义扩展进行了分析，我们发现：

　　（1）日语「肩」的语义扩展类型为辐射型；而汉语"肩"的语义扩展类型为以辐射型为主，连锁型为辅的综合型。图1和图2为它们具体的语义扩展图[1]。

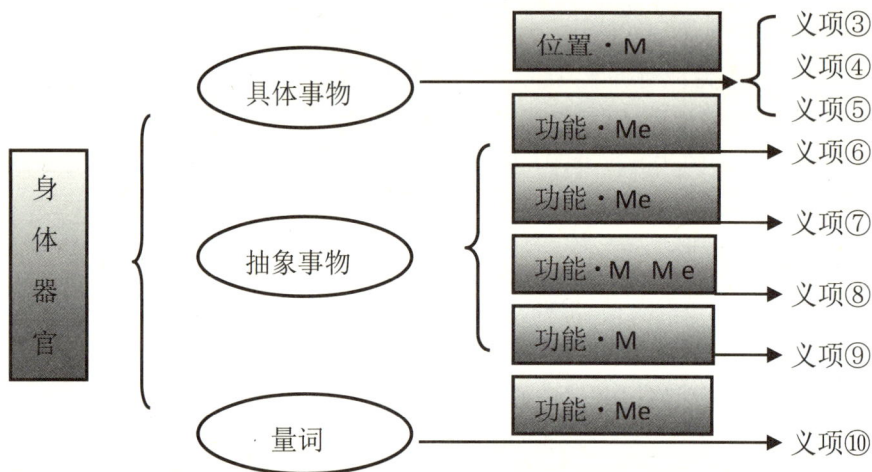

图1　日语"肩"自身的语义扩展

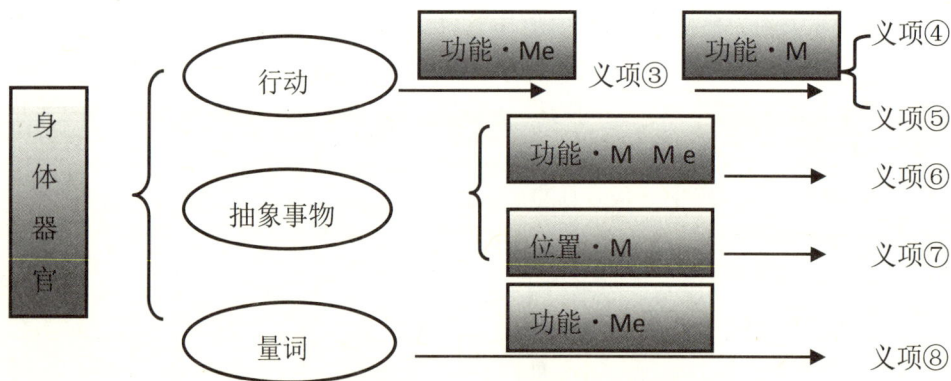

图2　汉语"肩"自身的语义扩展图

　　（2）从日汉「肩」（肩）的语义扩展来看，它们分别从"身体器官"出发，实现了向"具体事物""行动""抽象事物"等域的投射，突出体现和反映了词汇语义变化常遵循的变化规律——人＞物＞过程＞空间＞时间＞性质（Heine & Hiinnemeyer，1991），同时也证实了"人

---

〔1〕图中"方形"表示人体词基本义；"椭圆"表示引申义所属语义范畴；M表示隐喻，Me表示转喻；功能、位置表示语义扩展的取象特征。

类中心说"所主张的"一切都是从人自身出发，引申到外界事物，再引申到空间、时间、性质等"。

（3）在日汉「肩」(肩)一词的语义扩展过程中隐喻和转喻均起到了重要作用，如基于功能特征的相似性，在隐喻作用下，日汉「肩」(肩)都引申出"责任、负担"及相关动作等义项；而日汉「肩」(肩)用于计量具体事物或人时均是在其功能相关性基础上的转喻作用下得以实现的。另外，在日汉「肩」(肩)的语义扩展中还存在隐喻、转喻共同作用的情况，如日语「肩」义项⑧及汉语"肩"义项④、⑤、⑥。这一方面说明中日两国人民某些共同的身体体验决定了认知的相通性，另一方面也为隐转喻提供了佐证。

（4）在日汉「肩」(肩)的语义构建过程中，其功能特征得以凸显，由此派生的义项也占大多数。由此可见，「肩」(肩)在日汉语言中的词义强势特征同为"功能"特征，即肩的功能特征在日汉民族思维中占据最突出地位。

参考文献

[1] 辞海编辑委员会. 辞海 [M]. 上海:上海辞书出版社,2002.

[2] 汉语大词典编辑委员会汉语大词典编纂处. 汉语大词典 [M]. 上海:汉语大词典出版社,1996.

[3] 黄碧蓉. 人体词语语义研究 [M]. 上海:复旦大学出版社,2010.

[4] 靳卫卫,钟倩. 日汉人体词语的文化认知分析——以"肩"为中心 [J]. 日语知识,2012(6):15-17.

[5] 沈家煊. "语法化"研究综观 [J]. 外语教学与研究,1994(4):17-24.

[6] 束定芳. 隐喻学研究 [M]. 上海:上海外语教育出版社,2000.

[7] 孙影,成晓光. 身体词词义演变的认知解析 [J]. 外语研究,2012(2):26-29.

[8] 王文斌. 论汉语"心"的空间隐喻的结构化 [J]. 解放军外国语学院学报,2001(1):57-66.

[9] 张可,卢卫中. "足"隐喻的认知研究 [J]. 西安外国语大学学报,2013(1):1-4.

[10] 赵倩. 汉语人体名词词义演变规律及认知动因 [M]. 北京:中国社会科学出版社,2013.

[11] 赵艳芳. 认知语言学概论 [M]. 上海:上海外语教育出版社,2001.

[12] GOOSSENS L. Metaphtonymy: the interaction of metaphor and metonymy in expressions for linguistic action[J]. Cognitive Linguistics,1990(1):323-340.

[13] HEINE B, CLAUDI U, HIINNEMEYER F. Grammaticalization: a conceptual framework[M]. Chicago: The University of Chicago Press,1991.

[14] LAKOFF G, JOHNSON M. Metaphors we live by[M]. Chicago: The University of Chicago Press,1980.

[15] 新村出. 広辞苑 [M]. 第 5 版. 東京:岩波書店,1998.

[16] 梅倬忠夫, 金田一春彦, 阪倉篤義, 他 . 日本語大辞典 [M]. 東京:講談社, 1992.

基金项目

本文为 2013 年广东省哲学社会科学十二五规划项目"文化认知视角下的汉日人体词对比研究"阶段性研究成果(批准号: GD13XWW182013)。

作者简介

钟倩,广州大学外语学院日语系讲师,研究方向:日汉语言文化对比。

联系方式

(E-mail) syousei1984@163.com

中国的日语文化语言学理论研究现状调查

王　昕

（中国·大连交通大学）

1. 引　言

文化语言学是一门新兴的边缘学科。早在 20 世纪初期，美国人类学家、语言学家鲍厄斯就创立了"人类语言学"（又称为语言人类学），该学科在西方国家得到了长足的发展。

在中国，中国方言学者游汝杰首次于 20 世纪 80 年代提出建立文化语言学的设想，"文化语言学"应运而生，中国汉语学界掀起了文化语言学研究的热潮，研究成果可谓硕果累累。同时由于文化语言学有其民族性的一面，因此中国文化语言学不能全面照搬西方的"人类语言学"，必须结合本国民族文化特点进行具体研究，开拓文化语言学研究属于自己的一片天空。

那么，中国的日语学界对文化语言学理论研究的进展情况如何呢？笔者对此进行了调查。

2. 中日两国日语语言文化学理论研究成果分布情况调查

文化是语言的母体，语言是文化的载体，文化和语言是难以分割的紧密关系。笔者在平时的教学和生活中也屡屡发现，国人即便日语发音很标准、日语表达十分流畅的人，其很多说法和做法，甚至是举手投足的非语言表达，还是会让接触到的日本人感觉到他们与日本人思维方式不同的语言和非语言文化冲突。在经济高度全球化和文化多元化的国际背景下，各国间的经济文化交流日益频繁，仅仅就语言或文化本身进行研究已经不能适应新时代的要求，多角度跨学科的多维度日语研究的需求日渐迫切，日语文化语言学研究成为中国现代日语界研究的新的重大课题。

关于文化语言学诞生的重要意义，苏新春在《文化语言学教程》中说道：

> 实际上，文化语言学出现的重要意义就在于它给人们提出了观察语言存在状态及演变规律的新角度和新理论，它要求做到的不仅是对现有语言知识的补充，还有在对语言文化属性深入认识的基础上对语言知识的重新描写，这就必然会对现有的语言认识带来新的反思，有的甚至是改写。

国内众多日语学者也意识到了把语言和文化有机结合来进行研究的重要性，近年来从文化语言学的视角来分析日语语言现象和文学作品的论文不断涌现，但其中论及日语文化语言学理论的论文却寥寥无几。为了更进一步考察中日两国日语文化语言学理论的研究现

状，笔者利用国家图书馆查询系统和日本 CiNii 查询系统，通过输入中文关键词"文化语言学""日本文化语言学"和"日语文化语言学"及日文关键词「文化言語学」和「言語文化学」进行了调查。具体如表1所示。

表1 中日文化语言学理论研究成果分布状况

关键词 类别	中国			日本	
	文化语言学	日本文化语言学	日语文化语言学	文化言語学	言語文化学
著作 (部)	20	0	0	4	14
论文 (篇)	257	3	1	3	0

从表1可以看出，到目前为止，与中国文化语言学研究的丰硕成果相比，中国的日语文化语言学研究还没有一部相关理论著作，而论文只有为数不多的4篇；日本的文化语言学研究著作颇多而论文却寥寥无几。因此，中日两国的日语文化语言学的理论研究尚处于萌芽阶段，没有形成一套完整且成熟的理论，这是中国日语界研究者今后要解决的一个重要的研究课题。正如胡振平在论文《文化语言学与日语教学研究》中所说："与英语、俄语相比，日语界在文化语言学等方面的研究远远落在后面。……专门针对中国人难点的日语语言国情学以及日语文化语言学的研究是摆在我们日语学界面前的一个重要课题，这个课题的完成者主要应该是中国人（当然，需要日本专家学者的协助）。"

3. 中国的日语语言文化学理论研究成果概述

笔者仔细研读中国日语语言文化学的理论研究成果，对下面这些成果做一简单概述。

由于在日本关于「文化言語学」和「言語文化学」理论的研究成果较少，国内日语学界的日语文化语言学的理论研究主要参考了汉语界的文化语言学研究成果，如戴昭铭的《文化语言学》和《文化语言学导论》、邢福义的《文化语言学》等。而参考的日本学者的论著，其主要内容是围绕文化与语言的关系，强调语言背后的文化研究的重要性，都没有关于日语文化语言学理论层面的研究成果。笔者认为，汉语界和日本学界的文化语言学理论对于中国的日语文化语言学理论的构筑虽然具有一定的参考价值，但是毕竟是研究外语而非母语的文化语言学理论，无论是在研究对象、理论基础和研究方法方面，还是在学科发展方面都大相径庭，不能生搬硬套。

另外国内学界现阶段主要的研究方向仍然是集中在如何从汉语界的文化语言学视角来分析解决日语的语言现象和教学中的日本文化导入问题。如林娟娟在《试论建构日本文化语言学的必要性——提倡建构新学科研究体制》中提到了日语文化语言学是培养日语专业学生跨文化交际能力的重要内容之一，但其文中并没有提及具体学科建设相关的问题。

张燕的《日本文化语言学理论基础初探》针对日语文化语言学的文化研究范畴和学科任务进行了定位，她提出：作为文化语言学研究对象的文化应该是狭义文化；日语文化语言学应以日语与日本文化关系为焦点，揭示语言现象背后的文化本质。文中虽然单独列出一章阐述日语文化语言学的理论基础，但是通读整篇文章后，笔者发现，作者只是就语言和文化的密切关系进行了论述，并没有给出一个明确的定论。

罗琳在《日本文化语言学动态考察及反思》中，概括了目前中国日语文化语言学研究的主要方向及各方向研究的现状分析和反思。她不仅概述了宏观层面的日语文化语言学理论研究的现状，还概括了微观层面的文化与语言以及教学中文化导入研究的现状。

金宁在《日语文化语言学举隅》中主要通过大量具体案例，论述了语言与文化之间的关系。文中并没有提及日语文化语言学这一学科的相关问题。

通过以上对研究成果的概述可以发现，中国的日语文化语言学理论范畴的研究尚处于萌芽阶段，今后还有很长的路要走，还需要日语界的学者群策群力去解决这个重要课题。

4. 结 语

以上本文论述的关于中国的日语文化语言学理论研究的现状，是通过提取关键词的方式进行了调查得出的。通过调查可以看出中国的日语文化语言学理论研究尚处于萌芽阶段，仍然需要国内的日语研究者结合中国日语学习者的实际情况，进行专门针对中国人的日语文化语言学研究，以更好解决在跨文化交流中出现的语言和非语言的文化冲突。另外关于日本的文化语言学理论研究现状的深入调查对中国的研究也有很好的参考价值，笔者今后将关于这个问题展开进一步的考察。

参考文献

[1] 苏新春. 文化语言学教程 [M]. 北京:外语教学与研究出版社,2006.

[2] 胡振平. 文化语言学与日语教学研究 [J]. 日语学习与研究,1998(1).

[3] 张燕. 日本文化语言学理论基础初探 [J]. 解放军外国语学院学报,2001(5).

[4] 罗琳. 日本文化语言学动态考察及反思 [C]. 福建省外国语文学会 2010 年年会论文集,2010.

[5] 林娟娟. 试论建构日本文化语言学的必要性——提倡建构新学科研究体制 [C]// 福建省外国语文学会 2004 年年会论文集,2004.

[6] 金宁. 日语文化语言学举隅 [C]// 外语语言教学研究——黑龙江省外国语学会第十次学术年会论文集. 哈尔滨:黑龙江人民出版社,1996.

作者简介

王昕,大连交通大学副教授,研究方向:日语文化语言学。

联系方式

（E-mail）apwxapple@163.com

现代汉语的"发明"一词

孙　逊

（中国·西安外国语大学）

1．引　言

　　自 1958 年国内第一次掀起研究汉语外来词的热潮后，时隔二十多年，在改革开放和中日邦交正常化的背景下，国内又掀起了第二次研究汉语中日源词的热潮，同时，研究视野不断扩大，研究方法更加科学。关于日源词的流入及传播途径方面的研究中，刘凡夫（2009）认为"日源词"大量流入中国在 1840年至1936 年间，他通过对《词源》《辞海》等汉语工具书中出现的"日源词"的数量和词义变化进行分析及考证，将比较文学和异文化交际等纳入研究视野，对现代汉语吸收日源词的体系做了比较细致和严密的考证，认定现代汉语的"议会、议院"并非源自日语。从语言学的立场出发，不考虑词源，按照词的发音、词形、词义的原则，史有为（2003）准确、细致地将现代汉语中的日源词分为三大类十二种。从近代思想家的著述中论证日源词在现代汉语的传播，李运博（2006）通过梁启超的作品，阐述了现代汉语中的日源词现状。从词源进行考证，崔崟、丁文博（2013）认为要探明"日源词"的源头，首先要清楚汉字和汉字词的关系，并对 1840—1984 年进入汉语的日语词汇进行了分类和总结。王彬彬（1998）从文化的角度对日源词进行了考察，认为汉语中的日语外来词数量惊人，在社会和人文科学方面的名词、术语有 70% 是从日本输入的，如果离开日语外来语，我们今天几乎无法说话。此外，还有不少中日学者分别从历史、语音（音节构造）等方面对汉语中的日语外来词以及源词进行了比较深入的研究。

　　综上所述，改革开放后的"日源词"研究，在某种程度上阐明了汉语词汇的发展规律，揭示了"日源词"流入汉语的文化背景和途径。但是，在已取得的研究成果中，对汉语从日语中吸收的是"词"还是"词义"区分开来进行的研究还不多见。中日两国使用的汉字基本形同，明治维新后，日本利用汉字组合和给古汉语赋予新含义的方法翻译了西方书籍中大量的新概念，这些表示西方新概念的词有一部分又被现代汉语所吸收，成为现代汉语中的新词。但是，被汉语所吸收的日语新词中，有些词的形式源于汉语，但该词其中的一个意义是从日语吸收进来的，把这样的词归为现代汉语中的日语外来词是否合适？本文拟通过词源和词义变化对此进行考证。

2．汉语的"发明"

　　目前中日两国使用汉字书写的"发明"一词，都是作为名词和动词在被广泛地使用。现代汉语中的"发明"到底是不是一个从日语吸收进来的词，通过调查"发明"一词的词义能否得出结论等问题尚待解决。本文拟先从周祖谟先生对词义变化所进行的描述开始，对中日

两国使用的"发明"一词进行考察。周祖谟先生(2006:24)认为词义通常分为词义扩大、词义缩小和词义转移三种情况。但是,一个词的词义在扩大或缩小的过程中,如果词义和原词词义有关联,本文认为像这样的词不应看作一个新词。例如1984年由上海辞书出版社出版的《汉语外来词词典》(1984:94)收录了"发明"一词,认为该词是从日语吸收进来的,但是该词典对"发明"一词是何时、通过什么渠道现代汉语所吸收没有做出进一步的解释。《汉语大词典》第8卷(1997:550)中的"发明"和日语意思基本相同的释义如下:

①犹发现。看到或找到别人不知道的事物和规律。《三国志·魏书·和洽传》:"洽同郡许混者,许劭子也。"裴松之注引晋周斐《汝南先贤传》:"劭始发明樊子昭於鬻帻之肆,出虞永贤于牧竖,召李叔才乡闾之间,擢郭子瑜鞍马之吏,援杨孝祖,举和阳士。"《旧唐书·姚璹传》:"则天又令洛州长史宋元爽,御史中丞霍献可等重加详覆,亦无所发明。"孙中山《建国方略之二·第一计划》:"然由人口众多之处,筑至人口稀少之处之铁路,其利尤大。此为铁路经济上之原则,而铁路家、资本家所未尝发明者也。"鲁迅《书信集·致增田涉》:"现金应尽可能掌握在自己手中,这是积五十年之经验所发明,盼望你也实行之。"

②谓创造新的事物或方法。《二十年目睹之怪现状》第八十一回:"不知某观察的这个提油新法,是那一国人、那一个发明的?"鲁迅《热风·随感录三十三》:"查出了前人未知的事物叫发见,创出了前人未知的器具和方法才叫发明。"曹禺《北京人》第三幕:"要是我能发明一种像万金油似的药多好啊!"

上文"发明"义项①中的例句要早于"谓创造新的事物或方法"。但是,两个义项之间在词义上还是有一定的联系。如果把义项②理解为"发现",进一步的解释则成为"人类对自然界客观存在的物质或自然规律的认识",那么"谓创造新的方法和事物"则可理解为"人类运用自然规律或科学原理,提出一项新的创造性的技术方案"。从汉语的解释中我们知道,这两个义项既有本质的区别又有紧密的联系,因为一个新的发现将有助于新的发明,或者说许多的发明产生于发现。现代汉语"发明"的基本释义有三个,即"创造(新事物或方法);创造出新的事物或方法;〈书〉创造性地阐发,发挥"(《现代汉语词典》,1985:293)。

根据《汉语大词典》给出的例句,具有"犹发现。看到或找到别人不知道的事物和规律"之义的"发明",最早出现在《三国志·魏书·和洽传》中。而具有"创造新的事物或方法"之义的"发明"则被认为是invention的译词。

3．日语的"发明"

《日本国语大辞典》第8卷(1980:1051)对"发明"的释义如下:
①物事の道理や意味などを明らかにすること。明らかに悟ること。
②理論や方法などを新しく考え出すこと。創案。
③まだ世に知られていない事物、原理や法則、あるいは土地などを初めて明らかにすること。最初に見つけ出すこと。発見。
④機械、器具類、あるいはそれに関する技術を初めて考案すること。
綜観《日本国语大辞典》对"发明"的释义,其中①、②和古汉语中的"发明"意思相对应,

表示阐述、阐发、明白、通晓等。③和古汉语的"看到或找到别人不知道的事物和规律，犹发现"对应，只有④是 1862 年增添的新义项。

《广辞苑》(2012：2272)对现代日语"发明"的释义如下：

①物事の正しい道理を知り、明らかにすること。

②新たに物事を考え出すこと。

③機械・器具類、あるいは方法・技術などをはじめて考案すること。

④かしこいこと。特に子供で頭の回転が早くかいこしさま。利発、聡明、怜悧。

在以上四个义项中，对应的汉语意思分别是：①通晓、明白；②创造出新事物；③创造新的方法和技术；④聪明。

从"发明"一词的使用的时间看，只有③作为 invention 的译词先于汉语，因为《英和对译袖珍辞书》(1862：422)已经将"发明"作为 invention 的译词收录其中，但在日语中，有时 discovery 和 invention 作为"发明"的译词使用，discovery 还有"发现"之义。例如，1928 年出版的《斋藤和英大辞典》中出现的例句如下。

This discovery is of no practical use.

この発明は実際何の役にも立たぬ。

This discovery is of no practical use.

この発見は実用にはなんの足しにもならぬ。

The discovery of electricity gave birth to an innumerable number of inventions.

電気の発見は無数の発明を生んだ。

This is a completely new discovery.

これは完全に新しい発明です。

1866 年由福泽谕吉编撰的《西洋事情・兵制》(卷 1)中写道：

> 千三百年代火器ヲ発明シテ、之ヲ戦争ニ用ユルニ至テ……。前条ノ如ク火器ノ発明ヨリシテ遂ニ……

古汉语中的"发明"具有多达十几个义项，但以上例文中的"发"和古汉语中的"发明"在词义之间已经没有关联，而是被赋予了新的含义。即上述日语义项③"创造新的方法和技术"，词性为名词和动词。除了在词典和书籍中使用外，明治十四年(1881)"发明"正式出现在政府的公文中，例如 1881 年太政官布告第六十三号《褒章条例》第一条写道：

> 凡ソ自己ノ危難ヲ顧ミス人命ノ救助ニ尽力シタル者又ハ自ラ進デ社会ニ奉仕スル活動ニ従事シ徳行顕著ナル者又ハ業務ニ精励シ衆民ノ模範タルヘキ者又ハ学術芸術上ノ発明改良創作ニ関シ事績著明ナル者又ハ教育衛生慈善防疫ノ事業、学校病院ノ建設、道路河渠堤防橋梁ノ修築、田野ノ墾闢、森林ノ栽培、水産ノ繁殖、農商工業ノ発達ニ関シ公衆ノ利益ヲ興シ成績著明ナル者又ハ公同ノ

事務ニ勤勉シ労効顕著ナル者又ハ公益ノ為私財ヲ寄附シ功績顕著ナル者ヲ表
彰スル為左ノ六種ノ褒章ヲ定ム
　紫綬褒章右学術芸術上ノ発明改良創作ニ関シ事績著明ナル者ニ賜フモノトス

日本政府于明治四十三年（1910）公布的《关税定率法》中关于"特别用途免税"中的第
十五条中写道：

　　一　国若しくは地方公共団体が経営する学校、博物館、物品陳列所、研究所、
試験所その他これらに類する施設又は国及び地方公共団体以外の者が経営す
るこれらの施設のうち政令で定めるものに陳列する標本若しくは参考品又は
これらの施設において使用する学術研究用品（新規の発明に係るもの又は本
邦において製作することが困難と認められるものに限る。）若しくは教育用の
フィルム（撮影済みのものに限る。）、スライド、レコード、テープ（録音済み
のものに限る。）その他これらに類する物品

上述条例中的"发明"应该指的是"学术、艺术上的创新"，随后，在政府的公文中使用了
具有同样意思的"发明"。

4．汉语和日语的"发明"

《汉语大词典》第 8 卷（1997：550）针对"发明"共给出了 18 项释义，从引证解释中可知，
汉语的"发明"一词最早源于西汉司马迁的《史记》。随后，从唐至清，中国很多的文学作品中
都出现了"发明"一词，但这些词不具有"创造出新事物或新方法"之义。吴趼人（2000：760）
在《二十年目睹之怪现状》第八十一回写道：

　　不知某观察的这个提油新法，是那一国人、那一个发明的？

上述例文中"发明"的释义为"创造新的事物或方法"。
鲁迅（2006：9）在杂文集《热风·随感录三十三》中写道：

　　"精神能影响于血液，昔日德国科布博士发明霍乱（虎列拉）病菌，有某某二博
士反对之，取其所培养之病菌，一口吞入，而竟不病。"据我所晓得的，是 Koch 博士
发见（查出了前人未知的事物叫发见，创出了前人未知的器具和方法才叫发明）了
真虎列拉菌。

以上例文中"发明"之义均可看作现代汉语的基本义，从鲁迅留学日本的经历来看，上述
例文中的"发明"一词可能引自日语。

在日本，从幕末到明治初期，invention 作为"发明"的译词出现在由堀达之助编撰的《英和对译袖珍辞书》（1862：212）中，例文中，具体如下：

Invention 発明　発明シタル物

1869 年在上海出版的《和译英辞书》（1869：300）中 invention 的词条释义和上述《英和对译袖珍辞书》中的词条，释义完全一样。

最早把 invention 作为"发明"译词使用的见于柳川春三（1868：1）译述的《写真镜图说》。例如：

以大利（イタリヤ）の那不勒（ナポリ）人ポルタといふ者。初めて暗箱を発明した。（意大利那不勒国一个叫波尔塔的人第一个发明了照相机暗箱。）

上述例文中"发明"的意思是"创造出新事物或新方法"。

1899 年出版发行的《新增英华字典》（1899：558）中虽然出现了 invention 一词，但在该词的例句中，并没有使用"发明"一词。例如：The invention of railway，创造火车。

5. 结　语

通过对汉语、日语"发明"的词源、词义变化的考察，我们发现，源于古汉语的"发明"传入日本后，除了继承该词原有的"聪明、明白、通晓"等意思外，1862 年使用"发明"对译英语 invention 后，使之又增添了"创造出新事物或新方法"之义，而该义又被现代汉语所吸收，成为现代汉语"发明"的基本义。

从现代汉语吸收日语新词的立场看，不应将"发明"看作一个从日语吸收的新词，而应将其看作从日语吸收的一个词义。通过上述例文，我们可以清楚地知道现代汉语"发明"只是从日语中吸收了一个词义。因为该词源于古汉语，而"创造出新事物或新方法"只是表明该词的词义发生了扩大，虽然该词在日语中新增加的词义和该词原有的"犹发现。看到或找到别人不知道的事物和规律"之义有所区别，但是在现代汉语语境中，这两个义项并不是完全独立和毫不相干的，它们之间还存在联系，即新的发现将有助于新的发明，或者说许多的发明产生于发现。

在研究中日词汇交流的过程中，本文认为应该对现代汉语吸收的日语词汇从词源和词义变化等方面做进一步的细化研究。源于古汉语的词，如果词义没有发生变化，或是词义变化发生在中国的，虽然日语也在使用，但不应看作现代汉语从日语吸收的新词，例如：银行、审判、金刚石等。源于古汉语的词，在日本被赋予了新的含义后又被现代汉语所吸收，如果新的含义属于词义扩大，也不能认为是现代汉语从日语吸收的新词，如本文考证的"发明"一词。有些源于古汉语的词，传到日本后，被赋予新的含义后又被现代汉语所吸收，被现代汉语吸收的这个含义和古汉语原词义之间没有任何关联。对于这样的词，我们应该承认是从

日语吸收进来的新词,例如古汉语中的"革命""经济"等就是现代汉语从日语吸收的新词。

　　注:根据需要,对例文中的部分汉字和标点做了改动。

参考文献

[1] 崔崟,丁文博.日源外来词探源[M].广州:世界图书出版广东有限公司,2013.

[2] 高名凯,刘正埮,麦永乾,等.汉语外来词词典[M].上海:上海辞书出版社,1984.

[3] 汉语大词典编委会.汉语大词典[M].上海:汉语大词典出版社,1997.

[4] 李运博.梁启超在中日近代汉字词汇交流中的作用[J].日语学习与研究,2006(2):46-50.

[5] 刘凡夫,樊慧颖.以汉字为媒介的新词传播:近代中日间词汇交流的研究[M].大连:辽宁师范大学出版社,2009.

[6] 鲁迅.热风[M].北京:人民文学出版社,2006.

[7] 史有为.汉语外来词[M].北京:商务印书馆,2013.

[8] 王彬彬.隔在中西之间的日本:现代汉语中的日语"外来语"问题[J].上海文学,1998(8):71-80.

[9] 吴趼人.二十年目睹之怪现状[M].北京:人民文学出版社,2000.

[10] 周祖谟.汉语词汇讲话[M].北京:外语教学与研究出版社,2006.

[11] 日本大辞典刊行会.日本国語大辞典[M].縮刷版.東京:小学館,1979-1981.

[12] 新村出.広辞苑[M].6版.上海:上海外语教育出版社,2012.

[13] 堀達之助.英和対訳袖珍辞書[M].東京:洋書調所,1862.

[14] 福沢諭吉.西洋事情[M].東京:尚古堂,1866.

[15] 柳川春三.写真鏡図説写真鏡図説[M].二編.東京:上州屋総七,1868:1.

作者简介

　　孙逊,西安外国语大学日本文化经济学院副教授,研究方向:中日文化、词汇。

联系方式

　　（E-mail）sunxun@xisu.edu.cn

待遇表现的导入分析概述
——以《综合日语》（修订版）系列教材为例

李　瑶
（中国·西安外国语大学）

1．引　言

待遇表现在日语教学基础阶段的重要性很早就被指出。然而，综观当今日语教学，待遇表现的研究与教学并不完善。

笔者在阅读相关文献时发现，徐密（2010）对待遇表现与敬语的认识存在偏颇，在分析中日文化差异对日语教学的启示时将两者混为一谈。毋育新（2008）指出，敬语是待遇表现的一部分，在分析待遇表现时，既要重视敬语，也不能忽略其他因素。

那么，什么是待遇表现呢？南不二男（1987）指出，待遇表现是语言表达方式，其中有22个具体要素。毋育新（2008）将这22个要素分为5种：专用语言要素、消极敬语、词·词汇要素、句子·语篇要素及话语前要素，并且将待遇表现定义为：为区别对待对方而使用的语言表达方式。换句话说，待遇表现就是包含敬语的、区别对待对方的语言表达方式。

本文以《综合日语》（修订版）系列的4本教材为例，通过对专用语言要素、消极敬语、词·词汇要素、句子·语篇要素及话语前要素5个方面进行分析，明确待遇表现的导入方法和导入过程。

2．文献综述

南不二男（1987）指出，待遇行动包括语言表达方式、非语言表达方式A、非语言表达方式B。他将待遇表现视为语言表达方式。南不二男（1987）并未详细解释待遇表现的具体要素。

毋育新（2008）对当时中国大学使用的6种教材中关于待遇表现的内容从敬语概念的导入、敬语的定义、敬语的运用、敬语使用场面的设定及课后习题5个方面进行分析，得出4个结论。毋育新（2008）在分析教材中的待遇表现时，重点从敬语，也就是专用语言要素这个视点切入，对其他4个要素的分析仍存在不足之处。

毋育新（2013）指出，语体转换是日语敬语表达方式中重要的一环，是日语敬语教学中不可缺少的一部分。因此，笔者将语体转换为句子·语篇要素的补充内容，对其导入进行分析。

3．分析方法

本文中，笔者主要通过文献分析法，分五步完成该研究。

（1）明确教材中使用待遇表现的背景。

（2）分析敬语这一专用语言要素及其他4个要素的概念的导入及定义。

（3）从敬语的运用及敬语使用场景的设定来分析专用语言要素即敬语的导入。

（4）分析消极敬语、词·词汇要素、句子·语篇要素及话语前要素的导入。

（5）得出结论，并思考今后课题。

4．分析过程

4.1 待遇表现的使用背景分析

《综合日语》（修订版）系列教材在每册教材的最初部分已经指出该教材中出场人物的姓名、学校、家乡、志向、家庭、性格及兴趣，甚至谈及他们的人际关系。在72篇会话课文中，在开始对话前都说明了该会话中主要的出场人物及对话场景。

4.2 待遇表现概念的导入及定义

《综合日语》（修订版）系列教材中，敬语概念的导入主要集中在《综合日语2》（修订版）中。词·词汇要素和句子·语篇要素因为涉及的内容比较多，人们平常说话时最能表达其完整意思的语法单位就是句子，而句子又由词和词汇组成，所以这两种要素的概念比其他两个要素要多。该系列教材没有导入消极敬语和话语前要素的概念。

4.3 专用语言要素（敬语导入的分析）

《综合日语》（修订版）系列教科书中使用尊他语的语篇最多，依次是礼貌语和自谦语，郑重语的语篇数量最少。除此之外，在《综合日语》（修订版）中，敬语总数远超其他3本教材，也就是说，《综合日语》（修订版）系列教材在日语学习的初级阶段就已基本完整导入了敬语。

不但如此，人们在交际中得知对方是自己的长辈、上级时，能在会话中及时导入敬语，而对下属、晚辈较少使用敬语。笔者通过分析该系列教材发现，虽然说话者对上级、长辈使用敬语时有把对方当作外人对待的倾向，但是我们也不能忽视说话者在使用敬语时仍然对上级、长辈怀有一定的敬意。而说话者对同辈、晚辈及下属使用敬语时，只是将对方当作外人对待。

敬语的导入及导入的种类与当时的人际关系和场景关系密切。当说话者掌握自己与听话人的关系后，会根据当时的说话场景选择合适的敬语表达方式。

4.4 词·词组要素的导入分析

词·词组要素中主要包括「各種の人の呼び方」「間投詞·応答詞」「終助詞·間投詞」及「一般的な語彙の選択」等4个方面。

「各種の人の呼び方」中，出场人物虽然都是同辈，但是关系不亲密，因此和对方说话时在姓氏后加「さん」。和老师或者长辈、上司说话时，由于对方比说话人年长或者社会地位

比说话人高,所以使用表示尊敬的职务名称称呼对方;而和晚辈、下属说话时会使用「君」。

「間投詞・応答詞」主要有3种作用:(1)表示感叹、感动;(2)应答;(3)唤起对方的注意。在《综合日语》(修订版)系列教材中,一般在郑重的场合为了表示对对方的顾及,导入应答功能的词较多,而在和朋友、家人及关系亲密的人说话时,说话人会大量使用表示感叹、感动及唤起对方注意的词。

「終助詞・間投詞」中,我们重点分析了「よ」「ね」「よね」。其中,出场人物为了在说话时唤起对方的共鸣,拉近彼此的距离,大量使用终助词「ね」。

《综合日语》(修订版)系列教材的出场人物及人际关系比较单一,因此「一般的な語彙の選択」这一要素出现较少。总体来说人们在正式场合更倾向使用郑重的书面语。

4.5 句子・语篇要素的导入分析

《综合日语(修订版)》系列教材没有导入「謙った表現」「前置き、断り、注釈を使うか否か」「談話の要素を考慮するか」,因此我们着重分析其他8个具体要素和语体转换。

出场人物的人际关系比较亲密、说话氛围比较轻松时,人们会选择「話し言葉的な文」,说话时话语较短,省略现象比较多。在与关系亲密的人说话时说话人会直接表达自己的想法,同时使用很多缩略词,说话过程中也会用语体转换表达自己心理的变化。而与对方关系比较生疏或说话场合比较正式时,多使用郑重的说话方式,表达自己的想法时多用「勧誘」句型,为了顾及当时的人际关系或说话场合,不会出现太多的省略现象和缩略词,不会使用语体转换。

总之,在涉及句子・语篇要素的选择中,出场人物以当时的人际关系、说话场景为依据选择合适的待遇表现。

4.6 话语前要素

话语前要素主要包括「使用言語(方言)の選択」和「言語的コミュニケーション」两个具体因素。《综合日语》(修订版)系列教材中出现了3个话语前要素场景,都涉及了「使用言語(方言)の選択」。在每组对话前,编者对当时的人物身份和说话场景做了介绍,这3组对话的共性就是说话人根据对方的话语选择合适的语言。

5. 结 论

本文主要以《综合日语》(修订版)系列教材为例,将待遇表现的5个要素置于具体语篇中,通过分析其导入,得出以下6个结论:

(1)《综合日语》(修订版)系列教材的待遇表现使用背景比较清晰。

(2)敬语的导入及导入的种类与当时的人际关系和场景有着重要关系。当说话者明确掌握自己与听话人的关系后,就会根据当时的说话场景选择合适的敬语表达方式。

(3)人们在说话时,往往可能在一个句子中可能使用好几种待遇表现。

(4)说话人会依据说话对象的不同、说话场合的改变而选择合适的语体。

（5）出场人物依据自己与对方交往时间的增长，人际关系由疏到密，出场人物会改变自己的语体、措辞等，常用语体由原来的敬体变成简体，措辞由拘泥、正式转向轻松、亲密。

6．今后的课题

今后，笔者将分析《新编日语》系列教材、《基础日语——综合教程》系列教程，以及《标准日本语》系列教材中的待遇表现的导入，积极完善理论知识，并对这4套被广泛使用的教材导入待遇表现的方法做对比，以期得出相关结论。

参考文献

[1] 日本文化庁．待遇表現［M］．東京：大蔵省印刷局，1971.

[2] 南不二男．敬語［M］．東京：岩波書店，1987.

[3] 滝浦真人．ポライトネス入門［M］．東京：研究社，2008.

[4] ウォーカー泉．初級日本語学習者のための待遇コミュニケーション教育―スピーチスタイルに関する「気づき」を中心に―［M］．東京：大スリーエーネットワーク，2011.

[5] 三宅和子．日本語の対人関係把握と配慮言語行動［M］．東京：ひつじ書房，2011.

[6] 毋育新．日汉礼貌策略对比研究［M］．北京：中国社会科学出版社，2008.

[7] 徐密．中日文化差异对日语教学的启示——以"待遇表现"的课堂教学为例［J］．海外英语，2010（7）：278-279.

[8] 李茹霞．待遇表现与人际关系之间的关系［D］．福建师范大学，2011.

[9] 毋育新．日语敬语的有标记性与无标记性研究——以语体转换为对象［J］．东北亚外语研究，2013（1）：32-37.

作者简介

李瑶，西安外国语大学日本文化经济学院2013级日语语言文学专业学生，研究方向：日语敬语和日语教学法。

联系方式

（E-mail）youran306@163.com

中日の時間を表す "周" と「週」「ウィーク」の使用に関する考察
―在来語と外来語の関係の視点から―

李　慧
（中国・北京外国語大学）

1.　中国語の "周" と "週"

1.1 "周" の語彙的意味

1.1.1 "周" の本来の意味

『漢語大詞典』（電子版「漢典網」）から、中国語の "周" は形容詞、名詞及び動詞の用法を備えているとわかる。本稿は主に「week」（ウィーク）を表す用法に重点を置くから、ここではそれらの用法を詳しくは論じない。まず主に中国古代で "周" で時間を表す用法に注目したい。古代中国語で "周" は「時期の一回り」を指す。例えば、"周歳" や "周年" など。

1.1.2 「week」の概念が入った後の "周"

前にも述べたように、西暦を採用してから「week」の意が入ったが、以下は "周" と他の成分とを組み合わせた単語を通してその起源を見てみる。『漢語大詞典』には "周报、周刊、周末、周会、周日、一周" などの語が収録されている。中には時間を表すのは "周末、周日、一周" である。

要注意なのは "一周" である。"一周" は四つの意味項目がある。一つ目は、「一回り循環すること」の意で、『管子・弟子職』に用例[1]が見られる。二つ目は、「一回り」を指し、現代作家巴金の作品の用例[2]を引いてある。三つ目は「一週間」の意で、近代の文人蘇曼殊の用例[3]を引いてある。四つ目は、「一周年」の意で、『宋書・劉康祖伝』[4]に用例が見られる。三つ目の意味は今使っている「week」（ウィーク）の意で、1916 年にもう使われたとわかる。実は、中国は 1912 年から、西暦を採用し始めた。そのため、1916 年の作品にそういう言い方が出てきたのも当然だ。

---

〔1〕《管子・弟子职》："受业之纪,必由长始,一周则然,其余则否。"
〔2〕巴金《不能忘却的记忆》："我一个人绕着灵柩走了一周,以后又站了片刻。"
〔3〕苏曼殊《碎簪记》："余一周之内,须同四川友人重赴西湖,愧未能如子意也。"
〔4〕《宋书・刘康祖传》："太祖欲大举北伐,康祖以岁月已晚,请待明年,上以河北义徒并起,若顿兵一周,沮向义之志,不许。"

1.2 "週"の語彙的意味

中国語には、"周"と"週"の二字が共に存在している。ただ、"週"は"周"の異体字[1]として挙げられる。『康熙字典』[2]から以下の解釈を引いてある。『《玉篇》[3]職由切。與周同。字彙: 迴也。』と言われる。つまり、"週"と"周"は同じように使われ、意味は「回る」という意味である。

『四庫全書』で調べてみると、以下の一例がある。明代の医者繆希雍の「先醒齊廣筆記」に以下の例文がある。「大便不通, 小便短縮似宿茶, 日夜不卧至五週時, 飲食漸加時常舉發大約性嗜酒善怒, 勞碌所致。」(筆者訳: 便秘でありながら小便は深い茶色みたいで、日夜寝ないで五週間になると、飲食がだんだん増える症状は、お酒が好きで、怒りやすく過労などの原因が引き起こしたのである。) この例文の中に「五週」という語が出てきた。文脈によると、時間を表す用法だと推測できるが、この「週」が現代の「七日の一週」を指す決定的な根拠はない。

2. 日本語の「周」と「週」

2.1 「周」の語彙的意味

『日本語国語大辞典』(第二版) で調べてみると、「周」は四つの意味項目がある。①「あまねくゆきわたる。ておちがない。」例えば、周到、周至／周視など。②「まわる。めぐる。まわり。」例えば、周囲、周回／周訪、周遊／周期、周年など。③「中国古代の王朝の名。」例えば、周室／東周など。④「『周章』は、あわてる」。

2.2 「週」の語彙的意味

それに対して、「週」は二つの意味項目がある。①一回りする。めぐる。「周」に同じ。例えば、週遊／週期。②七日を一めぐりとした時間の単位。以下の語例がある。「週刊、週給、週報／一週、隔週、次週、先週、毎週、来週／週間、週日、週番、週末」。「一週、隔週、次週、先週、毎週、来週、週間、週日、週末」の九つの語例は時間に関するものである。ここで「一週」の意味を具体的に紹介する。

「一週」は二つの意味項目がある。一つは「一周」と同じ、つまり一回りすること。初出の例は「布令必要新撰字引」(1869) <松田成己>「一週　イッシウ　ヒトマワリ」である。もう一つの意味は、「いっしゅうかん (一週間)」に同じ。初出の例は「航西日乗」

---

〔1〕漢字や仮名の文字の、標準的な字体以外のもの。ただし、読み方と意味は標準的な文字と同じ。
〔2〕『康熙字典』(こうきじてん) は中国の漢字字典である。清の康熙帝の勅撰により、漢代の『説文解字』以降の歴代の字書の集大成として編纂された。編者は張玉書、陳廷敬ら30名で、6年の編集期間を経て康熙55年 (1716) 閏3月19日に完成。
〔3〕『玉篇』は、中国古代に漢字の形体分布によって編纂された字書。南朝・梁の大同九年 (543)に顧野王によって編纂されたもの。

(1881—1884)＜成島柳北＞4月28日「一週三磅余似て寓食の約なり」である。

　　ここで「一周」の意味に注目する必要もあると思う。「一周」は三つの意味項目がある。①ひとまわりすること。初出の例は「延喜式」(927)から引いてある。②一年たつこと。満一年。多く、「一周年」「一周忌」など熟合して用いられる。初出の例は「実隆公記」一大永七年(1572)に見られる。③一週間のこと。初出の例は「米欧回覧実記」(1877)＜久米邦雄＞二・二一「家業の計算甚だ周密なり。土曜日の夕には、夫婦帳簿を合わせて一周の計算をなす。」つまり、中国語の"一周"と意味が重なっている。時間的に見れば、中国の"一周"は『管子・弟子職』[1]からの初出例が引いてあり、日本の出典より古い漢籍の出典が見られる上、語義の変化もあまりないので、中国製漢語と判断した。

3. 辞書から見る「week」の中日における訳語の変遷

　　辞書は、意味の変化をやや遅れて反映するので、「少なくともこれまでには使われていた」という証拠になる。ここで明治初期前後の英和辞典と英華字典に「week」の訳語を通じて、「week」の翻訳の実態を見てみよう。

　　中国の対訳辞書は幕末の日本に舶載され和刻本が出版されたものも少なくない。これらは幕末から明治初期の日本にあって翻訳語の来源として大きな影響力を発揮した。いわゆる日本製の翻訳語と思われていてもその来源をたどれば舶載・翻刻された対訳辞書に行きつくという例は豊富である[2]。ここで明治前後主な四つの字典を対象とする。それぞれは『英華字彙』(1869)、『和英語林集成』(1872 再版)[3]、『英華和訳字典』(1879)、『訂増英華字典』(1883—1884)である。『英華字彙』『英華和訳辞典』と『訂増英華字典』は中国の対訳辞書から翻訳されるものである。ウィリアムズ『英華韻府歴階』に対する柳沢信大『英華字彙』(1869)、ロプシャイト『英華字典』に対する中村敬宇『英華和訳字典』(1879)と井上哲次郎『訂増英華字典』(1883—1884)である。

---

〔1〕大体春秋戦国(前475—前221)時代から秦汉時期までの間に著される。
〔2〕千葉謙悟(2011)「19世紀音訳語の資料・特徴・交流」『東アジア文化交渉研究　別冊7』p.95—121。
〔3〕ここで1872年の再版を選んだ理由は、1867年発行の初版は幕末期の和語の多い日本語を中心に英和の部を加えた辞典であったが、再版は1872年の新政府成立に伴う語彙を加えて和英・英和辞典とし、1886年の第三版は漢語が著しく増加した近代国家成立時期の日本語を西洋言語学の成果により写し取っている。ところで、時期と収録語彙の特徴によれば、一番ふさわしいのは再版である。

表 1　英華・英和辞典に見る week 訳語の一覧

	No.	出版年	略称	由来	出版地	week 訳語
英中字典からの対訳辞書	1	1866—1869	ロプシャイト『英華字典』		香港	一个禮拜、七日節、週七日之期、七日來復
	3	1869	ウィリアムズ著『英華韻府歴階』、柳沢信大校正『英華字彙』	英中辞典である Williams の『英華韻府歴階』(1844年) の対訳辞書	東京	一個禮拜
	5	1879	ロプシャイト原著、中村敬宇等校正『英華和訳字典』	ロプシャイト『英華字典』をもとにして	東京	一个禮拜、七日節、周七日之期、七日來複、ヒトマワリ (hito-mawari)、イッシュウ二チ (isshu-niti)
	7	1883—1884	井上哲次郎『訂増英華字典』	日本でロブシャイドの『英華字典』を底本にして	東京	一個禮拜、七日節、週七日之期、七日往復
和英辞典	8	1872	ヘボン『和英語林集成』	日本最初の和英辞典、1867年初版、1872年再版、1886年第三版	初版：横浜 再版：横浜 第三版：東京	isshu（一周・週）

　辞書の訳語の変化を見てみると、week は英語から「isshu」に翻訳されたのはまず 1872 年に再版された『和英語林集成』に出てきたのだ。英中辞典の対訳辞書である 1869 年の『英華字彙』、1879 年の『英華和訳字典』、1883—1884 年の『訂増英華字典』には出現していなかった。ここから、「week」は中国語より、まず日本語に「一周・週」と翻訳されるのではないかと推測できる。

4.「週」と組み合わせた単語の使用実態の中日対照

4.1 九つの語例のそれぞれの使い方の対比

4.1.1「隔週、次週、先週、毎週、来週」

「隔週、次週、先週、毎週、来週」は"隔周、次周、先周、毎周、来周"[1]に変え、中国の CCL コーパスで調べた結果、"隔周"は 42 件の検索結果があり、多くは日本語の「隔週」と同じよ

---

〔1〕現代中国語では"週"は異体字としてあまり使わなくなった。日本語の語例をそのままで CCL で検索すると、検索結果は一つもない。だから、中国語に通用する字に変えたほうがいい。

うに使われている。しかし、"次周"は138件の検索結果があり、"来周"は172件の検索結果があるが、"次"と"周"は偶然文字が並んでいるだけで、熟語ではない。また、"来周"の場合も同じである。"先周"は26件の検索結果のうち、多くは"先周時代"として使われており、中国古代の西周時代の前の時代を指す。日本語と同じように週の数え方に使う用例は一つもない。中国語の"毎周"は5642件の検索結果があり、日本語の「毎週」と意味は通じている。

4.1.2 「週間・週日・週末」

「週間・週日・週末」を上と同じ方法で調べた結果、中国語の"周间"は24件の検索結果があり、3件のバグを除けば、ほかの21件は前に数字「一、二、第三」などがついている。つまり、中国語の"周间"は単独で使うことはほとんどない。これは日本の「週間」の使い方と同じである。「週末」で直接に検索すると、2件の結果がある。意味は日本語と同じである。

4.1.3 「一周」と「一週」

前の2節にも触れたように、「一週」と「一周」とは密接に関連しているから、ここで、「一周」のほうも一緒に扱う。

「少納言　現代日本語書き言葉均衡コーパス」で「一周」を検索した結果、672件の結果が見つかった。無作為に500件を抽出してみると、ほとんどが「一周年、一周忌」とか、「地名＋一周」「一周＋動詞」の組み合わせである。

「一週」は2374件の結果が見つかった。無作為に500件を抽出してみると、「一週間、一週年、一週三時間、一週回り、一週を残して、一週一度／日／四日、一週目あたり、一週の大旅行、一週回る」のように、単独で使われることが少なく、「一週間」の使い方が半分以上を占めている。

ここから、日本語の「一週」と中国語の"一周"の使い方との相違が見られる。つまり、中国語の"一周"は日本語の「一週」より単独的に使われやすい。そして、中国語の"一周"は実は日本語の「一週間」に相当する意味である。

4.2 中日対照の結果のまとめ

表2　中日対照の結果のまとめ[1]

中日両方の語彙	意味の対照	使い方の対照
「一週」"一周"	同じ	中国語の"一周"は日本語の「一週」より単独で使われやすい。中国語の"一周"は実は日本語の「一週間」に相当する
「週間」"周间"	同じ	使い方が同じで、数字の後について使われる

（1）中日両方の語彙の意味は2節の部分と3節の部分ですでに述べていたから、この表の中の「意味の対照」の結果が出てきた。

中日両方の語彙	意味の対照	使い方の対照
「週末」"周末"	同じ	同じ
「毎週」"毎周"	同じ	同じ
「隔週」"隔周"	同じ	同じ
「先週」"先周"	違う	中国語の"先周"は"先周時代"としてよく使われる。中国古代の西周時代の前の時代を指す
「週日」"周日"	違う。"周日"は現代中国語で日曜日を指し、それに対して、日本語の「週日」は一週間のうち、日曜日を除くほかの日。広義には土曜日も除く	意味の違いによって違う
「来週」"来周"	"来周"は中国語に存在していない	"来周"は中国語で使われていない
「次週」"次周"	上と同じ	"次周"は中国語で使われていない

5.「週」と「ウィーク」との関係

5.1「ウイーク」の語彙的意味

『日本語国語大辞典』(第二版)によると、「ウイーク」は「一週。週。多く、『ウイークデー』『ゴールデンウイーク』などと他の語と複合して用いられる」。初出の例は福沢諭吉の「改暦弁」(1873)ウヰキの日の名「西洋にては一七日を一ウヰキと名づけ世間日用の事大抵一ウヰキにて勘定せり」に見られる。これは、「一週」と「一周」を「七日の一週間」として使うのはより早いと見られる。

5.2「ウイーク」の使用実態

「少納言　現代日本語書き言葉均衡コーパス」で「ウイーク」を検索すると、検索範囲はブログを除いて[1]、381件の結果が見つかった。以下の326件[2]を対象として「ウィーク」の使用状態を見ていく。

これらは「ウイーク・デー、ゴールデンウイーク、ウイークリー、ニュースウイーク」など、ほとんど他の外来語と結合し複合語の一部として使われる。具体的なデータは以下

---

〔1〕ブログ文では勝手に使われている言葉が多いので、普遍的な使用状態にならない。
〔2〕ゴミと分析できないものは55件があるから、326件はこれらを除いた結果である。

のようである。

表3 「ウィーク」の使用状態

	用例	年代	語例数
ゴールデンウィーク (ゴールデン・ウィーク)	ゴールデンウィークにいくフルーツ狩りと言えば、どんなフルーツがありますか?	2005	136 (41.7％)
ウィークリー	知識税廃止促進協会書記のC・D・コレットも、その回想録の中で、『ロイズ・ウィークリー』について、次のように語っている	1995	66(20.2％)
ウィークデー (イ)・ディ	夏休みの時期を過ぎた、ウィークデーの中途半端な時刻、ということもあって、そのスバ施設の中は閑散としていた	1999	31(9.5％)
ウィークエンド (ウィーク・エンド)	ウィークエンドホームズ社の基本フローチャート依頼受け付け	2003	22(6.7％)
『ニューズウィーク』(ニューズ・ウィーク)	『ニューズウィーク』の調査では、英会話スクールは一兆円市場を抱えるビジネスであり、それにテキストや…	1993	22(6.7％)
ビジネス・ウィーク (ビジネスウィーク)	『ビジネス・ウィーク』誌 (一九九九年二月五日) を見てみましょう	2000	17(5.2％)
お父さんウィーク	これも、「お父さんウィーク」のいつもの「パターン」	2006	9(2.7％)
レースウィーク (レース・ウィーク)	「俺の完璧っていうのは、レースウィークが始まってからゴールするまでがレースであって、その間ずっとトップを走れる…」	2002	4(1.2％)
スペシャルウィーク	聴取率を調べたい週などをスペシャルウィークとしてゲストを呼んだり限定品などをプレゼントしたりします	2005	3(0.9％)
アヤメウィーク	南アルプス市アヤメウィーク期間 5月7日(水)～14日(水)	2008	3
ジャパンウィーク	83年6月に西独・ジュッセルドルフにてジャパンウィークスを開催し、同年10月にベルギー・リェージュ国際見本市に参加した	1984	3
ウィークトレード	短い時間でもゆとりをもってできるウィークトレードは、忙しいサラリーマンの方や、OLの皆さんにもできる簡単な方法ですので、ぜひ…	2004	3

	用例	年代	語例数
「幼稚園ウィーク」	子育て、親育ちを支えることを目的として「幼稚園ウィーク」を実施します	2008	2(0.6％)
ファッションウィーク	今回、ファッションウィークの最終ステージを飾ったのは、スワロフスキーのビーズを贅沢に使い、アンティーク…	2005	2
シルバーウィーク	ちょっとした長期登山には年末年始・五月の連休 (GW)・夏休み・秋のシルバーウィークなどに有給休暇を組み合わせて使えばよい	1996	1 (0.3％)
パリコレウィーク	藤原美智子さんのパリコレ取材日記毎日、ドキドキワクワク、目まぐるしく過ぎたパリコレウィーク	2001	1
ミラノデザインウィーク	2005 年 4 月に世界最大のデザインエキジビション「ミラノデザインウィーク」で、「レクサス L-Finesse 日本の現代芸術と自動車デザイン」という…	2005	1

5.3 まとめ

「ウイーク」は改暦した後、間もなく出てきた新語だが、今は「週」のほうをもっと普遍的に用いる。そして、以上の表からわかるように、「ウイーク」は、よく他の外来語と複合し合成語を形成する。あるいは和語語彙と複合して特定の用法に使う。たとえば、「お父さんウィーク」「幼稚園ウィーク」など。「week」の概念を表すとき、「ウィーク」も「週」も使うことできるが、それぞれ違う特徴を持っている。「週」も「ウィーク」も和語に古来存在していないにもかかわらず、なぜ使用の過程で、こういう差が生じるのかはまだ詳細に検討されていないが、今後の課題にしたい。

6. 終わりに

中国語の"周"と"週"について辞書で調べた上で、「週間」を表す用法を中心に"周末、周日、一周"の三つの単語を詳しく紹介した。そして、日本語の「周」と「週」を調べた上で、「週間」の意を表す「週」と組み合わせた「一週、隔週、次週、先週、毎週、来週、週間、週日、週末」の九つの時間に関する語例に重点を置いて分析しながら、中国語のそれと対比し分析する。さらに、「週」と「ウイーク」は語源から今の使用現状まで対比した。こうして、以下の結論を得た。

①中国語の"周"と"週"は発音と意味が同じ、ただ字形が異なるということは間違いないであろう。"週"は古代の『玉篇』(543 年) にもう見られる。しかし、現代中国語で、

　“週”は“周”の異体字として、もう日常生活に使われなくなった。一方、日本語では、「週」と「周」はいずれも使われている。

②“周”はもともと古代中国語で「時期の一回り」の意味があり、近代の西暦の採用につれて、「week」の概念が導入された後、“周”もこの概念に使われた。日本語の「一週」と「一周」は「week」を表す以外の意味は、古代中国語の意味を伝承してきたのだ。しかし、英和・英華辞書の訳語の変化から見ると、「week」の概念は中国語より、日本語に「一週・周」に翻訳されるのは早いと推測できる。

③日本語の「一週」と「一周」は両方とも「一週間」の意味があるが、現代日本語では意味が別々になった。「一周」はほとんどが「一周年、一周忌」や「地名＋一周」、「一周＋動詞」の組み合わせで、「一回りする」の意味を表す。「一週」は「一週間、一週年、一週三時間、一週回り、一週を残して、一週一度／日／四日、一週目あたり、一週の大旅行、一週回る」のように、単独で使われることが少なく、「一週間」の使い方が半分以上を占めている。そして、現代中国語の“一周”は実は日本語の「一週間」に相当する。

④「ウイーク」は改暦した後、間もなく出てきた新語だが、今は「週」のほうをもっと普遍的に用いる。そして、「ウイーク」の使用例はかなり特徴を持っていて、よく他の外来語あるいは和語語彙と複合語を形成する。つまり、その使用は「週」よりもかなり限定されている。

　一方、時間や資料の制約で、まだ残っている問題もある。例えば、近代の西暦の採用につれて、「week」の概念が導入された後、“周”もこの概念に使われた。しかし、現時点では、英和・英華辞典の訳語の変化から推測ができたが、文献資料からの検証はまだ欠かせないと思う。また、「ウィーク」と「週」はなぜ使用の過程に分布差が生じるのかもまだ触れていない。この二点を今後の課題にしたい。

＊使用したコーパス
中国語：北京大学 CCL 中国語コーパス
日本語：少納言　現代日本語書き言葉均衡コーパス

参考文献

[1] 千葉謙悟 . 19 世紀音訳語の資料・特徴・交流 [J]. 東アジア文化交渉研究（別冊 7),2011:95-121.
[2] 漢語大詞典 [DB/OL]. [2015-10-10]. http://www.zdic.net/.
[3] 永瑢,紀昀,等 . 四庫全書（文淵閣電子版）[DB]. 香港:迪志文化出版有限公司,1999.
[4] ジョアン・ロドリゲス . 日本大文典 [M]. 土井忠生，訳註 . 東京:三省堂,1995.
[5] 斯維爾士維廉士 . 英華字彙 [M]. 柳沢信大,校正訓点 . 東京:香芸堂,1869.
[6] 明治学院大学図書館デジタルアーカイブス－デジタル . 和英語林集成 [DB/OL].

[2015-10-10]. http://www. meijigakuin. ac. jp/mgda/waei/search/.

[7] 马礼逊,卫三畏,井上哲次郎,等. 英华字典 [DB/OL]. [2015-10-10]. http://mhdb. mh. sinica. edu. tw/dictionary/index. php.

[8] 津田仙，他. 英華和訳字典 [M/OL]. 東京：山内輆, 1897-1881[2015-10-10]. http:// dl. ndl. go. jp/info：ndljp/pid/994994.

[9] 羅布存徳. 訂増英華辞典 [M]. 井上哲次郎，訂増. 東京：ゆまに書房, 1883-1884.

[10] 小学館国語辞典編集部. 日本語国語大辞典 [M]. 2 版. 東京：小学館, 2000.

[11] 山口明穂，竹田晃. 岩波 新漢語辞典 [M]. 東京：岩波書店, 1994.

[12] 諸橋轍次. 大漢和辞典 (縮寫)[M]. 5 版. 東京：大修館書店, 1955-1960.

[13] 日本文化庁. 外国人のための基本語用例辞典 [M]. 2 版. 東京：大蔵省印刷局, 1971.

作者简介

李慧,北京外国语大学日语系研究生,研究方向：日语语言学。

联系方式

（E-mail）lhui1117@163.com

汉语中来自日语的外来语

邵艳姝

（中国·辽宁师范大学）

1. 引 言

中日两国一衣带水，两国文化交流的历史源远流长，作为文化载体的语言更是互相影响、互相渗透。古代汉语对日语产生了巨大的影响，可以说没有汉字就没有平假名和片假名。到了近代，日语反过来又影响汉语，为汉语输入了大量的新词。尤其是改革开放以来，中国社会发生了巨大的变化，新概念、新思想层出不穷，随之而来的是汉语中涌现的大量新词，其中有不少是来自日语的借词。这些日语词汇大多是现代生活中不可缺少的基本概念，使用频率非常高，而且造词功能非常强，极大地丰富了汉语词汇，对现代汉语产生了重大的影响，使我们的生活更加丰富多彩，充满情趣。大量日语借词涌入汉语已经引起了学者们的关注，其中有从事日语语言研究的学者，也有从事汉语语言研究的学者，大家从不同的侧面对汉语中的日语借词进行了研究。本文收集报刊、广播电视、网络中常用的日语借词，着重分析汉语中日语借词的特点及其对现代汉语的影响。

2. 日语借词涌入现代汉语的背景

改革开放以来，文学作品、影视作品涌入，特别是在港台的文学作品和影视作品中出现了很多来自日语的外来词。近些年，随着外语热的不断升温，学习外语的人数也在逐年增加，其中日语学习人数涨幅明显，国内掀起了学习日语的热潮。根据中国日语教学研究会 2015 年的统计结果显示，国内开设日语专业的大学多达 506 所，占四年制本科大学总数的近一半。此外，每年赴日留学及旅游的人数也在不断增多。随着学习日语人数的增多，日语词汇的传播更为广泛，因此日语借词的使用是不可避免的，语言的频繁接触进一步促进了日语词汇流入汉语。动漫、影视作品起到了推波助澜的作用，广播、电视、报刊、网络、手机更是功不可没。20 世纪 80 年代开始，中国迎来了历史上引进外来语的第三次高潮。

3. 现代汉语中日语借词的特点

3.1 旧词新意

（1）"人气"一词，汉语中古来有之，其意思有：①人的意气、气质、感情等；②人体的气味或人的气息；③人的心气、情绪。"人气"一词一度曾在汉语中销声匿迹，而再次"复活"是由于日语中「人気」（にんき）一词的传入，用来形容人或事的受关注度，受欢迎程度。先是港台演艺界借用过来，然后大陆又开始使用。"人气"于 2002 年被收入《现代汉语词典》

2002 年增补本。现在这个词早已不局限于娱乐界,已成为日常生活中常用的形容词。

（2）"写真"在汉语中的意思有:①画人物的肖像。它是中国肖像画的传统名称,绘写人像要求形神肖似,所以叫作写真;②对事物如实描绘。现在流行的"写真"却是来自日语的借词。日语的「写真」（しゃしん）有两个意思:一个是照片,一个是摄影。汉语中流行的"写真"是明星艺人的个人特写照片集,如:清纯艺术照写真集、个人写真集等。现在的艺术摄影,俗称艺术照写真集。

（3）"蒸发"在汉语中的意思是物质从液态转化为气态的变化过程。日语的「蒸発」（じょうはつ）指失踪,不知去向。现代汉语借用了日语的「蒸発」一词,常形容人或物反常地呈现出近乎消失的状态,如:人间蒸发。

3.2 带前缀的复合词

（1）超～：日语中的「超」表示程度,如:「超かっこいい」「超やさしい」,而汉语中的"超～"主要用于宣传口号的前缀,有夸大其词之嫌,尽显其贵,表现竞争力之意,如:超豪华、超一流、超低价、超高清、超轻薄、超能力、超低功率、超高回报率、超大型等。

（2）准～：日语中的「準～」属于接头词,表示「本式、正式、最終のなものに次ぐ」之意。汉语中前缀"准～"表示离正式还有一步之遥,与日语基本相同。来自日语的流行词主要有准新郎、准新娘、准婆婆、准妈妈、准爸爸、准女婿、准丈母娘、准岳母、准奶奶、准姥姥等。

（3）不～：日语中的「不」属于接头词,表示否定,汉语中的"不～"属于副词,用在动词、形容词和其他副词前面表示否定,日语和汉语意思基本相同。来自日语的流行词主要有不自由、不夜城、不规则、不自然、不可能、不完全、不公平、不现实、不确定、不作为、不定期、不特定、不如意、不景气、不平等、不良少年、不婚主义、不得要领等。

（4）无～：日语中的「無」（ぶ、む）用在名词前面,表示否定的意思。汉语中的"无～"也表示没有的意思。来自日语的流行词主要有无意识、无差别、无条件、无重力、无能力等。

3.3 带后缀的复合词

（1）～化：日语中的「化」表示变化的意思。汉语的"～化"接在名词或形容词后构成动词,表示转变成某种性质或状态。来自日语的借词多为三音节词,如:少儿化、高龄化、一般化、自动化、活性化、沙漠化、城市化等。

（2）～力：日语和汉语中的"～力"都表示力量、能力,但是汉语构词多为双音词,如:体力、能力、人力等。而来自日语的借词大多数为三音节词汇,如:创造力、想象力、记忆力、生产力、劳动力、免疫力、原动力、生命力、理解力等。

（3）～族：日语中的「族」（ぞく）表示具有共同特点的一类人,如:「暴走族」「窓際族」等。汉语中的"～族"主要意思有:①亲属,泛指同姓之亲,如:家族;②具有共同起源和共同遗传特征的人群,如:种族;③在历史上形成的人群的稳定共同体,他们有共同的语言、经济生活以及表现于共同文化上的心理素质,如:民族;④聚居而有血统关系的人群的统称,如:宗族、氏族、部族。现在流行的"～族"来自日语,其构词能力非常强,利用日语「～族」的意思,结合新概念可创造出大量流行新词,如:追星族、上班族、月光族、银发族、蚁族、啃

老族、工薪族、跑路族、扫货族、烧钱族、哄抢族等。

（4）～作用：汉语的"～作用"和日语的「作用」意思基本相同，是指对人或事物产生的影响。现在流行的"作用"来自日语，如：副作用、反作用、光合作用、心理作用、消极作用、带头作用、引领作用、抑菌作用、吞噬作用、麻醉作用等。

（5）～感：日语中「～感」表示感觉，汉语中"感"的意思主要有：①在意识、情绪上起反应；②表示因受刺激而引起的心理上的变化。现在流行的"～感"来自日语，如：悲壮感、满足感、责任感、平衡感、立体感、违和感、不适感、厚重感、神秘感等。

（6）～式：日语中的「式」（しき）是接尾词，表示样式、类型、风格。汉语中的"式"表示物体外形的样式，特有的规格等意思。现在流行的"～式"来自日语，如：欧式、日式、中式、旧式、最新式、新式、法式、嵌入式、开放式、量贩式等。

（7）～性：日语的「性」接在名词后，表示事物的某种性质、属性、倾向，汉语的"～性"表示人或事物本身所具有的能力、作用等。现在流行的"～性"来自日语，如：社会性、可能性、现实性、动物性、重要性、普遍性、独创性、可燃性、开放性。

（8）～者：汉语中的"～者"，用于代词时可以指代人，日语的「者」（しゃ）接在汉语名词后，表示"～的人"或"具有～"。如：赞成者、反对者、经验者、被害者、加害者、年长者、消费者等。

（9）～屋：汉语"～屋"的意思有①房，房间；②屋子。日语中的「屋」（や）是接尾词，表示经营某种商品的店铺或者经营该商品的从业人员。现在汉语借用了日语接尾词「屋」的意思，出现了一些流行词，如：咖啡屋、啤酒屋、美发屋、书屋等。

3.4 音译词汇

（1）直接用同音汉字书写日语发音，这类词数量不多，如：欧巴桑、卡哇伊、榻榻米、一级棒、斯纳库、乌冬面等。

（2）音译词汇，但使用原汉字，如：便当、刺身、天妇罗、串烧、寿司、料理、空港、玄关等。

3.5 意译词汇

根据日语词语的意思来翻译，如：便利店（コンビニ）、酱汤（味噌汁）、黄金周（ゴールデンウィーク）、博彩点（パチンコ）等。

3.6 借形词

借形词指将日语单词的字形、字义原封不动地借用过去，只是中日文读音不同而已，如：忘年会、职场、悬念、自闭症、频发、打消、生计、直面、运营、基准、番号、食材、共生、私生活、导入、内定、理念、披露、勤勉、化石燃料、介入、浪人、脚力、调理、检讨、研修、亲子、特许、依托、风土、史上、口实、达人、周边、观光、告白、频发、自信满满、运转、物流、别名、并行、水准、公演、休学旅行等。

3.7 带英文字母的词汇

改革开放以来，中日两国间的贸易往来不断扩大，大量的电子产品及日系车进口到我国，表示这些产品的商标、品牌的名词也通入汉语。如：Canon（佳能）、Sharp（夏普）、TOSHIBA（东芝）、CASIO（卡西欧）、TOYOTA（丰田）、NISSAN（日产）、MITSUBISHI（三菱）、MAZUDA（马自达）、HONDA（本田）、ISUZU（五十铃）等。

4．日语借词的分类及构词特点

日语借词涵盖了各个领域，可分为政治、经济、法律、文体、餐饮等方面。

（1）政治类：公选、地元、出世。

（2）经济类：低迷、职场、业界、运营、生计、代金、内定、采用、量贩、年金、贩卖、放送、品质。

（3）法律类：加害者、被害者、告白、收容。

（4）文体类：相扑、公演、出演、写真、影像、脚本、柔道、空手道、完胜、鉴赏、完败。

（5）餐饮方面：寿司、天妇罗、料理、便当、清酒、乌冬面、酱汤、食材。

（6）社科方面：过劳死、解析、一村一品、视点、新人类、卖场、解读。

来自日语的借词在现代汉语中使用非常广泛，从词性上看大多数是名词，如：物语、景观、感想文、新人类、门外汉、水准、史上、业界、乘用车、年金、便利店、达人、别名、周边等。其次是动词，如：导入、内定、贩卖、检讨、研修、承诺、废止、放送、支配、采用、鉴赏、出勤、打消等。另外形容词数量也不少，如：卡哇伊、超豪华、超一流、勤勉、自信满满、日式、哥特式等。

来自日语的借词几乎都采用汉字的书写形式，只有少数音译词使用罗马字。这些词汇多数为双音节词、三音节词，也有少量四音节词。

5．日语借词对现代汉语的影响

来自日语的借词对现代汉语产生了重大的影响，极大地丰富了现代汉语词汇，给人以清新、明快、耳目一新的感觉。这些新词生动活泼，具有鲜明的时代特征和强烈的主观渲染性，使用频率高，是对汉语词汇的补充，丰富了汉语的表现力，多用于影视作品及广播电视、报刊、网络、手机等媒体中，因此流行速度快，传播非常广泛。历史上外来语词汇进入汉语有三个高潮。第一个高潮是6世纪，随着佛教的传入，大量的梵语词汇进入汉语中，后来许多词汇已经成为死语，只有少数词汇还在使用。第二个高潮是19世纪后期至20世纪二三十年代，大批留学生赴日留学学习日本先进技术，并通过日本把西方文明介绍到中国。他们通过翻译书籍介绍日本以及西方现代文明，然后在中国国内出版，大量的日本书籍被翻译成汉语出版的同时，大量的日语词汇也随之涌入汉语。第三次高潮是改革开放以后，国内掀起了学习日语的热潮，日本的文学作品、影视作品、动漫等大量引进，很多日语借词也随之流入汉语。

来自日语的外来语词汇具有生动、活泼、新颖、有趣的特点，反映了人们"求新""求异""求乐"的心理。这些日语新词往往具有时尚的感觉，被广泛用于社会生活的各个领域，

有很强的构词能力。有些词汇最先在港台文学作品、影视剧中使用,以后也逐渐在中国大陆广泛使用。随着我国开放程度的加深,国际化程度的提高,学习日语人数的增多,外来语词汇的增长是不可避免的,它将成为现代汉语不可缺少的组成部分。有些词汇具有较强的生命力,甚至已经进入书面语言,被收录到《现代汉语新词词典》中。随着中日两国在各个领域交往的不断扩大,今后还会有大量的外来语新词进入汉语,有些词汇已经完全融合到汉语之中,也有些词汇随着时代的发展变成了死语,也许会被淘汰。

参考文献

[1] 陈莉莉. 浅谈现代汉语中的日语外来语 [J]. 吉林省教育学院学报,2013(10).

[2] 顾江萍. 试析当代日语借词对汉语的渗透 [J]. 汉字文化,2000(1).

[3] 徐树娟,胡文慧. 汉语新词语的现状和发展趋势 [J]. 魅力中国,2009(13).

[4] 中国社会科学院语言研究所词典编辑室. 现代汉语词典 [M]. 增补版. 北京:商务印书馆,2002.

[5] 于根元. 现代汉语新词词典 [M]. 北京:北京语言学院出版社,1994.

作者简介

邵艳姝,辽宁师范大学外国语学院副教授,研究方向:日语语言研究。

联系方式

(E-mail)shaoys63@126.com

日本文化

近代日本哲学思想的双重性格特点初探

张婷婷
（中国·辽宁师范大学）

1. 概观日本启蒙思想家理解西方哲学思想的儒学视角

明治维新推翻了德川幕府的封建统治，拉开了日本近代史的帷幕。在社会转型的过程中，明治新政府在建构资产阶级国家体制的同时，在文化战略上提出了文明开化政策。作为文明开化的重要一环，明治初期，一批具有近代思想的知识分子（多为幕末的洋学家）掀起了一场自上而下的思想启蒙运动。此时，西方思想与文化全面涌入日本，哲学作为西方近代人文社科的核心，也被正式导入日本。于是，启蒙思想家们面临的一个重要任务，就是对传统思想（尤其是儒学）展开批判，以扫清社会前进的思想障碍；另外，启蒙思想家们遇到的首要问题就是自己应该如何理解西方哲学。

例如，被誉为"近代日本哲学之父"的西周出生于德川时代末期，明治维新前是他接受教育、探索真知的思想成长期。从思想源流的视角看，他的思想成长过程可以描述为：儒学→洋学。西周祖辈世代行医，而且保持儒学的家学传统。直到 20 岁，西周接触的都是以儒学为中心的中国文化传统。此间，他偶得荻生徂徕的《论语征》，深受启发而关注徂徕学。1849 年是西周学习的转折点，这一年他获准游学大阪。1853 年，美国使节佩里叩关，朝野震惊，西周来到江户。这一年冬天，西周开始学习荷兰文，1856 年继而学习英文，并入"蕃书调所"任教。实际上，西周在此任教时，从西方自然科学与社会科学的著作中已经得知其中包含"philosophy"这一学科，但由于对该学科理解不透彻，他只能以片假名或汉字标记其发音。如 1861 年西周在为津田真道《性理论》稿本所写的跋文中说："西土之学传之既百年余，至格物、地理、器械等诸术，间有窥其室者，特至吾希哲学一科，则未见其人也 …… 今此论颇著其机轴，既有压夫西哲而轶之者，不知异日西游之后，将有何等大见识以发其蕴奥也。"（卞崇道，2008：98）显然，西周在此是用"希哲学"来表述西方的"philosophy"的，并且期待津田在留学西欧之后能够对该学科有更深刻的阐释。1862 年西周在赴荷兰留学前给友人松冈邻次郎的信中谈及留学志向时，借用宋儒关于"性理之说"的提法，将"philosophy"理解为"西洋之性理学"，即「ヒロソヒ之学」。1862 年 6 月西周在留学之前曾写下《西洋哲学史讲案断片》，这是日本研究西方哲学的开端。此处，西周又以片假名音译「ヒロソヒ之学」，并且根据希腊语原意解释说："以「ヒロソフル」之名述说，其语意是指爱贤德的人，应与所谓希贤之意相同；正是此「ヒロソフル」才成为希哲学之开基。"（大久保利谦，1960：16）"希哲学"的译语源自中国周敦颐的"士希贤"，表示希求贤哲之意，基本接近"爱智慧"的原意。

1862—1865 年，西周留学荷兰，在莱顿大学师事法学博士维塞林，受其实证主义和自由主义思想的影响。1865 年归国后西周一方面翻译维塞林等人的著作，另一方面展开独自的理论研究。1870 年，他发表了《开题门》一文，指出："东土谓之儒，西洲谓之斐卤苏比，皆明

天道而立人极,其实一也。"（卞崇道,2008：103）这里西周仍以汉字音译"philosophy",同时把它等同于东方的儒学。在附载文中,西周通过对东西学问体系的比较,已经认识到两者的区别,尽管他仍然借用朱子学的一些用语,但在释义上却向哲学靠近。在讲义《百学连环》（1870）中,西周给予实证主义立场,以路易斯（G. H. Lewes）的《孔德的科学哲学》为蓝本,开始构建"统一科学"（即哲学）,指出："实理上哲学此学问的根源是法人孔德及英人休埃尔、穆勒,穆勒此人至今尚在。此三人以前,虽有空理上学问,但从孔德便开始了实理上的学问。其说三阶段,言事物的发展是经过神、空、实三个场合。至当今穆勒氏,而一切学问乃大发展。"（卞崇道,2008：100）在《生性发蕴》（执笔于1871—1873年）中,西周把"生性"理解为生理学与性理学,前者意味着"物理",后者意味着"心理",诸学大体分为此两大类,西周则要在诸科学间寻求"统一的科学"。值得注意的是,西周在此文中已数十次地使用"哲学""哲学史""哲学家"等用语。至《百一新论》1874年出版时,经过反复推敲与比较,西周最后择定"哲学"这一译语,正式公布于世。他说："把论明天道、人道,兼教方法的'philosophy'译名为哲学。"（卞崇道,2008：100）

综上所述,西周关于"哲学"译语的翻译过程凸显了东西方文化的交汇、融通。可以看出他对东西方思想均有深刻的理解。而且他是在反思自身文化的基础之上,逐渐加深对西方思想的理解,最终以其扎实的汉学功底译定"哲学"的。

我们不难看出,作为明治初期思想启蒙运动的首领,西周在接触、理解、移植西方哲学时,既想超越日本乃至东亚思想,但又不能完全摆脱其束缚。其实,不仅是西周,明治初期的启蒙思想家无不如此,他们在面对如何理解西方哲学这个问题时,所采取的理解方式具有一个共同特征,那就是理解西方哲学思想的儒学视角。也就是说,在西方哲学思想传入日本后,与此前已有的传统思想（以儒学为主）发生碰撞时,启蒙思想家们并没有单纯地将传统思想弃之而后快,而是在反思、批判的基础上对其重新认知并加以改造,虽然其中偶有偏颇,但欲使之转变为新时代的"风向标"这一目的是不争的事实。

2. 阐述近代日本哲学思想体系之形成轨迹中所呈现的双重性格特点

作为启蒙思想核心的自由、民主、平等不仅启发了民智,同时也激发了国民要求实行彻底的资产阶级民主革命的政治热情。日本国民提出政治要求,掀起自由民权运动,把思想运动引向社会实践,这与日本近代天皇制政治体制是相抵触的,对明治政府构成了威胁,于是遭到政府的打压。为了对抗与压制自由民权派激进的整治要求,日本政府于1889年以"御赐"的形式颁布了《大日本帝国宪法》（即《明治宪法》）,以之为界限,日本思想界发生了巨大变化。例如,从以前引进英法哲学转向引进德国哲学,复兴并且重构传统思想,国家主义思潮的兴起等。其中,虽然可见完全复古,即国粹主义者的身影,但仍旧不乏对传统思想加以改造,使之以新的面孔服务于近代社会发展的思想家。以下将列举典型代表试做分析。

2.1 西村茂树对儒学的解构

西村茂树（1828—1906）曾是"明六社"成员之一，但其立场趋向保守，始终主张政教一致。从服务于明治政府的明确目的出发，他创立了"东京修身学社"，一度更名为"日本讲道会"，后定名为"日本弘道会"，致力于以儒学为基础的道德重建。1887年他出版了著作《日本道德论》，展开了儒学思想现代重构的尝试。从解构的角度看，要重构入学，首先要解析儒学，即对儒学的优缺点有明确的认识。从第一章第三节的论述中可知，西村清晰地认识到，儒学再兴并非意味着把过去的儒学原封不动地搬过来使用。在同西方哲学做了比较后，他指出，儒学有六大缺点：理论上不够严密；顽固保守，不能适应今天进步的形势；利于尊者，不利于卑者；男尊女卑，不适应时势；有是古非今的毛病；以人为师，不是以理为师。（西村茂树，1957：293）从这一分析中，我们可以看出西村认识的现代性：①任何理论都必须与时俱进，才能有生命力；②理论创新之要在于理解并吸收其时的先进理论；③尊重弱势群体的他者思想，如卑微者、女性等；④与人治比较更重视法治、理治。基于对儒学如此冷静的分析，西村才认为不能单纯把儒学作为明治时期道德建设的基础，而是吸收西方哲学。因为哲学学理精微，认识真理的方法可靠，故他主张"取二教（儒学、哲学）的精华，去其粗杂"，由之构成"天地的真理"，作为"日本的道德的基础"。（西村茂树，1957：297）

2.2 井上圆了对佛教思想的重构

井上圆了（1858—1919）毕业于东京大学哲学科，出生于佛家，成长于佛门，是佛教信徒。佛教在明治初年的废佛毁释运动中遭遇劫难，几乎致命。随着政府政策的宽松和对佛教教化民众功能的再认识，佛教迎来了新的生机；同时，佛教界也重新反省自身的存在方式与存在价值，开始屈居神道之下，并明确了为政府服务的大方向。若要提高佛教的地位，必须根据时代的需要，对佛教思想本身进行重构。井上圆了作为佛教思想家自觉地承担起这项任务。

圆了虽然笃信佛教，深谙佛教思想，但他毕竟在东京大学哲学科受到了全面的哲学训练，不仅对近代西方哲学有比较系统而深刻的理解，而且致力于自身哲学理论的建构，他的"纯正哲学"或曰"总合哲学"，就是他哲学思索的结晶。以自己的哲学观重新审视佛教思想，圆了认为佛教与哲学都在追求真理，并且与基督教比较，佛教学说更加博大精深，符合哲理。佛教就是宗教哲学。那么，哲学与佛教的一致点何在呢？圆了在对西方近代哲学加以分析之后认为，西方各哲学流派都被包含在佛教诸派、诸宗之中。圆了列举释迦牟尼在数千年前就论述了"中道之妙"，之处所谓"中道"，就是非有非空亦有亦空的"中道"。可以把这种"中道"看作综合唯物与唯心的中道、兼容主观与客观的中道、统合经验与本然的中道、并存可知与不可知的中道。因此，中道"实乃思想之大海，哲理之源泉，古今东西的诸论、诸说，皆不过是其一滴、一分子而已"（卞崇道，2009：41）。可见，在圆了看来，佛教不仅与哲学一致，而且就是哲学性的宗教，甚至可以说佛教就是最高的哲学。圆了还认为哲学化了的佛教与科学事实相一致，并以现代科学解释了物心关系。

2.3 大西祝借助西方哲学之方法追求东西方哲思的高层次调和

大西祝（1864—1900）于明治 20—30 年作为学院派哲学的开拓者之一登上了哲坛，当时，日本正处于以复兴儒教主义、国家主义为背景，确立资本主义体制的时期。在思想界，明治初期的文明开化和思想启蒙运动导致东西方各种思潮汇聚，呈现出混沌不清之状。西洋主义、日本主义、激进主义和保守主义对立交错，传统的儒教、佛教、神道教思想和新流入的西方思想在矛盾和斗争中兼容并存。如此情况之下，大西认为："康德的论断完全适合于当时的日本思想界，提出日本思想界的头等要务是批判，即对各种事物进行公明正大的检验。"（卞崇道，2008：112）他说："我认为当今我们思想界的重要任务是在把东西方各种思想进行比较、判断和批评，从而认识其倾向和价值。"（同上）与此同时，大西又明确指出："进行根本性的批判，并不是思想家的终极目的。终极目的是要利用批评的武器来建设思想的新世界。"（同上）另外，他还一再强调只有按照理性、理智对东西方思想进行比较、判断、批评，才能超越西洋主义和日本主义，克服激进和保守的片面性，站在更高的层次上对之进行综合。可见，大西借助西方哲学之方法（批判哲学），以认识论为着眼点，展开了对哲学根本问题的探索，建构起"有目的之进化"的形而上学。正如他在《哲学问题的范围》一文中所述，哲学的目的在于"探索全法界的最终原理，由此原理统一其全法界的各个部分"（同上）。

综合上述内容可知，进入明治中后期仍有一部分思想家在日本社会政治体制的变革下继续尝试着将东方思想与西方哲学融合共生的挑战。并且，他们的尝试几乎都是欲将西方哲学的逻辑与东方思想的精神融为一体。

3. 试析近代日本哲学思想的双重性格特点之根源

可以说，19 世纪后半期日本所选择的东西思想文化融合的道路，成为近代日本文化发展的基本规律。在这个规律中我们可以发现，虽然近代日本哲学思想成分十分复杂，但从大体来看，基本可以分为两大类，其中一类是日本古代社会和封建社会传承下来的传统思想，另一类是以移植西方哲学为主的近代思想，此两者的关系由启蒙时期的同在向中期的混在过渡，最后达到融合共生。这一发展的轨迹中处处彰显出近代日本哲学思想的双重性格特点。而决定此性格的根源就在于近代日本社会本身的性格，即明治维新后建立的日本国家体制既保留了具有浓厚封建主义色彩的天皇制政治体制，又借鉴了西欧资本主义国家的宪法制度，制定了具有近代性质的明治宪法。换言之，近代日本政治体制本身就是充满了封建性与近代性的矛盾体。

总而言之，双重性格，即古代日本社会以及封建社会传承下来的传统思想和以移植西方哲学为主的现代思想的共生，是近代日本哲学思想体系的形成及发展轨迹中始终呈现的基本特点。

参考文献

[1] 西村茂樹 . 日本道徳論 [M] . 東京:岩波書店 , 1963.

[2] 卞崇道 . 融合与共生——东亚视域中的日本哲学 [M] . 北京:人民出版社 , 2008.

[3] 卞崇道 . 东亚哲学与教育 [M] . 北京:中国社会科学出版社 , 2009.

[4] 刘岳兵 . 明治儒学与近代日本 [M] . 上海:上海古籍出版社 , 2005.

作者简介

张婷婷,辽宁师范大学外国语学院日语系讲师,研究方向:日本思想文化。

联系方式

（E-mail）tinger44@hotmail.com

"茄子"相关惯用句的中日对比研究

赵小宁

（中国·西安外国语大学）

1. 先行研究与问题提起

惯用句是人们生产劳动和社会生活中经验和智慧的结晶，是民众丰富智慧和普遍生活经验的规律性总结，同时反映出人们对某一事物的普遍观点和看法，蕴含着该语言主体固有的价值观和人生哲理，影响并指导着人们的日常行为。

学习和研究惯用句可以帮助我们了解一个民族的历史文化和风俗习惯。其中，通过与饮食相关的惯用句的研究，不但可以了解一个民族的饮食观念和饮食习惯，也可以考察该食物在饮食文化中的价值定位，相关价值取向及情感态度及饮食习惯，等。中日两国对于惯用句的研究以整理和收集为主，近年来也出现了相关论文。

词典中较为代表性的日文惯用句词典有『故事ことわざ辞典』『続故事ことわざ辞典』『国語慣用句大辞典』『例解慣用句辞典』『食物諺集』《日语惯用语、惯用句详解》《日语惯用句词典》等。中文惯用句词典有《新日汉成语惯用句词典》《精编成语词典》《中国惯用语》等。

与此相比，中日两国以特定惯用句为对象开展的研究成果都相对较少。日本论文网 CiNii 可以检索到的有浮田三郎的「日韓両言語の諺に現れる男女の二元対立の諸相—表現に見られる語彙の構成を中心に—」（2002）、「日本と中国の酒に関する諺の対照考察（1）」（2005）、「日本と台湾の親子関係に関する諺の対照比較研究」（2005）、「日本語と中国語の諺に見る貧の原因」（2010）、「比較言語文化論 — 諺の世界から（特集　中日言語と文化の比較）」（2010）等相关研究。这些论文主要从语言学和社会学的角度对惯用句的词汇结构及文化意义进行了考察。

近几年，国内惯用句研究主要是从语言学、民俗学等角度展开的对比研究。其中，具有代表性的论文有王雪的「『ウサギ』にまつわる日中諺の対照比較考察」（2012）、「日中の『茶』に関する諺に見る取り合わせ語句の対照比較考察」（2011）、「日中の『酒』に関する諺に見る取り合わせ語句の対照比較研究」（2012）等，钱清的「日本語と中国語の諺に見る貧の原因」（2010）、「日本語と中国語における『商売』に関する諺の対照比較研究」（2010）、「日中『商売』に関する諺に見る比喩表現」（2010）等。

从以上的先行研究来看，无论是日本还是国内，有关惯用句的研究还是比较多的。但是笔者发现，与蔬菜词汇相关的惯用句对比研究却少之又少，是惯用句研究的薄弱环节。为此，本文将以与"茄子"相关的惯用句为契机，对与蔬菜相关的中日惯用句进行较为系统的研究。

2. 中日"茄子"相关惯用句

2.1 前期调研

前期调研分别以中日各 50 名成人为调查对象,以口头调查的形式于 2013 年 7 月至 2014 年 12 月完成。调查问题为"提到'茄子'你首先联想到的惯用句是什么"。

调研结果显示:超过八成的日本人表示联想到的是「嫁に食わすな秋なすび」,不到两成的日本人表示首先联想到的是「一富士二鷹三茄子」。与此相反,超过九成的中国人调查对象均表示,首先联想到的是以茄子为食材的菜肴名称而非惯用句。其中只有不到一成的调查对象表示能够联想到的惯用句是"霜打的茄子——蔫了"。

在前期调研的基础之上,笔者又通过中日相关词典和网络资源(日本 CiNii、日本雅虎、百度等)对相关惯用句进行了检索、收集、整理,统计之后得出以下结论:

(1)中日两国语言中都有与"茄子"相关惯用句(中文 24 条,其中谚语 5 条,歇后语 19 条;日文 16 条);

(2)相关惯用句的使用频率和熟知度日本人高于中国人(参照前述前期调研结果);

(3)中日惯用句中描述的"茄子"形象和文化内涵有同有异(中国:紫色、蔫了、梦中的吉兆、坏种、坏心等;日本:梦中的吉兆、婆媳关系、美味、供品等)。

从以上这些初期调查结果可以看出,中日两国在对"茄子"相关惯用句的认识上存在着较大差异,尤其在惯用句的比喻意义方面,中日两国各具特色。

2.2 中日"茄子"相关惯用句

本文中所引用的中文惯用句均出自《新日汉成语惯用句词典》《精编成语词典》《中国惯用语》《日本·中国惯用语对照词典》,日文惯用句均参考了『国語慣用句大辞典』『故事ことわざ辞典』《日语惯用语、惯用句详解》《日语惯用句词典》等词典资料和互联网检索。目前可查找范围内发现中文相关惯用句 24 条,日文 16 条。

为了便于论述,笔者根据惯用句中出现的词汇是否保留了该词汇本义,将本章所涉及惯用句分为本义惯用句和具有褒贬、造势、烘托、强化功能的比喻惯用句两类,以此展开论述。

2.2.1 中文本义惯用句

"茄子"相关的惯用表达中本义惯用句较多,根据所表达内容可以分为农业相关的农谚和社会相关的社会谚语,其中社会谚语又可以分为与家庭教育有关、与做事方法有关、其他等三类。

(1)农谚。

C1. 茄子栽花烟栽芽

C2. 深栽茄子浅栽葱

C3. 立夏栽茄子,立秋吃茄子

(2)社会渗透

① 与家庭教育有关。

C4. 茄子开黄花——变了种

C5. 茄子地里长蒺藜——坏种或坏苗

C6. 茄子棵上结黄瓜——杂种；变种

C7. 高粱秆结茄子——不可思议

② 与做事方法有关。

C8. 揪下茄子拔了秧——连根收拾

C9. 数冬瓜道茄子——唠唠叨叨

C10. 半夜里摘茄子——不分老嫩

C11. 冬瓜藤缠到茄子地——拉拉扯扯

C12. 把人带到茄子地里去了——误人子弟

C13. 茄子一行,豇豆一行——各干各的,分清楚,不要混淆

C14. 茄子炒南瓜,茄子炒胡瓜——不分青红皂白

C15. 奈何不得冬瓜,只把茄子磨——欺软怕硬

③ 其他。

C16. 茄子不开虚花

C17. 娃儿不说假话,茄子不开谎花

C18. 辣椒棵上结茄子——红得发紫

C19. 霜打的茄子——蔫了

2.2.2 中文比喻义惯用句

中文中"茄子"除了表示一种蔬菜,还衍生了"多心""坏心"等比喻意义,具有强烈的贬义色彩。

C20. 脊梁骨长茄子——多心；生了外心

C21. 胸脯上挂茄子——多心

C22. 背后藏茄子——有外心

C23. 肚脐眼长茄子——多心

C24. 南墙根儿的茄子——阴蛋(比喻不露面的坏东西)

2.2.3 日文本义惯用句

日文中共有16条相关表达(括号内为笔者加注的汉语释义),16条全部属于本义惯用句,没有比喻义惯用句。本义惯用句可以分为农谚和社会谚语,社会谚语又可分与家庭教育有关、与解梦有关、与饮食观念有关和其他等四大类。其中,农谚、与家庭教育有关这两类和中文基本接近,而与解梦有关、与饮食观念有关这两类是日文独有的表达方式。

(1)农谚。

J1. ナスは友露うけねば千成る(茄子栽种时一定要注意保持一定的间距,不能太近,以免叶子的露珠碰到其他植株,这样才能丰收。)

J2. ナスの色は肥の色(要给茄子植株施肥充分。)

J3. ナスをちぎるとき肥おけをかついでゆけ(少施肥,勤施肥,常施肥,茄子颜色才会

更好看,收成更好。)

　　J4. 七夕祭りの日にナスの畑にはいるな(七夕前后刚出梅雨期,气温高,土壤干燥,茄子根容易断裂,提醒人们田间作业时一定要注意。)

　　J5. なるほど千切る秋ナスビ(秋天长成的茄子水分含量高,而且高产。)

　　J6. ナスは輪作、ゴボウは連作(茄子要轮种,牛蒡要连种。)

　　(2)社会谚语。

　　① 与家庭教育有关。

　　J7. ウリのつるにナスビはならぬ(瓜蔓上结不出茄子;平凡的父母养不出虎子。)

　　J8. 瓜や茄子はなりなり(茄结茄,瓜结瓜。)

　　② 与解梦有关。

　　J9. 一富士二鷹三茄子(新年第一次梦中的吉祥物。)

　　③ 与饮食观念有关。

　　J10. 嫁に食わすな秋なすび(不能给儿媳吃秋茄子。)

　　J11. 秋茄子夜目に食わせて七里追う(秋茄子被老鼠吃了要追七里路。)

　　J12. 何も茄子の香の物(招待客人如果没有其他好吃的,腌茄子也可以。)

　　J13. 師走筍　寒茄子(腊月竹笋,冬天茄。难以吃到的非季节珍品。)

　　④ 其他。

　　J14. 小茄子に年の寄ったるが如し(小茄子应该富含水分,却像老茄子一样没精神。)

　　J15. 茄子苗と女は余らぬ(没有不结果的茄子苗,也没有嫁不出去的女人。)

　　J16. 親の意見とナスビの花は千にひとつのむだはない(父母的意见和茄子花多多益善,因为茄子不开虚花,只要是开的花蕾都会结出果实。)

　　可以看出,以上相关惯用句的整理和总结结果佐证了初期调研的结论正确。中日"茄子"相关惯用句既有相同之处,又各具特色。虽然日文中"茄子"相关惯用句不存在比喻义用法,但是其本义惯用句所表达的文化内涵却比中文丰富多样。

3. 相关惯用句所蕴含的文化意义

　　茄子从印度传入中国,又从中国传入日本,可以说是文化传播的使者和见证者之一。最初只是作为外来蔬菜的茄子在传入中国和日本的过程中被赋予了很多本土化的色彩,呈现出不同的特点,并且通过诗歌、惯用句等语言形式传承至今。本章主要以2.2中的中日常用的本义惯用句为研究对象展开论述,其中2.2.1中的"其他"部分和2.2.3中的"其他"不作为本文的考察对象,将在今后的论文中涉及。

3.1 中日同为劳动经验总结,但关注点不同

　　惯用句是人们喜闻乐见的语言形式,其中,谚语是劳动人民生活实践经验的总结。农谚是谚语最原始的形式和起源。这些谚语通过"口口相传"的方式代代相传,对于农业生产起着重要的指导作用。

中文惯用句 C1、C2、C3 和日文惯用句 J1、J2、J3、J4、J5、J6 都是和茄子田间耕种有关的农谚。可以看到，两国在数量上存在较大差异，中国为 12.5%，日本为 37.5%，日本是中国的 3 倍左右。

其中 C1、C2 着眼于茄子栽培方法，C3 则着眼于适宜栽培期的指导。J1 为茄子的栽种、保丰收的经验总结，J2、J3 为施肥期的注意事项，J4 为田间耕作注意事项，J5 是关于茄子的收获季节，J6 是轮作与连作的经验总结。

从具体内容看来，中国人更注重茄子的栽培方法和季节等宏观性指导，而日本人更多着眼于茄子田间耕种中的注意事项等细节内容。这一点也反映出中日两国在事物认知和做事方法方面存在的差异。近似度极高的农谚可以看到中日两国文化交流的影子。可以推测，茄子从中国传入日本的同时，和茄子相关的认知和栽培方法等也传到了日本。

3.2 中日同样重视家庭教育，但是对于"茄子"形象褒贬不一

中文 C4、C5、C6、C7 和日文 J7、J8 都是说明家庭教育重要性的谚语，现在也经常用来描述生物遗传和类似性。从惯用句可以看出，中日两国都存在通过"茄子"来说明家庭教育的重要性的情况，但是在这些惯用句中，中日两国对于"茄子"形象所持有的感情态度不同。

中文的 C4、C5、C6、C7 将"茄子"和"黄花""黄瓜""蒺藜""高粱"进行对比，寓意家庭教育的失败而引起"变种""坏种"。从 C5"茄子地里长蒺藜——坏种坏苗"可以看出，此谚语中认为"茄子"为"坏苗""蒺藜"为"坏种"，带有强烈的贬义色彩。

日文的 J7 意为"瓜蔓上长不出茄子"，寓意平凡的父母养不出杰出的孩子，此表述更接近于中文"虎父无犬子"的反义表达，即"犬父无虎子"，其中，"茄子"寓意"虎子"，而"瓜"寓意"犬父"，带有明显的贬低"瓜"，褒扬"茄子"的感情色彩。J8「瓜や茄子はなりなり」的寓意和中文的"种瓜得瓜，种豆得豆"意思接近，感情色彩比较中立。

由此可以看出中日两国对于"茄子"这种事物抱有不同的感情，褒贬不一。这一点和中国咏茄的诗歌及日本咏茄的俳句、川柳等文学作品中对"茄子"的感情态度基本一致。

3.3 中日都有"以茄为贵"的解梦思想

日文的 J9「一富士二鷹三茄子」是用来描述日本新年第一次做梦梦到的吉祥物的惯用句。富士山高大雄壮，是日本人心中的第一圣山，寓意远大的抱负和理想；也有寓意像富士山一样不老长寿之说。雄鹰即取日文中「高・貴（たか）」之谐音，寓意紧紧抓住机会出人头地。茄子取「成す（なす）」之谐音，寓意成功。虽然其出处和由来没有统一的认识，但是富士山、雄鹰和茄子是能够带来好运的吉祥物这种观点是日本人的共识。

在中国虽然没有关于梦与茄子的惯用表达，但是自古就有以梦见茄子为吉兆的详细解梦记载。例如《周公解梦》中记载："食茄者，主妻有子。"《梦林玄解》中的解释更为详细："梦紫茄，吉。梦人授此，得童仆。以授人，主交易。梦生吃茄子，主生男；梦熟吃，主生女。梦银茄，吉。君子梦此，做事多疑；常人梦此，出行遇贵；被冤枉者梦此，得以申明；忧苦梦此，好事至。"

《周公解梦》是流传于民间的解梦之书，是后人借周公姬旦之名而著，作者不详，成书时

间大约在周代。茄子大约在隋唐时期传入日本。在古代中国，解梦之风盛行。人们认为梦能预示吉凶，通过梦境能预测吉凶。

日本人认为"初梦"梦见茄子可以带来一年的好运，中国人也认为梦见茄子为吉兆。在这一点上中日两国表现出高度的一致性。加之茄子从中国传入日本的时间正值文化高度繁荣的隋唐时期，据此，笔者大胆推测，在茄子作为蔬菜传入日本时，关于茄子释梦的思想也同时传入了日本。而且，即使释梦思想没有和茄子同时传入日本，在后来的中日文化交流中被传入日本的可能性也很高。受中国大陆解梦思想的影响，江户时代出现了"一富士二鹰三茄子"的"初梦"之说。虽然关于该谚语的由来有多种解释，但是笔者认为该谚语的形成在很大程度上受到了中国文化的影响。

3.4 中国以茄子比喻做事方法

中文的 C8、C9、C10、C11、C12、C13、C14、C15 都是告诫人们做事要有条理，不要拖拖拉拉、唠唠叨叨。此类惯用句所占比例为 50%，是数量最多的一种。由此可见中国人对于条理性的重视，也侧面反映出中国人在这方面存在的欠缺。这些惯用句主要通过和南瓜、胡瓜、高粱、冬瓜、豇豆、瓜藤、茄秧等的关联、比较来阐明道理，都含有明显的贬义色彩。

日文惯用句中虽然没有出现和条理性相关的惯用表达，但是在其他谚语中，黄瓜经常被用来作为茄子的对比物。黄瓜和茄子就像一对孪生兄弟，不仅出现在惯用句中，还出现在俳句、川柳、和歌中，出现在盂兰盆节等祭祀活动中。比起黄瓜，日本人更喜欢茄子，在他们的心理定位上，茄子的价值定位远远高于黄瓜。关于这个问题笔者将在今后的研究中展开探讨。

3.5 日本以茄为美味，尤其钟爱秋茄

日文的 J10、J11、J12、J13 描述了茄子在生活中的价值定位，中文中没有类似表达。茄子传入日本后，一直受到日本人的钟爱，尤其是秋天的茄子更是为日本人所喜爱。

日本人吃茄子很讲究，要吃"初物"的夏茄子和"旬物"的秋茄子。所谓"初物"指的是每年最早上市的蔬菜或水果，"旬物"指的是应时的、最美味的蔬菜或水果。茄子夏季成熟，产量大，水分含量高，作为夏季（阴历的夏天）的"初物"蔬菜在江户时代就很受欢迎。和夏天的茄子相比，秋天（阴历的秋天）的茄子由于昼夜温差大，籽小且少、肉厚、皮较硬，所以有嚼劲，入口滑爽，被视为茄子中的上品。自古以茄为贵的日本饮食思想不仅体现在惯用句中，还体现在其他方面。

诗圣松尾芭蕉曾经在金泽得到盛情款待，在宴会上吃了生茄子和黄瓜之后，他感慨道「秋涼し手毎にむけや瓜茄子」。在鹤冈城品尝了秋茄子之后他又留下了「めづらしや山をいで羽の初茄子」的诗句。江户时代著名诗人、画家与谢芜村也曾经留下「水桶にうなづき合うや瓜なすび」等咏茄的诗歌。在日本还有德川家康和茄子、富商英一蝶和茄子的故事。

另外,日本人还将茶道中盛放抹茶的容器称为"茄子"。

J10的意思是"不能给儿媳吃秋茄子",而J11的意思是"秋茄子被老鼠吃了要追七里路"。对于J10的解释在日本共有五种说法,『岩波ことわざ辞典』认为:"因为秋茄子美味所以给儿媳妇吃太可惜了。不让儿媳妇吃,留着自己吃。"这种说法最有说服力。因为在日本惯用句中,不能给儿媳妇吃的食物除了秋茄子之外还有很多。例如:秋天的秋刀鱼、梭子鱼、鱚鰍、鲷鱼、款冬,二月的鲽鱼,三月的鳕鱼,夏天的章鱼,五月的蕨菜等,这些都是当季美味,却不能给儿媳吃的食材。较有代表性的『広辞苑』『故事ことわざ&四字熟語』(电子版)、『国语辞典』等字典也都采用了此解释。

J10描述的是日本封建社会的婆媳矛盾,反映出儿媳妇在家庭中地位低下,甚至在饮食上都不能够得到平等对待的社会现象。虽然该句描述的婆媳关系矛盾已成为历史,但该惯用句在当今日本社会依然广为流传。

4．结　语

本文通过对中日"茄子"相关惯用句的对比研究发现,中日相关惯用句在茄子的种植方法、家庭教育、释梦思想等方面存在诸多相同之处,但是又有所不同。中国人用茄子比喻做事的条理性体现出中国特色,而以茄为贵,用茄子来比喻婆媳关系等思想意识具有强烈的日本色彩。所以,茄子及相关文化知识从大陆传入日本,不仅丰富了日本人的饮食内容,还丰富了日本文化内涵。可以说茄子是中日文化交流的使者,而与其相关的惯用句则是中日文化交流的载体和见证者。

参考文献

[1] 王锐．日语惯用语、谚语详解［M］．北京:外语教学与研究出版社,2011.

[2] 仓持保男,阪田雪子．迷你日语惯用句词典［M］．李燕,译．北京:外语教学与研究出版社,2003.

[3] 王永升,赵苍率．新日汉成语谚语词典［M］．上海:上海译文出版社,2002.

[4] 王涛,阮智富,等．精编成语词典［M］．上海:上海辞书出版社,1995.

[5] 陈光磊．中国惯用语［M］．上海:上海文艺出版社,1991.

[6] 学研辞典编集部．用例でわかる故事ことわざ辞典［M］．東京:学習研究社,2005.

[7] 時田昌瑞．岩波　ことわざ辞典［M］．東京:岩波書店,2000.

[8] 白石大二．国語慣用句大辞典［M］．東京:東京堂出版,1977.

[9] 井上宗雄．例解　慣用句辞典—言いたい内容から逆引きできる［M］．東京:創拓社,1992.

基金项目

本文为西安外国语大学科研基金资助项目（12XWB10）的部分研究成果。

作者简介

赵小宁，西安外国语大学日本文化经济学院副教授，研究方向：日本国家研究。

联系方式

（E-mail）1084826338@qq.com

崇尚"强者"的孤独者

——日本人

张忠锋

（中国·西安外国语大学）

1. 引 言

从地理位置来看，中国是位于欧亚大陆东部的大陆国家，日本是位于西太平洋上的岛国。所以，在历史上相当长的一段时间内，对日本而言，中国就意味着广阔的"大陆"，而对中国而言，日本就像古代中国人所描绘的那样，是一个长满了"仙药"的"蓬莱仙岛"。或许正是由于这种地理环境所致，中日两国在彼此国民心目中的地位有所不同。中国疆域辽阔，是一个传统的大陆国家。所以，无论是从经济角度考虑，还是从军事角度考虑，在外交事务上，中国的历朝历代都将精力投入与自己国土相连的大陆国家，从西汉开始的丝绸之路便是最具说服力的明证。而日本则不同，可以说，直至大航海时代，四面环海的岛国日本所唯一要打交道的大国就是大海对面的中国，就如7世纪的圣德太子给当时隋朝隋炀帝的国书中所写的"日本是日出之国，中国是日落之国"。很显然，对过去的日本人而言，世界之大，不过如此，地球东端为日本，西端为中国。因此，日本的所谓外交，除朝鲜半岛外，就是处理与中国的关系。换句话说，与中国打交道几乎就是其对外关系的全部。受这种特殊的地理环境的影响，自古以来，了解中国、研究中国便成为生活在日本列岛上的每一代日本人所要面临和决断的重大外交课题，从社会到文化，从历史到文学，从法律到宗教，从天文到医学等，他们对中国的研究涉及各个领域，从朝廷到民间，造就了无数的中国通。在这些中国通的努力下，日本文化快速形成，日本社会趋于成熟，国家政权得以稳固发展。可以说，自古以来，无论视中国为敌为友，日本的发展总是与中国息息相关。

然而，对中国而言，情况就大不相同。从秦始皇修长城的史实及中国的古文献记载可知，中国防御的重点是北方的游牧民族和西域各族。隔海相望的岛国日本似乎就显得没那么重要。于是，随着时间的推移，自然成习惯，中国很少有人去关注日本。虽然，历史上中国也有不少民间人士东渡日本，但大部分都被记录在日本的史料中。中国人开始意识到岛国日本的势力，已经是近代的事了，特别是明治维新之后，中国屡遭日本侵略，中国人才开始有所觉悟。不过，尽管如此，因受传统意识的影响，从根本上讲，中国人仍旧不以为然，明知日本实力不俗，但却不积极地去应对。近百年来，虽有数以百万计的留学生东渡日本留学，但醉翁之意不在酒，留学的真正目的是以日本为跳板了解西方，而非日本本身。也就是说，与日本打交道的历史如此之久，却没有人真正地想去了解和研究这个国家。近年来发生了一些令人匪夷所思的事件，不能不让人认真思考。

不久前中国一些城市抵制日货的疯狂场面还历历在目，各大媒体又传来了日本城市的

商店被疯狂购物的中国游客挤爆的新闻。就在中日媒体大肆报道 2015 年春节放假的 10 天时间里，多达 45 万中国人赴日抢购花销 60 亿元的新闻之际，另一则令人尴尬的消息摆在了我们面前，由中国日报社和日本言论 NPO 共同实施的第十次"中日关系舆论调查"结果显示，93% 的日本人讨厌中国，近两年他们大都拒绝到中国观光。看到这一条条令人捉摸不透的消息，是应该赞美中国人的"大度"，谴责日本人的"狭隘"呢，还是应该谴责中国人的"盲目"，赞美日本人的"理智"？笔者也难以做出令自己满意的回答。只能说，我们必须面对现实，冷静对待眼前所发生的一切。

笔者认为，历史发展到今天，中国人到了该真正了解和研究日本的时候了。因为就目前的形势而言，中日两国都处在一个非常重要的历史发展时期，两国国民间的交流，影响着两国关系的走向，影响着两国未来的发展。可以说，中日两国既是对手，又是伙伴。处理好两国关系，对任何一方都至关重要。所以，笔者认为，既然我们的国民对邻国日本的认识总是处在一种矛盾之中，那么，我们是否应该抓住这一有利的时机，对这个国家和生活在这个国家的人们有个理性的认识呢？当然，要充分了解一个国家和一个民族，仅靠一篇短短的论文是远远不够的。但是，无论是国家，还是民族，其构成主体是人，也就是说，了解这个国家，或者民族的人的性格，应该是了解这个国家，或者民族的第一步。因此，本文欲以了解日本民族的性格特征为目的，对令中国人时常感到困惑的日本人的性格特征以及其形成的原因加以分析。

2．生活在集团社会中的孤独者

生活在日本列岛上的日本人，就像漂浮在太平洋上他们赖以生存的日本列岛一样，封闭而孤独。虽然日本人以集团意识强烈而著称，但集团意识只是对他们外在的行为加以规制而已，无法掌控他们的内心世界。所以，从根本上讲，日本人是孤独的。探讨日本人孤独的原因，不外乎两个方面，即受自然环境的影响和人文因素的制约。也就是说，他们的孤独，并非先天所致，而是后天形成。日本人的性格形成与自然环境的影响之间的关系，已是众人皆知，无须赘言再论的事实。而人文因素的制约倒是令人兴趣盎然。那么，导致日本人孤独的人文因素到底是什么呢？事实上，将日本人推入孤独深渊的头号凶手就是长期以来被世人称道的日本社会的集团意识。换句话说，集团意识的负面影响便是导致日本人孤独的主要原因。

众所周知，集团社会的主要特征就是，集团社会的成员一切都要从集团的利益出发，每个成员都要维护和遵守集团的规定和要求，集团的利益高于一切，一切个人行为都必须服从于集团利益，成员必须安分守己，就像谚语「出る杭が打たれる」（枪打出头鸟）所讲的那样，但凡有违集团利益者，会被视为异己而遭到集团内部的排斥。从社会发展的角度来看，在推动日本经济社会的发展方面，日本人的集团意识起到了不可磨灭的功劳，特别是日本战后的经济腾飞，日本人的集团意识的作用可谓有目共睹。但是，正如集团社会所强调的，作为集团社会的成员一切都要从集团的利益出发，每个成员都要维护和遵守集团的规定和要求，集团的利益高于一切。对于一个国家或者民族的发展来讲，这种思维方式当然是最为理想、合

理的一种思维方式。然而，也正是这种最为理想、合理的思维方式，大大地藐视了个人的存在。因为这种思维方式的焦点是集体，而非个人。所以，从个人发展的角度来讲，一切个人行为受到约束，诸如人的个性得不到尊重，个人能力得不到发挥，为了集体必须牺牲个人利益等现象，便成为集团意识强烈的社会所带来的必然结果。也就是说，个人的存在被最大限度地淡化，个人的价值只能在集团内部实现，离开了集团你将什么都不是，这对于生活在日本列岛上的日本人来讲是致命的、无法想象的悲惨结局。因此，生活在孤岛上的日本人为求生存，最终只能选择依靠集体，为了不被集团所抛弃，为了使自己能够在集团内占有一席之地，他们每一个人都尽可能地克制自己，"沉默是金""以心传心"等极具日本文化特色的成语便是在这种环境中产生的。集团内部看重的是行动而非言表，所以，人和人之间的交流，更多的是用行动体现。即便有语言上的交流，这种交流也更像是一种公对公的，讨论集团事务，形于表面的交流，并不涉及个人隐私，缺乏那种推心置腹的，深层次的心与心的交流。因此，长期以来，在这种环境中生活的日本人，他们很难拥有能够了解自己、可以倾诉衷肠的知己。在他们看来，除非是为了他们赖以生存的集团，否则，一切个人之事，都得靠自己去应对，再大的困难，再大的压力，都得靠自己去克服，去忍耐，否则会被视为弱者而被周围的人所鄙视。因此，为了维护自己的尊严，能够跟别人一样在集团中平安地度过一生，他们所能选择的就是忍耐，而忍耐的终极便是孤独。几百上千年的传统，似乎日本人对孤独已经习以为常，他们深知孤独对他们而言意味着什么。如果说集团是他们赖以生存不可或缺的空间的话，那么，孤独便是他们逃避现实，自我调整，实现自我的唯一途径。关于孤独，日本哲学家三木清是这样描述的：

> 一切人间的罪恶都产生于不能忍受孤独，孤独之所以令人恐惧并不是因为孤独本身，而是由于孤独的条件。任何对象都无法使我超越孤独，在孤独中我是将对象的世界作为一个整体来超越。[1]

从三木清的这段话中，我们感受到了日本人对于孤独的独特见解。事实上，对于孤独，他们不但不排斥，反而有欣然接受之意，视孤独为超越世界的手段，并加以享受，可以说，这种思维模式在世界民族之林是罕见的。在他们看来，孤独并没什么不好，甚至认为只有能够忍耐孤独寂寞的人才有力量成就大事。通过三木清对孤独的理解，可见日本民族的耐性真的是非同一般。

话说到此，或许有人要问，日本社会的集团意识对日本的发展而言到底是利大于弊，还是弊大于利？关于这个问题，笔者认为无法评判，读者们也无须过分地追究，或者说努力寻找什么正确答案。因为，日本社会的集团意识的利与弊，是与非，好与坏，说到底只有当事者日本人自己最清楚，作为旁观者我们只能静观其变。

---

〔1〕三木清著，张勤、张静萱译：《人生探幽》，上海文化出版社1987年版，第50页。

3. 笃信"无常"的孤独者

导致日本人孤独的人为因素并非只是集团意识,还有一个常被人们提及的原因,佛教的"无常观"。源于佛教的"无常观",被日本人接受之后,经过长期演变,以一种超越宗教的"无常感"支配着日本人的精神生活,给日本人的一生带来了无限的孤独。

"诸行无常"作为佛教的基本教理之一,随着6世纪佛教在日本的传播,很早便被日本人所接受。复杂的自然环境和社会因素,迫使他们对"诸行无常"深信无疑。"诸行无常"从此成为他们经营人生,认识世界的指南,可以说日本人的精神生活是以"无常感"为根基而建立起来的。因此,从这一角度出发来看,日本人的内心是孤独的,孤独感犹如流淌在体内的血液一般,伴随他们的一生。所以,他们对于孤独有着一种特殊的感受。纵观日本历史,每一个时段的日本文化往往都与"无常"的思想有着不解之缘,二者如影随形。以文学为例,这一特征十分明显,特别是在以《源氏物语》《枕草子》为代表的中古文学和以《方丈记》《徒然草》《平家物语》为代表的中世文学中,这种现象尤为突出。《平家物语》的开场白[1]:

> 祇园精舍钟声响,诉说世事本无常。
> 娑罗双树花失色,盛者转衰如沧桑。
> 骄奢淫逸不长久,恰如春夜梦一场。
> 强梁霸道终覆灭,好似风中尘土扬。

《方丈记》的序文[2]:

> 川流不息,然其水非原水。
> 浮沫漂于积水,此消彼起,未可久存。
> 世人之于居所,亦是如此。

《方丈记》的序文因揭示了人世的无常,成为日本人所喜爱的千古名句。然《徒然草》更胜一筹,作者吉田兼好将"无常感"化作闲情逸致,犹如旁观者,以一种超俗的眼光,淡然而平静地审视着自然界和人世间所发生的一切。"生与死""盛与衰"这些人类无法逃避的命运,必须直面的永恒主题,在他的笔下失去了一份沉重,犹如过眼烟云,平淡无比。关于"无聊",第75段是这样描述的:

> 我不知道人为何要为无聊所苦。不要用心于外物,最好的办法,是一个人独处;
> 一旦把心放在世俗,就免不了被它迷惑,失去自主。比如和别人交谈,总想博得别

---

〔1〕信濃前司行長:『平家物語』,岩波書店2000年版。
〔2〕鴨長明:『方丈記』,岩波書店1989年版。

人的好感，就做不到言为心声了。又不免有和人嬉闹的时候，有和人争执的时候，以至于喜怒不定，妄念丛生，得失之心就再难放下。如此执迷于尘世，陶醉其中，且又好发痴心梦想，全不悟我佛真谛。[1]

这段话意在向世人诉说无须为无聊而烦恼，道出了作者万般喜欢"独处"的心声。以作者而言，"独处"乃"去除无聊，远离烦恼"之最佳选择。也就是说，"独处"是感受"无常"的最高境界。

信浓前司行长在《平家物语》中叙述日本中世的源氏和平家两家盘根错节的恩怨，争夺权力的复杂过程；鸭长明在《方丈记》中记述天灾人祸及修身养性的经历；吉田兼好在《徒然草》中谈哲理，谈人生，录掌故，记逸闻 …… 他们凭借着各自对"人生"的省悟，以不同的笔锋，将他们共同追求的"无常"的精神世界展现给世人，给人以启示。在评价明治大正年代以来日本自杀身亡的作家们时，日本评论家小松伸六在《发现了美的人们》中这样描述：

在日本作家的传统中似乎有一种透过死亡和黑暗来观察人生的佛教思想。透过死亡和黑暗来思考人生的传统，可以上溯到歌唱"诸行无常，盛者必衰"的《平家物语》，把世俗的人和家庭喻为"河中流水"的《方丈记》，强调"人世无常"的《徒然草》和出家人西行，游吟俳人芭蕉的无常感文学。[2]

由此可见，诞生于日本中世的这三部作品对后来的日本文学的影响之大，超乎我们的想象。事实上，这些作品之所以能够如此深受日本人的喜爱，并成为日本文学的典范，其原因并非只是人们对其中人世无常的感慨产生共鸣，更重要的在于这些感慨已经成为生活在日本列岛上的日本民族进行自我解脱的精神依据。

随着佛教的"无常观"的渗透，当日本人意识到自己生活在一个"无常"的世界里之后，对人生、对生死都有了一番独特的见解，对日本人而言，人生犹如「浮世の旅」（浮世之旅）这句话所言，就像是一次寂寥的个人旅行，充满了艰难和险阻。像「苦労は人につきもの」（吃苦是人生的附属品）所言，人来到这个世上就是来受苦的。如此这般，于是，日本人无论对于自然界还是人世间所发生的一切，都欣然接受，默默忍受和积极适应的思维模式成为他们应对外部世界的法宝，"无常感"成为他们克服和战胜困难的精神支柱。所以，从某种意义上讲，日本人因有了"无常"的精神境界，意志变得异常坚强，因相信"诸行无常"，面对变幻莫测的世界，他们的内心反而变得异常平静。

孤独作为人类特有的一种精神现象，就像幽灵一样缠绕着人类，所以，长期以来，人类就想尽各种办法去驱散它，排斥它。然而，生活在孤岛上的日本人，却以一种征服者的姿态去直面孤独，挑战孤独。虽然他们也会因孤独而感到迷茫，感到痛苦，甚至走上自杀的道路，但

---

〔1〕吉田兼好：『徒然草』，岩波書店 1985 年版。
〔2〕小松伸六：『美を発見した人は—自殺作家系譜』，講談社 1981 年版。

他们视孤独为良师益友的境界着实令人刮目相看。以孤独为伴，在孤独中认识自己，成就自我，孤独决然成为他们历练精神的强大武器。正因为他们对孤独有着更深刻的感受，所以，才会有哲学家三木清发自内心的感言：

> 一切人间的罪恶都产生于不能忍受孤独，孤独之所以令人恐惧并不是因为孤独本身，而是由于孤独的条件。任何对象都无法使我超越孤独，在孤独中我是将对象的世界作为一个整体来超越。

在此，我们不得不佩服日本人敢于直面孤独的勇气，或许正是因为日本人具备这种常人难以具备的品质，他们的精神才得以升华，日本社会才会不断地取得进步。佛教的"无常观"播下的种子，使生活在日本列岛上的日本人因祸得福，"无常"的精神境界让他们显得有些与众不同。

4．崇尚"强者"的孤独者

自然环境和人文因素，使日本民族的孤独感变得异常强烈。然而，正如前面所述的，孤独并没有使他们退却，反而更激起他们积极向上的勇气。向强者看齐，与强者为伍成为他们在孤独中奋进的目标。无论是从国家发展的层面，还是从个人成长的层面观察，这一特点在日本民族发展史上都表现得非常明显。从国家发展的历史来看，历史上日本社会的每一次飞跃，似乎都是向强者看齐的结果。从日本国家建立直至近代史上的明治维新以前看中国，明治维新以后看欧洲，战败以后看美国的国家战略思想就是典型的例证。从个人成长的视角来看，日本人所创造的具有典型日本特色的文化，例如与道有关的，就像拙文《日本人的道文化》中所述的"武士道""柔道""空手道""合气道""剑道""弓道""杖道""居合道""古武道"，以及"茶道""花道""香道""书道"等，都可谓是在"沉默"和"孤独"中孕育诞生的，充满了自强不息精神的文化。也就是说，所有的这些文化，都以达到历练精神，实现强大自我为目的。这种在孤独中默默奋进的思维模式和行为方式在世界上也是少有的。所以，从某种意义讲，日本民族可谓是崇尚"强者"的孤独者。

那么，孤独的日本人为什么会如此崇尚"强者"？成为"强者"对他们而言，又意味着什么呢？笔者认为这问题非常值得我们思考。通过这个问题，我们不但可以了解日本人对"强者"的看法，而且还能够进一步探析支配他们产生想成为"强者"的思维方式。也就是说，我们只有充分了解和掌握日本式的思维方式，才能够在今后与日本人的交往过程中，或者说在处理中日关系的时候做得更好，做到游刃有余。

话说至此，笔者认为我们不得不承认一个历史事实，那就是，在至今为止的一千多年的中日交往中，正因为日本人在这方面比我们做得好，他们中有着太多的中国通，对中国人的思维方式和行为方式了如指掌，所以才使得他们在近代史上，在与我们的交锋中屡屡占据了上风。可以说，这是对《孙子·谋攻篇》的至理名言——"知彼知己，百战不殆"的完美验证。试想一下，在世界范围看来，上千年来，把中国古典作为经典，在全国范围内进行宣传和推

广，并在此基础上建立自己的独特文化的国家，除了日本还会有哪个国家呢？所以说，千百年来，特殊的地理环境迫使日本人必须对中国有个全面而深刻的了解。事实上他们做到了，而且做得很好，他们对我们的了解远远超过了我们对他们的了解。所有这一切，都是我们有目共睹的、不可否认的事实，况且我们已经有了惨痛的历史教训。因此，笔者认为我们必须清醒地认识到了解日本的重要性。也就是说，只要我们能够做到像日本了解中国那样去了解日本，中日两国之间所存在的各种问题都会迎刃而解，真正意义上的中日关系正常化才可持久，中日两国双赢的目标才能实现。否则，所谓的中日友好只不过是流于表面，没有任何实际意义的空头支票。要知道，日本是崇尚"强者"的孤独者，他们的态度会随时因对方的实力强弱而发生变化。

然而，日本人崇尚"强者"的思想到底源于何处？仔细想来，他们如此执着地追求"强者"，崇尚"强者"，其原因就在于他们内心深处因孤独而产生的一种强烈的忧患意识。也就是说，由孤独而产生的忧患意识，最终演变成一种强烈的自我保护意识，在这种强烈的自我保护意识的支配下，日本人认为只有与强者联合，使自己变为强者，自己的人身安全、经济利益、社会地位等关乎个人生存的各种条件才能得到有效的保护。否则，自己的生存都无法得到保证。

那么，生活在日本列岛的日本人，他们对人生、对生活的态度怎么会如此悲观呢？其实原因很简单，说到底还是受制于他们所生活的日本列岛的自然和人文环境。试想一下，一个生活在远离大陆的小岛上，很少与外界交流，长期处于相对封闭状态的民族，如果说他们的思维模式和行为方式的形成，很容易受到他们所生活的环境的影响的话，那么，日本列岛不尽如人意的自然环境和由此产生的集团意识等人为因素必定是影响日本人的思维模式和行为方式的关键。

众所周知，日本民族是一个崇尚自然的民族。他们非常热爱自己所生活的日本列岛，并以此为骄傲。但频繁的地震、海啸、火山爆发、台风、泥石流等自然灾害，是不以人的意志为转移的，在科学技术不发达的过去，自然灾害带给日本人的伤害是难以想象的。给生活带来的诸多不便自不必多说，有性命之忧才是最令人恐惧的事，从古至今，不知有多少人被可怕的自然灾害夺去了生命。所有的这一切，使得生活在日本列岛上的日本人，很早就意识到团结的重要。抵御自然灾害，个人的力量根本微不足道，只能靠集体的力量去克服，去应对。所以，强大的集团意识在日本列岛应运而生是长期以来日本人与自然斗争的必然结果，其合理性是不言而喻的。

但同时，在无数次与自然的较量中，日本人也清楚地看到，人的力量再强大，也无法战胜自然之威力的。也就是说，日本人早已意识到了人类力量的极限。所以，长期以来生活在日本列岛这样一个经受自然各种考验环境中的日本人，其所经历的磨难，内心深处的创伤也就可想而知了。在各种有意无意的与自然的斗争中，他们（代表人类）一直处于劣势，要想战胜自然是不可能的。生活在这样一种环境中，日本人的处世态度变得消极、悲观也是合乎情理的。因为以自然为伴，时不时受到自然的威胁，对于无法预测，无法掌控的自然，他们的内心充满了恐惧和绝望。事实上，诸如佛教的"无常观"等之所以能够在日本列岛盛行，被日本

人所接受,最主要的原因之一,就是这类主张可以将日本人从对自然的恐惧和绝望中解救出来,其消极处世态度与日本民族的经历不谋而合。

　　然而,物极必反是存在于自然界的普遍规律,穷则思变是人类的共性。生活在日本列岛的日本民族懂得这一道理,日语中就有「窮すれば通ず」(穷则思变)的说法。在与自然的较量中一直处于弱势的日本人,一方面,他们早已见识了自然的威力,意识到顺应自然的重要性,但另一方面,本能的求生欲望却迫使他们不得不面对现实,为应对自然培养强大的精神力。也就是说,日本人已经意识到了精神力在与自然较量中的作用。日本人这一思想上的变化,正是精神主义在日本社会盛行的重要原因。所以,从某种意义上讲,日本人的追求"强者",崇尚"强者",实际上是人类一种本能的求生反应。当然,这种本能的求生反应并非日本人的专利,而是全人类所具有的共性。只不过因为日本列岛特殊的自然环境,以及由此而产生的各种人文因素,使日本人在这方面表现得尤为突出,甚至给人一种走极端的感觉。回顾日本社会发展的历史不难发现,"唯强者论"是推动日本社会发展的重要力量之一。

5. 结　语

　　世界上每一个民族都有其特殊的性格表现,而"孤独且好强"应该是日本民族最主要的性格特征之一,或许这是我们在与日本人的交往过程中最该了解的事实。然而,中国人似乎不太注意和关心日本人的这一性格特征,并对日本人抱有偏见,认为日本人呆板,没有活力。所以,在与日本人交往时,往往会因为自己的错误判断而失去主动权,给自己带来麻烦。

　　中日两国之间的竞争由来已久,而且,会旷日持久地进行下去。至于竞争的结果,今后谁赢谁输真的是难以预料。作为一名普通的中国公民,笔者只希望中日两国之间的竞争是一种友好的竞争,和平的竞争。

　　坚持发展,才是在竞争中战胜日本的硬道理。在笔者看来,大和民族是一个具有狼性的民族,他们孤独而坚强。当然,需要说明的是,笔者在此无任何贬低之意,就像齐秦的名曲《我是一匹来自北方的狼》一样,只是在做个比喻而已。因为笔者认为任何一个民族的性格,没有什么绝对的好与坏、恶与善之分,任何事物的存在都具有一定的合理性。有时候,人和人之间,民族与民族之间的想法之所以存在差异,产生矛盾,都是因思维方式的不同造成的,可以说两者之间根本就不存在绝对的对与错。但是,矛盾的发生毕竟不是什么好事,随着矛盾的激化,有时候会引发非常可怕的事情发生。因此,既然我们已经知道这一事实,就应该力求避免矛盾的发生,而要避免矛盾的发生,就要勇敢地面对,积极主动地去了解对方。至于中日两国之间的竞争,要朝着友好、和平的方向发展下去,中国就必须牢牢掌握主动,必须强大,没得选择。

参考文献

[1] 三木清. 人生探幽 [M]. 张勤,张静萱,译. 上海:上海文化出版社,1987:50.
[2] 信濃前司行長. 平家物語 [M]. 東京:岩波書店,2000.

［3］鴨長明．方丈記［M］．東京：岩波書店,1989.

［4］吉田兼好．徒然草［M］．東京：岩波書店,1985.

［5］小松伸六．美を発見した人は―自殺作家系譜［M］．東京：講談社,1981.

作者简介

张忠锋,西安外国语大学日本文化经济学院教授,研究方向：日本文学、日语语言文化。

联系方式

（E-mail）zhangzhongfeng@xisu.edu.cn

敵討ちについての一考察

韓思遠

（中国・西安外国語大学）

1. はじめに

1.1 問題提起

新渡戸稲造は『武士道』の冒頭において、以下のように述べている。

「武士道は、日本の象徴である桜花とおなじように、日本の国土に咲く固有の華である。」

武士道の礎石は義であり、武士の掟において、もっとも厳格な徳目だと言われている。そして、林子平[1]は義を決断する力と定義づけ、「義は自分の身の処し方を道理に従ってためらわずに決断する力である。死すべきときには死に、討つべきときには討つことである」と述べている。

武士階級が台頭して以来、敵討ちは広く見られるようになった風習であり、江戸幕府によって法制化されるに至り、その形式が完成された。近親者を殺されて、その復讐をする例は、南イタリアを始めとして、世界各地で見られるが、江戸時代の敵討ちは、喧嘩両成敗[2]を補完する方法として法制化されていたことと、主眼は復讐ではなく、武士の意地・面目であるとされていた点に特徴がある。

中国の『礼記』の中に「父の仇、共に天を戴かず」という文が記述されており、日本では、「不倶戴天の敵」という言葉が敵討ちの時に慣用句的に使われている。

敵討ちといえば、日本の三大敵討ち[3]を連想させられる。それぞれ、赤穂浪士の討ち入り、鍵屋の辻の決闘、曾我兄弟の仇討ちである。言い方こそ違えども、どれも敵討ちであることに変わりはない。

1.2 先行研究

今まで、数多くの文芸作品において、敵討ち、または仇討ちを取り上げている。例えば、民話の『さるかに合戦』、歌舞伎の忠臣蔵もの『仮名手本忠臣蔵』、森鷗外『護持院原（ご

---

[1]林子平：元文3年6月21日（1738年8月6日）― 寛政5年6月21日（1793年7月28日）は、江戸時代後期の経世論家。高山彦九郎・蒲生君平と共に、「寛政の三奇人」の一人。名は友直。のちに六無齋主人と号した。

[2]喧嘩両成敗：中世および近世の日本の法原則の一つ。喧嘩に際してその理非を問わず、双方とも均しく処罰するという原則。

[3]三大敵討ち：曾我兄弟の仇討ち、鍵屋の辻の決闘、赤穂浪士の討ち入り。

じいんがはら）の敵討』などが挙げられる。しかし、それらはいずれも脚色された文芸作品であり、その深層に潜む敵討ちの本質を掴み取ったものが少ないと考えられる。本稿では敵討ちと忠義、さらに敵討ちと名誉とを結びつけた視点から敵討ちの深層に潜む本質を考察したいと考え、敵討ちに関する研究に貢献することを願っている。

2. 敵討ちの定義づけ

2.1 『広辞苑』による敵討ちの定義づけ

『広辞苑』によると、敵討ちとは、主君・近親・朋友などの仇を討ち果たすことである。日本では中世期ごろから見られ、江戸期にもっとも多く、法制化された。転じて、「報復」「殺人犯への死刑」という意味でも使われることがあり、恥辱をすすぐことをも言う。

2.2 敵討ちの範囲及び許可の対象

敵討ちの範囲は父母や兄など尊属の親族が殺害された場合に限られ、卑属に対するものは基本的には認められない。武士身分の場合は主君の免状を受け、他国へ渡る場合には奉行所への届け出が必要とされ、町奉行所の敵討ち帳に記載され、謄本を受け取る。無許可の敵討ちの例もあったが、現地の役人が調査し、敵討ちであると認められなければ殺人罪に問われた。また、敵討ちをした相手に対して、復讐をする重ね敵討ちは禁止されていたとのことである。

敵討ちの許可が与えられたのは基本的に武士階級についてのみであったが、それ以外の身分の者でも敵討ちを行うケースは時折見られた。上記のような手続きを踏まなかった武士階級の敵討ち同様、孝子の所業として大目に見られ、場合によっては賞賛されることが多かった。また、武家の当主が殺害された場合、その嫡子が相手を敵討ちしなければ、家名の継承が許されないとする慣習も広く見られた。

3. 敵討ちと忠義

3.1 敵討ちと忠義の関わり

敵討ちを考察するに当たり、まず、「忠義」について論じねばならないのである。なぜかというと、敵討ちは忠義に大いにかかわっているからである。

「花は桜木、人は武士」という言葉をたびたび耳にする。桜と同様に、武士道も日本の国土に咲く華であり、現在もなお息づいており、生きつづけているのである。

仏教、そして日本固有の神道は武士道に大きな影響を及ぼし、さらに、神道は武士道の中に主君への忠誠と愛国心を徹底的に吹き込んだのである。

孔子を源泉とする武士道の道徳律にはありとあらゆる徳目があり、君臣、親子、夫婦、長幼、朋友についての「五倫」、そして、冷静で穏和な、しかも世故に長けた孔子の政治道徳

の教えは武士階級の要求に相応しく、著しく適合した。武士道の道徳律として、義、勇、仁、礼、誠、名誉、忠義などが取り上げられている。

ここで、日本人の「忠義」に注目したい。「封建道徳の多くの徳目は、別の倫理体系や異なった階級の人々とも共有しているが、忠義という徳は、すなわち主君に対する服従や忠誠の義務だけは、独立した特色を示している。（略）忠誠心が最高に重んじられたのは、武士道の名誉の掟においてのみである。」（新渡戸稲造『武士道』p. 93）

前述のごとく、武士道は仏教に影響され、さらに、道徳律に関しては、孔孟思想を数多く取り入れた。ところが、忠義に対する位置づけは、日本と中国とでは、まったく異なる。アメリカの教育者であるグリフィス[1]はかつて、「中国では孔子の道徳が親への服従を人間の第一義務としたのに対して、日本では忠義が第一に置かれた」と語っている。

中国では、親への服従は第一の要とされ、親不孝な人は世間の批判を浴び、周りの人から敬遠され、反面教師としてあげられることも多い。それに引き替え、日本では、母親はわが子に、主君のためにすべてを犠牲にするように促したという話もかつてしばしば耳にしたのである。

武士は個人よりも公を重んじる。武士道では、個人より国家が先に存在すると考え、個人は国家を担うための構成員であるとみなされている。

3.2 元禄赤穂事件から見る敵討ちと忠義の関わり

歴史上において、元禄赤穂事件という有名な出来事がある。元禄赤穂事件とは、江戸時代中期の元禄15年12月14日（1703年1月30日）に発生した主君敵討ち事件である。江戸城中で赤穂藩藩主の浅野内匠頭長則が、高家旗本の吉良上野介義央に対して遺恨有りとして殿中刃傷に及ぶが、討ち漏らして切腹処分となり、その後、浅野の遺臣である大石内蔵助良雄以下赤穂浪士47士が、吉良屋敷に討ち入り、主君に代わって吉良上野介を討ち果たし、その首を泉岳寺の主君の墓前に捧げたのち、幕命により切腹したという一連の事件を指す。

主君のために、忠義のために、自分の命を惜しまずに一命を捨てて、敵討ちをしたという有名な話である。

元禄赤穂事件からも、敵討ちと忠義とのかかわりを垣間見ることが出来よう。

4. 敵討ちと名誉

4.1 名誉とは何か。

名誉とは、自身の業績、功績、態度、姿、振る舞い、あり方、生き方を讃えられ、それをすぐ

（1）グリフィス：Griffis William Eliot（グリフィス・ウイリアム・エリオット）1843—1928（天保14年―昭和3年）、日本人留学生に感銘して来日。日本学の先駆者。明治初期の来日外国人教師。

れている、価値があると自他共に認め、それを自らの尊厳、誇りと見なすこと。「何かを名誉に思うこと」を誇りという。また、社会的地位が高く名声があることも名誉と考えられ、こうした名誉を望む欲求を名誉欲という。それが傷つけられ、害われた場合には、それを回復するために命懸けの決闘を挑むということもある。日本の中世の武家社会では、これは切腹、敵討ちという形を採ることもあった。

4.2 名誉を重んじる日本人

アメリカの文化人類学者、ルース・ベネディクト（主著『菊と刀』1948 年）は、日本人の文化を「恥の文化」と評し、「日本人は罪の意識よりも恥の意識で行動するのだ」と指摘した。羞恥心という感覚は、人類の道徳意識のうち、もっとも早く芽生えたと言われている。さらに、ベネディクトは『菊と刀』において、以下のように述べている。

日本人は自分自身に厳しい枷をはめている。それは社会的に非難されたり、葬り去られる恐怖から逃れる為であり、彼らは自己規制によって一度その味を覚えた個人的欲望とそれを満足する喜びを放棄しなければならない。彼らは人生における重大時にはこの衝動を抑制しなければならない。これを犯して自らの自尊心まで失う危険に身を晒す者はほとんどみられない。何事をするにも自重（「jichou」）し、そしてその判断基準は善悪ではなく社会的評価が得られるか、得られないかである。立派な人とは恥（「haji」）を知る人であり、常に慎重に行動する人である。恥を知る者は家族へ、一族へ、そして国家へ名誉をもたらす。…… 日本人は自己責任について、自由なアメリカよりもはるかに徹底した観念をもって認識している。このため日本人の刀は攻撃を象徴するものではなく、理想と自己責任を象徴するものとなっている。

名誉を重んじる日本人は名誉が傷つけられるようなことを何よりも嫌う。殊に武士はなおさらである。『甲陽軍艦』には以下のような記述が見られる。「親兄弟の敵討たるもの（中略）敵をとらねば武士道はすたりたり、武士道をすてたれば、あたまをはられて堪忍仕べし、あたまをはられて堪忍致す者が、何とて主の役に立つべき」と。自分は頭を叩かれて、ひたすら我慢し、敵を打たない者は意地がなく、主君にとって無用である。また、『武士道』の中で描かれたような町人に背中にノミがいることを告げられ、町人を真っ二つに斬ってしまった武士はもちろん極端な例ではあるが、高貴な武士を畜生同様に言うことに大きな侮辱を感じ、武士は自分の名誉を傷つけた町人に怒りをぶつけてしまい、すなわち、名誉毀損を受けた武士は自らの手で名誉毀損を犯した相手を裁いたわけである。

5. 敵討ち賞賛の理由

5.1 「君主のための敵討ち」は「滅私奉公」の格好の宣伝材料

時代が下り、戦国時代を遠く過ぎ、太平の世が続いており、いかにしてだらけきった武士を統率し幕府に仕えさせるかという問題が目立ってきた。主従関係、上下関係をしっ

かりさせ、ひたすら主君のために尽くさせ、滅私奉公させるのに、「君主のための敵討ち」はこの「滅私奉公」というものは格好の宣伝材料であったわけである。

5.2　敵討ち賞賛の理由

　敵討ちは被害者の親族が御上の代わりに犯人を裁き、逃げ得を許さないという意味合いが強く、かつて武家は親が殺害された場合、敵を討つまで家督を継ぐことが許されなかった。幕府は敵討ちを褒め称え、奨励していた。例えば、そもそも武士しか敵討ちはできないにもかかわらず、百姓が無許可で敵討ちを行ったのを大いに取り上げ、士分に昇格させたりしていた。一方では、厳格に慎重に敵討ちを行わせ、他方では、敵討ちを賞賛していた。一見矛盾しているようではあるが、その最大の理由は「敵討ちは、幕府が百姓を支配するための手段の一つ」であったからである。こういった宣伝活動は非常に有効に機能し、江戸時代、有名な敵討ちは読本になったり芝居になったりして、庶民の間で莫大な人気を博した[7]。

　江戸時代にはなぜこんなにも敵討ちが奨励されていたのであろうか。「なぜ幕藩体制の支配者たちは武士のみならず百姓にまで奨励して敵討ちを見事成し遂げた百姓を士分にまで引き上げたのか。（略）やはり敵討ちと言うものが当時の社会を維持するための非常に重要な、ある意味では不可欠の素材になっていたんですね。だから敵討ちが許されていると言う事は、あの幕藩体制の中で、人間の生命と言うものが、実は自分の意志で生きていたのではなくて、生かされていたんだと言う事にまで続いていく問題を含んでいると思うんです」（カタツムリの会『殺すこと殺される事』p. 120-121）。そのため、幕府は敵討ちに厳重な枠をはめ、ほとんどのものを不許可にし、それを減らそうとする一方、実際に行われた少数の事例を利用し、主従関係を唱え、滅私奉公を提唱していた。敵討ちは当時の社会を維持するのに不可欠のものであり、江戸時代における「敵討ち」というものは幕府が庶民をコントロールするために用いた一種の「手段」であることがうかがえるのではなかろうか。

6.　敵討ちはなぜ禁止されたのか

6.1　敵討ち禁止令[1]

明治6年（1873）2月7日、『敵討禁止令』明治政府司法卿江藤新平により発布された。

---

　(1)敵討禁止令:仇討ち禁止の最初の法律が明治6年（1873）2月に司法卿（しほうきょう）、明治18年（1885）以前の太政官制における司法省の長官］・江藤新平が出した復讐禁止令（仇討ち禁止令。太政官布告第37号）である。

殺人は国家が禁じる最大の罪である。殺人者を罰するのは政府の公の権力に属しているのである。しかし、古来より父兄の敵を討つことは子や弟の義務であるという風潮がある。このことは、なるほどその気持ちはやむを得ざるところがあるものの、突き詰めてみると、自分の個人的な怒りでもって国家の法律を破り、ひいては国家権力を犯すものであるから、殺人罪を逃れることは出来ない。それのみならず甚だしい者に至っては肉親が殺された時に故意に殺されたのか、誤って殺されたのかも問題にせずに、また殺された身内にも非があったのではないかということを顧みないでただ復讐復讐と名義だけを追いかけて殺す。その弊害というのは非常に甚だしいのである。これは幕藩体制という封建社会の中から明治という新しい「社会秩序」を打ち立てるための法的な処置である。すなわち、日本がこれから法治国家になり、「敵討ち」の中で許されてきた私情というものが国家の法律と権限に従うものであるという宣言となるのである。

6.2 禁止の理由

既に国を運営するのに「主従関係」などというものを必要としなくなり、そのかわりに「国家の権力と法律」というものを手に入れた明治政府にとって、敵討ちは不要であった。それどころか、敵討ちはせっかく築きかけた国家権力による法治社会にひびを入れかねないものであった。したがって、禁止されるのは当然の措置であり、近代国家の道を歩もうとした当時の日本の宿命でもあったわけである。

7. おわりに

「目には目を、歯には歯を」という有名な言葉がある。敵討ちはその言葉の具現化である。「武士道は生来の常識に支えられ、一種の道徳的均衡を維持するための"道徳法廷"として、敵討ちの制度を作らしめたのだ。そこでは、普通の法律では裁くことのできない事件を訴えることができたのである。」(新渡戸稲造『武士道』p.136―137)

老子は「怨みに報いるには徳を以てす」と説いたのに引替え、孔子は「正義をもって怨みに報いるべき」と教えており、多くの者に支持されている。敵討ちには人の正義感を満足させる何かがあり、正義の均衡感覚が保たれている。

しかし、事実上、江戸時代にせよ、明治時代にせよ、敵討ちが「遺族のため」のものであったことなど一度たりともなかった。それは「支配する側の道具」でしかなかったし、百姓をコントロールするのに格好のものであった。

以上、簡単ながら、敵討ちについて考察してきたが、今後、さらにこの研究を続け、より深く掘り下げて考察していきたいと思う。

参考文献

[1] 大隈三好 . 敵討の歴史 [M]. 東京:雄山閣 ,1972.

[2] 笠谷和比古 . 武士道その名誉の掟 [M]. 東京:教育出版社 ,2001.

[3] 野本三吉 ,戸次公正 ,カタツムリの会 ,他 . 殺すこと殺されること [M]. 東京:インパクト出版会 ,1993.

[4] 新渡戸稲造 . 武士道 [M]. 東京:PHP 研究所 ,2005.

[5] ルース・ベネディクト . 菊と刀 [M]. 東京:社会思想者 ,1988.

作者简介

韩思远 ,西安外国语大学日本文化经济学院讲师 ,研究方向:日本语言文化。

联系方式

（E-mail）hansiyuan@xisu.edu.cn

试论井上靖的早期中国旅行与其中国观的形成

何志勇
（中国·大连外国语大学）

1. 引　言

井上靖在"二战"后27次前往中国，游历各地。中国旅行影响着他对中国的理解与认识，对其文学创作产生了深远的影响。一直以来，国内外学者忽视井上靖的中国旅行在其中国观的形成及文学创作过程中的地位与作用，对此缺乏深入细致的探讨。笔者曾通过实证调查，梳理了井上靖27次中国旅行的经过[1]，并在此基础上，从文学与旅行的关系视角重新审视井上靖的历史小说，初步探索了其作品中蕴含的旅行要素。

井上靖最早的两次中国旅行（1957年和1961年）的实现，一方面得益于当时逐渐兴起的中日文化交流浪潮，一方面又受制于战后的冷战格局。井上靖之所以能够在30余年（1957—1988）的时间里进行了27次中国旅行，一定程度上取决于两种力量互相牵制下的这两次旅行中形成的中国观。因而，对这两次旅行进行深入的考察便显得很有必要。笔者将结合1957年至1960年前后的时代背景，以井上靖的游记散文为主要研究对象，探讨这两次旅行如何作用于井上靖中国观的生成过程，并挖掘历史小说中的文学想象与旅行实践之间的内在联系。

2. 暗淡的城市

1957年10月26日至11月22日，井上靖作为日中文化交流协会第二次访华日本文学代表团的成员，第一次访问中国，主要访问了北京（10月30日—11月10日）和上海（11月12日—11月19日）。

回日本六个月之后，也就是1958年5月，井上靖终于发表了一篇（也是唯一一篇）直接描写此次旅行的文章《广州记事》。这篇游记非常短小，而且描写的不是旅行的主要访问地北京或上海，也不是专门为了游览而前往的苏杭，却是广州。广州是当时日本代表团进出中国的必经之地。在将近一个月的旅行中，日本代表团在广州仅仅停留三天，且只有一个白天。那么，井上靖为什么要选择广州作为初次中国之旅的回忆之地呢？

文章的开头写道："在三个城市当中，我感觉广州最有趣，也最喜欢它。不由得想，即使在广州待上一个月，我也不会厌烦。"[2]（井上靖，1995—2000：26卷477）"三个城市"分别指北京、上海、广州。之所以喜欢广州，是因为"首先是它的明亮。现在中国的城市到处都给人

---

〔1〕见笔者：《井上靖历史小说的中国形象研究》，新华出版社2014年版，附录。
〔2〕引文为笔者译，下同。

一种局促、僵硬、暗淡[1]的感觉，只有广州是个例外。那么自由，那么明亮"（井上靖，1995—2000：26 卷 477）。包括北京、上海在内的中国城市与广州形成了鲜明的对比。广州阳光明媚，广州人也显得非常自由，繁华的街市、往来的三轮车、江边公园的情侣，一切的一切，给井上靖留下了"殖民地般明亮与自由"[2]（井上靖，1995—2000：26 卷 477）的感受。

第一中国旅行后，1959 年，井上靖发表了历史小说《敦煌》。其中描写的西夏都城兴庆府似乎受到了北京等城市印象的影响。主人公赵行德放弃功名，怀揣梦想历尽千辛万苦来到兴庆府，却发现西夏并不是他真正向往的地方。在赵行德眼中，兴庆府失去了"原始的美"，在强大的统一力量下，西夏人只知"为国奉献"而失去了"欢乐"（井上靖，1995—2000：12 卷 324—325）。小说的想象与井上靖眼中"局促、僵硬、暗淡"的北京等城市的印象似乎有着相通之处。那么井上靖为什么会形成如此印象呢？这与当时中国的国内形势以及国际反华势力污蔑中国的政治环境不无关系。

中国国内的政治形势主要指的是当时中国反右斗争的政治局面。与井上靖共同访问中国的本多秋五在 1958 年发表的《我的中国理解》一文中这样描述当时的中国：

> 据说，因为前年有人反映有些做过了头，所以毛主席呼吁道，革命的理想就是在于穿上漂亮的衣服。尽管如此，仍然难以改变大家一律穿蓝色衣服。在民众心中，似乎只有穿蓝色衣服才觉得心里踏实。担心一旦穿了显眼的服装，就会被人说成生活上的右派份子而遭到批斗。（中野重治，1960：32—33）

在这里，"蓝色衣服"代表了当时中国的颜色，反映了反右派斗争过程中僵化教条的不正常社会景象。然而，本多秋五注意到的这个颜色其实并非他的首创，最早见于法国记者罗伯特·吉兰于 1955 年出版的《六亿蚂蚁》一书。金微（2009）在人民网撰文评价《六亿蚂蚁》时写道：

> 法国记者吉兰在中国"发现"：红色中国是一座"蚂蚁山"，而六亿民众是栖息其中的"蓝蚂蚁"。"不管走到哪里，人们都穿着蓝布衣服"。

红色中国在西方的想象中，已是"一个暴君统治的蓝蚂蚁的国家"：六亿人长着同一个头脑，迈着同一种步伐，穿同一种服装，说同一种话，做同一种事，一旦某一天，那同一个头脑中着魔式地出现某一个疯狂的念头，六亿蓝蚂蚁突然之间将变成一个难以想象的庞大的怪兽……

这就是当时西方对中国的畸形认识。资本主义世界沉浸在对中国某种迫害式的狂想中。这种中国形象不仅影响了西方社会，也影响了日本。应该说，井上靖在一定程度上也受到这

---

〔1〕引文中的下划线为笔者所加，下同。
〔2〕关于"殖民地般"印象的成因将在下文提及，主要指广州具有的异域情调。

种西方认识的影响,从而对中国城市形成了局促僵硬和暗淡的城市印象,并且在小说《敦煌》中将其运用于对同样是新兴统一的国家——西夏的描写中。因此,赵行德最终离开兴庆府也反映出井上靖对北京、上海等中国城市的失望与不满。

3．明亮的广州

然而,对北京、上海等中国城市的印象并没有伤及井上靖对广州的喜爱。在他眼中,广州的商业区非常繁华,人们穿着白色的服装,作家、诗人们敢于表达自我的情感,公园中还能见到热恋中的男女,到处充满着"生机与活力"(井上靖,1995—2000:26卷478)。但实际上,日本代表团在广州的主要行程是参观农民运动讲习所与广州商品展,这些在《广州记事》中只字未提。这或许是井上靖的有意为之,他不愿因僵硬呆板的政治性参观破坏了自己心目中自由明亮的广州形象。因此在某种意义上,"自由明亮"的广州并非真实的广州,而是井上靖按照自己心中的理想形象刻意塑造出来的。那么这个他心目中的广州形象来源于哪里呢? 这要从他第一次访问中国前创作的长篇历史小说《天平之甍》说起。

1957年8月,距第一次中国旅行仅剩两个月时,井上靖在《中央公论》上完成了长篇历史小说《天平之甍》的连载。小说描写了鉴真东渡日本的过程及五位日本留学僧的命运。井上靖在创作过程中参考了《唐大和上东征传》[1],并结合自己的想象,在小说中对广州进行了生动的描写。

> 这座广州城拥有三重城墙,都督卢焕掌管文武大权,位高权重,不亚于玄宗皇帝。城里城外到处是商馆、民房,郊外是一望无尽的荔枝林,绿叶掩映的枝头点缀着鲜红的果实,在普照看来,宛如仙境一般。坊间还流传,玄宗皇帝为了博得爱妃杨贵妃一笑,命令将荔枝快马送入京城长安。(井上靖,1995—2000:12卷69)

城里城外到处可见的商家与民房,郊外一望无尽鲜艳夺目的荔枝林,这些生动的虚构都来源于井上靖对《唐大和上东征传》的想象。想象逐渐固定于井上靖的心中,以至于当他真正来到广州时,也是用心中早已存在的广州形象比对今天的广州。因此,《广州记事》中自由明亮的广州形象不仅是与北京等城市对比的结果,也来源于旅行前井上靖对广州的文学想象。

除了繁华的街市与鲜艳夺目的果林,广州在《天平之甍》中又被描写成一个异域城市,充满着新奇的异国情调。

> 那天,普照跟随戒融来到位于珠江江口的码头,因为在这个聚集了大量异国商船的港口可以品尝到各式各样的异国食物。这里既有婆罗门的船,也有昆仑的

---

〔1〕井上靖在《〈天平之甍〉的登场人物》和《广州记事》等文章中均提及小说创作过程中参考了《唐大和上东征传》。

船，还有来自波斯的船。每艘船上都满载着异国的货物，吃水深度甚至有六七丈。
在这里还可以看到肤色和眼睛完全不同的异国人，有来自狮子国的、大石国的、骨
唐国的、白蛮的和赤蛮的各国人。这些异国人只是听过，但在此之前却从未见过，
据说他们大部分都居住在自己的商船中。（井上靖，1995—2000：12 卷 70）

异国的食物、异国的船、异国的货物和异国的人，珠江边的景象充满了这种新奇的异域
风情。而在现实的广州旅行中，井上靖不由自主地用这种汇集了多国人与多国文化的异域
视角观察广州，所以在他眼中，广州呈现出一种"殖民地般"的景象。

井上靖就是抱着这样的广州想象来观察广州的，他甚至坦言亲眼看看广州的珠江是来
中国的目的之一（井上靖，1995—2000：26 卷 477）。那么，他所见到的珠江与小说中的描写
又是何等相似？

> 我们住在一个叫爱群饭店的十四层高的宾馆里。宾馆位于江边，从房间的窗
> 户可以看见密密麻麻停泊在岸边的水上生活者（疍民）们的船。一到夜晚，几乎能
> 够听到船里的说话声。（井上靖，1995—2000：26 卷 477）

生活在船里的疍民与小说中肤色各异的"异国人"，传到宾馆卧室中的船里说话声与普
照在江边饭馆听到的"异国话"，今天与历史在现实与想象的光影交错中呈现于井上靖的面
前，似乎失去了界限。

4．中国观的转变

某种意义上，初次中国旅行的井上靖并没有真正客观地观察中国。他的中国印象一方
面受到当时西方与日本知识分子对中国的片面认识影响，体现为否定北京等中国城市；另
一方面是用心中已有的想象作为取景的透镜映射而成，体现为肯定广州。两者在根本上并
未触及现实的中国，这种观察方式井上靖在第二次中国旅行前发生了变化。

1960 年 1 月，井上靖连续发表了两篇与中国印象有关的文章《黄色大地》（1960 年 1 月
1 日）和《中国大》（1960 年 1 月 15 日）。这两篇文章明显不同于《广州记事》，开始对中国进
行正面积极的评价。虽然文章中沿用罗伯特·吉兰的"六亿蚂蚁"来指代中国民众，但使用
的意义却与其截然不同。《黄色大地》中，井上靖在"六亿蚂蚁"前加上"所谓"一词，显示出
颠覆意义的意图；在《中国大》中，井上靖进一步明确了自己对这个词汇的解释。

> 我想中国在外国人面前最为自豪的是解决了六亿民众的吃饭问题。在日本
> 没有一个人饿死与在中国没有一个人饿死，二者的意义完全不同。当今的中国在
> 新政权的领导下正在逐渐消除饿殍者与流民，真可谓丰功伟绩，可说是中国漫长
> 历史上第一次政治的完全胜利。（井上靖，1995—2000：26 卷 481）

能够使六亿人口吃饱对于小国日本来说是一件难以想象的事情,仅此一点,任何对六亿人口的敌视与污蔑都显得苍白无力。在这里,井上靖用"中国之大"这样一个独特且冷静的视角有力地批驳了西方别有用心的中国观,颠覆了存在于西方及日本社会中"六亿蚂蚁"的固有含义,用温饱得以解决的事实赞美新中国的政权,从而让"蚂蚁"的寓意回归到"勤劳"的本意上。

那么,到底是什么促使井上靖开始转变对中国的看法呢?这与当时的社会背景有一定的联系,但更直接的推动力是井上靖在1959年夏天观看的一部意大利纪录电影《黄色大地》。

社会背景主要指的是日本战后第一次中国热。自由民主党的鸠山内阁实行"五五体制",采取积极的对外融合政策之后,中日民间交流得到了发展。日本文学家在战后第一次开始关注中国,通过访问旅行认识中国、反思自我。大量中国印象记或中国游记随即发表于日本各大报刊及文艺杂志上。井上靖的《黄色大地》发表于《新日本文学》。该杂志在这一时期刊登了大量有关中国印象记或游记方面的文章,包括反映中国反右运动的《右脸、左脸》(匿名,1958:2)、批驳西方视线的《中国之旅》(中野重治,1958:3—10)等,还专设中国旅行座谈会,可以说是当时日本作家描写中国的重要刊物。井上靖的《黄色大地》发表于此,表明他也参与到"看法各不相同"(井上靖,1995—2000:26卷479)的中国印象论争之中,而他的立场在根本上与批驳罗伯特·吉兰的中野重治是一致的,都反对西方及日本对中国的片面与偏激的认识。他不仅颠覆了"六亿蚂蚁"的西方式内涵,还在文章中对电影《黄色大地》的恶意进行了批判。

> 这部电影净是介绍一些诸如用鸬鹚捕鱼的渔民、打虎的猎户、乡下的葬礼等原始的中国景象……如果电影中同时展现了中国热火朝天的建设场景,那么我还可以忍受,但仅仅是这些的话,我不得不说这不是中国。……最让人感到虚假的是,影片中故意专门介绍了中国过去的婚礼,称其为当今世界无论哪个野蛮国家都不可能有的婚礼。看到这,除了感到电影的恶意,我别无他想。……总之,电影《黄色大地》对中国的介绍中明显存在一种恶意,就连我这个不向着中国说话的人都感到生气。(井上靖,1995—2000:26卷479)

从文章的字里行间,我们可以读出井上靖对电影《黄色大地》异常气愤的心情。因为影片所展现的中国与他两年前所见到的真实中国截然不同。不仅如此,影片对中国形象的恶意塑造更是令井上靖难以忍受。于是在《广州记事》发表后近两年,井上靖再次忆起初次的中国旅行,以此批判这部影片,维护中国的形象。

井上靖并未随波逐流。通过观看《黄色大地》,他彻底认清了西方及日本政府所宣传的中国形象,进而对自己的中国印象也进行了反思,甚至批判。在《广州记事》中,井上靖否定与排斥"局促、僵硬、暗淡"的北京等城市,推崇"自由明亮"的广州。然而,在随笔《黄色大地》及同月发表于《新大阪》报上的《中国大》中,井上靖开始积极评价现实中国,纠正心中色彩

暗淡的中国形象。

井上靖在两篇文章中提到了武汉长江大桥、北京郊区的大学城和不断涌现的高楼大厦，描写了治理黄河、解决吃饭、消除文盲等新中国的功绩。这些在两年前的《广州记事》中只字未提，说明井上靖对中国的印象发生了一定的变化，由注重内心的想象中国，开始转向关注外在的现实中国。

> 《黄色大地》与《中国大》虽然同时发表，但在创作顺序上，《黄色大地》应在前，《中国大》在后。前者反驳西方错误的中国形象，后者则明确了应有的正确中国观，即认识中国要立足于"中国之大"这样一个基本立场上进行，"如果忘了这点而一味站在日本人的立场上思考的话，那么在所有方面都会出现巨大的错误"（井上靖，1995—2000：26卷481）。

井上靖在《中国大》中除了使用治理黄河、解决吃饭、消除文盲等现实的事例来说明中国作为大国的不易，还将视线投向中国的历史与传统文化。万里长城与紫禁城的雄壮、古代旅行前占卜吉凶的无奈、伟大君王在自然伟力前的渺小、白发三千丈之类夸张的比喻，无不指向"中国之大"这个总体的前提。中国是大国，所以对待其功绩应该予以积极的评价，对待其不成熟，应该站在"中国之大"的立场上予以理解与支持。这种独特且冷静的中国观有力地反驳了西方及相当一部分日本人错误的中国认识。

5. 明亮的中国

在这样的心态下，井上靖于1961年6月第二次访问了中国。这次井上靖眼中的中国形象较第一次明亮了许多。《井上靖·中国影像纪行》的开篇句写道："这次中国之旅除了酷热难耐之外都很令人愉快。"（井上靖，1995—2000：26卷483）类似的表达也出现在两个月后发表的《第四年的中国》中。这种心情与第一次访问中国的心情截然不同。两篇游记中讲述了中国的变化，可以归纳为人的变化与北京的变化。

人的变化是指中国出现了"新型的青年"。井上靖对中国的年轻人给予了高度评价，认为他们是"当今世界上任何一个国家都难以见到的新型青年"（井上靖，1995—2000：26卷485）。在1961年7月18日的访中日本文学代表团回国欢迎报告会上，井上靖的发言也是主要围绕中国新型青年展开的。8月25日刊行的《日中文化交流》介绍了这次会议的内容，罗列了龟井胜一郎、平野谦、井上靖和有吉佐和子的发言，而报道的题目为"开创新时代的新型青年"，显然是取自井上靖的发言内容。可见，他的中国印象代表了当时日本正义人士的心声。

北京的变化主要指北京街道扩宽、人民大会堂与历史博物馆的建设、西郊文京区的大学城等现代都市景象的出现。在第一次中国旅行后的游记中，井上靖几乎没有提及北京或广州等城市建设的情景，而是将目光投向自然的珠江和作为历史见证的古迹、旧城墙，停留于心中的想象中国。但这一次，井上靖开始主动描写北京现代化进程中的建设状况，目光投向

了现实中国的变化,对新中国强有力的现代化进程表现出敬佩之情,并寄予了深厚的期望。

> 我曾想,欧洲是属于过去的国家,因为美国是一个过于现代的国家。照此说下去,中国就应该是属于未来的国家吧。在中国,无论走到哪里都能感到他蒸蒸日上的活力。(井上靖,1995—2000:26 卷 484)

在批驳错误中国观之后,井上靖站在"中国之大"的立场上主动将目光投向现实中国,积极而乐观地审视与评价这个充满活力与激情的大国,表达了自己对其未来的坚定信念。从此,这种对中国的积极态度成为井上靖与中国交往的基调,也正因为此,在之后至井上靖逝世(1991 年 1 月)的 30 年间,井上靖为中日文化交流做出了巨大的贡献。

6. 结　语

井上靖最初的两次中国旅行促使井上靖形成了基本的中国观。第一次旅行中,井上靖拘泥于自己心中的想象中国,而且受到错误中国形象的误导,因此主观上对新中国的发展存在抵触感,忽视了处于初级发展阶段的中国现实。然而,当意识到日本与西方诋毁中国形象的企图时,井上靖开始结合自己的亲身经历,主动予以批判。在希望日本民众正视中国现实的同时,他自己也进行了深刻的反思,并以"中国之大"为认识中国的基点,在第二次旅行中"发现"了处于发展阶段的中国的伟大与美丽。

旅行也与井上靖的中国题材历史小说存在着内在的联系。《天平之甍》中想象的广州影响了井上靖观察中国的视角,而旅行中形成的北京等城市的印象又映射在《敦煌》中,成为想象西夏国的现实依据。因此可以说,文学想象与旅行实践的交错融合构成了井上靖历史书写与旅行书写的方式。

参考文献

[1] 井上靖. 井上靖全集 [M]. 東京:新潮社,1995-2000.

[2] 中野重治. 中国の旅 [M]. 東京:筑摩書房,1960.

[3] 金微. 新中国 60 年,"中国形象"在西方剧烈摇摆 [DB/OL]. 人民网 (2009-09-27). http://theory. people. com. cn/GB/10123647. html.

[4] 日中文化交流協会. 日中文化交流(井上靖会長追悼特集)[M]. 東京:日中文化交流協会,1991.

[5] 日中文化交流協会. 日中文化交流(創立五十周年記念特集)[M]. 東京:日中文化交流協会,2006.

[6] 石川美子. 旅のエクリチュール [M]. 東京:白水社,2000.

[7] カンポレージ. 風景の誕生—イタリアの美しき里 [M]. 中山悦子,訳. 東京:筑摩書房,1997.

[8] 高橋英夫 . 井上靖（群像日本の作家）[M]. 東京：小学館 , 1991.

[9] 井上靖 , 等 . 歴史・文学・人生—井上靖対談集 [M]. 東京：牧羊社 , 1982.

[10] 山田昭夫 . 新世界への旅・「観想録」など（有島武郎）（旅の発見——異国のなかの日本人〈特集〉）[J]. 国文学：解釈と教材の研究 , 1980, 25 (7).

[11] 井上靖 , 篠田一士 , 等 . わが文学の軌跡 [M]. 東京：中央公論社 , 1977.

[12] 曽根博義 . 井上靖詩と物語の饗宴 [M]. 東京：至文堂 , 1996.

[13] 刘利国 , 何志勇 . 日本文学与文学批评研究 [M]. 北京：外文出版社 , 2011.

[14] 朱耀伟 . 当代西方批评论述的中国图像 [M]. 北京：中国人民大学出版社 , 2006.

[15] 西原大辅 . 谷崎润一郎与东方主义——大正日本的中国幻想 [M]. 赵怡 , 译 . 北京：中华书局 , 2005.

基金项目

本论文系笔者主持的辽宁省社会科学基金项目"井上靖文学的中国想象"（项目编号：L13DWW009）的阶段性成果。

作者简介

何志勇 , 大连外国语大学日本语学院副教授 , 研究方向：日本文学、翻译学。

联系方式

（E-mail）dwnanisan@163.com

试论山片蟠桃的世界观

李晓东

（中国·中国社会科学院研究生院）

在江户时代之前，日本人对世界的认识，大致只限于震旦（中国）、日本、天竺（印度）的思考范畴。到了近世尤其是 18 世纪以后，其世界认识中渐渐地包含了"西方"的概念。但当时的欧洲已经逐步绘制出了正确的世界地图和海图，这些图纸最终也被引入日本。进入江户时代，热心海外通好的德川家康异常重视这些地图，认为其有助于世界地理知识的增加和扩展。耶稣会士利玛窦在中国出版的《山海舆地图》（1584）、《坤舆万国地图》（1602）很快便传入日本，对日本人的世界地理知识的增加产生巨大影响。然而，随着日本持续推行锁国政策，地理学领域知识的传播速度大幅下降，荒诞无稽的通俗读物开始流行。世界地理学研究，也因新知识的传入被禁止而停滞不前。因而利玛窦的《坤舆万国地图》被视作锁国时代世界地理知识的最大典据。此外，对当时的世界地理学知识的传播做出贡献的还有西川如见的《华夷通商考》（初版 1695 年）和新井白石的《西洋纪闻》（1715 年完成，但因属保密之书而没有出版）、《采览异言》（1713）。山片蟠桃在以上背景下提出了自己有关地理学的认识。

本文以山片蟠桃的世界观为中心进行阐析，具体而言，将从山片蟠桃的世界认识、山片蟠桃的西方观两点来考察作为江户时代著名町人思想家——山片蟠桃的世界观。

1．山片蟠桃的世界认识

山片蟠桃有关地理学知识的论述，主要在《梦之代》第二卷中有所提及。山片蟠桃的世界知识，主要是从新井白石的《采览异言》和朽木昌纲的《泰西舆地图说》等处学来的。在《梦之代》的参考书目中均可看到这两部书。其实，在《梦之代》天文卷第一章中，山片蟠桃就指出了世界地理认识的发展概略："浑天说尚久，地球说亦新。地浮于天中之说尚久，四方人居说亦新。…… 明崇祯时利玛窦至中华翻译历书。因此出天经或问，之后乃知地球四方立人，外面皆为上，四方六合皆立人。…… 新井氏创《采览异言》。以此书可明万国之事也。"[1]山片蟠桃认为，在新井白石出版《采览异言》之前，国人尚且不懂万国之事，有了这本书之后方才有了新的世界认识。山片蟠桃对世界整体的认识可以概括为两点。

第一，基于对世界的正确认识，山片蟠桃认为日本国名的命名依据是个谬误。蟠桃参考新井白石、朽木昌纲等人的地理书，不仅能够清晰了解外国之事，而且能对地理常识做出合理的判断。比如，所谓"大秦国依据距日落之地近，扶桑国距日出之地近，依此而得日本之名"[2]。对此，山片蟠桃反驳道，"地本是球形。为何日轮从地面升起？皆以目测，东面出西面

---

[1]山片蟠桃:『夢之代』（天文卷一），选自『日本思想大系 43』，岩波书店 1973 年版，第 223 页。
[2]山片蟠桃:『夢之代』（地理卷一），选自『日本思想大系 43』，岩波书店 1973 年版，第 223 页。

落,东国为日出之国,西国为日落之国。前往其国发现太阳未有出入地面之分,以此理推之,地球为球形而非平,未必从地中出来。即中古以来以日出入命名,此说乃虚妄之说也"[1]。这里,山片蟠桃以地球为球形作为依据,指出太阳并非从地下出来,故可以证明该种学说为谬误,同样就可以证明日本的命名依据是错误的。山片蟠桃依据当时的地理书,正确掌握世界地理实际情形,因而能够辨析出旧说的荒谬之处。

第二,确认世界各大洲的名称。山片蟠桃广泛阅读参考了当时流行的地理书,整理出世界各地的名称。因此,当时的蟠桃已对世界整体概况有了客观的把握和正确的认识。

> 西洋人巡游天下,见到之处有三大洲。曰亚洲、欧洲、非洲。又有两个洲,曰美洲、大洋洲。此五大洲也。皆西洋人发现之处,五大洲及各国国名皆为其所命名。说天竺、汉土、我大日本,皆被西洋人命名为印度、"支那"、Japan。……如日本,此名为吾国之名。但是汉土起名为倭,吾国人心想用日本,但对于用汉字国家之人,不说倭则不能明了。对西洋或万国之人,说日本则不通,必须说Japan。今被西洋人所起各国,均有本名,然对万国需隐匿本名,用西洋人所起之名方能通达。

可见,当时虽仍处于江户时代中后期,但山片蟠桃等关心西方科学知识的学者们已经对各大洲、各国分布有了清晰的了解,并对世界通用的国名有所研究。这对于其不同于传统儒家、佛教或国学者的独特的世界观的形成起到了至关重要的作用。

2. 山片蟠桃的西洋观

在江户日本的锁国时代,日本普通民众对外国的认识除了通过兰学相关书籍以外,便只能依据日本漂流至海外者归国后的见闻记来扩充。山片蟠桃因对海外知识相当感兴趣,曾经多次拜访漂流者打听有关外面世界的信息。"在爱日文库[2]中就曾收藏仙台藩主命令兰学家编写的《环海异闻》和漂流记类书籍,以及长崎入港异国船船长的交谈语录《阿兰陀风说书》等"[3]。山片蟠桃通过上述书籍以及见闻,对外国尤其是西方的相关基本知识有了一定的认识。他的西洋观可概括为以下几点:

(1)认为西方重视实际测验、实地考察,其实学素养值得日本学习、吸收。在地理方面,认为日本古代存在的很多学说都是妄说。山片蟠桃明确指出了古代的各种地理知识不是通过脚踏实地考察而得来,故有虚妄不实之处,不能相信。后世的儒学家还引用《山海经》这样的著作,更是错误的做法。山片蟠桃认为西方的地理学值得信赖,因为西方学者重视实地考察,故其学说多是正确的。虽然山片蟠桃的此种观点未免有些极端,但是足以表明他对于西

---

〔1〕山片蟠桃:『夢之代』(地理卷一),选自『日本思想大系43』,岩波書店1973年版,第223页。
〔2〕爱日文库:大阪一小学校图书馆收藏着山片蟠桃和主人山片重芳曾经珍藏的图书、地图册等。后来由后援团"爱日教育会"来管理,所以叫作"爱日文库"。
〔3〕宫内德雄:『山片蟠桃—「夢の代」と生涯—』,創元社1984年版,第29页。

方自然科学知识强烈的憧憬和向往。

（2）山片蟠桃认为西方各国请求通商，其本意在于掠夺资源。即山片蟠桃在赞赏西方天文地理知识的同时，也对西方人欲与日本通商之事发表了自己的看法。他指出：

> 彼所格物致知，无所不到。尤以天文、地理为第一，与诸国进行通商，中有适合之国，便会前来掠夺。……胸中熟记万国三千世界，如至邻居家一般驾轻就熟也。吾等则如湖水之中泛舟，提心吊胆而异常恐怖，不可同日而语也。其大胆无敌，无与伦比。率领七八十随从巡视万国，未辱使命也。与孔子使于四方，不辱君命相较，同为君子使者出发，一方熟稔邻国概况而另一方则全然不熟，二者有天壤之别也。士人如到此遥远国家，其恐怖如何乎？由此可知西方人之强大智术也。

山片蟠桃认为，西方的格物致知无所不到，无所不在。尤其是擅长天文、地理方面的知识。因为西方人对世界地理知识的精准掌握，所以经常率领侍从巡视万国，就如拜访邻居一般驾轻就熟。与孔子使于四方不同，其目的是要和他国进行通商合作，但其根本用意却在于掠夺资源。对于西方的通商请求，山片蟠桃认为拒绝通商是最好的对策，即他支持经济上的锁国政策。

（3）山片蟠桃认为西方人更重视实学的学习。他虽然坚持锁国政策，但是仍然坚持实学的立场，认为日本应该向西方学习。首先，山片蟠桃指出，中国人和日本人一直学习文字，但甚至一生都不能识尽国字。此外，还要学习佛学、诗歌、茶道、谣曲、歌舞乐器等，每日都忙于技艺的练习，还要为了维持生计而做各种工作。除了以上的事情，国人已无闲暇学习天文、地理，故不了解世界，不了解外国之事。对于日本人的现状，山片蟠桃表现出更多的担心。他非常赞赏西方人，如此谈论道：

> 西洋欧洲之人，航行天下万国，明天文察地理，分辨世界全体，忠孝仁义自不必说，沉溺于格物致知，未在诸艺诸术之处花费时间，文字只是二十六字，加上方字、数字等共百十来个，十岁孩子便可掌握全部，学习知识接触事物，故智术宏伟。巡游万国在大洋之间，有任何天变妖怪亦不惊讶，初到与国人对话，脸不变色，视为生平小事而已。更何况在本国内。然对外国用心，设定长远谋略，得珍贵物品，使诸国归属之。长此以往，定会祸起萧墙，发生灾难。然并非亦要如此，但禁止在诸艺诸术及鬼神、佛寺之无用之处花费心智，上下万民格物致知，志于忠孝仁义之道……不知不才，被鬼神佛教徒欺诈，忙于无用、不正之业，唯有追求利益，越来越文盲。呜呼，可悲也。

山片蟠桃通过将和汉民族与欧洲人相比较，认为西方人以实事求是的实证态度去了解世界，接触事物，是值得学习的榜样，故呼吁日本人要以踏踏实实的态度去虚心学习，不仅仅要学习中国，而且要把眼光更多地投向西方。此外，山片蟠桃特别赞赏西方文字的效用，认

为其简单明了，容易掌握。他批判日本人和中国人皆沉溺于技艺的学习而忽略了掌握对现实有意义的实学。

基于以上对于西洋的认识，山片蟠桃提出了三点改革策略，以激励日本人学习西方自然科学，缩小与西方各国的差距。

第一，提出"文字改革"论。山片蟠桃非常推崇西方的文字，他甚至建议废除汉字，赞成用罗马字书写日本文字。山片蟠桃认为汉字变得越来越多，其缘由是："字书作者苦于如疏漏汉字则被后世之博学儒者议论，故追根寻底不疏漏任何字而传于后世，遂字数一直在增加。"[1] 即中国的字典编写者担心被后世儒学之人诟病而不断增加汉字传于后代，这样下去汉字就变得越来越多。山片蟠桃甚至期待："如今出现大贤，以唐韵为依据，出入取舍于诸书，字数定于七八千至一万，古书依据说文，其余字数全部丢弃，乃古今一大快事也。亦为万世也。"[2] 即是说，他期待出现一位贤者，把无用的汉字废除，保留一部分有用的汉字传于后世。当然，这只是山片蟠桃将西方文字与中国汉字进行比较后发出的感慨。而对于日本国内的汉字使用，山片蟠桃提出了如下建议：

> 应神之时文字始传入日本。古事记和万叶集之假名均借用汉字。……后世有平假名、片假名，以国音书写乃便利也。日本如无汉字，仅用假名书写则将相当便利。……使用假名之国，字本身之出处、翻译无任何意义，然汉字则其字有意义和出处……如神代篇所云，有文字则国家开化也。无文字即使历经几万年亦不开化，乃文字为重中之重也。然则应使用文字，而勿要为文字所使用是也。

山片蟠桃首先肯定了文字的重要性，认为有文字是国家开化的标示，有了文字，国家才能发展、进步。其次，他论述了汉字的弊端，认为应该废除汉字而使用假名。山片蟠桃极力提倡使用假名，认为假名较为实用，不需记忆汉字本身的出处及意义，认为西方的文字简洁明了，有利于人们迅速掌握实用的知识。而如果使用汉字的话，大部分时间都花在认字上面，往往无法有效掌握切实有效的知识，故提倡国家改革文字。这与明治时期的"文字改革论"有着同样的初衷。可以说，山片蟠桃的这种言论是在当时江户时代中后期思想家们的影响下而提出的，但作为倡导实学思想的町人学者，能够持此论点，无疑是难能可贵的。

第二，提出"全民治学"论。山片蟠桃通过对西方的认知，了解到日本在实学思想及实学技术方面的落后。于是提出了如下的治学期望：

人生降世即有智慧乃成万人中之一。其人若不学则愚，若学而获明知则不惑于物。今看虾夷人，皆为愚众也。其中未有人问有知之人。故万国之人无法改变。惟有学与不学也。人必须学之。

在深刻认识到外国的发达之后，蟠桃对比国内民众的知识水平，认为全民只有不断学习

---

〔1〕宫内德雄：『山片蟠桃 ―「夢の代」と生涯 ―』，創元社 1984 年版，第 29 页。
〔2〕同上。

才能摆脱愚昧，才能形成正确的世界观。对西方的清楚认识是其提倡全民治学的基本动因。山片蟠桃的这种观点和明治时期实学家福泽谕吉在《劝学篇》中提倡的治学观点有异曲同工之妙。例如后者曾经这样说道：

> 学问者，绝非仅指止于识难字，读难解之古文，耽于和歌、作诗等世间无实用之文学者。此等文学自身，为取悦于人心而随时改变手法，虽被自古以来之世间儒者、和学家所推崇，然实不足贵。自古以来汉学家堪称理财妙手者甚少，善于和歌而工巧于商事者亦不多也。为此，有心之商民、农夫，见其子学问上进，不久或将败家，亲心忧虑有之，此亦不无道理也。毕竟其学问去实学甚远，成为不合于日间常用之证据。如此说来，今日应将如斯无实之学问放置于其次，专心致力于人间普通日用相近之实学。

从文中同样不难看出，福泽谕吉亦提倡学习的实学是有用之道，与山片蟠桃的观点如出一辙。但蟠桃的这种治学观早于福泽谕吉半个多世纪，可以说称其为《劝学篇》之先驱也并不为过。

第三，提出"边境海防"论。在山片蟠桃生活的江户时代中后期，即 18 世纪后半叶，西方列强不断侵袭，对日本的锁国政策进行冲击。其中，首先从外部向日本施加压力的是俄国，俄国大规模侵略东方的时间主要是在彼得大帝（1682—1722）晚年以后。当时俄国人已经到达西伯利亚东端，再南下至堪察加半岛，其势力波及千岛群岛的局部地区。彼得大帝在这种形势下，计划进行北太平洋探险，并打算开辟至日本、中国、印度的航线。不言而喻，这对日本来说意味着严重的外部危机的到来。彼得大帝死后，在白令提督指挥下编成的北太平洋探险队，于元文四年（1739）六月经千岛群岛到达日本本岛，在三陆海岸和房州沿岸试图与日本船贸易，后撤退。俄国人自正德元年（1711）侵略千岛群岛中的第一岛以来，不断夺取岛屿并继续南下，于明和五年（1768）到达择捉岛，将该岛编入俄国版图。从此以后，俄国船便出没于虾夷本岛（北海道）沿海。在这种面临严峻的外来冲击的社会背景下，山片蟠桃提出了他的边境海防论：

> 莫斯科之国乃四百八十年前开国，后醍醐帝嘉历元年之时，尚不知有此国。百年之后，传来上品兽皮，曰其为莫斯科，大部分人均以为此乃兽名也。然八九十年前渐渐东略，最终取堪察加之地，至蝦夷千岛之内猎虎岛、择捉岛、国后岛与我国互市，精密调查蝦夷之地，记载于其地图之内。……蝦夷西北皆为莫斯科之地，故渐从蝦夷至本地，皆熟知其地理，且默记距我内陆近周之事。……吾日本不需侵略外国，但至少当有备于己不受外敌之侵辱。

山片蟠桃首先叙述了俄国东略的始末，并于其后提出面对这种外国势力的冲击，要好好防备，不要受到他国的侵略的远瞻性策略。不难看出，山片蟠桃的海防论偏于保守，认为日

本要随时准备防范外国侵害的威胁,然而对于该如何进行防备,则并没有提出明确的观点,这与其谨小慎微的商人身份有着很大的关系。

山片蟠桃在认可西方重实学精神之余,还就外国势力对幕府锁国政策的冲击提出了防备的建议,虽然他并没有提出具体的防备措施,但山片蟠桃走在时代前端的海防意识已展露无遗。

参考文献

[1] 山片蟠桃.『夢之代』天文卷一 [M]// 水田紀久,有坂隆道.日本思想大系 43 富永仲基,山片蟠桃.東京:岩波書店,1973.

[2] 山片蟠桃.『夢之代』地理卷一 [M]// 水田紀久,有坂隆道.日本思想大系 43 富永仲基,山片蟠桃.東京:岩波書店,1973.

[3] 宮内徳雄.山片蟠桃—「夢の代」と生涯—[M].東京:創元社,1984.

作者简介

李晓东,中国社会科学院研究生院副教授,研究方向：日本文化、日本思想史。

联系方式

（E-mail）xiaodongli90@163.com

试论日本人的集团主义特征的本质与嬗变

王盟　牟海晶　赵萍

（中国·大连交通大学）

众所周知,任何国家和社会都是由各种各样的集团构成的,因此以人为主体的任何集团组织都会存在集团主义并显现集团意识。只不过会因集团的构成与特点不同,使得其集团意识的表现有所不同,同时也会因环境等其他客观因素的影响使得其集团意识强弱也各有不同。通常来说一个集团的封闭性与排他性越高,个体就会越依靠集团,集团利益高于个人利益,从而突显集团意识。在当今信息化社会,全球化在各个领域逐步展开,网络的普及使得人与人之间的交流更加频繁,人与人更加容易相互影响。因此社会在变化,人的意识也在不断地变化、更新。那么在日本国民性研究领域中,一直以来都备受瞩目的日本人的集团主义又是怎样的呢? 以下从研究现状、问题点等几个方面展开论述。

1. 先行研究的阶段与特点

1.1 "二战"后欧美学者研究期

通过战争欧美国家开始认识日本,并想通过对日本的研究达到控制日本甚至统治日本的目的。因此在"二战"后的一段时期内欧美各国展开了对于日本人的集团组织意识和集团观念的研究。

早期成果中具有代表性的主要有 20 世纪 30—40 年代美国社会学家 John F. Embree 发表的《末村》(*Suye Mura：A Japanese Village*,1939)。作者亲自进入日本的须惠村,研究日本的村落社会。另外,美国人类学家鲁思·本尼迪克特(Ruth Benedict)出版了《菊与刀》(*The Chrysanthemum and the Sword*,1946)。作者用"菊花"与"刀"形象地概括了日本民族文化的矛盾性,并得出了日本文化是不同于欧美"罪感文化"的"耻感文化"的结论。这部著作已经成为传世的经典之作,至今仍然是研究日本国民性的必读之力作。还有美国社会学家傅高义(Ezra F. Vogel)撰写的《日本的新中产阶级》(*Japan's New Middle Class: The Salary Man and His Family in a Tokyo Suburb*,1963),成为日本人重新认识自身社会的经典著作。

在此阶段,西方国家开始研究敌国日本人的精神,提出了很多日本人自己也没有注意到的社会集团主义特征,由此掀起了日本人论、日本文化论的热潮。

1.2 "二战"后到 20 世纪 80 年代末(日本人论、日本文化论高潮期)

从"二战"结束开始到 20 世纪 60—70 年代,为日本高度经济成长期;20 世纪 70 年代开始到 80 年代末泡沫经济崩溃为止,为日本经济的成长期。在这短短的几十年里,日本从战败的废墟中崛起,成为世界第二大经济大国,备受瞩目。多数西方学者都提出,日本人"异质"

的是"双面矛盾体"。对于这一观点,当时的日本学者也从社会学、心理学等不同角度进行了研究,其中最具有代表性的论点按年代顺序来看如下:

20世纪60年代,中根千枝在《纵向社会的人际关系》(『タテ社会の人間関係』,1967)中提出了集团构成的原理以及单一社会理论,阐述了对于日本人来说可依赖的集团只能有一个。

20世纪70年代,土居健郎在《日本人的心理结构》(『「甘え」の構造』,1971)中提出,依赖心理是日本人精神构造的特征,也是日本人的集团意识存在的心理因素。米山俊直在《日本人的伙伴关系》(『日本人の仲間意識』,1976)中,从"自身""伙伴""社会""他人"四个不同层次来阐述人际关系。

随着时代的变迁,日本学者围绕着"日本是否是集团主义"这一问题展开了更加活跃的讨论。滨口惠俊在《间人主义的社会——日本》(『間人主義の社会—日本』,1982)中否定了以往的研究中出现的关键概念,提出"间人主义"的概念。他更强调人与人之间的关系,从概念上解决了过去把个人与集体对立的问题。

在这一阶段,无论是过去的"纵向社会"还是"依赖心理",乃至后来的"间人主义",其主流基本上都是通过不同侧面着眼于集团与个人的关系来诠释"日本人的集团意识"。也就是说所谓的"异质"与"双面矛盾体"都是集团意识的集中表现。

1.3 20世纪90年代至今

进入20世纪90年代后,由于日本经济不败的神话崩溃,民族自豪感降低了,日本人论及日本文化论趋于平淡。同时随着长期的经济不景气,曾经给日本经济带来稳定的"终身雇佣制""年功序列制"都被废除,很多学者开始重新审视日本人的集团主义,通过调查研究得出了与"集团主义"对立的"个人主义"结论。因此,逐渐出现了"日本人未必就是集团主义"的观点。

在众多研究中受到瞩目的要数高野阳太郎与缨坂英子。两位学者通过实验比较日美两国集团主义与个人主义,最终得出的结论是不支持日本人比美国人更集团主义的通说,也就是说日本人更具有个人主义的倾向。[1]另外,21世纪初的山岸俊男(『心でっかちな日本人——集団主義文化という幻想』,2002)仍然是以日本人与美国人为对象做调查实验,得出了美国人更集团主义的结论。

总之,在这一阶段,基本上积极反驳通说的观点,即日本人是个人主义倾向的观点主张占据了主流。

2．先行研究中存在的问题

如上所述,进入20世纪90年代,很多学者都通过对比、假想、模拟等多种实验进行研究,并得出了"日本人是个人主义"的结论。但通观各个调查实验,不难看出调查研究的对象基

---

〔1〕1997年发表「日本人の集団主義とアメリカ人の個人主義 — 通説の再検討 —」得出该结论。

本上都是在校大学生或是 20—35 岁为主的年轻人，因此就出现了以下几个问题。

 （1）调查对象过于单一，且年龄偏小，基本上集中在 20—35 年龄层而不是各个年龄层都有取样。

 （2）年轻人具有不稳定、多变、不成熟且很容易接纳新事物的特点，容易导致结果不够稳定准确。

 （3）实验通常模拟了一个特定环境或是一种情况，因此设定条件过多过于具体，使得实验内容过于特殊。

　　由以上几个问题可以得出其研究结论缺乏客观性，也就是说"日本人是个人主义倾向"的结论未必正确。

3．再看日本人的集团主义

　　任何事物都是不断变化的，人的意识也是如此。随着国与国、人与人的交流频繁起来，各国文化都相互交流相互影响。就像美国人学着日本人吃寿司一样，日本人也会学唱欧美歌曲，交流中也会夹杂着英语，尤其日本的年轻人更是随着潮流，彰显个性化的一面。虽然日本人的这些外在的表现上发生了改变，但本质上并没有变化，也就是说日本人还是集团主义的。

3.1 集团主义与集团意识的定义

　　那么，到底什么是集团主义、集团意识呢？早在 18 世纪，英国的思想政治家就开始使用集团主义（collectivism）与个人主义（individualism），之后在各个领域中都出现了关于集团主义与个人主义的研究。在探究日本国民性的研究中，欧美学者主要采取了与个人主义对立的概念来阐述解释日本人的集团主义。比如荷兰学者吉尔特·霍夫斯塔德（Geert Hofstede）就列举了集团意识产生的几个条件：①盲从传统、集团规范而行动；②集团内外有明确的区别；③集团内的宗旨优先个人信仰。而美国跨文化心理学家哈里·C. 特兰狄斯（Harry C. Triandis）认为，文化差异导致社会行为的不同，其中最重要的差异就是"在个人与集体之间相对的重点"不同。其于 1983 年提出所谓集团主义就是个人的目标、价值、态度要受到集团内成员很大的影响，会使合作原理优先。此外，1988 年哈里·C. 特兰狄斯与研究伙伴 Bontempo, Villareal, Asai & Lucca 用相互依存性的概念对比个人主义与集团主义。他们认为，当存在相互依存性时，即当个人与集团有共同目标时就是集团主义，集团意识就会变得明显。美国学者埃德温·赖肖尔（E. O. Reischauer）在《日本人》（上海译文出版社1980 年版）中把集团主义看作个人主义的相对概念，并指出在日本社会中集团主义被默认为高于个人主义。

　　由以上欧美学者提出的概念可知，有关这个问题的研究往往是从欧美国家盛行的一般意义上的"个人主义"的立场和视角来看待日本社会的集团主义。在关于这一点的认识上，欧美国家主流社会往往将处于社会中的单个个人看作富有自率精神的个体，与此相反，他们往往将日本人看作日本式集团主义的俘虏。

然而，日本学者又是如何理解集团主义的呢？以全新视角和理念提出"间人主义"的滨口惠俊认为，人与人相互依赖到相互依存都是由"缘"而生。而高野、缨坂（1997）在研究中明确指出，所谓集团主义就是个人隶属于集团，协调性很高，没有确立自我而缺乏个性，集团目标优先于个人目标。

综上所述，首先，一个集团存的前提条件是要有共同的目标。其次，为了实现共同目标要有高度的协调性、一致性，这是必要条件。目标相同、步调一致就会很明显区别于其他集团，形成内外有别，这是明显标志。所谓集团意识是在集团形成后，在集团内的一种"理念系统"。人们共有的价值观、信念、感情等的整体形成了这种"理念系统"，约束着每个人的意识与行为使其归属同一个集团，并由此形成一体化，产生集团的归属意识。然而任何集团内部都会存在集团主义与个人主义，一个稳定的集团会加强每个成员的集团归属意识，而集团意识的加强会进一步稳定集团，使其不断成长，这样就会形成一个良性循环。

3.2 新时代下的日本人集团主义的表现

随着全球化进程不断深入，"地球村"使国与国之间的距离缩小，相互影响加深。就像欧美各国学习亚洲文化一样，亚洲各国也在不断接受欧美文化的熏染，日本当然也不例外，日本年轻人更是容易接受欧美人的意识形态。山田浩（1998）针对这一现象指出，这是在有着集团主义土壤的日本社会导入西欧式的个人主义，但是因其社会环境不同，姿态也有所不同。实际上就是随着社会的进步与发展，日本人的集团意识的表现形式发生了变化，展现了新时代下日本人集团意识的特点。

（1）由依靠单一集团变成依靠多个集团

前文提到在"二战"后到日本经济崩溃之前的时期是日本经济迅速发展时期，东西方大多学者都关注日本企业，并以此为研究对象，也就是说日本人的集团意识体现的主体就是职场这个集团。这种强烈的集团意识使日本人变成"工蜂"，终身都奉献给了公司。然而日本经济不败的神话破灭后，随着长期的经济不景气，所谓职场这样牢固的集团也变得极其不稳定。在这样一个动摇的集团里，人们的集团意识也就动摇起来，变得不如过去明显了。

但是，这并不能说明集团意识不存在了，只不过是过去集团意识集中体现在职场，而现在则由"可以依靠的集团只有一个"[1]转变成多个。过去职场上的"公司人"现在也逐渐回归家庭，周末、假日都会尽量与家人一起度过。新职员也会利用假期与朋友沟通交流。同时，由于经济负担的压力，日本社会也打破了"男主外女主内"的传统，"双职工"家庭不再是稀罕事。

可见，除了"职场"这个可依靠的集团之外还有"家庭""伙伴"等多种集团。因此，在当今日本社会中，日本人的集团意识不再是集中体现在某个集团，而是分散在各个集团中，使得表现不如过去明显。

---

〔1〕中根千枝：『タテ社会の人間関係』，講談社1967年版。

（2）集团内的规则发生改变

曾经最能说明日本人集团意识的就是职场。终身雇佣制与年功序列制增强了集团主义的同时，在某种程度上又抑制了个体的发展，使得个体盲从集团规范。虽然集团意识突显，但当规则规范逐渐落后于时代要求时，集团整体的进步与发展就会相对缓慢甚至滞后。此时的集团就不能很好地达成共同目标，因此，日本职场中的终身雇佣制与年功序列制最终退出了历史舞台。

现如今日本人的价值观、信念、感情等都随着时代的变化而发生了变化，在这新的"理念系统"——新的集团意识的作用下，企业内部规则也发生了改变，比如上班时间由固定时间变成"弹性"时间，请假也不用提交"请假申请书"而变成口头告知就行，等等。这些变化无疑是在不断地提升个体，尊重个性，让员工更大空间地发挥自己的潜能，而不是论资排辈。但这并不代表个人主义在发展壮大，因为个体是为了集团的共同目标而积极发挥个性，由盲从规则发展到能动地、合理地遵循规则，使得集团规范更能符合时代要求，从而促进集团的进一步发展。从无自我意识到有自我意识，意识到自我在集团中应该要起到的作用以及承担的责任，这可以说是集团主义的进步表现。

（3）伙伴意识加强

相互依存是人类的本能，伙伴关系是不可欠缺的。仍以职场这个集团为例来说，过去，很多学者指出日本职场是很严谨的纵向结构，上下级关系明确，下级要绝对服从上级，冒犯与顶撞上级是要受到排挤的。因此，与纵向关系相对的横向关系，即伙伴关系就不够明显。然而现代日本企业结构多扁平化，正如滨口惠俊所说，现在日本人更侧重的是人与人之间的横向关系。同时，由于集团内个体地位提升，常常会有为了阐述己见而与上级舌战的场面，很多企业的上级领导也不会因此而大动干戈。可见，现在的上下级关系更确切地说应是伙伴关系。随着社会科学技术的进步，人与人之间的沟通交流变得越发频繁。尤其在集团内部，根据中岛的《关于伙伴意识的研究结果报告》（2008）可知，在能与伙伴进行交流的情况下，只有通过沟通交流才可以提升伙伴意识。不断的沟通交流的确能促使伙伴意识的加强，也就更好地步调一致地达成目标。

由此可见，首先，集团存在的前提条件没有发生变化，那就是有着共同目标。职场的共同目标就是要不断发展壮大企业，获得高额利润，家庭的共同目标就是和睦、富足，等等。其次，由于提升了个体地位以及加强了伙伴意识，集团内更容易形成高度协调性与一致性，从而能够更好地达成共同目标。集团稳定发展了，集团意识也就加强了。

一个国家或民族的意识并不是短时间形成的，而是历史的沉淀的结果，因此，其深层的根基并不容易改变，也无法改变。正如 Hampden-Turner（THT）公司的创始人冯斯·琼潘纳斯（Fons Trompenaars）所说，走出困境的办法是向对方妥协，承认两种文化彼此需要对方。一个有活力的集团能够给个人成长提供养分；个人则在为集体工作的过程中找到生活的意义。在现代日本社会这个大集团中，更加肯定个体作用，让个体在集团中得到能力的认可与满足感，集团与个体相互推动发展以达到双赢的目的。而此时的集团主义更加迎合了时代的变化，不符合了过去衡量的标准，虽然表现貌似个人主义，但实质上仍然是集团主义，集团

意识仍然存在。

参考文献

[1] HOFSTEDE G. Culture's consequences : comparing values, behaviors, institutions and organizations across nations[M]. CA : Sage, 1980.

[2] HENDRY J. Marriage in changing Japan : community and society[M]. London:Croom Helm, 1981.

[3] 浜口恵俊．「日本らしさ」の再発見 [M]．東京：日本経済新聞社, 1977.

[4] 杉本良夫，ロス・マオア．日本人は「日本的」か—特殊論を超え多元的分析へ [M]．東京：東洋経済新報社, 1982.

[5] ロス・マオア，杉本良夫．個人　間人　日本人—ジャパノロジーを超えて [M]．東京：学陽書房, 1987.

[6] 尚会鹏．日本人的"集团意识"——"日本人意识"漫谈之一 [J]．当代亚太, 1996(3).

[7] 崔世广．基于《菊与刀》的新思考 [N]．北京日报, 2005-08-1.

[8] 高野陽太郎，纓坂英子．日本人の集団主義とアメリカ人の個人主義—通説の再検討— [J]．心理学研究, 1997, 68(4)：312-327.

[9] 山田浩．現代大学生に見られる個人主義と日本的集団主義の諸相—自己実現との関連について— [J]．現代の社会病理, 1998(13)：59-73.

作者简介

牟海晶，大连交通大学外国语学院讲师，研究方向：日语教育、日本文学。

王盟，大连交通大学外国语学院讲师，研究方向：日本文化、日语教育。

赵萍，大连交通大学外国语学院讲师，研究方向：日本语言文化。

联系方式

牟海晶（E-mail）syhaijing@163.com

王盟（E-mail）wadlmm@163.com

赵萍（E-mail）22715805@qq.com

"水土论"视角下的近世日本的华夷观念

范业红

（中国·辽宁师范大学）

1．何谓"水土"

"水土"一词最初见于中国古代的史书，用来指一个地区所特有的气候或者风俗。综观中国古代文献可以发现，对于解释儒教的原理或者概念，"水土"并非一个不可或缺的用语。但是在近世日本，"水土"却成为一个当时儒者们为了阐明中日共通性与差异性的一个重要内容，可以说在日本近世文人儒士的"日本论"中，"水土"一词占有非常重要的地位。

日本近世儒学思想中的一个主要内容就是如何解释与应用朱子学的原理以及概念。朱子学构筑起对世界的构造、人类的道德性等方面的原理性说明，其行为规范是与具体的实践相联系的，而并非仅仅就是抽象的议论。所以日本人若要学习并将之引入日本社会时，就需要明确中国与日本的共通性和差异性。比如用"仁"或者"义"对人类的道德性问题进行说明的时候，就涉及这一道德行为在怎样的场合下，以怎样的方式去实践等一些具体问题，这就凸显了中国和日本习俗相异的问题。

一般所说的关于"礼"的问题，《朱子家礼》是比较体系化的礼仪规范，而儒者们的任务就是阐述要如何更好地实践它。但是具体实践到何种程度，即便在中国内部也会因为时间和地域的不同而千差万别。这些礼仪规范再经过与儒家经典的整合，也许都未必能反映出中国实际存在的习俗，对于近世日本的儒者来说，与他们所熟知的习俗无疑有更大的差异。虽然不能否认有不顾这种差异而努力实践《朱子家礼》的儒者的存在，但对更多的近世日本的儒者来说，将自古以来就在日本一直实践的习俗赋予无限的优先权是他们更乐而为之的做法。

但这里出现一个问题就是，如果对日本的习俗赋予优先权，那么学习儒学本身可能就变得毫无意义。不管儒教如何优越，如果不被生活在日本土地上的人们所接受，就不可避免地会产生对于儒学的批判，并且这种批判在近世日本也确实被多次执拗地提及。因此在确保儒教本身优越性的基础上，在实践中尽可能地谋求其与日本既有习俗之间的融合，是很多近世日本儒者所选择的道路。当然，对于个体的某一位儒者来说，他可能并非有意识地朝着这个方向努力，但从他们各自富有个性的言论中似乎可以窥视出这样一种总的倾向。我们可以称之为儒教的"日本化"，另外近世日本习俗"儒教化"也是一个不争的事实。

如何对中国与日本之间存在的习俗上的差异进行合理的说明，近世日本儒者所采取的一个主要方法就是"水土论"，并且是从以时间为基准的纵向和以空间为基准的横向两个方面展开的。以时间为基准意味着要把握"变"与"不变"的问题，以空间为基准则要把握"同一"和"异质"的问题。而"水土"就是理解具有同一性的事物因所处空间的不同而呈现"异质"的一个重要前提。中日之间的差异体现在以风俗习惯为首的各个领域，相关"水土"的言论

在近世日本又广为流通和使用，深入研究与"水土"这一概念相关的言说则可以提供如何理解这些差异的线索。比如以林罗山（1583—1657）和中江藤树（1608—1648）为首的很多近世前期的儒学者都赞同"泰伯皇祖"说，认为《论语》中被赞为德高之人的"吴的泰伯"乃天皇的祖先，这表达了中国与日本存在共通性的一种美好愿望。且儒家言论一直是封建社会的正统，但当时在中国却发生了由"封建"到"郡县"的国家体制的变革，那么在这样的前提下，与中国返回到"郡县制"相比，日本通过德川幕府的建立而确立起封建制度，无疑暗含了在强调共通性的基础上要进一步凸显日本优越性的意图。

荻生祖徕（1666—1728）是一位对中国的认识有着相当程度的学者，其学识范围涵盖古代、中世乃至近世。根据儒教成立于中国"古代"这一基本事实，祖徕采取了把朱子学作为近世的产物而进行"相对化"的策略。如果把理想化的古代作为基准的话，那么中国近代与日本近世同样都已身处其外，未必要以中国的习俗为基准，反而是有可能中国古代的习俗在日本能得以更好地保留。"朝廷之礼乐制度皆唐朝之法"就是说中国唐朝的礼乐制度在京都的公家文化中仍有所体现。而且，比祖徕稍稍年长的新井白石在接待朝鲜使节的时候也主张朝鲜的"礼乐"不过是沿袭了明代，而日本则保留了儒教理想时期的"三代"的礼乐。朱子学也主张传承自古代的正统性，日本儒者若想要剥夺这一正统性，就必须进行有效的理论建构，比如以复古为名而从朱子学中解放出来的古学的成立就是因由于此。

2．近世日本的华夷观变化

日本在向往中国文明，努力模仿吸取中国先进文化理念的过程中，也接受了中国的正统观念及华夷思想，在中国的正统观念的影响下建立了以天皇为中心的统一的国家。而中国的华夷内外之辨的思想则催生了一种强烈的，与中国保持对等、分庭抗礼的意识。

这种意识伴随着两国的交往，或强或弱地不断显现。直至近世，日本儒者仍然对如何能够推倒"中国更为优秀"这一命题不遗余力，并能对这一努力赋予更为坚实的价值判断。但吊诡的是这种价值判断似乎都源自于中国的思想，正如"中华""夷狄"的概念所表示的那样，这本都是古代中国在空间上的自我设定。中国传统的世界观认为"天圆地方"，只有中央之地才能孕育优越的文化。由"中央"之意而衍生出"中国""中原""中土""中州"等词，而之后的"中华"则更附加了文明开化之意。这些居住于"中央"之地的人们对所居之地的自称反映出其所具有的"中华"意识。与之相应而生的则是将地处"中央"之地周边的族群蔑视为"夷狄"，并根据其所处的地理方位，分别冠以"东夷""西戎""南蛮""北狄"之名。这种中央与周边的区分被赋予了绝对的价值判断，在此种观念下，"中央"之国永远具有不可动摇的优越性，而周边地区都要接受其教化甚至支配。

但这种以中国的王权为顶点的东亚国际关系在 17 世纪前后开始呈现出一种不安定的状态，比如在中世日本就出现的"倭寇"及丰臣秀吉对朝鲜的进攻。除此之外，在中国北方，后金于 1636 年建立清朝，使朝鲜臣服，最终取代明朝成为一统中国的少数民族政权，势力遍及东亚各个地区。而东亚各国内部也在可能的领域范围内对通行东亚的"朝贡体系"做着一些抵制，比如日本的"锁国"政策。

近世日本儒者就是在东亚世界这样一个"华夷论"已发生解体和变化的大背景下,努力要把自己的"东夷"地位进行一定程度的反转。比如深入理解并严格实践朱子学的佐藤直方(1650—1719)在其著作《中国论集》中表示"原来言中国夷狄之说乃中国圣贤之言,乃就天地全体之地形而立也"。"所谓中国乃古来因地形而规定也,……定中国夷狄乃以地形云,非以风俗善恶云",主张将"天圆地方"的世界观与"华夷论"一起作为真理全盘接受。直方的理论是既然将儒教信奉为"中国的圣贤之言",那么就只能把"华夷论"同样作为"圣贤之言"予以相信,应该完全按照文字表述来理解天地之中央才是"中国"。直方的不以风俗之善恶为基准来评断"华夷"的言论在当时并不鲜见。比如,熊泽蕃山(1619—1691)虽然对"中夏乃天地之中国"这一天地中央之说持肯定意见,但最终也认为"唯以智仁勇之德为优",也就是把道德在社会层面的实践程度作为判断是否为"中华"的依据。而之所以会将道德性与"中华的正统性"相连接,是因为作为"夷狄"的满族建立了清朝,获取了"中华"的地位。

但从道德的角度来解读"华夷之辨"这一方法在日本实施起来却缺少现实的基础,因为江户时期的日本儒者,可以说很少有主张将儒教在日本社会予以全盘贯彻的。日本儒者所采取的策略是在不改变天地中央说的大前提下,将日本也划归其中。多有儒教启蒙类著作的贝原益轩(1630—1714)是对中日的自然地理都非常了解的人物,益轩在《五常训》中认为"唐土乃处天地之中央、风气正然之国",基于天地中央说将中国置于"中华"的地位,但同时他也主张"本国日本处天地之内、南北之中央乃与中华同,日月环绕之道正,四时不违,寒暑阴阳不易之处,与四夷之诸国相比,乃至优之善国",主张日本也处于天地中央的位置。益轩是想通过与"四夷之诸国"相比较,而把日本置于相对中央的地位。并且此时日本的习俗是"因其风气正然,风俗和顺,守节义,且勇武",可以说是不费任何气力地就获取了"中华"的地位。原本益轩也并非主张中国与日本的完全相同,他也承认"只学问之事不及中土",强调学习学问,也就是儒教的必要性。但即便不是完全的"中华",也要缓和传统"华夷论"中的中国与日本的绝对差别,从这一点上看,可以认为传统的中国式的"华夷论"开始在日本发生了转变。

3. 西方地球图说的冲击下的"东国"日本

"西方的冲击"可算是重新解读"东夷"概念的一个重要契机。当然这并非指幕府末期的"西方的冲击",而是人们还在享受和平的时期来到日本的、西洋所绘制的地图。西川如见(1648—1724)是将地图的知识与儒教思想中的"阴阳五行说"相结合,成功地重新解读"东夷"的代表人物。如见在《日本水土考》中,基于从长崎通辞处获得的地图知识介绍了由五大洲构成的世界。整个世界被海大致分隔为三个世界:赤道以北的亚细亚、欧罗巴和利未亚(非洲)是"第一界";利未亚以西、横贯赤道南北的亚墨利加州是"第二界";赤道以南的广袤的墨瓦腊尼洲(南极大陆)是"第三界"。在"第一界"中,亚细亚洲处于"第一中之第一"的地位,西为天竺(印度),中央为震旦(中国),东为日本。新井白石(1657—1725)编纂的《采览异言》中的相关介绍要更加准确。而之所以作为朱子学者要明显不如白石的如见能够成功地重新解读,无疑是因为运用了"阴阳五行说"来解读这些地域的划分。如见的上述说明,

看似单单是根据地图而进行的描述，实则不然。处于最西的亚墨利加州，如见认为其乃"水土阴恶偏气之国"，而处于"东"的日本，则是"此国处万国之东头，朝阳始照之地，阳气发生之最初，震雷奋起之元土"，根据"阴阳五行说"将"东"这一场所赋予极高的价值。

"阴阳五行说"的思想出现于古代中国，通过具有"阴阳"性质的"气"的消长循环来说明事物或者现象。并且为了能进行更多样的说明，又增加了"木火土金水"之"五行"、"春夏秋冬"之"四时"及"东西南北"之"四方"，通过这些概念的组合来说明事物、现象的原理。"阴阳五行说"的思想本是与儒教思想分别形成的，但在古代儒教形成的过程中不断被吸收，最终成为以《易经》为中心，能够究明宇宙生成乃至人事变化的原理。而就日本的地理方位来说，通过"阳＝木＝春＝东"这一系列概念的联合，将日本表明为"生命之发生"之处，因而具有欣欣向荣之活力。但也必须承认，在传统的"阴阳五行说"中，与"东"相关的概念并非比"西"或者"北"更加优秀。

但是在如见的"水土论"的观点乃至价值判断中，正是因为具有了"生命之发生"的现象，所以"东"要比其他方位更为优越。同时，一些其他知识也被用来证明这一点。比如熊泽蕃山和贝原益轩基于天地之中央而主张的日本人的道德高度，是因为地处"东"而赋予了"好清廉洁白之物，恶阴浊秽气之物"的性质。而且很多儒学者所烦恼的儒教的葬祭礼，其之所以没有被日本人所接受，是因为地处"东"的日本具有"厚吉礼薄凶礼"习俗的特质。并且，日本的国号，乃"日神主此国"，日本自古就被称作"丰苇原瑞穗国"，也就是为了显示出日本是地处"东"的极具生命力的国家。

如"水土"论中，"东"的优越性主要源于"阴阳五行说"，其中重要的一点是"东"和"西"具有本质性的差异。可既然地球是一个球体，那么在这个不言自明的前提下，本是无所谓"东"与"西"的。因此，如见也特意谈及这个问题，"地体浑圆，虽本无东西之定处，以一物一乾坤来论，即可说个个均具一大极"，每个事物都具有乾坤（阴阳），在这个法则的前提下，地球也应该具有东西之极，并且"东"与"西"的区别是绝对化的。这一点与将空间分配的差异绝对化的"华夷观"有着某种相似。就这样，在地球体说的帮助下，兰学者获得了具有普遍意义的来自外部的视野，不仅仅在18世纪末到19世纪初形成了日本的"国家"意识，同时也认为世界上存在着多种文明，由此加速了儒教"自然"观的解体和中国文化绝对权威的相对化。

4．结语——作为中心的日本

西川如见翔实细致的论述为近世后期的"水土论"的思想动向提供了发展方向，在此基础上，一些独特的思想主张也纷纷形成。比如对幕末的尊皇攘夷运动有着巨大影响的会泽正志斋（1782—1863）在编纂《大日本史》的过程中获得了水户藩所积累的日本地理、历史的相关知识，通过西方书籍的日译本获取了很多情报，并以此为基础对如见的"水土论"进行了一些修订。正志斋在《新论》中说"神州位于东方，向朝阳"，其习俗与西洋的"茹毛饮血之俗"甚为不同，将神国与天皇联系起来而提倡源于"记纪神话"的"国体论"，认为日本具有优秀之风俗乃是因由自古就存在的以天皇为中心的国家体制，目的是提高人们对日本的自豪感，加强日本的政治统和。在西洋自然科学方面颇具造诣的兰学者帆足万里（1778—1821）在《入

学新论》中对"水土论"做了进一步的展开："本邦与唐,皆偏居大洲之东,特多得太阳发生之气,其人明敏仁惠";"至于西域诸国偏居大洲之西,得地球凝结之力尤多。其人钝朴残忍"。西洋人因其"钝朴残忍"而需要宗教教化。与之相对,日本与中国之人则"明敏仁惠",乃是道德教化之结果。东西的政治制度具有本质的差异。万里从儒教道德的角度出发认为"东"当中是包含中国的,但当时的中国已经丧失了成为"中华"的特权。称日本为"本邦",称中国为「唐(とう／もろこし)」就显示了这一点。

诚然,日本对中华的观感最初确实缘自一种朴素的敬慕之情。但随着中国国内形势的变化、日本自我意识的觉醒以及西方冲击的到来,将中国文化乃至中国进行相对化就成为无论是儒学者还是国学者,抑或洋学者的共同选择。他们从水土的角度将日本与中国乃至西方世界相区分,这一主张的最初目的并非是确立日本的中心地位。但最终在这一观念的辅助下逐渐确立了以己为华、为世界之中央,以中国或者西方世界为夷的所谓"日本中心主义"。但也需要承认的是,"其日本中心主义只不过是对中国的自卑感在心理上的表现而已,在他们的心里根深蒂固地存在着对中国文物的尊敬"。

参考文献

[1] 渡辺浩. 近世日本社会と宋学 [M]. 東京:東京大学出版会,1985:76.
[2] 澤井啓一.〈記号〉としての儒学 [M]. 東京:光芒社,2000:128.
[3] 西顧蔵,阿部隆一,丸山真男. 日本思想大系 (31) 山崎闇斎学派 [M]. 東京:岩波書店,1980:420.
[4] 鳥井裕美子. 近世日本のアジア認識 [M]// 溝口雄三,平石直昭,他. 交錯するアジア(アジアから考える). 東京:東京大学出版会,1993:210.
[5] 植手通有. 日本近代思想の形成 [M]. 東京:岩波書店,1974:77.

作者简介
范业红,辽宁师范大学外国语学院讲师,研究方向:日本文化、日本近代思想史。
联系方式
(E-mail)fanyehong@163.com

「女生徒」試論
—定められた運命への従順と抵抗—

李 捷

（中国・大連理工大学）

1. はじめに

　昭和十四（1939）年4月に「文学界」に発表された「女生徒」は、太宰治の〈女語り〉作品群の中で最も高い評価を得た作品である。発表直後の「文芸春秋」で川端康成から絶賛されたことはよく知られている。発表当時の、「巻中の『女生徒』は世評の高かった作品ですが、これが成功した原因は、単に傍観的に少女を描いたのではなくて、少女に仮託して、自己の心懐を述べた―そのために生じた肉付けの豊かさにあるだらう」という中村地平の論をはじめとして、「女生徒」論は概ね、「女生徒イコール太宰治の心境という図式」で展開されている。「明るい印象の調和の取れた小説」とされるこの作品は、それまでの「暗黒」「病的」と評される前期の作品群からの転換点として、「新しい路をつまもうとしている」太宰の姿勢が高く評価されてきた。また、女生徒の人物像設定については、「大人というにはまだ幼く、かといってもう子供ではないという、中途半端で、それゆえに不安定にゆれうごく年頃の主人公の設定」をあげられた東郷克美、「自己批判がいつのまにか自己主張になったりして、どれが本当の自分なのかわからない」という「二つの極の間を揺れる『私』のありよう」を指摘した後藤康二など、不安定な揺れの中にいるという特徴が指摘されつづけているが、その不安定さが榎木隆司が指摘したように「誰もが避けがたい、大人になるまでの肉体と精神のアンバランス」に起因すると考えられることが多い。それには異議がないが、思春期の少年ではなく、少女であるからこそ体験できる内面の葛藤が見落とされているようであろう。無論、「少女の浮遊性が、完全に近い人物形象として生かされている」という主人公の「少女性」を指摘する論もあるが、その「浮遊性」の実態がはっきりされていないと思う。それから、李顕周と佐藤秀明は少女のジェンダーに着目し、父が不在でありながらも「女性性は不潔だと決めつけて」「父の存在を中心とする価値の秩序を自らの内部に受け付けていた」女生徒、また父の不在と関係して「多様な価値を横断して自ら判断しようと」して、「自らの規範で『いい娘さんに』になろうとする意志」を持っている女生徒、とそれぞれの女生徒像を読み取ろうとする。

　本稿では、作者太宰治から切り離して、単独のテクストとしての「女生徒」に、まずは向かい合ってみたい。今までの先行研究を踏まえて、少女期の不安定さの中におかれた女生徒の、身体、性、婚姻への意識を主に女生徒の人物像を通して不安定さの具象を考察していきたい。さらに歴史的視座から、同時代の性的な言説と婚姻制度を視野に入れて、女

生徒の不安定さの内実をとらえようと思う。

2. 心理と身体のアンバランス

作品の冒頭から、女生徒は（下線筆者注）

> よいしょ、なんて、お婆さんの掛聲みたいで、いやらしい
> ひとの下品な歩き恰好を顰蹙してゐながら、ふと、自分も、そんな歩きかたしてゐ
> る。
> モオツアルトだの、バッハだのに熱中してゐる筈の自分が、無意識に、「唐人お吉」
> を唄った。
> かうして一日一日、自分も雌の體臭を發散させるやうになって行く。

と次々と嘆いている。お婆さんの掛け声、下品な歩きかた、「唐人お吉」という歌、このような日常的なものから「雌の體臭」を敏感に察した女生徒の、生理への当惑と不安がその嘆きから読み取れるであろう。

> 肉體が、自分の気持ちと関係なく、ひとりでに成長していくのが、たまらなく、困
> 惑する。

また、

> おばさんは、年よりのくせに厚化粧をして、（略）のどの所に皺が黒く寄ってゐて、
> あさましく、ぶってやりたいほど厭だった。
> バスの中で、いやな女のひとを見た。襟のよごれた着物を着て、もじゃもじゃの赤
> い髪を櫛一本に巻きつけている。（略）それに、ああ、胸がむかむかする。その女は、
> 大きいおなかをしているのだ。ときどき、ひとりで、にやにや笑っている。雌鶏。

と、「電車で隣り合わせた厚化粧のおばさん」や、バスの中で見たもじゃもじゃの赤い髪をした妊婦に対してあからさまな嫌悪感を示して、「ああ、汚い、汚い。女は、いやだ」「いっそこのまま、少女のままで死にたくなる」と呻いている部分から明らかなように、女生徒は肉体の成長に反して、汚れのない少女のままでいたいと思う精神、そして、その「肉体と精神のアンバランス」から生じる不安定さを持っている。

それから、「自分が何者であるかがわからないという不安」を抱えているということも女生徒をアイデンティティの定まらない、不安定な状態にさせている。そのことは、「ほんたうに私は、どれが本当の自分だかわからない」と述べ、「泣きながら慕はれてゐるその『おねえちゃん』を羨ましく思」い、将校の「毎日毎日、厳酷に無駄なく起居するその規

律がうらやましい。いつも身が、ちゃんちゃんと決ってゐるのだから、氣持の上から樂なことだらうと思ふ。」と述べていることからうかがえるであろう。

　すなわち女生徒は、少女から大人の女へと成長する過程で「女の生理」への漠然とした不安を感じている上に、自分が何者であるのか、自らの存在価値をどこに見出せばよいのかわからないという、アイデンティティの定まらない不安定な状況の下におかれているということがまず言えよう。

3.　性的憧れと忌避

　思春期の少女は性に対する興味が出てきて、それに憧れながらも、既成の制度をはばからざるをえないので、その言動にはひとつのところに定着しない、浮遊性が見られる。

　　　神社の森の小路を抜けて、駅近く、労働者四、五人と一緒になる。その労働者たちは、いつもの例で、言えないような厭な言葉を私に向かって吐きかける。私は、どうしたらよいかと迷ってしまった。

　　　こんなくだらない事に平然となれるように、早く強く、清く、なりたかった。

「下着の薔薇にきれいなキス」する少女の、通学路の労働者から投げかけられる猥雑な言葉に動揺する自分への「早く、強く、清くなりたい」という意識は、多感な、清純な処女性への希求と、そこから女への堰を越えてゆこうとする潜在意識とが、微妙に交錯する心理の描出である。

　　　放課後は、お寺の娘さんのキン子さんと、こっそり、ハリウッドへ行って、髪をやってもらう。

　　　こんな所へ来て、こっそり髪をつくってもらうなんて、すごく汚らしい一羽の雌鶏みたいな気さえして来て、つくづくいまは後悔した。私たち、こんなところへ来るなんて、自分自身を軽蔑していることだと思った。

　　　こんなウェーヴかけた髪なんか、さっそく解きほぐしてしまって、そうして髪の毛をもっと長く伸ばそう。お母さんは、せんから、私の髪の短いのを厭がっていらしたから、うんと伸ばして、きちんと結って見せたら、よろこぶだろう。

ウェーブをかけた断髪は性のあからさまな成熟を意味するが、その後ウェーブかけた髪を解きほぐして、断髪もやめてきちんと髪を結い上げようとするのは、性的なものを結婚という制度内につつましく封じ込める良妻賢母的な価値観への従順さを意味していると思われる。さらに、

　　　今夜はお母さんに、いろいろの意味でお礼もあって、アンマがすんでから、オマケ

として、クオレを少し読んであげる。お母さんは、私がこんな本を読んでいるのを知ると、やっぱり安心なような顔をなさるが、先日私が、ケッセルの昼顔を読んでいたら、そっと私から本を取りあげて、表紙をちらっと見て、とても暗い顔をなさって、けれども何も言わずに黙って、そのまますぐに本をかえして下さったけれど、私もなんだか、いやになって続けて読む気がしなくなった。

　と、一人でこっそりと読んだ「昼顔」[1]を、母に嫌がられて、「クオレ」[2]に変えた。「昼顔」は根岸が指摘したように、顔をおおた指の隙間からのぞくような、禁忌に満ちた性への憧れを象徴しているのに対して、「クオレ」はきちんと社会の既成の道徳的価値に同調している、「いい子」にぴったりの読み物である。

　「清くなりたい」意識、結い上げる髪、「クオレ」、これらはすべて性的な牽引から自分を切り離すための「強さと清らかさ」のモチーフにほかならない。そこでは、性を肯定することも否定することもともに禁じられた状況の中での、少女の韜晦と逃避を見事に示しているのである。

4. 婚姻への拒否と従順

　「嫁入り前の娘」という言葉が機能していた時代の「いい娘さん」とは、結婚に際しての商品で、この商品には、意見も判断も自己決定も求められるところはすくなかったのである。

　　「どなたと見合いなさるの?」と私も、笑いながら尋ねると、
　　「もち屋は、もち屋と言いますからね」と、澄まして答えた。それどういう意味なの、と私も少し驚いて聴いてみたら、お寺の娘はお寺へお嫁入りするのが一ばんいいのよ、一生食べるのに困らないし、と答えて、また私を驚かせた。

　「お寺の娘はお寺へお嫁入り」と自分の未来の結婚像を現実と地続きのものとして平然と受け止めるキン子さんから父権の絶対的な影響力がわかるであろう。それに驚いた女生徒は、電車の中の数人のサラリーマンに「私がいま、このうちの誰かひとりに、にっこり笑ってみせると、たったそれだけで私は、ずるずる引きずられてその人と結婚しなけ

---

〔1〕ジョゼフ・ケッセルの作品、1929年に出版。両次大戦の中間期、最も幸福な時代といわれたころのパリを背景とし、貞淑な女性の娼婦性がもたらすことになった霊肉の惨劇を描破した力作であるが、淫猥、春本に類するとの批評に、作者は「健康体を究めるためには、病体を理解しなければならぬ」と答えている。
〔2〕クオーレでもある。アミーチスの代表作である。1861年に成立した統一イタリアで書かれた本で、子供向けに愛国心を説くための本として広く読まれた。小学3年10歳のエンリーコ少年が新学期の10月から翌年の7月までの学校での1学年を過ごした日記が書かれている。

ればならぬ破目におちるかもしれない」と空想して、そこに、結婚に関する他動力的な力への恐怖と無力感が窺える。また、すでにお嫁になった姉さんの、一人で料理をしている姿を見て、さびしく感じられたのを、女生徒の婚姻への距離感と見ても差し支えないであろう。

が、一方で、女生徒は自ら商品である「いい娘さん」になろうと思うことを明示し、いい奥さんになれる自信を示して、分を明確に認識している母を容認する方向へと自身を誘っていくのである。

> この人のために一生つくすのだ、とちゃんと覚悟がきまったら、どんなに苦しくとも、真黒になって働いて、そうして充分に生き甲斐があるのだから、希望があるのだから、私だって、立派にやれる。
> お母さんだって、わたしだって、やっぱり同じ弱い女なのだ。
> むかしの女は、奴隷とか、自己を無視している虫けらとか、人形とか、悪口言われているけれど、いまの私なんかよりは、ずっとずっと、いい意味の女らしさがあって、心の余裕もあったし、忍従を爽やかにさばいて行けるだけの叡智もあったし、純粋の自己犠牲の美しさも知っていたし、完全に無報酬の、奉仕のよろこびもわきまえていたのだ。

そこから社会既定の良妻賢母的な女らしさを認めて、それを女の宿命として受け入れているという婚姻制度への従順の姿も捉えられる。

ようするに、自分で把握できない未来の婚姻に拒否の姿勢を示していながらも、女生徒にとって道徳観念や価値観の基準となっているのは、やはり父親と親戚の男性たちである。またその道徳観念や価値観による良妻に憧れてもいる。これは「現実の制度や秩序」に反逆せずにそれらを軽く受容している姿だと言えよう。

5. 同時代コンテクスト

明治維新以後、日本ではいろんな制度に関してヨーロッパの先進的な法律を受け入れ、近代国家を作り上げたにもかかわらず、家制度で、やはり封建的な家父長的家制度をとって、さらに制度化までもしたのである。家族の地位順は戸主を一番に、男性を上に女性を下という親族集団の配列にしたので、女性たちには自己決定権がまったく与えられていないのである。

それから、近代に入って、昔の儒教的女子教育とは異なる新しい女子教育が始まって、女子も男子と同様には必ず教育を受けねばならないという新しい女子教育観が登場した。ところが、その女子教育は、「修身斉家に必須なる実学を教授し、以て賢母良妻を養成する」ことを目的とし、必ずしも男女平等とか女性の自立を目指すものではなかった。このいわゆる「良妻賢母主義」と表現される女子教育理念は戦前まで徹底していた。そ

こで、女性は一人の人間ではなくて、人の妻、人の母になれるように教育されていたのである。

さらに、当時の制度そのものも矛盾していたのである。大正デモクラシーの思潮を背景として、女性に「正しい希望、野心」「個性」を求める一方で、それを具現させない「世の中」もあった。

> この雑誌にも、「若い女の欠点」という見出しで、いろんな人が書いて在る。読んでいるうちに、自分のことを言われたような気がして恥ずかしい気にもなる。（略）
>
> 正しい希望、正しい野心を持っていない、と叱って居られるけれども、そんなら私たち、正しい理想を追って行動した場合、この人たちはどこまでも私たちを見守り、導いていってくれるだろうか。
>
> 私たちには、自身の行くべき最善の場所、行きたく思う美しい場所、自身を伸ばして行くべき場所、おぼろげながら判っている。よい生活を持ちたいと思っている。それこそ正しい希望、野心を持っている。頼れるだけの動かない信念をも持ちたいと、あせっている。しかし、これら全部、娘なら娘としての生活の上に具現しようとかかったら、どんなに努力が必要なことだろう。お母さん、お父さん、姉、兄たちの考えかたもある。（略）それから、いつも大きな力で私たちを押し流す「世の中」というものもあるのだ。これらすべての事を思ったり見たり考えたりすると、自分の個性を伸ばすどころの騒ぎではない。

教育者や知識人、宗教人による「若い女の欠点」という雑誌の特集号での言説に言う「個性」を文字どおり伸張していけば、「私」たちが囲い込まれている良妻賢母主義的なイデオロギーや中産階級の娘として期待されている価値観というガラスの天井にぶつからないわけには行かないという女生徒自身の認識が同時代の制度の矛盾をまっすぐ射抜いていると言える。

6. 終わりに

汚れのない少女のままでいたいと思う「精神」と否応なしに成長し雌の体臭を発散させるようになってきた「肉体」の間のアンバランス、禁忌に満ちた性的なものへの憧れとそれをつつましく封じ込める既成の制度へ従順の間の揺らぎ、さらに自己決定権のない婚姻制度への恐怖と良妻賢母になろうとする意欲との矛盾さに、女性徒の不安定さが読み取れるであろう。

女生徒の不安定な状態が全てこの少女に浸透した家父長制の政治イデオロギーに関わっている。彼女はこの世界で女の性がどのような関係におかれているかを敏感に察し、それに対する一種の自己防衛として拒否感を示しつつも、それを女の宿命として納得し、受けいれる。さらに、同時代的な言説で「若い女」に個性、理想を求めている一方、彼女た

ちを従来の家父長制にしっかりと囲い込む、という制度そのものの矛盾も、女生徒がこの不安定な状態に陥れる要因のひとつであろう。

参考文献

[1] 兼弘かつぎ. 太宰治「女生徒」論―女生徒の新しい出発と「家族」の意義―[J]. 日本文芸研究, 2002, 53（4）: 73-87.

[2] 坪井秀人. 語る女たちに耳傾けて―太宰治・女性独白体の再検討―[J]. 国文学: 解釈と教材の研究, 2002, 47（14）: 21-27.

[3] 根岸泰子.「女生徒」―可憐で、魅力があり、少しは高貴でもある少女―[J]. 国文学: 解釈と教材の研究, 1999, 44（7）: 66-72.

[4] 渡部芳紀.「女性」―女の独白形式―[J]. 国文学: 解釈と教材の研究, 1991, 36（4）: 118-123.

[5] 李顕周. 太宰治の「女生徒」と「皮膚と心」論:「女生徒」と「皮膚と心」におけるジェンダーの世界 [J]. 文学研究論集, 2000（17）: 128-140.

[6] 三好行雄. 太宰治必携 [M]. 東京: 学燈社, 1980.

[7] 佐藤秀明.「女生徒」―表現する少女 [J]. 国文学: 解釈と鑑賞, 2007, 72（11）: 116-119.

[8] 女性史総合研究会. 日本女性生活史（第4巻）[M]. 東京: 東京大学出版会, 1990.

基金项目

中央高校基本科研业务费资助（DUT13RW414）。

作者简介

李捷，大连理工大学外国语学院讲师，研究方向：日本文学。

联系方式

（E-mail）lisyoo0803@aliyun.com

日本文学

安部公房"变形"作品《棒》的现代寓言性

王 晶
（中国·西安交通大学）

安部公房与大江健三郎、三岛由纪夫均为日本战后派代表作家，在日本国内外均享有很高的声誉。大江健三郎先生曾经说过："如果安部公房先生健在，（诺贝尔文学奖）这个殊荣非他莫属，而不会是我。"

自1949年起至1955年，安部公房发表了一系列以"变形"为题材的作品，如1950年的《赤茧》《洪水》、1951年的《壁》、1952年的《水中都市》、1953年的《R62号的发明》、1954年的《变形的记录》，以及1955年的《盲肠》和《棒》。每部作品中作家都希望通过超现实主义的视角引发人们对现实世界生存状态的思考，正如谷山茂所说的"安部公房是构建了独自的前卫风格的作家"。

发表于1955年的短篇小说《棒》，以第一人称的叙事形式，描写了一个父亲在闷热潮湿的周日早上，独自在百货公司的楼顶照顾两个孩子，突然感到焦虑、烦躁而从楼上跃下并变成一根棒的奇幻经历。此后，安部公房再少有"变形"这一题材的作品问世。可以说《棒》是安部公房前期思想的集中体现，是"战后持续以'变形思想'为中心的公房变形系列的顶点，作为现代的寓言占有重要的地位"[1]。通过对于《棒》的重新解读，我们可以透过作家纯熟的超现实主义的表现方法更深刻地认识与了解经济进入高速发展期，但精神却陷入空虚、浮躁与迷茫的日本战后一代。

叶渭渠先生曾经说过："（安部公房）开了典型的日本存在主义文学的先河。"他的作品不是对人物经历的细致刻画，而是直指人的存在状态，读者的目光永远被引向人的处境，并思考这样的处境。有关《棒》的先行研究也证明了从存在主义哲学的视角对作品文本分析的合理性，山口昌男对其主题是这样分析的："所谓的人的现实存在，是对他存在的同时也是对自的存在。如果在某种状况下忘记了对自的存在而仅有对他存在的话，人的存在就会成为没有目的的被他人利用的工具性存在。"[2]但总体看来，有关存在主义的先行研究，都局限在整体评价的层面，很少有人从存在主义哲学的视角对全文展开细致分析。

而本文将从存在主义哲学出发，重新思考作者通过文本设置给读者的几个问题，第一，"人"为什么要"物化"？第二，为什么要"物化"为"棒"？第三，"物化"为"棒"的目的是什么？并在此基础上，明晰"自在"与"自为"的关系，解决当下迷失一代的精神归属问题。

---

〔1〕山口昌男：「安部公房の『棒』の文芸構造 — 実存的裁きを中心として—」，『活水日文』1983年第10号，第53页。
〔2〕同上，第55页。

1．"自欺"的世界——"自在"与"自为"的分离

存在主义将存在分为"自在"的存在与"自为"的存在。所谓"自在"的存在，主要指的是不以人的意识为转移的客观世界的存在，"自为"的存在则是"自在"存在的对立面，主要指的是客观世界之外，作为意识的存在。世界的存在离不开"自在"的存在，更离不开"自为"的存在。正如存在主义哲学家萨特在《处境》中所提到的："人是这样一种存在物，由于它的出现，才使一个世界存在。"[1]

在世的人，处境中的人，屈从于自己身份和周围的压力，没有意识到或者不愿意意识到自身作为"自为"的存在，在选择面前采取逃避的态度，这种态度被定义为"自欺"。杜小真对此曾有过这样的解释："所谓自欺，在萨特看来，就是一种辩解行为，意识迫使这种行为做出某个事物的样子，做出把自己的过去当作一个严格整体的样子而使未来成为这个整体的不可避免的延伸。"[2]

《棒》中主人公所处的世界正是一个"自欺"的世界。小说开篇就有这样的描述："看到有人刚离去的，通风管和楼梯之间的只能容纳一人的空隙，立刻挤进去将孩子依次抱起，孩子很快就腻了，这回自己却着了迷。其实，并没有什么特别的。老实说，趴在栏杆上的，大人比孩子多。孩子大都很快看腻，开始催促要回去，而大人们仿佛工作被打扰了似的，训斥着孩子的同时又再一次茫然地将下巴放在了栏杆上。……我只是在发呆。至少应该没有考虑今后有必要想起来的事情。"这段文字正是当时疲于工作思想麻木的人的真实写照——只对连孩子都不感兴趣的无聊的事儿着迷、被无休无止的工作所牵绊，意识处于茫然不知所措的状态。正是这种思想上的麻木和意识上的丧失，使得人变成了没有"自为"的、只是作为"自在"的存在。这种存在其实也就是"自欺"的存在，虽然具有人的外形，但究其本质只是一个"物"而已。

当时的社会里充斥着这种以"自欺"的方式存在的人。难得的周末，人们本来可以趁此机会放松一下，做一些愉悦身心的事情，但是透过文章的场面描写，我们获得的信息是——所有的空间都被"人"充斥着：无论是车站前面，还是人行道上，甚至是车站前面的广场，也是"本想找个凳子坐，但到处都坐满了人，只好并排坐在绿地边缘上"的状态。文章中一共出现了四次"雑沓（人潮汹涌）"这个词，无疑是希望在读者的心中构建这样一个意象——战后的日本，到处都是"自在"与"自为"分离的，以"自欺"方式存在的人。我们可以用萨特在《存在与虚无》中的一句话来解释这种状态存在的原因："如果说自欺是可能的，那是因为它是对人的实在的任何计划的直接威胁，那是因为意识在其存在中是其所不是又不是其所是。"[3]

---

〔1〕转引自朴小真：《萨特引论》，商务印书馆 2007 年版，第 4—5 页。
〔2〕同上，第 83—84 页。
〔3〕同上，第 87 页。

2．"意识"的觉醒——"自在"与"自为"的相遇

"我"作为芸芸众生中的一个人，一直都过着"自欺"的生活。有一天，"我"带着孩子站在百货公司的楼顶向下望，突然产生了一种焦躁的心情，于是开始变形。对于变形前"我"的心理活动，文中是这样描述的："可能是空气潮湿的原因，我莫名的变得烦躁，对孩子们发脾气。""烦"，是海德格尔提出的"自为"的存在在面对外部世界、与外部世界发生关系时产生的某种不适的感情。"烦"，即表示"自为"的存在被揭示。换句话说，正是因为"我"意识到了自己的存在，而这种存在看起来并不美好，才会产生"烦"的情绪。而这种"烦"是对人生存在的最根本最清醒的认识，也只有具有这种意识之后，人才可能敢于否定一切，并在否定中寻求改变。

意识到自己存在的"我"，听到了孩子"爸爸"的叫声，于是"像是要逃离那种声音似的，猛地挺出上半身，虽然这么说，其实只是心里想想，并没觉得有危险。可是，轻轻地、身体浮向空中，听到'爸爸'的同时开始坠落。也不知道是下落之前还是下落的过程中，等我注意到的时候我已经变成了一根棒"。很显然，"我"在意识到自己存在的同时，身体上也发生了改变。或许这种改变带有一定偶然和消极的色彩，但这毕竟是"我"的转折点：精神上，由"自在"与"自为"的离散状态变成"自在"与"自为"的结合状态；身体上，由表面的"人"、本质的"物"变成为表里统一的"物"。

这里必须提到的一点是，文中"我"的"变形"与其说是"积极主动地"还不如说是"消极被动地"。原因有二，其一，"我"意识到"烦"，或者说意识到"自为"的存在仅仅是一个偶然的过程，没有预先的设计与努力；其二，"我"的"物化"也并不是主动为之，而仅仅是为了逃避让人"恶心"的现实世界，"变形"的发生也是一个连"我"本身都没有搞清的过程。正如荷兰哲学家斯宾诺莎所提出的"变形"理论所描述的一样："说起身体的变形，其实是世界上由于外界事物的推动而引发的我们身体上的变化。也就是说，变形是被动地接受其他外力推动的结果，人们捕获自己身体上的变化，并意识到正是精神的作用。"

当然，就像萨特的存在主义哲学一切都是从偶然性开始的一样，意识到"自为"的存在或许是一个偶然的过程，"物化"或许也是一个偶然的过程，但是"我"确实已经脱离了大众"自欺"的转态，拥有了"自为"的意识，这正是否定和改变的开始——"意识的意向性使得存在被揭示出来，否则存在就永远不会被揭示"。

3．"物化"为"棒"——"自在"的实质

关于问什么要变形为"棒"？先行研究中有许多解释。山口昌男曾经指出："第二次'爸爸'的叫声，是因为落下的'一米左右的棒'从屋顶上看貌似人的身体，孩子误以为是'爸爸'的原因。这种变形为棒的想法，实在是非常巧妙。"从外形上来看，确实由于"棒"与"人"有一定的相似度，可以将上下文很好地结合起来：孩子们以为是爸爸掉了下去，所以吓得"失去血色"，而入口的守卫以为是孩子们往下扔棒子，所以"声称要严惩淘气的小鬼，往上奔去。

人们都昂奋地挥动拳头威吓"。

当然，变形为"棒"并不仅仅因为外形的相似，它背后还有许多深层的原因，首先，它"不粗不细，正合手的一米左右的直棒"，说明它具有被利用的客观条件；其次，它"上部渗入很多手垢，下部磨损严重。……似乎受到了非常粗暴的待遇，伤痕累累"，说明了它长期被利用的客观现实；再次，无论说它"诚实而单纯"还是"单纯且无能"，都说明了它具有被利用的主观条件；最后，作为"所有工具的根本"，有很多种使用方法，说明它被利用的形式各种各样——这些，都有"我"变形之前的影子。换句话说，变形之前的"我"恰如一根棒子，不仅是一个"完全为他人的存在"，而且充当着别人要"我"充当的角色，按别人要求的样子安排自己的生活。

"揭开每天重复着司空见惯的日常生活的人的一层薄薄的表皮，从内面的身体性去看，人类已经不是自身，而已经变为具有奇异外形的矿物或植物等。反过来看，人已经丧失了拥有所谓的外在身体的必然性。于是，面向物质的与内面的身体性相吻合的变身应运而生，'大人们'发生了变形。"小林治所描述的这种"变形"是内在的"明示化"，也就是存在主义所强调的：现象与本质是统一的——"人越把物内在化于自身，人就越外化于物"。之所以"我"会变形为"棒"，是因为我的"本质"就是作为"棒"的"自在"。

这一点也可以从下文中老师的结论中得到证实："总结一下你们俩说的，其实这个男人以前就是根棒子。而且，这还是关于这个男人必要且充分的回答，换句话说，这根棒子本来就是棒子。"为什么这是"关于这个男人必要且充分的回答"？因为"我"变形前虽然具有"人"的外表，但究其本质只是作为"自在"的"物"的存在而已，通过变形，现象和本质得到了高度的统一，正如山口昌男所说的："这个男人，生前就埋没于自己的生存转态之中，只是最单纯的工具性的存在，也就是说，由于他以前就是'棒的存在'，所以相应地变形为'棒'。"

4. "我"的结局——"自为"的局限性

"自欺"状态中的"人"，实际上只是作为"物"的"自在"的存在，由于没有"自为"的存在，所以意识的意向性无法指向自身，当然也就无法认识到自己作为"物"存在的实质。但是，由于某种偶然性，"我"的"意识"开始觉醒，"自为"与"自在"获得了统一，"我"开始意识到曾经的"我"的实质只是一根被利用的"棒"而已。单就这一点而言，实际上"我"已经摆脱了"自欺"的状态，从另一方面讲，就是犯了一种"罪"。于是，师生模样的三人才会来定"我"的"罪"。

"我"之所以能够听到师生三人的谈话，是因为对于此时的"我"而言"意识"是在场的，既是"对自我的在场"也是"对世界的在场"。"我"不仅能够听到学生对"我"的议论，还能发现老师戴的"假胡子"，而这对于"自欺"的大众而言是不可能发生的。特别是老师拿起"我"在地面乱画的时候"本来是没有抽象意义的图形，不久长出了手脚，变成了一个怪物"。这说明原来只是作为"棒"存在的"自在"的"我"，在拥有了意识以后，和以前完全的工具不同，产生了不可控制的结果，于是，老师"开始擦去那幅图。擦完后，站起来，一直望着远方……"

那么，既然"我"已经获得了"自在"与"自为"的统一，已经看到了自己的"本质"，具有了

一定的反抗性，老师为什么最终还是放弃了对"我"的处罚，认为"不处罚就是最好的处罚"呢？原文是这样回答的："地面上的法庭，只需要处罚人类的百分之几就可以了。但是，只要不出现不死的人类我们都必须处罚。与人类的数量相比，我们的数量极少。如果，全部的死人都必须同样对待的话，我们可能就会由于过度劳动而被迫消亡了吧。还好，有像这样的，靠不处罚处罚的正合适的一些人……"表面上看，似乎是由于他们没有精力去处罚，但是从深层意义来看，或许是因为"图画"依然可以被"擦掉"，依然在他们的控制范围之内。此时的"我"虽然具有"意识"，能够进行思考，但另一方面，当"我"的"自为"与"自在"相遇时，"我"却向外"物化"为"棒"，丧失了自由，并没有真正达到用"自为"控制"行动"的程度。

于是，师生三人放弃了对"我"的处罚，虽然"学生们貌似还是不放心，几次朝我的方向回头看，但是不久就消失在人潮中看不见了。不知道谁踩到了我。我的大半陷入了被雨淋湿的变得松软的土地中。我再次听到了'爸爸、爸爸、爸爸……'的呼喊声。像是我的孩子，又像不是。这人潮中有我们之外的数以千计的不得不叫爸爸的孩子，也并不是件不可思议的事"。这一段与文章开头呼应，外在的客观世界又下起了雨，"我"的这一系列变化不但没有引起"自欺"的人们的注意，还被某个人踩入地面，陷入了更加困难的局面。唯一不变的，是"爸爸"的呼喊声，不仅是"我"的孩子，更是成千上万需要爸爸的孩子的呼唤。这实际上是在告诉我们："意识"是有局限性的，它虽然可以揭示"存在"，但始终无法改变我们的生存处境。

小说以听到"爸爸"的呼喊声结束，如同山口昌男所指出的那样："《棒》是止于提出问题的短篇小说。"全文探讨了"自欺"的"人"及已经具有了一定意识的"我"的存在处境，但始终没有告诉我们怎样才能摆脱这样一种处境。借助存在主义哲学，我们似乎可以循着文章的线索在文章之外找到一条出路。

首先，必须脱离"自欺"，达到"自为"与"自在"相结合的状态，因为"倘若没有意识的出神，那人的实在就会落入物化的盲目的自在之中"。其次，在"自在"与"自为"相遇之后，也就是存在被揭示之后，必须保证主体用"自为"控制"行动"的可能性。小说中的"我"，虽然获得了存在的体验，但是始终没有完成"自为"的超越性和创造力，没有投身到未来之中去建立"我"所欠缺的东西。最后，用"行动"去改变处境，做一个革命者。萨特在《造反有理》中提出："革命者就是自始至终意识到自己异化的人，面对异化，他看到远处可能存在这样一个社会，在这个社会中，人们不再被异化，而他就是为这个社会的存在而斗争的人。"

参考文献

[1] 山口昌男. 安部公房の『棒』の文芸構造—実存的裁きを中心として—[J]. 活水日文，1983（10）：53-56.

[2] 杜小真. 萨特引论 [M]. 北京：商务印书馆，2007.

[3] 霍士富. メタファーとしての「家」—安部公房『赤い繭』論—[J]. 立命館文学，

2013(632)：9.

[4] 小林治．昭和二十年代の安部公房短編作品について(三)―変身と身体を巡って―[J]．駒沢短大国文，2001(31)：58-61.

作者简介

王晶,西安交通大学外语学院日语系讲师,研究方向：外国文学。

联系方式

（E-mail）oosyoo@163.com

『懐風藻』における和漢比較
― 白話等の受容に関する考察 ―

川上萌実
（日本・京都府立大学）

1. はじめに

日本最古の漢詩集である『懐風藻』[1]の作者には、実際に唐に渡った留学生や僧侶が含まれている。先賢の研究により、『懐風藻』の詩作の実態の概要は明らかになりつつあるが、その詩語の中には、出典が未詳であるものも少なくない。今後、更なる実態解明を進めるためには、彼らが学んだいわば「生の知識」がその詩作に用いられていることを検討していく必要がある。このような問題に取り組むにあたって、今回はまず、当時の口語である白話、『遊仙窟』、『千字文』の3つについて検討したい。

『懐風藻』の詩語の中に、白話を取り込んだものが見られることは、拙稿「『懐風藻』の用例未見語から見る日本漢詩の発展」[2]において既に述べた通りである。これまでにも、先賢により白話の受容が多く指摘されてきた『萬葉集』に対し、同時代の漢詩集である『懐風藻』の白話受容に関する研究は未だ十分とは言いがたい。しかし実際には、『萬葉集』に見られる白話の受容は、『懐風藻』においても確認できる。そこで本稿では、上述の拙稿で取り上げた「喫」と「怕」を振り返り、更に「看」の例を加えることで、『懐風藻』における白話受容の一例を再度検証し、今後の研究の足がかりとしたい。

また、通俗的な内容をもつ『遊仙窟』[3]のような作品や、書の手本や初学書として広く用いられた『千字文』[4]のような作品など、これまで『懐風藻』との比較検討が重要視されてこなかった資料の影響も想定しなおす必要がある。『懐風藻』の詩語となると、六朝詩や初唐詩が出典として重視されがちであるが、日本漢詩の黎明期にあって、『懐風藻』の作者たちがこれらのみによって詩作したと考えるのは、むしろ不自然ではないか。彼らはもっと積極的に多様な漢籍を受容し、自らの詩作に利用したのではないだろうか。事実、『懐風藻』には、『遊仙窟』や『千字文』といった資料との関連をうかがわせる詩語が散見される。これらとの関係を探ることは、その詩作の実態解明に貢献しうるだろう。

---

〔1〕本稿に挙げた『懐風藻』の詩番、詩題、訓読は全て、小島憲之、(1964)『懐風藻　文華秀麗集　本朝文粋』（日本古典文学大系69、岩波書店）による。本稿では同書を大系と称する。今回は大系の本文に従い、該当箇所について異同がある場合は、適宜言及するものとした。
〔2〕京都府立大学国中文学会『和漢語文研究』((2014) 第12号) 所収。
〔3〕本稿では、藏中進、『江戸初期無刊記本　遊仙窟』、和泉書院 (1981) によった。
〔4〕本稿では、小川環樹・木田章義、『千字文』、岩波書店 (1997) によった。

以上のような観点から、本稿では『懐風藻』における白話等の受容について述べていく。

2. 白話の受容－3つの動詞を例として－

2.1 「喫」

『懐風藻』では、早い段階から白話の受容が確認できる。前掲の拙稿で挙げた大津皇子（663～686）「五言。遊獵。一首。」(5)の例を簡潔に紹介する。

朝擇三能士	暮開萬騎筵	朝に擇ぶ三能の士、暮に開く萬騎の筵。
喫欒倶谿矣	傾盞共陶然	欒を喫みて倶に谿矣、盞を傾けて共に陶然なり。
月弓輝谷裏	雲旌張嶺前	月弓谷裏に輝き、雲旌嶺前に張る。
曦光已隱山	壯士且留連	曦光已に山に隱り、壯士且く留連る。

第3句「喫」が「食べる」の意で用いられていることに疑いはない。しかし、「喫欒」は管見において『懐風藻』に先行する漢籍に例が見えない。また、『文選』『玉臺新詠』に「喫」の用例はなく、『藝文類聚』に見られる1例も「食べる」の意ではない。つまり、当詩のように「喫」が食べ物を目的語に取る例は、六朝時代の主な漢籍には見られないのである。ところが唐代に目を転じると、敦煌変文や樂府など、比較的白話に近いと考えられる資料に「喫」の用例がいくらか確認できることが分かった。中でも「喫」を「食べる」の意で用いたものとして、以下の「紫毫筆」（『楽府詩集』巻99・新樂府辭十）のような例が確認できる。

紫毫笔,尖如锥兮利如刀。
江南石上有老兔,吃竹饮泉生紫毫。
宣城之人采为笔,千万毛中拣一毫。
毫虽轻,功甚重。
管勒工名充岁贡,君兮臣兮勿轻用。
勿轻用,将何如?
愿赐东西府御史,愿颁左右台起居。
搁管趋入黄金阙,抽毫立在白玉除。
臣有奸邪正衙奏,君有动言直笔书。
起居郎,侍御史,尔知紫毫不易致。
每岁宣城进笔时,紫毫之价如金贵。
慎勿空将弹失仪,慎勿空将录制词。

ここで「喫」は「飲」と対応していることから、「食べる」の意で用いられていることが

分かる。この作品は『全唐詩』（巻 427・白居易）や、『白氏長慶集』（第 1 帙・新樂府・第 4）にも収められており、白居易の手による新樂府と考えられる。また、『全唐詩』のうち『懐風藻』とほぼ同時代のものにも、「喫」の用例は確認できる。上記のいずれも大津皇子の作品より時代が下るため、直接的な典拠ではないが、上代の人々が何らかの形でこのような「喫」の白話的用法を知り、詩作に用いた可能性はある。なお、『萬葉集』にも「喫」の例が 8 例[1]存在する。例えば「大伴家持贈和歌二首」[2]の 1 首目（巻 8・1462）に、「我が君に戯奴は恋ふらし賜りたる茅花を喫めど（茅花乎雖喫）いや痩せに痩す」とあり、大伴家持がこうした用法を受容し、和歌の中に取り入れていたことが分かる。この和歌もまた、大津皇子より後世のものではあるが、上代の人々が白話の語彙を積極的に利用していたことが、和歌と漢詩の双方において確認できることを示す一例である。

2.2 「怕」

続いて藤原宇合（？ ～ 737 年）の「七言。在常陸贈倭判官留在京。一首。幷序。」[3]（89）を挙げ、第 17 句の傍線部「不怕」について概要を述べる。

自我弱冠從王事	風塵歲月不曾休	褰帷獨坐邊亭夕	懸榻長悲搖落秋
琴瑟之交遠相阻	芝蘭之契接無由	無由何見李將郭	有別何逢逢與猷
馳心悵望白雲天	寄語徘徊明月前	日下皇都君抱玉	雲端邊國我調絃
清絃入化經三歲	美玉韜光度幾年	知己難逢匪今耳	忘言罕遇從來然
爲期不怕風霜觸	猶似巖心松柏堅		

我弱冠王事に從ひしより、風塵歲月曾て休まず。帷を褰げて獨り坐る邊亭の夕、榻を懸けて長く悲しぶ搖落の秋。琴瑟の交遠く相阻り、芝蘭の契接くに由も無し。由も無ければ何にか見む李と郭と、別有れば何にか逢はむ逢と猷と。心を馳せて悵望む白雲の天、語を寄せて徘徊る明月の前。日下の皇都君は玉を抱き、雲端の邊國我は絃を調ふ。清絃化に入りて三歲を經、美玉光を韜みて幾年をか度る。知己逢ふことの難き今のみに匪ず、忘言遇うことの罕らなる從來然にあり。爲に期ふ風霜の觸るることを怕れず、猶し巖心松柏の堅きに似むことを。

『文選』や『藝文類聚』に「不怕」の例はなく、六朝の詩文に用いられた形跡もない。一方、唐代の『全唐詩』には「不怕」の用例が見られるものの、いずれも時代が下り、『懐風

---

〔1〕前述の拙稿で「6 例」としたのは誤りであり、正しくは 8 例である。
〔2〕巻 8・1460 ～ 1461「紀女郎贈大伴宿祢家持歌二首」に答えたもの。なお本稿における『萬葉集』本文引用は、佐竹昭広・工藤力男・大谷雅夫・山田英雄・山崎福之、『萬葉集』（新日本古典文学大系 1 ～ 4、岩波書店、1999 ～ 2003）による。
〔3〕序の引用は割愛する。

藻』が直接受容しうるものは見当たらない。比較的時代が近い例として『全唐詩』（巻25・雑曲歌辭）所収、元稹の「侠客行」を挙げる。

> 侠客不怕死，怕在事不成，事成不肯藏姓名。
> 我非窃賊誰夜行，白日堂堂殺袁盎。
> 九衢草草人面青，此客此心師海鯨。
> 海鯨露背横沧溟，海波分作両処生。
> 分海減海力，侠客有謀，人不識測三尺鉄蛇延二国。

　これは「歌辭」に分類される作品であり、その文脈からも、唐代において「不怕」という語が詩語ではなく、白話的表現であったことが予想される。なお、上代における「怕」の使用については神保晶子氏の「『萬葉集』巻十六「怕物歌」考」[1]に詳しい。具体的に何によったかは明らかでないが、渡唐経験も持つ宇合が何らかの形でこうした表現を学んだことは確かだろう。中国においては本来、白話と詩語は分けて使用されていた。それに対して、日本の漢詩人たちは、詩文における白話の使用に抵抗が少なかったと考えられる。それゆえに、詩文における白話の利用が中国に先行したのだろう。

2.3「看」

　ここでは「見る」という意の「看」について検討する。『懐風藻』における「看」の例は以下の二例である。ただし、後者に関しては該当箇所に異同がある。
　文武天皇（683〜707）「五言。詠雪。一首。」（17）

雲羅嚢珠起　雪花含彩新	雲羅珠をみて起り、雪花彩を含みて新し。
林中若柳絮　梁上似歌塵	林中柳絮の若く。梁上歌塵に似る。
代火輝霄篆　逐風廻洛濱	火に代りて霄篆に輝き、風を逐ひて洛濱を廻る。
園裏看花李　冬條尚帶春	園裏花李を看れば、冬條尚し春を帶ぶ。

　丹墀広成（？〜739）の「五言。遊吉野山。一首。」（99）

山水随臨賞　巖谿逐望新	山水臨に随ひて賞で、巖谿望を逐ひて新し。
朝看度峰翼　夕翫躍潭鱗[2]	朝に峰を度る翼を看、夕に潭に躍る鱗を翫す。
放曠多幽趣　超然少俗塵	放曠幽趣多く、超然俗塵少なし。
栖心佳野域　尋問美稲津	心を佳野の域に栖まはしめ、尋ね問ふ美稲が津。

---

〔1〕京都大学文学部国語学国文学研究室、『國語國文』（2002 第71巻・第3号）所収。
〔2〕第3句「看」は群書類従本・林家本では「著」、第4句「翫」は群書類従本では「亂」に作る。

　『六臣注文選』には約 8 例 [1]「看」の例があるが、賦や散文の例は、対句で類義の字と対
置されるパターンが多く見られる。同書における詩の例は 3 例だが、いずれも「仰看」で
あり、動詞「看」単体の例は見られなかった。以下、『文選』(巻 29) [2] 曹丕の「雑詩二首」(其
一) より、第 1 句から第 8 句を引用する。ここでも「俯視」との対となっている。

　　　　漫漫秋夜长,烈烈北风凉。展转不能寐,披衣起彷徨。
　　　　彷徨忽已久,白露沾我裳。俯视清水波,仰看明月光。

　これに対して、『玉台新詠』には 50 例近くの用例が見られる。その詩題や内容から、六
朝において「看」は比較的口語性が強く、女性の代作などでよく使われていたと推測され
る。ところが唐代になると、主語が男性であっても広く使われるようになり、汎用性が高
まったと考えられる。更なる調査が必要であるものの、以上のことから、『懐風藻』の作
者たちの「看」の受容には、次の 3 つの可能性が予想される。白話として受容した可能性、
六朝の詩文から受容した可能性、唐代の詩文から受容した可能性である。このように、
「看」は「喫」や「怕」と比べて状況がより複雑であるが、少なくとも、白話として受容し
た可能性を想定した上で、慎重な検証がなされるべきである。また、『萬葉集』における
「看」の例は 4 例 (巻 7 ・1294、巻 11 ・2757、巻 17 ・3973 〜 3975 題詞、巻 19 ・4254) ある。
一例として、柿本人麻呂歌集の作とされる 1294 番の歌を挙げる。
　朝月日向かひの山に月立てり見ゆ遠妻を持てらむ人し見つつ偲はむ (看乍偲)
　このように、『懐風藻』だけでなく、同時代の日本文献での「看」の使用を見ていくこと
によって、その受容実態の考察を進める作業は、日本における白話の受容の再考にも繋が
るのではないだろうか。

3.　『懐風藻』研究における『遊仙窟』の位置づけ

　『懐風藻』には、『遊仙窟』の影響がうかがえる作品が散見されるが、中でも顕著なもの
の一つが、荊助仁 (生没年未詳)「五言。詠美人。一首。」(34) である。

　　　巫山行雨下　　洛浦廻雪霏　　　巫山行雨下り、洛浦廻雪霏ぶ。
　　　月泛眉間魄　　雲開髻上暉　　　月は泛かぶ眉間の魄、雲は開く髻上の暉。
　　　腰逐楚王細　　體随漢帝飛　　　腰は楚王を逐ひて細く、體は漢帝に随ひて飛ぶ。
　　　誰知交甫珮　　留客令忘歸　　　誰か知らむ交甫が珮、客を留めて歸を忘れしむる
　　　　　　　　　　　　　　　　　　ことを。

---

　〔1〕異同がある。李善の『文選註』では 7 例。
　〔2〕本文は、花房英樹、『文選 (詩騒編) 四』(全釈漢文体系 29、集英社、1974) による。

　この詩に関して、大系では「文選の「情」の部に属する諸賦や玉台新詠の中国的美人の様を述べたもの」と解している。また辰巳正明氏は『懐風藻全注釈』[1]において、「遊仙窟に『洛浦愧其廻雪』とある」と指摘しているが、その他の詩語に関しては、楽府や六朝の賦を多数引用して注を付している。しかし前掲の通り、この詩には『遊仙窟』の表現が多用されており、そこで描かれる内容も『遊仙窟』に登場する美女の描写と類似している。

　例えば第2句は、五嫂の舞の見事な様子を述べた「千嬌眼子。天上其流星。一搦腰支。洛浦愧其廻雪。」[2]と類似する。この『遊仙窟』の描写は『文選』巻19、曹植の「洛神賦」に基づくが、それを以て荊助仁が「洛神賦」を引いたとするのは早計ではないだろうか。『遊仙窟』の冒頭に近い部分で、張文成と十娘が詩と書簡で、会う、会わないという恋の駆け引きをする場面がある。その際、張文成が十娘に送った艶書の中に、数多の美女を挙げ、それらも十娘には及ばないと、十娘の美しさを述べる箇所がある。以下に一部を抜粋する。

　　洛川回雪，亦堪使叠衣裳；巫峡仙云，未敢为擎靴履。
　　忿秋胡之眼拙，枉费黄金；念交甫之心狂，虚当白玉。

　このうち、「洛川回雪」は前述の箇所と同様、「洛神賦」の洛水の女神を指す。更に「巫峡仙云」は、楚王が夢の中で契った巫山の女神を指し、「念交甫心狂」は、二人の美女から宝玉を受け取ったという鄭の交甫を引き合いに出して、十娘の美しさを称える。また、張文成が五嫂の美貌を詠じた場面には、次のような表現が見られる。

　　奇异妍雅，貌特惊心。
　　眉间月出疑争夜，颊上华开撕斗春。
　　细腰偏爱转，笑脸特宜嚬。

　第3句、第5句に関しては、この部分の影響が考えられる。特に第3句の「月」と「眉間」の繋がりについて、例えば大系では北周王褒「詠月贈人」の「初魄似蛾眉」などが挙げられているが、直接的な引用関係を考えれば、やはりここは『遊仙窟』を踏まえたとみるべきではないだろうか。

　以上の事柄を勘案すると、前掲の荊助仁の詩は、『遊仙窟』の表現を参照して詠まれたと考えられるのではないだろうか。作者である荊助仁は渡来人系の人物であり、多数の賦や楽府の語句を用いて詩作を行った可能性も捨てきれないが、当時、広く読まれた『遊仙窟』を詩作に利用したことも十分想定しうるのではないか。『遊仙窟』の伝来には諸説

---

〔1〕辰巳正明：『懐風藻全注釈』、笠間書院 (2012)。
〔2〕諸本の中には「洛浦」を「洛川」とするものもあるが、ここでは先述の江戸初期無刊記本に従った。

あるが、702 年に入唐し、数年後に帰国した際、山上憶良が持ち帰ったとする説が有力である。この詩が詠まれたのは大宝年間（701 〜 703）以降と考えられるため、時代的に見ても検討の余地はあるだろう。

　このように、『懐風藻』の出典研究において、『遊仙窟』など多様な文献の利用を、改めて想定しなおすことが必要であると考える。ほぼ同時代に編まれた『萬葉集』において『遊仙窟』が利用されていることを踏まえれば、その意義は明らかだろう。語釈レベルで『遊仙窟』を引用することは、これまでにも大系や全注釈などで既に試みられてきたが、『懐風藻』の詩作における『遊仙窟』の位置づけは未だ確立されていないように思われる。また『遊仙窟』の文体は文語を基調とするが、その中には白話（当時の俗語や俗諺）も使用されているため、白話と『懐風藻』の関連を探る上でも参照されるべき資料である。それは、当時の詩作のあり方を多角的に検証することに繋がるのではないだろうか。

4.『千字文』との比較検討を通して

　『懐風藻』については、従来検証されてこなかった資料との比較も今後重要となるだろう。例えば『千字文』は、書の手本として中国、日本の双方で広く用いられてきた。重複のない千字を 4 字で 1 句とし、250 句の韻文をなす『千字文』は、故事や古人の逸話を巧みに詠み込んでいることから、初学書としての面も持つ。近年の研究により、日本でも 7 世紀初めには、漢字を学ぶために盛んに利用されていたことが分かっている。このような背景を踏まえ、『懐風藻』においても『千字文』の利用を想定した研究がなされるべきであると考える。前掲の拙稿では注（115 頁）での言及にとどまったが、藤原宇合「五言。遊吉野川。一首。」(92) には『千字文』と同様の語句を利用したと考えられる箇所がある。

芝蕙蘭蓀澤	松柏桂椿岑	芝蕙蘭蓀の澤、松柏桂椿の岑。
野客初披薜	朝隠暨投簪	野客初めて薜を披り、朝隠暨く簪を投ぐ。
忘筌陸機海	飛繳張衡林	筌を忘る陸機が海、繳を飛ばす張衡が林。
清風入阮嘯	流水韵嵇琴	清風阮嘯に入り、流水嵇琴に韵く。
天高槎路遠	河廻桃源深	天高くして槎路遠く、河廻りて桃源深し。
山中明月夜	自得幽居心	山中明月の夜、自らに得たり幽居の心。

　この第 7 句・第 8 句について想定されるのが、『千字文』（第 230 句）「嵇琴阮嘯」の利用である。「嵇琴阮嘯」は管見の限り、『千字文』を除いては『懐風藻』に先行する資料に用例がない。第 8 句「嵇琴」は『晉書』（巻 49・列伝第 19・光逸伝）に「嵇琴絶響、阮氣徒存」とあるが、宇合の作品において「嵇琴」が「阮嘯」との対をなしていることを鑑みれば、『千字文』との関連を疑うのが自然だろう。このように『千字文』と同様の語句が『懐風藻』にも用いられていることは、『懐風藻』研究の視野を広げるという意味においても価値を有する。同時代の和歌集である『萬葉集』と『千字文』の関わりについては、奥村和美氏

の「『萬葉集』における『千字文』の利用」[1]に詳しく述べられている。奥村氏は「『千字文』をその注とあわせて、引用すべき原典の要約版のように使う、この利用の仕方は類書の利用に近い側面をもつ。（中略）『千字文』の語句は、それら原典の表現を巧みに縮約し佳字佳句としている点で上代人には大きな価値が存したと考えられる」としている。『懐風藻』における利用についても、このような観点を踏まえて検証を進める必要がある。

なお、『千字文』はその成り立ち自体が多くの謎をはらんでおり、その引用に関しては慎重に分析すべきである。仮に『千字文』の元となった資料が別にあり、現在では散逸している場合、そのいわば『千字文』の「親」にあたる資料や、「兄弟」にあたる資料から引用した可能性もある。宇合が上述の語句を『千字文』から直接引用したか否かに関しては、今後、更なる検証を進める必要がある。だが『懐風藻』において、他にも『千字文』と同様の語句を用いている部分が複数あることは注目に値する。その中には、他の漢籍にも見られる一般的な語、つまり『千字文』との関係性の有無が判断しづらいものも多いが、それらについても、『千字文』（あるいはそれに類する資料）との関連を検討していくべきである。いずれにせよ、漢籍の受容を広い範囲で想定することが重要だと考える。

5. むすび

以上、述べてきたように、『懐風藻』には白話の受容が確認できる。また、『懐風藻』の詩語の中には、『遊仙窟』や『千字文』に用例が見られるものもある。これらの成立や伝来に関しては未だ解明されていない部分もあり、すぐさま直接的な引用と断ずるべきではない。だがおそらく、『懐風藻』における作者たち、とりわけ留学生や僧侶など、実際に渡唐した経験を有する者たちが、我々がこれまで想定してきたよりも広い範囲から積極的に知識を吸収し、それを詩作に利用していた可能性は、十分に検討する余地がある。本研究には未だ不十分な部分も多いが、従来の『懐風藻』研究では参照されることの少なかった文献も調査範囲に含めた、視野の広い研究が必要である旨を申し述べたい。このように、『懐風藻』における白話等の受容について明らかにすることは、『懐風藻』そのものの位置づけを見直すことにも繋がる。そしてそれは『懐風藻』のみならず、上代から平安時代にかけての文学を再考するための一助となるはずである。

作者简介

　川上萌実，京都府立大学大学院博士后期课程在读，研究方向：日本文学、中国文学。

联系方式

　（E-mail）mengshi2027@yahoo.co.jp

（1）人間環境大学　歴史文化環境専攻・「藝」編集委員会、『藝　第一号』（人間環境大学人間環境学部紀要五）所収。

影の形に添うごとく
―「伊豆の踊子」試論 ―

于 华
（中国・青島大学）

1. 読者と研究者

　川端康成の「伊豆の踊子」（1926）は世界でも人気の衰えない作品と言えるだろう。市古貞次、長谷川泉など諸氏によって編集された『新編日本文学史（改訂新版）』の中には「伊豆の踊子」について「旅芸人と行をともにするなかでの哀歓を美しく描いた青春小説」[1]と一言の紹介文が書かれてある。しかし、「伊豆の踊子」は果たして「青春小説」と言えるのだろうか。

　今まで「伊豆の踊子」についての研究論文を調べてみると、中国側の研究視点を一応さておき、日本側の研究には、小説の性質にしてみれば、代表的なのは「精神浄化説」（瀬沼茂樹・『伊豆の踊子』― 成立について―」）、「家族亡霊説」（藤森重紀・「新解釈『伊豆の踊子』― 川端康成の文学的背景を探る―」）、「霊魂救済説」（鶴田欣也・「伊豆の踊子」）、「失恋婚約解消説」（長谷川泉・「伊豆の踊子」）などがある。諸説の傾向をみると、青春小説、ロマンチックな物語という主張より、むしろその反対であるかもしれない。関良一が論文「伊豆の踊子」の中で、「川端文学が反写実であることは常識だが、同時に反浪漫でもあるので、作者は抒情の抑制においてより高い抒情性を実現し得た。それが川端文学の方法の秘義であった。」[2]と表明した。

　本稿では、解決してみたい問題点は、主に次の三つに集中している。一、なぜ峠茶屋に長年中風に罹ったお爺さんの存在が必要なのか。二、別れの港で、倅夫婦に死なれて、遺児の三人孫を連れさせられて国の水戸へ帰るところの惨めなお婆さんを登場させる必要があるのか。三、生まれて一週間しか生きていなかった早産の赤ちゃんのこと、そして四十九日の法事についてのことは、目的地の下田に近づくにつれて、口にする回数も多くなってくる。何か特別の意味が含まれているのか。

2. 「死」の影

　では、なぜ先述のような惨めな場面や人物、即ち、中風のお爺さん、遺児になった三人の孫と倅夫婦に死なれたお婆さん、早産で一週間しか生きていなかった赤ちゃんを登場さ

---

〔1〕市古貞次、長谷川泉、他:『新編日本文学史改訂新版』、明治書院（1986）、p. 127。
〔2〕日本文学研究資料刊行会:『川端康成　日本文学研究叢書』、有精堂（1973）、p. 132。

せなければならないのだろうか。作者がそれらの暗さのある場面や人物を作品の中にちりばめる意図は何であろう。

考えてみれば、それらの青春の息吹にそぐわない場面や人物にまつわるものは「死」しか考えられない。お婆さんの倅夫婦も死んだし、また流産の赤ちゃんはもちろん、早産の赤ちゃんも死んでしまった。命の形態は、生老病死の過程である。中風のお爺さんが目に入ったとき、実は命の形態の全図が見えた。

林武志が昭和41年10月に行なった調査で、次のデータを示している。第一次『川端康成全集』の「掌の小説」（第12巻）を除いた124編を対象としたものである。（引用文の漢数字はアラビア数字に書きなおした。以下同じ。）

（1）冒頭5行（220字）以内に「死」と直接的に関連する言葉が記されている作品。（34編、約3割）

（2）（1）を15行（660字）以内とし、更に「死」と間接的に繋がる言葉が記されている作品。（50編、約4割）。

注：なお、（1）を10行（440字）以内とすると40編で、あまり比率に変化がない。[1]

そして、「死」と直接的に関連する言葉と間接的に繋がる言葉についても、註の中で具体的に説明してある。すなわち、「死」と直接的に関連する言葉とは、「死、死ぬ、死骸、死体」などで、「死」と間接的に繋がる言葉とは、「孤児、仏縁、病気、病室、『死者の書』、幽霊」などである[2]。

そういえば、「伊豆の踊子」における「死」の場面は川端文学の全体から見れば、特異な例ではなく、ごく普通の現象である。「伊豆の踊子」だけでなく、川端は文学を通して、「生」と「死」の問題を考えているはずである。そうでなければ、驚くべき数多くの「死」のイメージを作品の中に現わす必要はないだろう。たとえ「伊豆の踊子」を青春小説として読んでも、それらの「死」とつながっている場面を見落としてはならないと思う。そして、「死」を取りあげるのは文学の技巧ではなく、川端文学の特質として考える方が適当であろう。森安理文が川端文学を「滅びの文学」と称し、金采洙も川端文学における「死」の内在様式を検討した。

同じ第一次『川端康成全集』の「掌の小説」（第12巻）を除いた124編を対象とした林武志の調査には、次のデータもあった。

（1）冒頭ないし末尾に、主人公が乗物に乗っている場面が設定されている作品。（22編、約2割）

---

〔1〕林武志：『川端康成研究』、桜楓社（1976）、p. 21。
〔2〕同上、p. 35。

（2）冒頭ないし末尾に、副主人公的人物が乗物に乗っている場面、又は、主人公が船や汽車を見て特殊な感慨に耽るとか、駅での別れの場面が設定されている作品を（1）に加える。（33編、約3割）[1]

　こちらの比率の数も少なくない。乗物＝旅、「伊豆の踊子」の場合は船、つまり、作品の末尾に、踊り子と別れてから、船の中で「私は涙を出委せにしていた」（七）[2]。林武志が指摘したように、川端にとって、乗物は彼を運搬するものであると同時に、心の＜旅＞を象徴するものなのである[3]。旅につきものは「旅情」である。踊り子と巡り会っての伊豆の旅の「旅情」はすべてその「涙」の中に内包しているのであろう。

　旅とは何か。林武志の側面的な説明がある。「旅に出るとは総ての日常性からの脱出を意味し、習慣的日常関係から逃れることを意味している。即ち自由である。それ故、＜旅＞はその本質として目的地（到達点）を予定しない。もし、目的地が予定されているとすれば、既にそれは定められたレールの上のものでしかなく、そこには真の自由は存在しない」（傍点は原文のまま）[4]。そして、簡潔に定義して、「＜旅＞は、永遠の移動であって、その意義は過程にこそある」[5]と言った。「永遠の移動」はただ空間だけの移動ではなく、同時に時間の移動も伴っている。

　「旅芸人」は言うまでもなく、旅に繋がっている存在である。林武志はまた、川端の作品には＜乗物＞（＝旅）という共通のイメージの他に、更に挙げなければならないのは、＜芸人＞であるという指摘もしている。

　　　＜芸人＞は一方で＜旅＞に繋り、一方では＜死＞のイメージに繋っている。また、＜乗物＞は一方で＜旅＞に繋り、一方では自由や美しい夢に繋っている。しかも、川端の作品には、これらが同時的に不可分のものとして設定され語られている場合が多い。[6]

　「旅」は人生の過程であり、「死」は旅の終わりである。人生はあたかも「旅」のようである。「旅」、「芸人」、「死」それらのイメージが全部そろっている「伊豆の踊子」は、すでに川端文学の基調をなしていると言えるだろう。

　以上の考察から見れば、「死のイメージ」は川端の作品において、必然の要素となり、決して偶然の話題ではない。そこには作品のモチーフが存在している、ということも言え

---

〔1〕林武志：『川端康成研究』、桜楓社（1976）、p. 18。
〔2〕川端康成：『川端康成集』（新潮日本文学15）、新潮社（1968）、p. 591。本文引用は上と同じテキストによる。以下はページ数だけ注にする。
〔3〕同上、p. 19。
〔4〕同上、p. 22—23。
〔5〕同上、p. 23。
〔6〕同上、p. 22。

るだろう。では、「伊豆の踊子」における「死」はなぜ影のごとくずっと旅に添っているのか。作者は「死」を通して、何を語っているのか。次のところで、考えてみよう。

3. 異郷（異境）の旅

「川端は旅人と称され、その文学は旅人の文学とよばれている」[1]。「伊豆の踊子」は旅の物語で、川端の旅人の文学の一つであると言うことは疑えないだろう。ただし、この作品の世界は、日常生活から切り離された異郷の「旅」である。

「国境の長いトンネルを抜けると雪国であった。」という「雪国」の有名な冒頭の一文である。しばしば引用され、さまざまな論者の指摘にもあるように、「トンネル」の向こう側は日常性の世界（現実）と違った別世界（空想の世界・精神世界）になるのである。異世界（空想の世界）での旅は非現実世界への追求の実現である。その実現によって、非現実の世界が現実化されて、身近な世界になってくる。現実世界の空想を持ちながら、妖怪の世界に入り、そこで、妖怪たちと一緒に踊る。妖怪の世界は現実世界の延長になっている。だから、その意味において、実現された異世界の旅は現実性も帯びる世界になり、脱出された日常世界（現実世界）、「習慣的日常関係」の世界は、かえって遠ざかっていき、虚無のような世界の存在になってしまう。結局、現実の世界も空想の世界も一如になり、演じられるのはやはり人間世界のドラマである。どちら側の物語も「トンネル」の介在で、空間も時間も解消してしまい、いつでもどこでも上演できるドラマになるのである。「トンネル」を抜けると別に雪国でなくても、どこへも行けるし、「トンネル」の向こう側にある物語はいつの出来事でもかまわない。「トンネル」を境にして、両側の世界は常に対立しあいながら、逆転のできる世界になっている。

「トンネル」のそういう役割は、「雪国」という作品だけに使われているのではない。「伊豆の踊子」の中にもそういう役割を果たしている「トンネル」がある。「暗いトンネルに入ると、冷たい雫（しずく）がぽたぽた落ちていた。南伊豆への出口が前方に小さく明るんでいた」（一）（振り仮名は原文のまま）[2]。第一章最後の文言である。ただし、「伊豆の踊子」における空間の移動（転換）はここ「トンネル」一か所しかないというわけではない。「峠」や「雨宿り」や「茶屋」などが空間を転換させる目印になるという指摘もあるからである[3]。また、「峠」は「異郷の入口」であるという橘正典氏の説明もあるそうだ[4]。要するに、「峠」や「雨宿り」や「茶屋」などは「トンネル」と同じように、日常から非日常（異郷・異境）、或いは空想の世界へ移行する存在である。

また、「伊豆の踊子」においては、「トンネル」以外にも、空間の移動によって、異郷・異

---

〔1〕川端康成：『川端康成集』（新潮日本文学 15）、新潮社（1968）、p. 13。
〔2〕原善：「川端康成『伊豆の踊子』作品論集」、クレス出版（2001）、p. 314。
〔3〕同上、p. 313。
〔4〕同上、p. 250。

境における旅をしていることが分かる。小説の初めに主人公の「私」がすでに異郷での旅の途中にいるのである。そして、「私」だけでなく、芸人たちの一行もやはり異郷の旅をしているところである。旅芸人たちの故郷は甲斐の甲府であり、大島でさえただ長く住んでいた他郷である。「故郷」は「私」にとっても、芸人たちにとっても、逃れたい場所である。それぞれのわけはあるけれど。つまり、「伊豆の踊子」は異郷・異境での旅の物語で、異郷・異境での巡り合いの物語である。

4. 物語に織り込まれた物語

空間の移動によって、日常性から非日常の異郷（異境）への転換が実現させられる。そして、「トンネル」「峠」「雨宿り」「茶屋」などそれらの転換「装置」を通して、重層的な空間を形成させる。つまり、「峠」を越えて、「雨宿り」の「茶屋」に入る。「茶屋」の中には「別の部屋」と、中風を患って水死人のような爺さんと茶屋の婆さんの「居間」がある。

このように、重層的な空間の中で、物語は展開する。空間の重層構造と同じように、物語の中にもまた読者の想像に任せる無数の物語が織り込まれている。例えば、旅芸人の一行は「複雑な事情を抱えた＜家＞であった」[1]。物語に織り込まれた物語は読者の想像に任せる形で構成されているのである。とにかく、旅芸人たちの離散家族の物語は十分な想像空間を与えられているのである。前田角蔵が指摘したように、「『私』と出会った時の彼らは、すべて悲しい失意の中で生きていた」[2]。

甲府→下田→大島→下田、このように、旅芸人一行の離散家族の物語になるが、峠茶屋の居間にいる中風のお爺さん→早産で死んだ赤ちゃん→流行性感冒で三人も子供を残して死んだ夫婦、また、登場人物それぞれの年齢、というように同じ事項を連続的に考えれば、ドラマシリーズのように次から次へ物語が続いている。

とするならば、本稿では前述した解答してみたい主な三つの問題は一つ一つばらばらの問題として考えるより、むしろ繋がり合っている相関関係にある問題として考えた方がその解答が自然に出てくると思う。

5. 「生」と「死」の命題

繰り返しになるが、中風を患ったお爺さん→早産で死んだ赤ちゃん→流行性感冒で子供を三人も残して死んだ夫婦にまつわるものは「死」しか考えられない。峠茶屋のお爺さんについて論じれば、作者川端の原体験を避けては、どうしても通らない問題であると思う。関良一も「このような古怪な老爺が鮮やかに描かれているのは、ただごとでない。それは、おそらく、作者の原体験にかかわる彫像であったろう」と書いている。そして、

---

〔1〕原善：「川端康成『伊豆の踊子』作品論集」、クレス出版（2001）、p. 251。
〔2〕林武志：『川端康成研究』、桜楓社（1976）、p. 33。

この「水死人のように全身蒼ぶくれの爺さん」が目に入った時、川端の「十六歳の日記」に言及しない人は少なくない。林武志は次のように述べている。「祖父を素材にした作品ではないが、『伊豆の踊子』の中風病みの老人を描写した個所を例にとると明瞭である。あの部分には、『伊豆の踊子』全体に通う淡い調子とは異質なリアリティが存在する。『伊豆の踊子』にとってかなり唐突であり、異質である描写が如何なる必然性をもって挿入されなければならなかったのか。それは、明らかに祖父の＜死＞に繋がるイメージがそこに重なり合っているからである」[1]。

　周知のごとく、川端は数え年の十六歳で、唯一の肉親である祖父を亡くして、天涯の孤児となった。まだ成人になっていない間に、数度にもわたって、身の回りの肉親たちをすべて失う経験をしなければならなかった川端は、普通の人より、早めに「死」を凝視しなければならなかったし、自分に残されたこの孤独な人生に直面しなければならない。川端文学に一度や二度ではなく、いつも「死」に関連する言葉が出てくるのは理解されやすいことである。次にあげたものは林武志の「雪国」に対する論評だが、「伊豆の踊子」においても同じことが言えると思う。

　　　川端は、＜死＞と運命的なかかわりを持ちながら生きて来た人である。幼い日に次々と肉親を失い、十六歳（数え）で全くの孤児となった。そうした原体験を持つ人間は、死や死とつながるものに鋭敏な嗅覚を働かせぬわけがない。肉親の死によって、その生涯にわたる精神的負荷（孤児意識）が決定づけられたように、川端は死に直面すると何らかの覚悟を肌で感応するのではあるまいか。[2]（括弧内は原文のまま）

「早く死んだ父母の記憶を、私はなにも持つてゐない。夢に出て来る肉親も、私が十六の時まで生きてくれた祖父一人だけである」（「父の名」[3]）。この一人だけの祖父もとうとうこの地上から消えてゆくとき、川端は「十六歳の日記」を書いていた。祖父の記念にもなるし、祖父への愛情の確認でもある。

　川端の原体験に加えて、峠茶屋の居間にいる中風のお爺さん→早産で死んだ赤ちゃん→流行性感冒で三人も子供を残して死んだ夫婦、つまり、幼児―中年―老年、人生のどの段階でも、いつでも死に遭遇すること、死に遭遇されることがあるのである。生きていることは人生の常態で、実は死ぬことも人生の常態なので、生と死とは対極にあるものではなく、いつも相伴うものである。吉田精一は「川端康成の中世と幽玄」（『現代文学と古典』至文堂　1964）の中で、川端文学を捉える観点を次のように述べている。「生と死を一如に観じ、生のうちに常に死を見つめる点で、彼の思想はそもそもから、いちじるし

〔1〕林武志：『川端康成研究』、桜楓社（1976）、p. 176。
〔2〕川端康成：『川端康成全集（第七巻）』、新潮社（1981）、p. 273。
〔3〕林武志：『川端康成研究』、桜楓社（1976）、p. 204。

く中世的であり、仏教的である」[1]。川端作品における「死」は、現実の「死」だけではなく、文学の意味から考えれば、同時に象徴的な「死」でもあり、思想的な死でもある。

命の形態は生老病死、四苦八苦を伴うものである。だから、孤児であるかどうかに拘る必要がなく、孤児である人生の境遇とか内心にある感傷に対して、何一つの飾り気や誇張などをする必要もない。つまり、物を以て喜ばず、己れを以て悲しまずと言われるように、ごく自然に直面すれば、もっとも「世間尋常の意味」においての人生である。そこで、「私」は「孤児根性」の歪んだ性質から、解放された。『伊豆の踊子』は、だから、孤児根性の『快癒』または『清算』よりは、むしろ、孤児意識の再確認と再認識の深層化であったとするみかたのほうが、正しい」[2]（傍点は原文のまま）という藤森重紀の読み方には賛成したい。「雪国」は『愛』と『死』という命題が介在している」と言えたならば、「伊豆の踊子」は「生」と「死」の命題が介在していて、人生への観照であると言えるだろう。伊豆の旅は、すなわち人生の旅であり、命の本来の姿を凝視して、悟りに至る旅である。

参考文献

[1] 中村光夫. 〈論考〉川端康成 [M]. 東京:筑摩書房, 1978.

[2] 日本近代文学館. 日本近代文学大事典（第一卷）[M]. 東京:講談社, 1977.

[3] 川端康成. 川端康成全集（第七卷）[M]. 東京:新潮社, 1981.

[4] 林武志. 川端康成研究 [M]. 東京:桜楓社, 1976.

[5] 川端康成. 川端康成集 新潮日本文学 15[M]. 東京:新潮社, 1968.

[6] 原善. 川端康成「伊豆の踊子」作品論集 [M]. 東京:クレス出版, 2001.

[7] 鈴木伸一, 山田吉郎, 他. 川端康成作品論集成（第一卷）[M]. 東京:おうふう, 2009.

作者简介

于华, 青岛大学外语学院日语系教授, 研究方向: 日本近代文学、日本女性史、日本近代女性文学。

联系方式

（E-mail）yuhua@qdu.edu.cn

（1）原善:「川端康成『伊豆の踊子』作品論集」、クレス出版 (2001)、p. 52。
（2）林武志:『川端康成研究』、桜楓社 (1976)、p. 168。

阿力的精神错乱及自我意识的萌芽

——读樋口一叶的《浊流》

崔维兰　李媛媛
（中国·青岛大学）

作为明治维新（1868）的三大口号之一，明治初期政府积极推行"文明开化"，以期实现思想、文化、社会制度的近代化。但是，由于文化性质不同，近代的西洋文化很难融入封建传统文化之中。而且，对于大部分日本人来说，长期维系他们生活的传统文化比新传入的西洋文化更对生活有保障。在诸种文化交错并存时期，一部分人学习了西洋文化，内心萌发出与之前完全不同的自我意识：个体的独立意识。但是，在近代初期，这种意识萌芽却没有发展空间，即使是当时站在时代最前端的作家们也无力摆脱种种束缚。因此，越来越多的作家借助写作来抒发自己的迷茫和对现实的无力感，将自己的这种新生意志和对新生活的希望寄托于作品中。樋口一叶（1872—1896）就是众多作家中的一位。

1．樋口一叶

樋口一叶，原名樋口夏子，明治时期最重要的女作家之一。樋口一叶虽然没有受过高等教育，但她却凭借自己丰富的生活阅历和独特的文学视角以及优美的文字表达能力，在短暂的24年生涯中，留下了诸多深刻反映明治时期女性悲惨生活的作品。

樋口一叶从小酷爱读书。但是身为传统家庭主妇的母亲却坚信"女子无才便是德"，断然终止了她的学习生涯。与母亲相反，父亲极力支持一叶继续学习，不仅平时给她搜集学习资料，还将其送到私塾"萩之舍"学习和歌。当时，一叶的生活虽然不如上流社会那般奢华，却也衣食无忧。但好景不长，父亲经商失败，外债累累，长兄因病去世，二哥放浪不羁，支撑不起家业。无奈，一叶成为一家之主，担负起照顾母亲、妹妹和偿还外债的重任。1893年，一叶一度弃文从商，在东京下谷的龙泉寺町开了一间杂货铺。然而因资金不足及生意冷清等原因，不久杂货铺倒闭。1894年，一叶返回丸山福山町，应邀为一些私娼艺妓代写书信等。这两年生活于社会下层的经历让樋口一叶对下层民众，特别是生活于花柳街的艺妓的困苦艰难有了更为深刻的认识，同时也对社会下层贫苦人民的命运产生了深切同情。基于这两年的经历，一叶逐步摒弃以前辞藻华丽的写作风格，采用简单朴实的语言，力求真实地表现下层社会的困苦，创作出《浊流》（1985）、《十三夜》（1985）等名作。因此，"明治二十七（1894）年至明治二十八（1895）年被称为一叶的'奇迹般的时期'"[1]。

---

〔1〕和田芳惠：『一葉の日記』，東京日本図書中心1993年版，第156页。本文中引文的中译均由笔者翻译，以下不另做说明。

2．阿力自我意识的萌芽

《浊流》于1895年发表在杂志《文艺俱乐部》第9期上,可以说它是樋口一叶最富现实主义色彩,并深刻反映娼妓残酷现实生活的一篇作品。女主人公阿力自小生活贫困,为了生存,卖身于铭酒屋[1]"菊之井",成为私家酒屋的招牌陪酒女,生存在社会的最底层。 但是,"阿力是不像娼妓的娼妓"[2],她虽然与其他娼妓一样靠出卖肉体维生,但她"既不说讨客人欢喜的话也不献殷勤,只一味我行我素由着性子行事"[3],并没有在这种糜烂的生活中迷失自我,也没有在现实中沉沦。她厌恶自己娼妓的身份,讨厌娼妓的生活,可为了生存她又不得不强作欢颜。无奈,她只能酗酒,靠酒精麻醉自己的神经,模糊自己的意识,从事娼妓工作。正如店里的姊妹们所说,"阿力能在这儿撑着干活,全仗这点酒力呢"[4]。另一方面,阿力渴望一份真挚的爱情和普通人的正常生活。"真想做一个好人,拥有一个家庭,哪怕再贫穷我也乐意!"[5]但她也明白"这些对于我来说却是一种奢望……"[6]因为"做工的男子害怕雇主,有父母的男子畏惧双亲,嫌弃我。我也不必追着拉着不放,没缘分就算了"[7]。所以,阿力"相识的人是不少,可惜能托付终生的却找不到"[8]。阿力所持有的这种对爱情和家庭生活的思考,对人生的追求,同时对自己所处生活的认识,不正是她自我意识的朦胧觉醒吗?

可是从当时世人对于私娼的态度、政府对于私娼的制度和阿力内心因身为私娼而产生的自卑程度而言,这并不算什么远大理想的想法都只不过是她的奢求。虽然阿力的这种自我主体意识朦朦胧胧,但它却是阿力在这她厌恶的世界中生存下去的动力。但是,也正因为有这一丝的期盼,阿力备受折磨。在大部分人眼里,阿力倔强、洒脱,行事任性妄为,活得自由自在,虽然被社会和贫困剥夺了生活的自由和身体的自由,但是在"菊之井"这个世人眼中的魔窟中依然如鱼得水。但是只有她自己深知她内心的痛苦。与其他没有自我主张、一心只为生存而奋斗的娼妓相比,拥有自己的思考的阿力是痛苦的,至少同在"菊之井"讨生活的阿高能够"头一挨枕头就鼾声如雷"[9],而阿力"不管多么劳累,只要一躺下来,头脑反而越来越清醒,翻来覆去难以入睡"[10],甚至"多少夜晚都泪湿枕巾"[11]。日积月累,虽然这种自我意识不是特别清晰,但这并不影响阿力那摆脱现实生活、脱离苦海的愿望的增强。但是这种愿望对阿力来说,终究只是一种奢望。终于,苦苦挣扎的阿力再也支撑不住,出现了行为失常,精神错乱的迹象。

---

〔1〕铭酒屋:表面为酒馆,暗中安排私娼卖淫的店。明治中期以后,以东京为中心流行起来。
〔2〕前田愛、長谷川泉:『日本文学新史〈近代〉』,至文堂1990年版,第122页。
〔3〕樋口一葉:「にごりえ」,『現代文学大系3 幸田露伴樋口一葉集』,筑摩書房1966年版。
〔4〕同上。
〔5〕同上。
〔6〕同上。
〔7〕同上。
〔8〕同上。
〔9〕同上,第387页。
〔10〕同上。
〔11〕同上。

3. 阿力的精神错乱行为

盂兰盆节的夜晚，当阿力如平常般在"菊之井"陪伴客人时，她应邀弹唱的歌唤起了内心挤压的沉闷和理想。酒肆里的喧闹不但抚慰不了她的孤单，反而使内心的孤苦愈加激烈，她再也骗不过自己了，于是放下乐器、抛下客人，简单地交代了几句话后，便"急匆匆地下楼，消失在斜对面胡同的暮色之中"[1]。

阿力就这样一溜烟地出了门，但是她却不知道自己应该去哪，"要是有路的话，唐土（中国）也罢，天竺（印度）也罢，哪怕是天边，她都想去"[2]，只要内心挤压的烦躁能够消散。但她却找不到这样的路，也不知道"怎样才能走到一个没有人声、没有响动、静悄悄、静悄悄的地方？"[3]别人眼中的阿力是光鲜艳丽、率性而为的，但实际上，阿力是痛苦忧伤的，她的"心是空的，什么也不用想。每天百无聊赖，浑浑噩噩，伤心愁苦，无依无靠"[4]。她不知道"这样的日子哪一天是个头"[5]，也不想"一辈子就这样过"，但她却找不到摆脱这一切的途径。当"她停下来，暂时出神地靠在路边树上时，不知从哪儿传来了自己的歌声'奴的相思好比溪上独木桥，过着害怕，不过又见不到心上人'"[6]。

明治二十年（1887），虽说日本已经步入近代化的门槛，但是作为社会最下层人的居住区是很难有公放音乐的。所以，当时阿力听到的歌声只能是她自己发出的声音，抑或是她产生了幻听，可阿力却觉得来自他处。此时阿力的精神已不似正常人。

"阿力走出黑暗的胡同，在热闹的小路上信步走着。路上行人的面孔看起来那么小，擦肩而过的脸面都像是从极遥远的地方望见的。自己脚下的土地似乎高起一丈，熙熙攘攘的人声就在耳边，听起来却如同井底抛物，人声归人声，心声归心声，两者互不干涉。再也没有东西能够吸引她的注意力，哪怕是路边吵架的夫妻，她也视而不见，无动于衷，仿佛只身走在冬天萧瑟的旷野中。只感觉血液一个劲地往头上冲，心神恍惚。"[7]比之前更甚，此时阿力的精神状况更为异常，她已置身于一个与现实毫无联系的世界，与人世完全隔开。

"精神错乱"通常用来描述人们的精神病症。其实许多人都会出现上述如阿力一般的状况，尤其是当外界给予的超过自身的承受能力、导致身心俱疲的时候，为了调整或多或少紊乱的精神状态，每个人都会采取适合自己的方式减压。而阿力所采取的方式是将自己暂时与世事隔离，调整自我和超我之间的平衡。可是当自我和超我之间无法寻求平衡时，一直在这两者之间苦苦挣扎的人的意识就会陷入混沌，一直处于紧绷状态的人的精神底线刹那间崩断，最终导致其走向极端。

作品《浊流》中确实存在许多耐人寻味的问题。阿力的死就是其中一个最不容被忽视的

---

〔1〕樋口一葉：「にごりえ」，『現代文学大系3 幸田露伴樋口一葉集』，筑摩書房1966年版，第391页。
〔2〕同上。
〔3〕同上。
〔4〕同上。
〔5〕同上。
〔6〕同上。
〔7〕同上，第392页。

问题。对于这一问题，人们总是仁者见仁，智者见智。有人猜测是与情人源七殉情，有人猜测是被他人所杀，抑或是自杀。

前文已经提到，阿力的精神出现异常，并且有逐步加重的趋势。而且，在溪上独木桥上，她也表明了自己的意志："虽然过独木桥我很恐惧，但是必须过……"[1]明治时期，虽然私娼公娼并存，但是与合法化的公娼相比，私娼不仅受到政府的打压和抑制，还受到世人的鄙视，她们被人为地归分为社会的最底层，受到"非人"的待遇。如"白鬼"般"站在'无间地狱'的门口，花言巧语地欺骗世人"[2]。所以像阿力这种私娼的最好归宿是嫁与他人为妻为妾，步入当时普通妇女的生活轨道。可是这对于阿力来说也是难以实现的。她想过"溪上独木桥"，打破社会对于女性的传统定位，摆脱受歧视、受压迫的命运，但是她却找不到实现的途径。在社会还没有提供其他途径的前提下，对于阿力这种寻求自我解放的贫弱女性，"死"似乎是唯一可行的途径。在现代人的眼中，死似乎是一种消极的态度。但对被剥夺所有自由的阿力而言，死是一种彻底的解脱，是摆脱现实，实现自我的唯一途径。正是她作为女性的自我意识的觉醒，才唤起的其对自由、对新生活的渴求与向往。至少通过这种方式，她摆脱了自己一直厌恶的身份，一定程度上得到了身体和思想的自由。所以，与其说阿力是选择了"死"的世界，倒不如说她是追求有充实感和自我的"生"的世界。因此，生是生命的开始，死未必是生命的中止。它恰恰是旧生活的终结，新生活的开始。只不过阿力这一"生"的世界展现得太惨烈、太悲剧了。

4．精神错乱背后的故事

无论是明治时期社会对女性的压迫，还是"菊之井"这个阿力卖身的社会底层的人间地狱，抑或是阿力自幼生活的家贫环境，都是导致阿力出现异常的主要原因。

4.1 明治时期女性所受的压迫

随着明治维新运动的推行，日本政府实行"殖产兴业"以期实现产业近代化。虽然以轻工业为主的产业革命使得一部分日本女性在一定程度上有了经济来源，但是对大部分女性而言，无论是一般社会女性还是上流社会的女性，她们大多没有劳动能力，没有经济来源。为了生存，女性未嫁从父，既嫁从夫，夫死从子，被迫依赖于男性。久而久之，她们成为男性的附属物——"贤妻良母"是她们的定位和目标，相夫教子是她们的职责。为了更好地实现这一目标，社会非但没有提供给女性与男性相当的立身处世的机会和途径，反而设定了更多的规则和法律条款将女性牢牢束缚在家庭中。虽然自古以来男子三妻四妾、整天流连于花街柳巷已是平常之事，但是社会对于女子的贞操却极为重视，要求女性从一而终，终生只侍一夫。以婚姻为例，大多数女性不可能凭借自己的意志选择结婚对象，她们只能处于被选择、被安排的位置，成为家族谋取利益的工具。

---

〔1〕樋口一葉：「にごりえ」，『現代文学大系3 幸田露伴樋口一葉集』，筑摩書房1966年版，第392页。
〔2〕同上，第390页。

基于以上社会对普通女性的要求,对于被人为划分为社会最底层的阿力来说,想要脱离自己的社会阶层,成为一位普通的社会女性,几乎是一件"难于上青天"的事。

另一方面,阿力的私娼身份也是她不可逾越的阻力。由于西方先进思想,特别是西方人权思想与日本的娼妓制度相悖,主张学习西方的先进之士的废娼主张时有出现。明治政府为了实现"文明开化"、顺应时世,颁布《娼妓解放令》(1872),允许一部分公娼脱离娼妓身份。但这仅限于公娼领域。作为私娼,阿力她们被隔离在废娼运动和社会制度之外。世人眼中,她们是如同"白鬼""恶魔"一样的存在。但是世人却忽略了,正是社会的不公平待遇和现实生活的贫困才使得她们堕入"菊之井"这般如同地狱的地方,造就了所谓的"恶魔"。打扮得花枝招展、站在地狱门口招揽客人的阿力之流又何尝不是每日生活在地狱中,承受那炼狱般的折磨呢?长期生活在这样的环境中,即使阿力有酒精的麻醉,她的内心也是痛苦和悲伤的。

4.2 家庭环境的影响

综观阿力的一生,不难发现,幼年时期所经历的贫困生活及无助和其所背负的家庭宿命的双重影响是导致她精神错乱的根源。

4.2.1 幼年经历过"神经错乱"

阿力第一次感觉自己"精神错乱是在她7岁的时候"[1]。寒冷的冬天,阿力兴高采烈地拿着家中仅有的钱去米店买米。"回家的路上因为衣着单薄寒气逼人,手脚都冻僵了。"[2]在路过一个阴沟板时阿力不小心脚底踩滑跌倒了,白白的米粒顺着残缺的阴沟板裂隙全都滑进了污水里。想到无论怎么努力都捞不起来的米粒,阿力伤心而惶恐地坐在地上哭泣,看着来来往往的行人,希望他们能帮助自己。大街上,过往的行人络绎不绝,却无一人停下脚步询问、帮助阿力。过往行人所表现出的冷漠就如这寒冷刺骨的冬天一般冻僵了她的身体,麻痹了她的神经,将其导向异常的边缘。

7岁的孩子本该如纸一般纯净,如含苞待放的花朵一般天真、活泼,对社会充满好奇。可是当时的阿力却因为贫困的生活和经历人类冷漠的一面而走向"神经错乱"。或许在阿力看来,7岁的她就如那掉进阴沟中的米,受污渍的侵蚀,渐渐失去原有的洁白。即使捞起来用清水冲洗,也不再洁净如初。生活在社会这个大染缸中,幼小的阿力虽努力地抗争,力求如荷花般出淤泥而不染,终有一天能返璞归真,可她却走不出这厌恶之极的污浊之世。

想到自己的这段经历,看着楼下自己内心真正喜欢却无法在一起的情人源七的孩子太吉时,想起平时这孩子对自己的态度和所流露出的憎恨,阿力内心翻江倒海,五味杂陈。她似乎看到了幼时的自己,一个渐渐失去原有的纯真,被生活教会憎恶,一步步脱离正常生活轨迹的自己。

---

〔1〕樋口一葉:「にごりえ」,『現代文学大系3 幸田露伴樋口一葉集』,筑摩書房1966年版,第394頁。
〔2〕同上。

4.2.2 "精神错乱"的家族宿命

当阿力向自己的常客结城朝之助坦白自己的身世时,她曾说自己的"精神错乱是家族三代遗传"[1],是无法改变的宿命。她父亲是一个手艺人,祖父是知识分子,两人均期望能有一番作为。可是因为"精神状况如自己般不正常,写了无益于世的文章",加之出身低贱、生活贫困,没有得到世人的认可,最终无闻而终。阿力认为自己也是如此。其实通读作品我们不难发现,阿力所认为的"三代均不得立身成名"只不过是她无力改变现实的宿命感。

阿力渴望摆脱她厌恶的现世和被众人唾弃的"非人"的身份,渴望一份平常的爱情。所以虽然恐惧,但是她下定决心必须过"溪上独木桥"。只要能摆脱这命运的摆布、无穷无尽的悲哀,即便独木桥的那边如这黑夜般暗无星光,哪怕是一条死亡之路,也必须过。可是,她也深知,在强大的残酷的社会现实和重重阻碍面前,她终将如父亲、祖父般从独木桥上跌落,最终志不得舒,走向终结生命之路。

5. 阿力形象之我见

在"菊之井"的阿力,背负着三代人的怨恨,形成她倔强、刚烈与任性的性格,在她敏锐的女性的自我意识里,唯有"独木桥"可走,孤独无助且无处可逃。当这种朦胧的自我意识与强大的社会现实相遇时,她就预料到了自己的将来。"像我这种人想发迹又有什么用?顶多配做人家的姨太太罢了,哪敢奢望当少奶奶呢?"[2]希望破灭后的阿力,曾几度出现精神错乱,最终在走投无路之时以死了结一切。阿力的命运,揭示了生活在明治初期社会底层的女性深受根深蒂固的封建思想与新兴的资本主义思想的双重折磨,孤立无援的生存状态。在追求自我独立与反抗的道路中,由于找不到实现理想的路途,阿力绝望地道出:"难道这就是我的一生吗?我的一生就是这样的吗?"[3]这又何尝不是追求女性自我独立与解放的广大女性同胞的质问?

从对《浊流》的女主人公阿力形象的分析中不难看出,通过樋口一叶的笔触所反映的女性问题,不仅仅是身为女人的性别问题,更是为人的社会问题。正是封建思想、社会等级制度的束缚和压迫,剥夺了女性特别是有自我意识萌芽的女性作为"人"的尊严,使她们或为"奴"或为"妓",将她们一步步逼上不幸甚至死亡的道路。这或许就是樋口一叶未定稿时采用《精神错乱》和《遗传》,定稿时却将作品命名为《浊流》的原因。在《浊流》这部作品中,"精神错乱"是主人公阿力在自我意识和众多阻力的双重作用下出现的精神症状,"遗传"是阿力认为自己精神异常的一个原因。由此推测,无论是作为原因的"遗传",还是作为结果的"精神错乱",它们只是针对阿力这个力量单薄又独具特殊意义的社会个体而言的,然而推而广之,就当时明治社会处于社会最底层的妇女——私娼而言,阿力只是千千万万细流汇聚成的"浊流"的一个意义上的分支。这或许就是樋口一叶所要表达的社会问题所在。

---

〔1〕樋口一葉:「にごりえ」,『現代文学大系 3 幸田露伴樋口一葉集』,筑摩書房 1966 年版,第 395 页。
〔2〕同上。
〔3〕同上,第 392 页。

参考文献

[1] 渡辺澄子．日本近代女性文学論—闇を拓く［M］．京都：世界思想社，1998．

[2] 和田芳恵．一葉誕生［M］．東京：日本図書センター，1993．

[3] 前田愛，長谷川泉．日本文学新史　近代［M］．東京：至文堂，1990．

[4] 樋口一葉．にごりえ［M］// 現代文学大系 3 幸田露伴樋口一葉集．東京：株式会社筑摩書房，1966．

作者简介

崔维兰，青岛大学研究生院外语学院 2014 级研究生，研究方向：日本文学。

李媛媛，青岛大学研究生院外语学院 2014 级研究生，研究方向：日本社会。

联系方式

崔维兰（E-mail）1520112280@qq.com

李媛媛（E-mail）351189901@qq.com

村上春树作品中"我和少女"的人物关系分析

吴芙阳

（中国·西安外国语大学）

本文通过对村上春树的 13 部长篇小说进行分析，发现村上春树作品中的恋爱关系多为身心分离的肉欲爱情关系。但是近年来的作品呈现出主人公对身心合一爱情关系的不懈追求，以及主人公在追求的过程中，获得心灵成长的特点。在主人公的诸多男女恋爱关系中，尤其是"我与少女"这一对人物关系比较特殊，本文将着重分析解读。

首先，根据柴田阳弘提出日本人喜好的爱情观属于司汤达谱系[1]，本文参照司汤达在《恋爱论》中对恋爱类型的分类对村上作品进行分类。

司汤达在《恋爱论》一书中将恋爱分成四种类型，分别为热情型即眼中只有彼此的爱情，如《舞！舞！舞！》中狄克与雨，《国境以南太阳以西》中"我"与岛本，等等；趣味型即矜持的坚守将绝大多数激情和热爱拒之门外的爱情，如《一九七三的弹子球》中鼠与女友，《没有色彩的多崎作和他的巡礼之年》中多崎作与黑和白，《国境以南太阳以西》中"我"与泉，等等；肉体型即肉欲享受的爱情，如《舞！舞！舞！》中"我"与应召女郎，《国境以南太阳以西》中"我"与泉的表姐，等等；虚荣型即相爱只是为了伪装矫饰内心阴暗或填补心理空虚的爱情，如《寻羊冒险记》中"我"与耳膜女友和妻子，《挪威的森林》中渡边与玲子，等等。

其次由于时代的差异以及村上春树作品中恋爱关系的多样性，笔者在司汤达的基础之上增加了交流型，即恋爱双方通过在不断的交流沟通中走入对方的心灵，达到身心合一的爱情，是一种高质量的爱情关系，如《1Q84》中天吾与青豆，《没有色彩的多崎作和他的巡年之礼》中多崎作与沙罗等。

在对作品的分类过程中，笔者在三部作品中，发现了具有一定相似度的人物男女人物关系，即"我"与少女，分别是《舞！舞！舞！》中的"我"与雪，《奇鸟行状录》中的笠原 May，《1Q84》中的天吾与深绘里。这一对男女人物关系不能用固有的恋爱关系进行分类解读。因此笔者将对这一人物关系进行详细分析。

1．村上作品中的"我"与少女

根据对村上作品中恋爱关系的归类，绘制村上作品中恋爱关系的数量变化图。

---

[1] 柴田阳弘：『恋の研究』，庆应义塾大学出版 2005 年版，第 47 页。

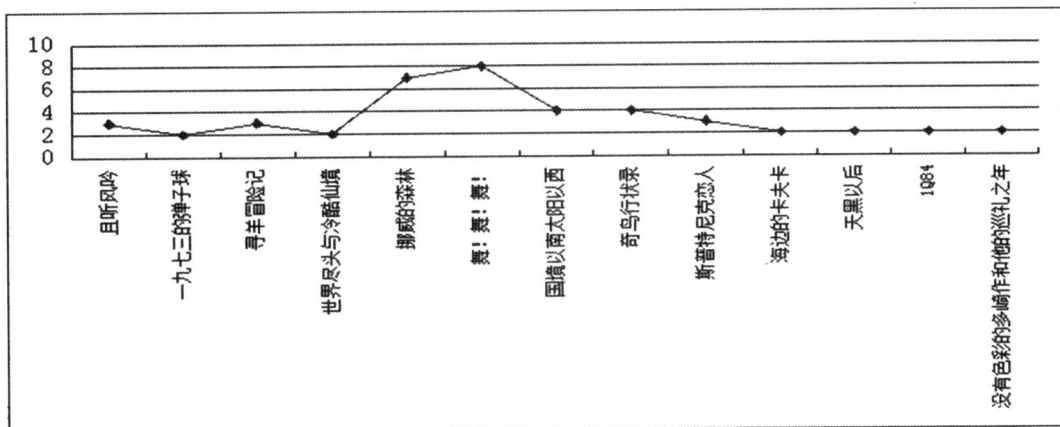

图1

在根据图1绘制村上作品中高质量恋爱关系的数量变化图。村上春树通过对"灵""肉"的分别结构说明了他小说中的关键词——虚无爱情[1]。《舞！舞！舞！》《1Q84》等作品中描述到主人公最后寻找到的满意的爱情时，常常说到这种爱情的现实性，实实在在。因此我们把身心合一的爱情归类为高质量的恋爱关系。反之则为低质量的恋爱关系，体现为热情型和交流型的恋爱关系。

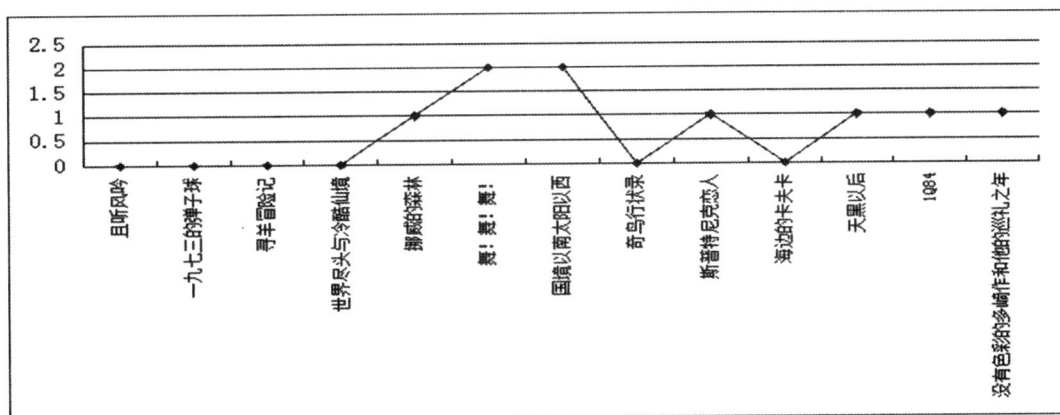

图2

从图2可以看出，早期村上作品中恋爱质量比较低，中期出现了一些波折的摸索，现在已经呈现出平稳的趋势。把图表1和图表2合成一张图表，可以看出村上作品中恋爱数量与恋爱质量的关系。

---

[1]郭芳丽:《解构"灵肉合一"书写爱情虚无——对〈百分百女孩〉和〈僵尸〉的解读》,《电影评介》2010年第20期。

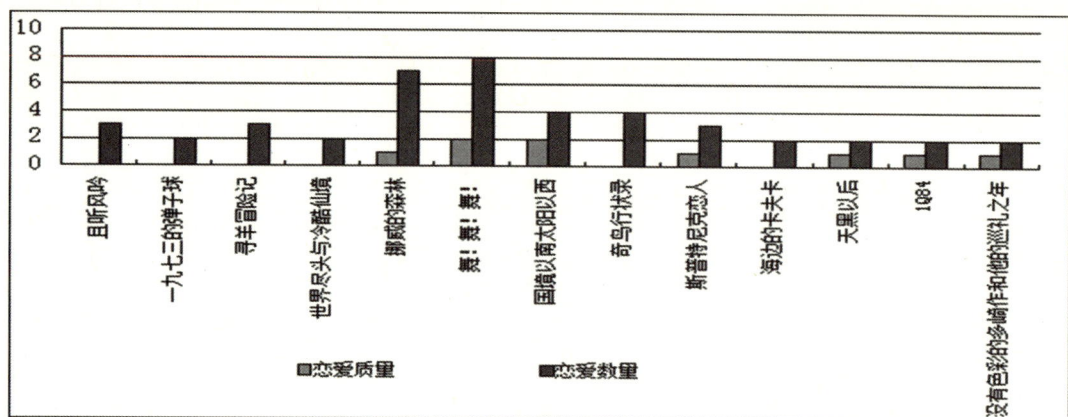

图3

从图3可以看出：现在村上作品中不论是恋爱关系的数量还是恋爱关系的质量都保持着较为稳定的趋势，表现为恋爱关系少且恋爱质量高。这与村上在采访中说的"「孤絶」超え　理想主義へ"[1]的主题不谋而合。

在充满肉欲的男女关系的村上作品中，从中期开始有三部作品都出现了一组"我与少女"的男女人物关系：《舞！舞！舞！》中的"我"与雪；《奇鸟行状录》中的笠原May，《1Q84》中的天吾与深绘里。"我"与少女这一特殊的男女关系在作品中分别有着一定的具体含义和意义，值得分析研究。

2."我"与少女"雪"——《舞！舞！舞！》

对于"雪"，"我"既是朋友，又是父亲一样的存在。所以"我"可以看到13岁"雪"一个孩子的美好。"我"对"雪"除了人对美好事物自然而然流露出的"情愫"，也掺杂着对"雪"境遇的"同情"。

"雪"不仅是单纯、善良的代表，她还是正义的化身，象征着病态社会中的清醒者和反抗者。她批判"我"跟一个应招妓女发生性关系。在她身上有灵性和令人惊讶的直觉，她有看到别人看不到的东西的能力，道出"五反田"是所有案件的真凶。

"雪"在作品中与"我"的最后一幕，村上春树暗示"雪"要长大。但是"我"认为长大就是世俗化。村上又说道，"任何东西迟早都要消失，(中略)这是没有办法的事情，只管随波逐流，想也无济于事"[2]。因此，"我"在夏威夷发现的第六具白骨，可能是"我"自己，可能是"雪"，也可能是活着的任何人。

---

〔1〕村上春树：『「孤絶」超え　理想主義へ』，『毎日新聞』2014年11月3日。
〔2〕村上春树著，林少华译：《舞！舞！舞！》，上海译文出版社2007年版，第414页。

3．"我"与少女——《奇鸟行状录》

"我"找妻子的猫让"我"遇见了笠原 May，后来笠原 May 又帮助"我"寻找妻子的去向。"我"在初次见到笠原 May 是有性方面的联想的，看到笠原 May 莞尔一笑时，耳边突然响起了电话应招女郎那具有挑逗性的"摸一下"的画外音。

"我"让笠原 May 称自己为"拧发条鸟"，意为每天早上在树上吱吱吱地拧世界上的发条。"我"解释拧发条鸟的意思是："一点一点拧世界发条，如果它不拧发条，世界就不动了。但这点谁也不晓得。世上所有的人都以为一座远为堂皇和复杂的巨大装置在稳稳驱动世界。其实不然，而是拧发条鸟飞到各个地方，每到一处就一点点拧动小发条来驱动世界。"[1]笠原May 在作品中一直称"我"为拧发条鸟，笔者认为村上春树强调的是在笠原 May 心中，"我"就是拧发条鸟，认为"我"可以驱动世界推进人生。两个人的交往中笠原 May 也是如此不断启发着"我"，让"我"找回了正常的生活。

4．"我"与少女"深绘里"——《1Q84》

深绘里第二次见天吾，村上一直强调着深绘里一路上紧握天吾的手不放。我们都知道，天吾与青豆相恋的契机正是二十年前互相紧握双手。随后，天吾也是在跟深绘里的相处中渐渐意识到自己深爱着二十年前那个大力握住自己手的青豆。天吾在跟深绘里性交时，意识中却是跟青豆性交，并且青豆也在现实中通过这次意识性交怀上了天吾的孩子。因此在《1Q84》中，深绘里就是天吾与青豆的连接者。

深绘里更像一个在善恶对错模糊化的世界里，一个绝对正确的存在。但是这次，村上春树作品中少女所代表的善和正确，都显得比前几部成熟、复杂很多。这应该是因为少女所面对的不仅仅是人与人之间的关系的问题，而是面对社会庞大体系中，更加深刻、更加沉重的课题。

5．结　语

通过分析以上三部作品，我们可以总结出"我"和少女这一对人物关系，在村上作品中的形象其实有规可循。

首先，"我"与少女初次见面，都产生了男性对异性的赞美与爱慕之情。虽然三部作品中"我"和三位少女均未发生实质精神恋爱，但是确实存在一种说不清道不明的依恋。而"我"和少女最后关系的落点处无一不是"我"找到了爱情和爱人，预示着"我"与少女的离别。

其次，"我"与少女之间的相处模式，"我"既像少女的监护人，又像少女的知心朋友。而少女年纪虽比"我"小，经常扮演的却是像"我"的指引者和启发者的角色。三部作品中少女都代表着一种绝对的"真善美"，是这个世界的"初心"。"我"通过少女的指引和启发，开始发

---

〔1〕村上春树著、林少华译：《奇鸟行状录》，上海译文出版社 2009 年版，第 351 页。

现成长过程中日积月累丢失的东西，一步步去发现并接近自己的"初心"。

　　本文着重分析了《舞！舞！舞！》《奇鸟行状录》《1Q84》这三部作品中"我和少女"这一组人物关系。　三部作品中的"我"的实际年龄大约为 30 岁，但是"我"的形象却表现出了明显的未成熟小男孩的特征，在恋爱中也有些许的恋母情结。少女的出现，一定意义上也是让"我"意识到责任，保护关心他人，成为一个实际年龄与内心年龄相符，敢于承担责任的男人。因此三部作品中的结局都是"我"寻找到了自己认可的爱情关系。

参考文献

[1] 村上春树．舞！舞！舞！[M]．林少华，译．上海：上海译文出版社，2007．

[2] 村上春树．奇鸟行状录 [M]．林少华，译．上海：上海译文出版社，2009．

[3] 村上春树．1Q84[M]．施小伟，译．海口：南海出版社，2010．

[4] スタンダール．恋愛論 [M]．大岡昇平，訳．東京：新潮出版社，1970．

作者简介

　　吴芙阳，西安外国语大学研究生，研究方向：日语语言文学。

联系方式

　　（E-mail）wufuyang5@163.com

江户时代《叶隐》被禁始末

张秀莹

（中国·大连外国语大学）

　　《叶隐》因其开头的一句"武士道就是凝视死亡之道"而尽人皆知，也因此被视为日本武士道的经典。该书成书于 1716 年，由佐贺藩（原肥前锅岛藩）原武士山本常朝花费约七年时间口述，其弟子田代阵基笔录完成，也被称为《叶隐闻书》。明治时代以后，更被称为《锅岛论语》《肥前论语》《叶隐论语》。该书问世至今已近 300 年，期间流传过程辗转曲折，迷雾重重。尤其成书之后的 150 年间，更是并未得到真正流传，甚至一度被禁。如此重要的一本书，为何会经历如此命运呢？

　　在《叶隐》的跋中，曾写有「この始終十一巻は追って火中すべし。世上の批判、諸士の邪正、推量、風俗等にて、只自分の後学に覚え居られ候を、噺の儘に書き付け候へば、他見の末にては遺恨悪事にもなるべく候間、堅く火中仕るべき由、返す返す御申し候なり」，意即"此书十一卷应该烧毁。书中涉及众多时事批判，讲到众人的邪恶丑陋，也不免有一些主观推量以及风俗习惯等，为避免引起误会及他人忌恨，严禁将此书示于外人"，这是山本常朝当初对弟子的殷殷嘱托，也被视为《叶隐》一直秘而不传的原因。而笔者认为山本常朝的嘱托背后除了害怕引起他藩误会和忌恨的担心之外，还包含着对时势的洞悉以及对本书不合时宜的省察。本论文将结合江户时期的时代背景，以《叶隐》的主要内容为切入点，力求从政治、经济及意识形态的角度分析并阐明《叶隐》被禁的原因。

1．地方分权主义思想与封建中央集权体制的冲突

　　《叶隐》成书之时，关原之战已经过去 110 年，距江户时代初期最后的战乱——岛原之战也有七十几年，时局相对稳定。1603 年幕府统治建立以来，进行了一系列的改革，建立了封建中央集权的政治和经济体制。在政治上，第三代将军德川家光时期的锁国政策，已经彻底断绝了日本与外界的联系。为了巩固封建统治，又制定了颇具特色的"参觐交代"制度[1]。大名一部分时间待在自己的领地，但是必须定期返回江户亲自辅佐幕府将军。他们要在首都拥有一处名望不错的住所必然需要大量的开支。同时，参觐途中所产生的旅费也不容小视，来回也会浪费不少时间。参觐既限制了大名的财力，又"剥削"了他们大量的时间和精力。对于这样的参觐交代制度，学界普遍认为，这是幕府削弱诸侯势力的一种策略。

　　在经济上，随着中世时代的结束，庄园经济也告瓦解。商品经济的形成和发展，使城市生活费用不断增加，幕府、大名、武士的礼仪和服饰以及娱乐享受日益繁缛奢侈。有资料表明，1617 年，日本第一花柳街在日本桥附近建立，并得到幕府公认。后来迁至浅草附近，据

---

〔1〕该制度最早见于明文规定的，是宽永十二年（1635）修订的《武家诸法度》："大名小名，在国、江户交替相定。每岁夏四月中参觐。"（菊池骏助：『德川禁令考』前集三，司法省 1978—1882 年版。）

说有 3000 多名获特许的妓女分布于 200 多个住宅区。武士享乐成风,幕府财政渐渐陷入困难。尤其《叶隐》成书的宝永七年(1710)到亨保元年(1716)间,天下诸侯无论在政治上还是经济上都已陷入闭塞状态,在这种环境下,锅岛藩也出现了世风日下、上下左右人际关系稀薄化的情况。很多人苦恼于此种现状并力求改变。为了解决这些问题,很多人从战国的习俗传统、禅宗、哲学中寻找答案。但是对于这些回答,以山本常朝为代表的中下层武士并不觉得满意,他们要在传统解释之外寻求更加切合自身生活的回答——这也是 17 世纪 50 年代以来各种"中下层武士道论"一以贯之的线索。

山本常朝在痛定思痛之后,认为这是江户风化,上方风化的结果。为了重新构筑真正的君臣关系,他在排斥上方风化[1]的同时强调"国学"[2]。而山本常朝强调的"国学"却不同于当时的国学家们提倡的"国学"。他在《叶隐》开篇的"叶荫之闲谈"中特意指出:作为锅岛藩的家臣,有义务了解"国学",要将先祖的苦劳奋斗和慈悲胸怀牢记于心。可见,常朝所言之"国学"是佐贺、锅岛藩之"国学",是指锅岛藩的传统及历史,尤其是龙造寺领地变为锅岛领地之过程。山本常朝在"叶荫之闲谈"中有如下表述:"感念主恩,就会在心中产生无论如何要报恩的觉悟。如承蒙眷顾,有幸能在主君近侧做一名仆役,就更要忘我奉公。即便被贬为浪人,被命切腹,也只考虑奉公一件事。哪怕在深山,在地下,哪怕是生哪怕是死,都要为主家献身。这才是锅岛藩士的觉悟法门,应该入骨而化为骨髓。跟我这个出家之身可能并不相符,我确实从来没有祈望过成佛。如果没有'七生以报国'之大志无以成大事。没有哪怕一人也要保藩国安泰的决心,所有的修行都不会成正果。"常朝在这段闲谈中阐述了龙造寺·锅岛藩持续至今的理由,即凡我藩武士,不管是浪人还是被判切腹者的子孙,都被允许住在藩内,享受主君俸禄,如此,大家才能感念主君深恩,无私奉公。这种"不管身在深山,还是身在地下,不管生还是死,都为主家献身"之觉悟,才是锅岛藩士真正的精神底色,同时也正是山本常朝本人所心心念念的。接下来常朝又对自己的忠心予以表白——尽管与如今的出家之身不相符,自己却从未祈愿过要成佛,要七生报国,愿永远以锅岛藩武士的身份轮回转世。而"七生报国"一说,则源自楠木正成临死前与其弟正季的一段对话。据《太平记》记载,在湊川之战(1336 年)中自知自己到了最后关头的楠木正成问其弟楠木正季:"听说人死的时候,一念解脱一生善恶,死后会被引导向来生九届[3]之中,你最想去哪一届?"正季大笑:"哪怕轮回七生,我也只愿意转世在人间,一定要灭了朝敌!"楠木正成亦仰面大笑:"此意和

---

〔1〕16、17 世纪之交,第一次出现"上方"这个词。它是包括京都与大阪在内的文化概念,与江户文化构成相反的两极。中西进曾特别强调过,在 17 世纪存在上方的力量,而上方文学,与朱子学至上的武士的价值观存在根本不同。文学既然如此,上方文化想必也没有太大的不同。这也许是一心强调武士道的常朝排斥上方风化的根本原因所在。

〔2〕在元禄年间(1688—1704),第五代将军德川纲吉推行文治政策,天下太平,政治稳定,酿出了多家自由争鸣的学术气候,在这种时代背景下,日本文化领域兴起了前所未见的"整理国故"的国学运动。而这里的"国学"是指以古典文献学的方法为主要手段,对日本的古代文明进行实证性的、变换角度的发掘研究,旨在进一步澄清日本固有的民族精神。有学者指出,立足于复古主义的国学家们掀起的复古思潮,其目的在于清除融入神道中的儒学和佛教思想等外来文化要素,再现日本古神道的纯粹原生质,实质是提倡一种复古神道。

〔3〕九届指佛教中除了佛界以外的地狱、恶鬼、畜生、阿修罗、人间、天上、声闻、缘觉、菩萨九届。

我相同,你我同生共死,必要灭了朝敌。"之后两人在笑声中互刺身亡。楠木正成本人是恶党出身,早年打家劫舍,啸聚山林。后辅佐后醍醐天皇,在倒幕过程中表现英勇。可是楠木正成的"七生报国"在山本常朝那里却被渲染成忠于主君的理想。

古川哲史曾分析说:"这种地方分权的封建制度的保持显然与当时的德川幕府的中央集权制是相悖的,是《叶隐》成为禁书的原因。"[1]同是佐贺藩出身的大隈重信(1914—1916年任日本首相)指责《叶隐》是旧佐贺藩因循守旧,强情穷理的根源。他在回忆录里曾这样记载:"叶隐武士认为唯独佐贺藩主才是自己的君主,为君主尽忠尽义 …… 像这样,在佐贺藩里也无学派,唯有'佐贺藩'这一流派。虽然凭借武力的忠义是正确的,但从顾全大局的角度而言,毫无益处 …… 这种叶隐主义的结果将导致佐贺藩的命运比日本全国的旦夕祸福还要重要。"[2]

《叶隐》排斥一切学问,在"叶荫之闲谈"中有这样一段话:"无论释迦、孔子,还是楠木正成、武田信玄,即便多么卓尔不群,毕竟不是我藩之人,因此未必合我家风。无论战时还是平时,无论身份高低贵贱,身为我藩藩士,只要崇奉先祖,并严守其遗训即可。我藩藩士不应倾心他藩学问,最重要的是专心我藩历史与传统。"对此古贺谷堂[3]曾说过:国学从锅岛学中产生,但纯粹地学习锅岛学没有什么益处。他严厉批判《叶隐》所崇尚的以锅岛至上主义为基础的绝对国学观,认为为推动当时佐贺藩的发展和繁荣,武士除了要懂得和学、汉学、洋学三种学问之外,还要学习兰学、医学等。

山本常朝过分地强调佐贺藩国学以及效忠佐贺藩主,他的观点被认为有地方分权主义之嫌,而这恰与江户时代封建中央集权的政治和经济体制相悖,笔者认为这应该是《叶隐》在江户时代成为禁书的最重要原因。

2. 尚武主张的非时代性

尽管如此,如果说《叶隐》在德川幕府的封建中央集权下无法大范围流传尚可理解,连在佐贺藩内也没能得到公开承认的事实不免令人费解。其原因除了前文提到的山本常朝本人主张烧毁、反对传阅外,据说《叶隐》的理念与佐贺藩的藩校弘道馆[4]的理念背道而驰才是根本原因。

江户时代,随着幕府统治的建立,天下太平盛世,武士战争的军事职能已丧失殆尽。作为施政者,只有通过读书明理才能获得更好的统治。在这种背景下,朱子学被定为官学,成为维护幕府统治的精神支柱,其中君臣关系和身份差别尤其受到重视和强调。在幕府和各个藩校中,开设了儒学课程对武士进行教育,学问逐渐成为武士的必修课。各藩主也认识到修文与尚武同等重要,鼓励文道修养。当时的儒学也主张追求知识,兼修文武两道,以达到

〔1〕古川哲史:『日本論理思想史研究2 武士道の思想とその周辺』,福村書店1957年版,第183頁。
〔2〕井上義巳:『日本教育思想史の研究』,勁草書房1978年版,第600頁。
〔3〕安永6年至天保7年(1778—1836),古贺精里长子。江户时代后期的朱子学者,曾担任佐贺藩年寄。
〔4〕天明元年(1781),佐贺藩第8代藩主锅岛治茂命古贺精里在佐贺城附近的松原小路设立的藩校。

修身齐家治国平天下的最高境界。而山本常朝在《叶隐》中则主张「芸は身を滅ぼす／艺会灭身」，武道才大于一切，大肆倡导批文尚武。弘道馆的教授、幕府的儒官古贺精里（宽延3年至文化14年，1750—1817）指责山本常朝为"武道的异端者"。古贺谷堂在继承父亲的事业后，针对当时武士嫉妒成风、优柔寡断的不良风气，在给藩主上书《济急封事》中甚至还提及了《叶隐》一书。但古贺谷堂同样认为，要重振藩风，武士不仅要有高超的武技，而且必须要有学问，明仁义忠孝之理。山本常朝对中世、战国时代武士尚武思想的留恋态度和尚武主张与当时的时代需要大相径庭，因此是不合时宜的。

井上义已在《日本教育思想史的研究》[1]中说：《叶隐》所主张的"常住死身"之思想是一种非学问、非道理、非人伦性的思想，这种思想导致了锅岛藩武士的褊狭性、粗暴性、非学问性和非开明性的性格，这也与当时的形势格格不入。这明显是《叶隐》私下里在武士当中产生了一定影响却一直被佐贺藩上层否定并拒绝将其作为武士必读教材采用的原因。[2]

3．《叶隐》中有大量对当时官方意识形态不满与批判的言论

对于幕府统治者来说，武士道是一把双刃剑——他们需要武士绝对的忠诚，而武士的自主意识则对幕府的统治构成一定的威胁。对于武士来讲，从登上历史舞台那一刻始，其与主君的关系便注定会成为贯穿一生的重要伦理。围绕着主从关系的问题，日本学界一直论争不断，其中最为引人注目的就是和辻哲郎和家永三郎。和辻哲郎提出"献身的道德"是武士社会的重要风习，武士对主君无代价的忠信和自我牺牲精神是武士最根本的伦理道德。针对这一观点家永三郎提出了反论，他认为日本封建社会的主从关系是一种基于"御恩"—"奉公"之上的交换关系，是一种具有功利性的契约关系。孰是孰非姑且不论，武士对主君的忠诚里面包含着情感因素应该是不容置疑的事实，可是从镰仓末期开始，随着主从关系中的情感因素相对淡薄和武士个体独立意识的增强，加上战国时代情况多变的客观条件，武士的背信弃义和反复无常成为极普遍的现象。忠诚和信义极度脆弱的战国时期，以自己的妻室、子嗣或主要臣属为人质的新的游戏规则应运而生。德川幕府吸取前时代的教训，建立伊始便制订"参觐交代制"。从这一制度，也可看出武士被渐渐剥夺自主性的趋势。常朝在《叶隐》十一卷的最后一节中如此表述：治理国家，是我无论如何也做不到的，是极其了不起的大事。如今，天下的老中，正当政的家老、年寄之工作也不是在这庵里能够讲述的。如此才是巧妙的治理吧。但尽管如此，对当今的家老、年寄等人有时却不免感到担心。那是因为他们不懂我藩历史以及传统，分不清是非邪正，将天生的一点智慧当依靠，对所有事情都心怀忐忑，只会曲意逢迎，自然就会产生自大自满之情绪，从而堕入私利私欲。

在这里，常朝对身居佐贺藩政要之职的家老、年寄，以及对当时的中央政府即江户幕府

---

〔1〕井上義已：『日本教育思想史の研究』，劲草书房1978年版，第593页。
〔2〕杉谷昭在《江藤新平》（古川文馆1962年版，第22—23页）一书中曾写道："佐贺藩除了弘道馆朱子学以外还存在另外的教学理念，这就是众所周知的《叶隐》。在佐贺藩里，存在着以古贺父子为中心的朱子学派和象论语一样的叶隐主义。"

的老中门的政治态度都做出了深刻的批判。在当时那样相对和平的时代,不仅是佐贺,全国上下都面临着极其严峻的现实,那就是士风的不断低俗化。而那些身居要政之人,对于日本国、对于佐贺藩的历史却缺乏一种探求的精神,政治上更是没有明确的导向。这对于常朝来说是绝对不可以容忍的现象,他更期待着建立一种新的主从关系来代替当时那种已经完全形骸化了的主从关系。

另一方面,随着德川幕府彻底地实行兵农分离政策,武士离开具体的领地和主人,被集中在城下町成为领取俸禄的"公务员"。加上德川幕藩用藩国和士农工商四个等级,把封闭在日本列岛上的每个人固定和束缚在具体的区域和等级里,使得武士也像棋子一样被整齐地安放在幕藩体制的各个位置上,永远作为随时听命于幕府和藩国召唤的武士生存,不然就要成为游离于体制之外的浪人,无家可归。这些意味着武士已彻底断绝了与土地的依赖关系,更意味着他们正在丧失自己的独立性和自主性,而这些正是幕府政策的真实用意所在。可是《叶隐》当中,大量的言论是主张武士的自主与独立意识的,从对赤穗浪士的批判态度就可窥见一二。山本常朝认为浪士们用了一年的时间才替主君报了仇,如果在此期间,吉良病死,则此仇无处报,必然会落得终生遗憾的结局。他认为这四十六浪士应该采取更加当机立断的行为,在主君切腹之时立即行动,或者说在大仇得报之后,不应等待幕府的判决,而应该立即殉主。而秉承经世济用思想的当时的儒学者荻生徂徕从法律角度出发表明自己的态度:赤穗四十六士的复仇乃是以私论背法度,若允许此种行为发生,幕府今后法度将乱矣。从法律的角度来看,四十六浪士的行为是违法的,表面上山本常朝对其持批判态度,但其批判的出发点却与官方意见完全相悖。

学者相良亨(1921—2000)说过,"威严、忠诚、自爱、自敬"精神是《叶隐》之根本思想体现。他认为,《叶隐》四誓愿中第一"武士不得落于人后"与第二"为主君服务",此两条正是《叶隐》精神的两大要素,提出山本常朝的"武士道就是凝视死亡之道"的极端表达正是武士自我意识的体现。他说:"不管武士如何爱人,终归不会在这种爱中迷失自我。自爱、自敬的精神永远不能丢失。"[1]而体现在《叶隐》中的这种武士的自我认知及自我觉醒意识,显然是不被当时的统治阶级欢迎和接受的,这也许是《叶隐》当时被禁的另一个重要原因。

4．结　语

综上所述,《叶隐》尽管被称为日本武士道的经典,但问世之后并未立即广泛流传。本文结合江户时代的社会背景,以《叶隐》的主要内容为切入点,通过考察分析明确了以下三点:一、《叶隐》中表现出来的地方分权主义思想与当时政治、经济上的封建中央集权体制相抵触;二、露骨的尚武主张落后于时代;三、大量言论充满着对当时官方意识形态的不满与批判。而这正是《叶隐》被禁的原因。

囿于篇幅,本文对明治维新之后《叶隐》的流传过程未能触及。如今《叶隐》已被翻译成多国文字,遗憾的是,对《叶隐》的深入研究似乎仍然只限于日本国内。更由于其在"二战"

---

〔1〕相良亨:『武士の倫理』,ぺりかん社 1993 年版。

中有被军国主义分子利用的历史以及我们曾饱受侵略的不堪回首的战争经历，中国学界对《叶隐》仍然没有深入研究。世纪之交，日本加快了向军事大国迈进的步伐。在这种背景下，一些别有用心之士又开始把《叶隐》中"武士道即是死亡之道"的句子断章取义地灌输给日本国民，以各种方式呼吁武士道精神再现之现象也在日本不断涌现。如今，安倍二度上台，更是处心积虑，修改宪法以谋求日本"国家正常化"，意图在军事安全上实现一系列突破。其动向是令亚洲人民不安的，日本政府对战争责任的态度仍然暧昧，甚至存在右倾化思潮。日本文部科学省于 2015 年 4 月 6 日公布了明年将采用的初中教科书审定结果，部分教科书在历史认识问题的描述上再现倒退……

在中日关系如此日趋紧张的情况下，我们更加有必要了解日本、研究日本，更加有责任在世界政治、经济、文化全球化的大背景下，跨越时代、国界、语言的藩篱，用拓展的、变化的、动态的眼光考察《叶隐》，并将其真相还原在日本人民乃至全世界人民面前，从而揭露日本军国主义分子的可耻意图。相信无论在中国还是在日本，必将会有越来越多的有识之士认识到这一点，并积极地参与进来。

参考文献

[1] 菊池駿助. 德川禁令考 前集三 [M]. 東京：司法省, 1978-1882.

[2] 古川哲史. 武士道の思想とその周辺 [M]. 東京：福村書店, 1957.

[3] 井上義巳. 日本教育思想史の研究 [M]. 東京：勁草書房, 1978.

[4] 杉谷昭. 江藤新平 [M]. 東京：吉川文館, 1962.

[5] 相良亨. 武士の倫理：近世から近代へ [M]. 東京：ぺりかん社, 1993.

基金项目

本文为 2014 教育部人文社科青年基金项目"从《叶隐》看日本武士道的根本思想"的阶段性成果，项目编号为 14YJC720026。

作者简介

张秀莹，大连外国语大学讲师，研究方向：日本语言文化。

联系方式

（E-mail）zhangxiuying70@hotmail.com

1840—1900 年间中日传统诗改革比较

——以古典诗和短歌为中心

陈 芳
（中国·西安外国语大学）

中国古典诗与日本短歌皆有抒情这一本质特性。关于中国诗歌本质的讨论，先秦便已有"诗言志"的命题，西晋陆机在此基础之上提出"诗缘情"，二者共同构成了中国古代诗歌的本质论。短歌的本质也是抒情，《古今和歌集·假名序》提出"心词论"：「やまとうたは、人の心を種として、万の言の葉とぞなれりける。」[1]（夫和歌者，托其根于心也，发其花于词林者也。）心词论是和歌的本质论。同书的真名序则是中国诗论《毛诗正义》的翻版。自古以来，中国汉诗与日本和歌之间便有着千丝万缕的关系，且都在各自的文坛里长期发挥着重要的作用。

中国 1840 年进入近代，日本是 1868 年，中国对古典诗歌改革的探索先于日本。龚自珍在《述思古子议》中讽刺当时文人"剽窃脱误，模拟颠倒，如醉如呓以言，言毕矣，不知我为何等言"的现象，又在杂文《病梅馆记》中讽刺文人普遍的病态审美观，认为自然之美才是最上乘的美；同时，他还提倡诗人应具备不受传统束缚的独创精神，应在诗歌里表现出鲜明的个性，也就是"尊情"，即重视情的不得不发之真切自然的表达。此外，他认为文学和时代有着密切的关系，在《四先生功令文序》中说道："其为人也惇博而愈夷，其文从容而清明，使枯瘠之士，习之而知体裁，望之而有不敢易视先达之志。盛唐之盛，唐之开元、元和、宋之庆历、元祐，明之成化、弘治，尚近似之哉！尚近似之哉！其人多深沉恻悱，其文叫啸自恣，芳逸以为宗，则陵迟之征已。夫庄周、屈平、宋玉之文，别为初祖，而要其羡周任、史佚、尹吉甫之生，而愿游其世，居可知也。"他所强调的是，盛世有盛世之文，衰世则有衰世之文，在封建专制制度面临崩溃之际，应当有彻底批判旧社会、迎接新社会到来的崭新的文学。[2]而这一观点在日本与谢野宽的《亡国之音（骂现代非丈夫的和歌）》中也有体现：「文に衰世の文盛世の文あり、盛世の文は雄大華麗、衰世の文は萎靡繊弱、乱世の文は豪宕悲壮、各各その世の気風を表し来る。王朝の文漫りに綺靡を喜び気魄精神一の丈夫らしきものなし是れ衰の文化なりけり、鎌倉時代南北朝の文なればなり、奈良朝江戸時代の文華麗に富み宛ながら台閣の臣盛装して朝するが如し、是れ盛世の文なればなり、古人また云く『萎靡繊弱の文は乱世を胚胎し豪宕悲壮の文は盛世を胚胎す』と、国家の盛と衰と文章の関って力あるや此の如し、余は和歌に於いて常に亦此理を信ずる物なり。」二者之间的影响关系尚不明确，但可以确定的是，与谢野宽的改革方式与龚自珍的主张有很多的相似点。明治初期，统治歌坛的是成立于江户时代的桂园派、堂上派等，该派崇尚风雅优美的审美观，题材多限于花鸟风

---

〔1〕小沢正大：『日本古典文学全集 7 古今和歌集』，小学館 1971 年版，第 6 页。
〔2〕张少康：《中国文学理论批评史·下》，北京大学出版社 2005 年版，第 399 页。

月，用语是雅语，题咏主义、墨守成规是其主要特征。因此进入近代的前十年，在欧化主义的影响之下，一些评论家认为短歌不具现代性、世界性，不足为道，如菊池大麓称诗歌仅限"乐诗、史诗、戏曲"三类，俳句、短歌因"形式短小、缺乏体裁变化、艺匠狭隘……"等原因"不能称之为诗歌"。日本近代诗的起点《近体诗抄》，也说"古之和歌，不足取也"。1887 年末松谦澄等提出了短歌改良论，而此时评论家还在短歌形式的变与不变、如何变、新名词的运用以及新风格的确立等问题点上争论不休，对短歌改革的探讨只停留于表面，短歌改良论最为核心的问题——改革短歌形式之说也是否定短歌本身。直到与谢野宽 1894 年发表《亡国之音》，提出短歌革新论，才开启了短歌改革的新局面。他对盛行于当时的以桂园派为首的和歌界所尊崇的"古今调"进行痛彻的批判，称其为萎靡的"亡国之音"。他还四处游说，宣扬歌人应创作张扬其个性之歌，并创立新诗社，创办浪漫主义诗歌杂志《明星》，开设古典文学讲座，培养了包括与谢野晶子、山川登美子、吉田勇、石川啄木、北原白秋、高村光太郎、平野万里等在内的一大批著名歌人和诗人，从此歌坛才有了生机与活力。

在龚自珍之后，力图对中国古典诗进行改革的还有梁启超等人。梁启超于 1985 年提出诗界革命，力图以佛、孔、耶三教经典中的生僻词语与西方名词的音译等为诗歌语言的新源泉，以诗歌来表现资产阶级的新思想。但其理论只使得诗歌语言源泉更为狭窄，且十分晦涩难懂，如"有人雄起琉璃海，兽魄蛙魂龙所徒"。这一时期的诗歌既无诗歌的艺术特点，又脱离了传统和群众，缺乏生命力和现实意义。梁启超流亡日本之后，接触了大量日本书籍，于1899 年重提诗界革命，认为"'支那'非有诗界革命，则诗运殆将绝"。他十分欣赏黄遵宪以新题材、新事物入诗一举，然而也清楚地认识到其局限性。他在《夏威夷游记》中评价黄遵宪、夏曾佑等人的新诗时指出："然以上所举诸家，皆片鳞只甲，未能确成一家言。且其所谓欧洲意境、语句，多物质上琐碎粗疏者，于精神思想上未有也。虽然，即以学界论之，欧洲之真精神、真思想，尚未输入中国，况于诗界乎？此固不足怪也。吾虽不能诗，将竭力输入欧洲之精神思想，以供来者之诗料乎？"在他看来，需要变革的并非诗的形式，而是诗人本身，要以"欧洲之真精神、真思想"入诗，首先必须变革的是诗人的思想境界。然而诗界革命带有强烈的目的性，其目的与小说界革命目的一致，在于表现资产阶级改良主义思想，为改良主义政治服务，以解决政治问题。这一主张与与谢野宽为首的日本歌论家有着显著的不同。与谢野宽在《东西南北》（1896 年 6 月）的自序中写道：「小生、八歳にして郷里西京を出で、東西に馳駆すること、茲に十五年。風塵に没頭する余暇、興を遣り、悶を慰するものは、詩歌に候ふ。故に、小生の詩は、自身を楽むで後、その楽を人に分つもの、多数を占め居り候ふ。」与谢野宽把诗歌当作排解苦闷的对象，诗歌创作乃兴趣所致，并希望与他人分享其乐趣。政治运动有成败，表达内心情感和消遣之意却是历代诗人的精神需求，也更符合诗歌抒情这一本质。或许正是因为目的上的差距，诗界革命随着改良主义运动的失败而落下帷幕，而日本近代短歌的改革却能取得成功，并最终形成勃兴局面。

然而日本短歌改革成功，中国古典诗改革失败，并不能以上文一言蔽之。纵观近代初期中日两国对传统诗歌改革的尝试，其方法并无太大出入：都对当时颓靡、习古人之糟粕的病态诗歌加以抨击，提倡诗应表现诗人鲜明的个性；提倡以新词、新事物入诗／和歌；提倡

诗歌应反映时代特色；提倡用语和题材的自由化等。然而改革的结果却是大相径庭，从比较文学的角度来看，可分析出如下原因：

首先从两国诗歌的特征来看，在创作层面，中国古典诗歌的创作难度比日本和歌的创作难度要大很多。徐晋如给古典诗词下的定义是："以文言词汇为基本词汇，以平水韵声韵体系为其基础语音，以表现高贵的人文精神与高雅的审美情趣为旨归的具有严格而稳定的韵律的文体。"[1]中国古典诗歌讲究严格的押韵和平仄，并要求诗人具有很高的道德素养、文化修养，以及灵敏的直觉悟性和纯熟的文字技巧。在客观上，中国古典诗歌走上了一条高度"人文化"与"贵族化"的道路。[2]然而在连物质保障都没有的近代中国，符合此类种种要求的诗人和诗论家可谓凤毛麟角。相比之下，日本人识字率颇高，短歌创作对歌人的各方面的素养要求也不甚高，如近代著名女诗人与谢野晶子在《作歌方法》里说道，歌坛内无职业歌人之说，甚至新人可以作得更好，她的代表作《乱发》也是她的第一部短歌集。正因有此特点，短歌才能经改革后，从御歌所、僧人等少数人的文学一跃发展成为市民文学，这种先天条件是中国所不具备的。

其次，从对自身优秀传统文化的继承与对外来文化的吸收的角度来看，短歌的改革建立在对古典和歌的肯定态度这一基础之上，并结合了西方文艺理论。与谢野宽如是，正冈子规亦然，都是在对近世以来歌坛颓靡的风气进行严厉批判的同时，对"万叶调"倾尽赞美之词。正冈子规将写生主义运用于和歌创作的理念，乍看是受西方自然主义思潮的影响，实则是受松尾芭蕉和与谢良宽二人的影响。与谢野宽则是在宣扬对《万叶集》「ますらをぶり」风格的继承的同时，大力提倡将西方浪漫主义理论运用于短歌创作。浪漫和写生两派在歌坛乃至整个文坛争奇斗艳，共同促进了近代短歌改革的成功与繁荣。中国在对古典诗的改革过程中，总是陷入前人创造出的伟大成果是后来之人难以超越的思维之中，因此对"新"的探求便成了古典诗改革的出发点，从佛、孔、耶三教经典中寻找诗歌的新的语言源泉，以新事物、新思想入古典诗等方法皆是这一思想的体现。古典诗改革过程中，对传统文化的批判与继承和对"欧洲之真精神"的探讨皆没有深入。

最后，从与新诗创作关系的角度来看，日本对于新诗创作的探索先于短歌改革，短歌开始改革时，诗坛不论是对西方诗歌的介绍还是对新体诗的创作，已然卓有成效。这对短歌的改革也起了一定的启发和借鉴作用，新诗与短歌二者之间是互补和互相促进的关系——"明治歌坛女王"与谢野晶子为数众多的短歌的灵感源于岛崎藤村的《若叶集》等新诗，这一时期众多的诗歌人在创作短歌的同时也创作新诗，因短歌形式与用语的限制而不能抒发透彻的情感，便借新诗以抒发，没有出现二者不相容之论。正冈子规在1895年发表的《俳谐大要》里指出："俳句是文学的分支，文学是美术的分支。故美之标准即文学之标准，文学之标准乃俳句的标准。换言之，绘画、雕刻、音乐、戏剧、诗歌、小说皆应以同一标准加以评论。"他清醒地认识到俳句与绘画雕刻等同是艺术领域中一项不可或缺的重要传统文化，此论也成为

〔1〕徐晋如：《大学诗词写作教程》，浙江古籍出版社2015年版。
〔2〕李怡：《中国现代新诗与古典诗歌传统》（增订3版），中国人民大学出版社2015年版，第93页。

他后来短歌改革的理论之一。而中国新诗的改革则晚于古典诗的改革。新诗被大力提倡时，由于古典诗过于深入人心，诗人在新诗创作过程中，难免会受古典诗的影响。以古典诗的标准要求新诗、以新诗的尺度衡量古典诗这一现象在诗坛中极为突出。因此一些人将古典诗当作新诗发展的障碍，力图排除其影响。胡适在《如何使吾国文言易于教授》里提出"死"与"活"的概念后，古典诗被冠以"旧诗"的称号，被认为是落伍、不入流的诗歌形式。这一情形的出现与中国近代的社会风貌以及诗人的情感色彩有着密切的关系。近代是中国受辱挨打的时代，在这种社会背景下"推陈出新"是大势所趋。日本的近代则是向世界大国迈进的、积极的时代，有重审传统文化的余裕。

1840—1900 年间发生的对中国古典诗的改革的探讨不应是对古典诗改革探讨的终点，诗界革命的结局也不应成为古典诗的结局。古典诗与新诗各有其优缺点，但都是中国文坛中不可或缺的重要文学形式，近代以后也出现了许多优秀的诗人，他们创作出大量脍炙人口的古典诗，然而至今未被收录进文学史这一现状不得不让人扼腕痛惜，对于古典诗的存在意义与创作方法的探讨至今仍未尘埃落定。要重审古典诗的存在意义及创作方法，实现文化的多元化，不仅要吸取传统文化的精华，更需要我们放眼世界上其他国家，借鉴其对传统文化的改革及继承方法。

参考文献

[1] 和歌文学会 . 和歌文学講座〈第 2 巻〉和歌史·歌論史 [M]. 東京:桜楓社,1969.

[2] 安田守雄,等 . 近代文学評論大系（第 8 巻）詩論·歌論·俳論 [M]. 東京:角川書店,1977.

[3] 岡田誠一 . 日本短歌論 [M]. 東京:教育出版センター,1974.

[4] 程光伟,吴晓东,等 . 中国现代文学史 [M].3 版 . 北京:北京大学出版社,2011.

[5] 李怡 . 日本体验与中国现代文学的发生 [M]. 北京:北京大学出版社,2009.

[6] 张少康 . 中国文学理论批评史·下 [M]. 北京:北京大学出版社,2005.

[7] 杨匡汉,等 . 中国现代诗论 上编 [M]. 广州:花城出版社,1985.

[8] 徐晋如 . 大学诗词写作教程 [M]. 杭州:浙江古籍出版社,2015.

[9] 王桂妹 . 缱绻与决绝:五四新文学家的"新诗"与"旧诗"[J],江汉论坛,2010(8).

作者简介

陈芳,西安外国语大学研究生院 2013 级日语专业研究生,研究方向:中日近代古典诗比较。

联系方式

（E-mail）cfcyxz@qq.com

阴影与人格发展
——重读村上春树《第七个人》

沈丽芳

（中国·西安交通大学）

村上春树的短篇小说《第七个人》最初发表于《文艺春秋》1996 年 2 号刊，并收录于同年 11 月出版的短篇小说集《莱克星顿的幽灵》。

在短篇小说《第七个人》中，50 多岁的中年男人作为第七个也是最后一个讲述者，讲述了他的可怕经历。40 年前，"我"和好友"K"在台风眼的短暂平静中到海滩去探险，面对悄然袭来的巨浪，"我"抛弃了好友"K"，独自一人逃往防波堤，而好友"K"被巨浪卷走。在第二次袭来的巨浪中，"我"仿佛看到"K"咧着大嘴狰狞地笑着，似乎要将"我"拽入另一个世界。为了逃避，"我"远走他乡，即便如此仍噩梦缠身，夜夜梦到巨浪中狞笑着的"K"。"我"的人生长期处于黑暗之中，不能自拔。直到 40 年后，卖掉祖产的哥哥给"我"寄来了"我"留在家里的物品，其中有"K"当年留下的画作，在这些画中，我再次感受到少年时期"K"和"我"的纯真与善良，从人生的黑暗中得到了救赎，重拾生活的希望。

田中实指出，小说的本质是"故事＋讲述者自我表述"，该小说表现了"心理创伤体验及其后的痛苦和恢复"的过程。角谷有一认为，只有真正面对"恐怖的本原＝自己中的他者"，才能摆脱恐怖。[1]但是，关于为什么"恐怖的本原"就是"自己中的他者"，如何才能从心理创伤中恢复，角谷有一没有具体的论述。本论文将从这两点入手，对作品进行重新梳理和解读。

荣格认为人格作为一个整体被称为精神，由以自我为中心的意识、以情结为主要代表的个人潜意识和包括人格面具、阴影、阿尼玛与阿尼姆斯、自性等原型的集体潜意识三个不同但相互作用的系统和层次组成。"个性化"是人格发展的关键，人格注定要个性化，通过这个过程变成心理上独立的、不可分的统一整体。但是，人格的个性化过程不是轻而易举的，总是始于人格的创伤，以及伴随着这种创伤而来的磨难，有时也会因为经验不足或教育不当等变得畸形、片面。特别是现代社会没有给阴影原型的个性化提供充分的机会，使得阴影的个性化面临更多的问题[2]。本研究在现有研究的基础之上，基于荣格的人格发展理论，通过对"第七个男人"的分析，对集体潜意识中的阴影原型的个性化进行分析。

1．阴影的隐藏与投射

人格面具（the persona）本义是演员为能扮演某一角色而戴的面具，在荣格心理学中，人

---

〔1〕角谷有一：「作品の深みへ誘う『読み』の授業を求めて—村上春樹『七番目の男』を取り上げ—」，『日本文学』，2004 年第 53 卷第 3 期。

〔2〕卡尔·古斯塔夫·荣格著，冯川、苏克译：《心理学与文学》，生活·读书·新知三联书店 2011 年版，第 93、2、112 页。

格面具的作用与此类似，它保证一个人能够扮演某种性格，是一个人公开展示的一面，其目的在于给他人很好的印象以便得到社会的承认。

阴影(the shadow)比其他原型更多地容纳着人最基本的动物性，"是人身上所有那些最好的和最坏的东西的发源地"[1]，阴影可以是卑鄙的、邪恶的、不道德的、带有攻击性和易冲动，也可以是富于生命力与创造力，应该培养和顺从的。

"为了使人成为集体中奉公守法的成员，必须驯服容纳在他阴影中的动物性精神"[2]，因此，在现代社会之下，获得强有力发展的集体人格形成了社会道德、规范等，对阴影产生了极大的压制。

少年时代的"我""擅长运动，受到大家的广泛认可"，构建了"我"在集体中安稳的地位和人际关系，这是"我"希望在他人面前展现的自我。与"K"在一起时，"我"也总是"站在保护者的立场上"，不时担当着弱势群体保护者的角色，体现着所谓的社会正义，这些都是人格面具的体现。此时，"我"的人格中人格面具具有主导的力量，阴影受到人格面具的压制，撤退入潜意识之中。

好友"K"由于语言障碍不善表达，甚至看起来弱智，而且身体弱，时常受到欺负，这些都与"我"的"体格强健，擅长运动，受到大家的广泛认可"形成鲜明对比。但是，就是这样一个"K"却被"我"当成胜似亲兄弟的好友，这不得不引起我们的思考。

与"我"对比鲜明的"K"的人格中，人格面具的一面极不发达，因此"K"在社会交际中往往处于不利的境地，不善言辞，甚至被当作智障，受到欺负也是家常便饭。但是，由于不发达的"人格面具"，"K"人格中的阴影部分得到了释放。因此，"K"在绘画方面表现出极高的天赋，技法娴熟，屡屡获奖，画作中生动的形态、色彩令"我"震惊，至今仍觉得那是"纯粹的才能"。这种绘画的天赋正是阴影原型作用的结果。

"我"的人格中，虽然阴影受到强有力的人格面具的压抑，撤退到潜意识之中，但是阴影并没有消失。当我们试图发现阴影时，却意识到我们否认阴影存在，却从他人的身上明显地看到阴影的体现。"我"将"K"当作胜似兄弟的好友，正是因为"我"的人格中潜在的阴影的投射作用。阴影所表现出的生命力、创造力使"我"无法自拔地受其吸引，让我沉迷于"K"的"温柔的善良的心"。

2．阴影的凸显与爆发

"我"的人格中阴影受到压制撤退到潜意识之中，但是"阴影是人类史中极其深远的根基"[3]，因此它并不那么容易就屈服于压抑。当一个人的意识自我处于良好状态时，这些恶的因素以潜在的形式停留在潜意识之中，因此，在日常生活中"我"一直保持着正常的社会交往，保持着与"K"的好友关系。

---

〔1〕霍尔•荣格著，冯川译：《心理学入门》，生活•读书•新知三联出版社1987年版，第5页。
〔2〕同上，第56页。
〔3〕同上，第57页。

但是当人突然面临人生困境，或者发生精神危机时，意识自我面对突变无法做出迅速的衡量、判断以采取应对。这时，"潜意识（阴影）就会以自己特有的方式对此做出反应"[1]，对意识自我施展其威力。

台风的巨大威力以及造成的巨大灾害使阴影逐渐凸显出来。"阴影汇总容纳着人的基本的和正常的本能"，是"具有生存价值的现实洞察力和正常反应力的源泉"[2]。当海浪缓缓靠近时，"我"有一种不祥的预感，感受到莫名的恐惧，这是阴影凸显带来的洞察力的体现。

"我"意识到危险到来必须逃离时，随着阴影的凸显，产生了和人格面具的正面交锋。

> 我朝着 K 大喊"赶快走吧"。他在离我大概 10 米远的地方背朝着我蹲下看着什么。我觉得我已经很大声地喊他了，但是 K 好像完全没注意到似的。他或许是被看到的东西吸引了，没听到我的声音。K 就是这样，马上就沉迷于某事物，完全忘了周围。还是我的声音没有自己想的那么大也未可知。我清楚地记着那听起来不是自己的声音，像是别人的声音。

面对危险，遵循人格面具的要求"我"不能抛弃同伴，应该喊他赶紧逃走，但是阴影中本能的、不道德的因素使"我"背弃了人格面具，实际上"我"并没有呼唤"K"，但是"我"不能直面自己的阴影，为自己的不道德辩护"我"喊他了，但他沉迷于某事物没听见。随后又觉得这种辩解违背了道德，又解释为或许"我"的声音不够大。这种反复的、纠结的状态，体现了凸显的阴影与弱化的人格面具之间的交锋。当阴影与人格面具产生冲突时，往往会造成人格的分裂，"我清楚地记着那听起来不是自己的声音，像是别人的声音"体现了人格面具的"我"和阴影的"我"的分裂。

> 我本来打算冲过去，拖着他逃离险境的，没有别的办法了。我知道浪就要来了，K 不知道。但是，当我回过神时却发现脚违背了我的意愿，完全朝着相反的方向。我朝着防波堤一个人逃走了。迫使我这样做的恐怕就是无比的恐惧。它夺取了我的声音，支配着我的脚。我在柔软的沙滩上慌不择路地狂奔终于到了防波堤，站在那儿向 K 呼喊。

"我"仿佛听到轰鸣的巨响，预感到危及生命的巨大威胁时，意识自我来不及做出判断和反应，危机促使了潜意识中阴影的爆发。阴影往往"表现为一种冲动的，不由自主的行为"[3]，在"我"慎重思索、应对之前，错误的决定已被做出，"我朝着防波堤一个人逃走了"，"我"觉得是恐惧使"我"做出了如此行为，实际上，是恐惧所激发的阴影控制、压倒了意识自我，使"我"采取了违背自我"意愿"的行为，使"我"感受到在阴影面前意识自我的无能为力。

〔1〕霍尔·荣格著，冯川译：《心理学入门》，生活·读书·新知三联出版社 1987 年版，第 7 页。
〔2〕同上，第 61 页。
〔3〕荣格著，张月译：《潜意识与心灵成长》，译林出版社 2014 年版，第 3 页。

由于这种阴影的爆发，"K"最终被巨浪卷走。这时，人必须"面对永远不愿意获得的、永远不会有意识去获得的结果"[1]，即自己的阴影——不道德及其带来的结果——"K"的死亡。

3．与阴影的遇合

第二次巨浪……像砖石的城墙垮塌般，缓慢地变幻着形式，从我的头顶压下来。……但是浪来到我面前时，……突然停了下来。而且我在浪头中，在那透明的、残忍的舌尖，清楚看到了K。

K朝着我笑了……那笑也不是普通的笑。K仿佛很得意似的咧着大嘴笑着，仿佛要咧到耳根似的。而且，他那一双冰冷的眼神，直盯盯地看着我。他的右手伸向我，仿佛要抓住我拖向那个世界。但是，就差一点，他没有抓住我，然后，K又一次笑了，笑得更厉害了。

然后，我就失去了意识……。

第二次巨浪在现实中或许发生了，或许没发生，或许是巨大的也或许是一般的，但是现实如何对于"我"已经没有意义，更重要的是"我"必须看看在巨浪之下，到底是什么压倒了意识，控制着"我"做出了不受控制、让人难以接受的行为。虽然它来自未知的世界，带着摧毁一切的威力，但是"我"意志坚定，做好了心理准备，甚至不惜被毁灭。随后，"我"在浪头中看到了"K"。

荣格认为梦与幻觉是"人类心灵的一面镜子"[2]，映射出人格面具掩盖下从未展露在人前，"我"不愿直面的另一个"我"——阴影。"我"在浪头中看到的"K"不是真实存在的，而是"我"的幻觉，这种幻象如镜子一般，正是当时"我"的阴影的投射（之后数十年间恶梦中的"K"也是一样）。"K"冰冷的眼神，仿佛咧到耳边般的恐怖的笑容正是阴影的"我"的冷酷和恐怖。

阴影是近似于人类进化中留下的本能，本无所谓善与恶，但是在集体人格面具所体现的社会道德、规范之下，因为与人格面具相悖，阴影被视为邪恶的、恐怖的。"K"得意的笑，暗示着阴影压倒了人格面具的得意。人格面具和阴影本应是和谐共存于潜意识中的，非常情况下阴影的凸现与爆发也是人的本能体现。而这里"我"认为阴影似乎很得意，正体现出"我"对人格中阴影的错误认识。

阴影是朋友还是敌人，取决于"我"对阴影的态度，如果忽视或者误解阴影的话，就会感觉阴影充满敌意。"K"仿佛要把"我"带去"那个世界"，让"我"感到恐惧，这种恐惧来自人格面具对阴影的误解。"K"差一点就抓住"我"了，却最终没能实现，体现了意识自我对阴影的排斥与拒绝，这时"K"笑得更厉害了，也是阴影对面对潜意识（阴影）时怯懦的自我的嘲笑。

面对"K"的嘲笑，"我"失去了意识，醒过来的时候，已经被送进了医院。由此可见，与阴

---

〔1〕荣格著，张月译：《潜意识与心灵成长》，译林出版社2014年版，第167页。
〔2〕霍尔·荣格著，冯川译：《心理学入门》，生活·读书·新知三联出版社1987年版，第4—5页。

影——另一个自己的遇合是多么痛苦、可怕。意识自我本以为能够直面一切,哪怕失去生命,可是阴影带来的冲击仍超过了"我"承受的极限,只能通过失去意识来逃避。

事后,当"我"想告诉父亲"我"的所作所为,将阴影这一潜意识内容呈现于意识之前,使其被承认并与意识结合起来时,却说不出话来,"好像别的生物住在我的嘴巴里"。因为在人格面具与阴影的分裂之下,意识总是不断地运用这种分裂回避一切可能对意识带来威胁的危险,并不能用简单的理性方法实现阴影与意识的统一。

但是阴影并不因为不能被综合到意识之中而消失,反而对人格面具、意识自我产生了破坏作用。名字在社会交往中具有重要意义,是一个人社会身份的象征,"我"试图想起自己的名字时却失去了意识,体现了在社会交往中发挥着主导作用的人格面具在阴影的冲击下受到了动摇,面临崩溃。

4. 对阴影的逃避

经历过海滩事件之后,"我"夜夜在噩梦中被第二次巨浪中的"K"纠缠,不是梦到"K"伸着手仿佛要将"我"拖入浪中,就是梦到"K"咧着大嘴得意地笑着,用冰冷的手将"我"拖入水中。"K"的形象正是"我"对阴影的感受,邪恶、冰冷、恐怖,"K"对我的怨、恨正是"我"对阴影的怨与恨的投射,"K"被大浪吞没正是阴影带来的后果,这些表明在遇到阴影之后,"我"一直无法正面面对、正确对待阴影,在人格面具的控制下依然将阴影认为是邪恶的、不道德的,因此对阴影促发的反应与行为——抛弃"K"独自逃生,以及阴影带来的后果——"K"的死亡感到羞耻和罪恶,受到良心的谴责。

由于对阴影的惧怕与排斥,"我"最终选择了割裂与逃避,背井离乡,希望能摆脱阴影。但是,潜意识的阴影与意识必须结合在一起,如果强行将其割裂开,只会造成心理的纷乱和失调,使人陷入一种分裂、异化的状态,并不能真正消除阴影。因此,在离开家乡的40年间,白天"我"在意识自我的控制下如普通人一般工作、生活,有自己的朋友,夜晚,阴影就会摆脱意识的压制,透过梦境显现在"我"面前,让"我"无处可逃。这种恐惧深入骨髓,无法言说。连"我"自己都没有勇气承认、面对自己的阴影,只能逃避,更不可能将自己的阴影展现给别人。

5. 与阴影的统合

40年后的一天,哥哥将"我"留在家里的物品寄给"我",其中包括少年时"K"送给"我"的画作。"我"看到"K"的画时恐惧得不能呼吸,感觉"K"的灵魂仿佛从画中复苏。这时的"我"依然被巨浪中"K"的幻象所统治,心中充满了对"K"的愧疚,对阴影的恐惧,无法面对。"我"本想把画处理掉,却怎么也做不到。在感受到面对阴影的"K"的恐惧无能为力时,少年时的"K"(前面提到,少年时代的"K"是"我"的阴影的投射)的温柔、善良开始复苏。

荣格认为与自己的遇会首先是与自己阴影的遇会,这必定是令人不愉快的事情,谁都逃

脱不了痛苦的挤压。[1]如何才能将意识与潜意识融合起来呢？这需要"与自己的善良天使所进行的内心对话"[2]。

艺术作品往往是阴影引发的冲动的具体体现，"K"画作中体现的活力、缤纷、纯真、美好是阴影的"善"的充分体现，这也是少年时代的"我"被意识自我掩藏的灵魂深处的"善良天使"，这些都如同画作一样没有褪色，没有消失，只是被藏在了某个角落。

荣格认为当人们承认面对阴影无能为力、无法解决时，就为集体潜意识的补偿反应做好了铺垫：更愿意注意某种对你有所帮助的观念或者知觉，或者更愿意注意那些以前被束缚而未曾显露的思想。在具备了这样的一种态度之后沉睡在人身体某处的救助力量才会苏醒和介入。[3]

"我"每天下班都盯着这些画不停地看，"那里有我一直以来从意识中排斥的优雅的风景"。看着"K"的画，"我"感到某种东西渗入了"我"的身体。直到一周后的某一天，"我"突然想到"是不是我一直以来都有一个巨大的误解"，巨浪中的"K"并未憎"我"、恨"我"、要将"我"带走，这些都只是"我"面对自己阴影时的恐惧的投影。

阴影也从未改变过，有充满生机、富于创造的一面，也有易冲动、攻击性的一面。它可以显现为充满想象的画作、音乐，也可以在紧急情况下主导某种行动。阴影是我们的朋友还是敌人，取决于我们对阴影的态度。对于阴影，有时需要顺从，有时需要反抗。如果对阴影单纯地忽视、误解，阴影就会充满敌意。

通过对被束缚、隐藏的善良的再发现，通过与自己的"善良天使"的对话，"我"终于可以正面、正确地看待阴影，摆脱了对阴影的恐惧、厌恶、排斥。夜的黑暗来临，仿佛没有尽头，让人无法忍受。终于黎明到来了，朝阳将天空染成淡淡的红，鸟儿也苏醒开始啼叫。"我"终于走过了阴影（或者无法正确面对阴影）带来的人生的暗夜，迎来了希望。"40年的岁月仿佛腐朽的房子般在我身体里崩塌，新的时间和旧的时间混入了一个漩涡之中。"这40年来，"我"活在对阴影的恐惧中，活在分裂的异化空间之中，感受不到生命的活力和希望。由于和阴影的和解，"我"终于从这个异化空间之中逃脱出来，重新回到生命的轨道上，无所畏惧。

"我觉得真正恐怖的不是恐怖本身"，"最恐怖的是在恐怖面前背过身去，闭上眼睛"。与自己阴影的遇合是恐怖的、痛苦的，可是如果不能正面、正确地看待它，而是畏惧地转过身去视而不见，就会使自己一直活在阴影的恐怖之下，被阴影纠缠，处于人格分裂的异化状态之下。这才是最恐怖的。

6．社会的阴影

每个人都有自己的阴影，与阴影的相遇与融合是痛苦的，也是必须的，只有这样才能实

---

[1]卡尔·古斯塔夫·荣格著，冯川、苏克译：《心理学与文学》，生活·读书·新知三联书店2011年版，第9、30页。

[2]同上。

[3]同上。

现人格的个体化过程,形成完整的人格。一味地压抑使阴影在某个时刻突然爆发,给人带来难以接受、意想不到的结果。这部作品就是描写了"阴影的凸现——遇合——分裂——融合"这样一个痛苦的但是必经的人格发展的过程。

同样,社会也具有其人格面具和阴影的一面,社会的道德、规范是集体性人格面具的体现,社会中的各种不道德、丑恶是阴影的表现。如果一味以道德、规范压制社会的阴影部分,不给它释放的空间,阴影的突然爆发将会导致社会所不能接受的行为,造成社会的灾难,例如:恐怖事件、战争等。只有用社会中"善"的力量包容阴影,用敏锐的观察关注阴影,对其具有活力的、创造性的部分进行诱导、激发,对其反社会的部分进行合理释放,才能够使社会处于和谐状态,均衡发展。

村上春树的这部作品以阴影的个性化与人格发展为主题,让我们不得不直面个人发展中思想层面的困惑,更对社会发展中的问题和困惑提出了思考,特别是在日本经历阪神大地震和东京沙林毒气事件之后,面对这些问题,个人、社会应该如何应对,才能从痛苦的创伤中获得重生?其实,就像荣格说的,个性化是个必经的过程,诱发的因素多种多样,在"我"身上体现为巨浪,在你那里可能是别的,在这个社会中是恐怖袭击,在那个社会里可能是其他的问题,但是不论是什么因素,都是不可预测更不可逃避的,只有面对,才能重生。

参考文献

[1] 角谷有一. 作品の深みへ誘う「読み」の授業を求めて—村上春樹『七番目の男』を取り上げ—[J]. 日本文学, 2004, 53(3).

[2] 卡尔·古斯塔夫·荣格. 心理学与文学 [M]. 冯川, 苏克, 译. 北京:生活·读书·新知三联书店, 2011:30, 32, 112.

[3] 霍尔. 荣格心理学入门 [M]. 冯川, 译. 北京:生活·读书·新知三联书店, 1987:4, 56, 57, 61.

[4] 荣格. 潜意识与心灵成长 [M]. 张月, 译. 上海:上海三联书店, 2014:167.

作者简介

沈丽芳,西安交通大学外国语学院讲师,研究方向:日本近代文学。

联系方式

（E-mail）yukisin@126.com

異彩を放つ又吉栄喜の動物ワールド
―「木登り豚」と芥川賞受賞作「豚の報い」を中心に―

续昕宇
（中国・北京外国語大学）

序　論

　1995年、ある中編小説が日本の純文学の頂点とみなされる芥川賞（第114回）の栄冠に輝いた。それは、又吉栄喜という作家の手によって書かれた「豚の報い」という名の小説である。大城立裕、東峰夫に引き続き、芥川賞を受賞した沖縄出身の作家は、これで三人目となる[1]。

　又吉栄喜は、大城立裕と同じように、沖縄の最も多産な作家だと評価されている[2]。彼の小説の題名に目を通しただけでも、ひとつ興味深いことがあるのに気づくだろう。列挙してみれば、「カーニバル闘牛大会」「ジョージが射殺した猪」「ギンネム屋敷」「背中の夾竹桃」「豚の報い」「木登り豚」「果報は海から」「陸蟹たちの進行」などがあるが、つまり、彼のほとんどの作品には、少なくとも一種の動物、あるいは植物が登場している、ということである。それらの動物・植物は、彼の作品を特徴づけているだけではなく、数多くの作品にわたって登場している以上、何かの意味を有し、あるいは、ある役割を果たしているのではないかと思われる。そのオリジナリティーのある文体といい、独特な動物・植物ワールドといい、いずれも又吉という作家の独自な世界を露呈し、その作品を際立たせているのである。

　以上列挙した作品のなかでも、特に興味深く、筆者の目を引いたのは、同じ豚という動物を扱い、しかも関連性のある二作品「木登り豚」と芥川賞受賞作「豚の報い」である。両作品の関連性に関し、1996年9月出版された『別冊カルチュア　木登り豚』という本の帯に、「『木登り豚』は『豚の報い』を触発した作品、根底になっている重要な作品」であるという又吉本人の言葉が印刷されているほか、本書スペシャルインタビューの部分で、作者は、「木登り豚」を「書き終わったときに、何かを含んではいるけど、まだ完結はしていないという気持ちがあった。もっと何かを書ける、という感じがあって『豚の報い』を書いたんです。この作品がなければあの作品はなかったでしょう」[3]と明言している。

---

〔1〕又吉栄喜：『別冊カルチュア　木登り豚』、カルチュア出版（1996）、p.141。
〔2〕マイク・モラスキー（鈴木直子訳）：『占領の記憶／記憶の占領 ― 戦後沖縄・日本とアメリカ』、青土社（2006）、p335。
〔3〕又吉栄喜：『別冊カルチュア　木登り豚』、カルチュア出版（1996）、p.141。

しかも、「ある作品の続きを書くというのは億劫」[1]だと言っている又吉氏にとって、「木登り豚」から「豚の報い」への関係は「唯一の例外」であり、作者もまた、両作品のように「連続していくものは、もうないでしょう」[2]と、予言している。

　そして、筆者の今までの調べによると、「豚の報い」に関する先行研究はあるが、「木登り豚」に関する研究、あるいは両者を関連付けて論じているものがきわめて限られている。したがって、本稿の主な目的は、又吉の作品群におけるこの「唯一の例外」——「木登り豚」と「豚の報い」を取り上げ、「豚」に焦点を当てながら、沖縄文化と又吉の作品における豚の位置づけと役割はいかなるものであるか、「初期小説においては、ポストコロニアル的暴力が発動され続けている場所として沖縄を捉えるというラディカルなまなざし」[3]を特徴とする又吉が、90年代以降になって両作品を通じて構築した「癒し」あるいは「救済」の世界は、いかなるものであるかを検証することにある。

1.　沖縄の文化の中における「豚」の位置づけ

　題名からも分かるように、この二つの作品に共通する物質的要素は「豚」である。技法におぼれず、五感で感じたもの、皮膚感覚というものを出しながら、体験が小説に大きな影響を与えていることを認め、「豚肉が大好きですね。どんな料理もたいらげますよ。ナカミ汁でも、ソーキでも。てびちでも、ミミガーでも」と言っている作者が、豚という要素を作品に取り入れるのは決して不思議なことではないだろうが、いろいろな種類の動物の中から、なぜ豚が際立って選ばれ、さらに作品に頻繁に登場してくるのか、両作品における豚の位置づけと役割を分析する前に、ここでは、まず、沖縄の文化の中における「豚」の位置づけを見てみたい。

　筆者の調べによると、沖縄では、豚は沖縄人の食生活を支え、沖縄料理（琉球料理）の中できわめて重要な位置を占めている。琉球料理といえば、「豚肉を主体とした料理」[4]で紹介されている本もある。本土の日本人が魚介類を愛食するのと違い、同じように海に囲まれている沖縄では、古くから豚の全身部位を使って豚料理をする風俗があるといわれている。豚の肉だけでなく、内臓（沖縄方言では中身(ナカミ)）、血、耳（沖縄方言では「ミミガー」）、顔、豚足（沖縄方言では「テビチ」）、しっぽなどを使った料理の種類がさまざまである。[5]「『豚は鳴き声以外捨てるところがない』というほど沖縄の食文化に根づいて

---

〔1〕又吉栄喜：『別冊カルチュア　木登り豚』、カルチュア出版（1996）、p. 141。
〔2〕同上、p. 154。
〔3〕新城郁夫：「日本語を内破する：又吉栄喜の小説における『日本語』の倒壊」、『日本東洋文化論集』（2006年第12号）、p. 157。
〔4〕野原、俊三：『交通公社のポケットガイド35　沖縄＜宮古島・石垣島・西表島＞』、日本交通公社出版事業局（1990）、p. 28。
〔5〕それに対し、本土の日本人は、豚のレバーを食べる人はいるが、内臓、豚足、耳、顔、しっぽなどを食べる人は少ないらしい。

いる。昔の農家には必ず豚小屋があり、年に一度、正月のご馳走として食されていた」[1]ということからも、豚が沖縄人に愛されていることとその必需性が裏付けられる。興味深いことに、大城立裕の「亀甲墓」という短編の中で、沖縄戦に際し、豚を担いで逃げる人物さえ登場している。

そして、食生活だけではなく、精神の面においても、追立祐嗣氏の言葉を借りて言うなら、「沖縄の、特に精神世界の中における豚の存在」[2]が重要なものである。「ウヮーヌカミ（豚の神）」までいるのはその好例であろうが、又吉栄喜自身も、豚に関し、「沖縄の人は豚肉が大好きですし、神様たちも豚肉が大好きなんです。沖縄の人と沖縄の神をつなぐ媒体としても豚肉は存在するわけ」[3]であるといい、「沖縄の豚は悪魔払いもするし、災いの予言などもする……豚はこのように何百年間も沖縄の人々や神々の象徴になっている」[4]と、発言している。

沖縄の文化の中における豚の位置づけを理解したうえで、以下本稿では、作品の中の「豚」を中心に論述を進めていきたい。

2. 「木登り豚」における「豚」の性質と役割

それほど注目を集めておらず、出版が「豚の報い」に一年ほど後れたが、「花や木」である「豚の報い」を触発した「種子」として、「木登り豚」のほうが栄養価値が高い、と作者自身が言う。ここで、まず、作品の概要を紹介したい。

主人公の正子が、小さい頃母に死なれ、「謎めく」巨大なガジュマルのある土地を誰にも相談せずにリゾート業者に売り、若い女にだまされてあるスナックを買い取ってしまったが、客が集まらず、二十年間続けてきた養豚の仕事にもどった父と、浜崎部落で豚小屋付きの津覇食堂を経営している。しかし、土地が売られたことをきっかけに、三十七年間ボリビアに行っていたカマドおばあがおかしくなり、豚に逃げられるばかりか、結局豚小屋が火災に会うなど、正子の家に一連の出来事が生じた。ユタ的要素のある（ユタを仮装するか）八十五歳のカマドおばあは、それはバチだ、という。正子は、津覇食堂への災いをなくすため、豚肉でお供えしていた素人臭いカマドおばあの指示通り、ガジュマルの下にある、ウカミの宿っている香炉をジープにのせて無人島の東門島に新しい御嶽をつくりにいったが、結末は豚小屋や豚が燃えたところで終わる。

「木登り豚」における豚は、豚小屋の中で養殖されてつぶされる実在している豚と、正子の夢の中に登場する人間の顔と姿勢をした幻想的な豚という二種類に分けることができる。

〔1〕三枝克之編、垂見健吾写真：『風に聞いた話～竜宮の記憶～』、角川書店（2008）、p. 46。
〔2〕追立祐嗣：「ラルフ・エリソン"Flying Home"と又吉栄喜『豚の報い』に見られる土着性のシンボルに関する比較考察」、『沖縄国際大学外国語研究』（2003 年第 6 巻第 2 号）、p. 150。
〔3〕又吉栄喜、池澤夏樹：「土地の輝き、霊の力」、『文学界』（1997 年 3 月号）。
〔4〕又吉栄喜：「随想」、『沖縄タイムス』（1996 年 1 月 18 日）、p. 13。

　実在する豚は、大まか以下のような箇所に登場する。逃されて路地を毅然として行進する二、三十頭の豚たち、畑の中をうろうろしているおとなしい一頭の豚、火事で豚小屋が焼かれて庭で逃げまどう豚たち、そして、黒く焼けた三頭の豚。これらの豚とかかわり、このような事態を招いたのは豚肉が大好きなカマドおばあのようであるが、彼女はガジュマルを拝む所だと思い込み、豚を逃したのはその土地が売られたバチだと考えている。

　豚を逃すばかりか、カマドおばあは、豚小屋に向かうように置かれた香炉に毎日のように手を合わせに来て香炉を通じて正子の家の豚小屋を拝む。沖縄では、香炉の向こう側には御嶽と神様がいるといわれており、人々は大切な香炉を通じて神様を拝む。そこで、正子は、「餌を左右に動かすと、豚も左右に動くように、香炉を動かせばカマドおばあも動く」(34)[1]と考え、手を合わせた後、食堂の入り口に立つようになったカマドおばあを家の前から動かせるため、香炉を移すことを決め、ガジュマルの中のウカミをこの香炉に移させ、香炉を東門島に移し、そこで新しい御嶽をつくった。

　一方、幻想的な豚は正子の夢に中に登場する。第八小節の正子の奇妙な夢は、豚の群衆にかかわるものである。夢の中で、部落の人が一人残らずガジュマルの木陰に集まっている。彼らの顔が豚になったと思いきや、また人間の顔にもどる。これは「豚の報い」における正吉が、豚に母の顔を重ねた想像と似ているが、後述することにしたい。夢の中で、「ガジュマルを抱きかかえるようにひれふしている」豚もいれば、ガジュマルの上に栗鼠のように巧みに登っていく」豚もいる。正子も、「カマドおばあはきっとこの群衆の中にいる」(78)と信じた。これは、ガジュマルの木にウカミが宿っているゆえ、豚に変化した区民が「ひれふしている」ということを説明しているが、現実の「ガジュマルに手をあわせた区民は誰一人いない」(36)ということと矛盾していると思われる。しかし、夢の情景はともかくとして、現実においては、ガジュマルを拝む区民は誰一人いないし、そこは拝む所ではないと正子もきっぱり言うので、もしかすると、ガジュマルはカマドおばあ一人にとっての聖地といえるのかもしれない。そうなれば、正子は、豚肉を持ってカマドおばあをお供えして彼女と用心深く付き合いながら、区民のためというより、むしろカマドおばあ一人のために新しい御嶽をつくるといえるのではないだろうか。

　要するに、本小説における豚は、よく走りまわり、よく逃げまわり、飼い主に迷惑をかけるというイメージを持つ。一方、ここの豚はお供え物でありながら、神様に近い存在、あるいは、神様の代表者だと思われる。香炉越しにカマドおばあに拝まれるし、ウカミと同じように逃げているし、夢の中で、一斉に「返せ、返せ、返せ」(78)と騒ぐのはその証拠であろう。

---

〔1〕本文の引用は、『別冊カルチュア　木登り豚』(1996)と『豚の報い』(1996)による。(　)内はページ数。

3. 「豚の報い」における「豚」の性質と役割

「ドタバタ劇」である「木登り豚」と違い、「豚の報い」において、豚は物語の発生と進行においてきわめて重要な役割を果たしている。換言すれば、もし豚という物質的要素がなければ、物語の発端さえなかったし、毒のある豚がなければ、物語は異なる展開を露呈しているとでもいえる。

作品の冒頭では、食肉工場に向かう途中で、パンクしたトラックから転がり落ちた一匹の白い豚が、ドアが開いていたスナック「月の浜」に闖入し、和歌子という名のホステスの魂（マブイ）を落としてしまった。その厄を落とすために、真謝島（まじゃ）が生地である主人公・大学生の正吉は、一人のママ（ミヨ）と二人のホステス（暢子と和歌子）を連れて真謝島の御嶽（ウガン）に御願に行く。一行は地元の知り合いの民宿に着いたが、一日目は雨、二日目は豚の腸（チム）や肝を食べてあたったせいで、なかなか出発できない。小説の最後、それぞれの苦しみや悩みを抱えながら懸命に生きている四人は、豚による食中毒によってかえって告白できるようになる。四人がこれから行く御嶽も、古くあった御嶽ではなく、正吉が、前代未聞に父の遺骨が晒されている崖の近く（ナカミ）でつくったものである。

さて、この小説に登場する豚について詳しく分析してみたい。「木登り豚」と比べ、本小説における豚と人間の関係はより緊密のように見える。たとえば、三人の女の、豚とのかかわりに関して「闖入」や中毒しか言及されなかったことに対し、正吉と豚の縁は深い。彼の祖母は、酒乱の夫から逃げるため、豚小屋の中に隠れていた時、正吉の母を生んだ。祖父は、酒代の借金の人に豚を差し押さえられたため、競売期日の前々日の夜中、一匹の大きな豚を小舟（サバニ）にのせ、海を渡り、行方不明になった。そして、非業な死を遂げた父に先立たれ、生計の道がなかった母は、豚小屋を使い、豚を飼いだしたが、しだいにおかしくなり、豚に独り言を言うようになった。民宿のベッドで横たわっているとき、正吉は目を閉じ、豚、豚、豚と何度もつぶやき、「目の奥では豚が母の顔になったり、母が豚の姿になったりした」(56)。一方、墨烏賊汁を食べて鼻が黒くなった正吉自身も、鼻黒豚であると和歌子に笑われる。そして、おかみを担いで診療所に行くことをきっかけに、アルバイトのとき、担いだ死んだ豚が思い出される。以上の出来事を踏まえ、本小説における豚のイメージと役割をまとめて見れば、おおよそ以下のようである。

(1) 闖入して来る、厄や毒性を持つ生物
(2) 神からの試練・祟りを表す障害物
(3) 人間を生かすために、自分のひとつしかない体を与えている尊いもの、しかも人間には真似ができない

4. 人助けするもの

以上列挙した四つのイメージと役割は、豚の相反する性質をあらわにしている。すなわち、加害性と必需性である。このような矛盾する性質を持つ豚は、四人が真謝島行き

（告白）の契機となり、途中でそれを妨げたが、結果としては四人の魂を癒したのである。

　作者が明言しているように、「木登り豚」には「豚の報い」の「自然描写や人物のやりとり、会話、発想の原点のすべて」[1]がこめられている。

　両作品の中の豚は、逃げまどうというイメージが強く、食用性やお供え物、といった家畜の物質的な面で享受されているが、豚肉がお供え物としては、作品によって異なる存在方を露呈する。たとえば、御嶽に行くとき、「木登り豚」では、豚肉料理ができるだけ多くの種類を準備されるのに対し、「豚の報い」の結末では、「女たちは豚肉を懸命に食べていた時には、豚肉料理のお供え物を持っていくとはりきっていたが、今は何も持っていなかった」（120）。神様の大好きな豚肉が「放棄」されることは、自力で癒しを求めることに成功したということになる。すなわち、神様を頼りにすることから「解放」し、人間自身の力による救済に変わったのである。そして、カマドおばあ一人の御嶽も、「私は正吉さんの御嶽を信じるわ…… 信じない人は帰って」（114）という和歌子の力強い一言で、みんなが拝む御嶽に変身したのである。

　「輪廻する」豚でつながる二つの作品を通し、豚、人間、神といった三者の関係もより鮮明に描き出されたのである。沖縄人は豚を愛し、カマドおばあや民宿のおかみがウッーヌカミ（豚の神）を含めた神々を拝み、作者は、「木登り豚」では、「人は死んだらウカミにな」（67）り、または「年もいっぱいとると、生きたままウカミに」（80）なる、とカマドおばあや正子に言わせたが、このような思想は「豚の報い」で父の「神々しい」遺骨をもって御嶽をつくるという正吉の行動につながる。一方、神はまた豚を遣わし、人に迷惑をかけたり、魂を落とさせたり、食中毒をさせたり、いろいろな出来事を通し、人間に試練を与え、成長させていくのである。

　最後に、両作品は、豚と人間に共通するところがあることも提示している。「木登り豚」では、正子の夢すなわち無意識の中に登場する豚が人間の顔と姿をしているということは、豚と人間に共通するところがあることをほのめかしていると思われるが、「豚の報い」にいたってそれはいっそう強化されるようになる。たとえば、女たちが豚料理を食べるときの姿は奔放であり、まるで豚のように感じられる。「女たちは冷えた、青白い脂が気味悪く浮いている汁も流し込むように飲んだ……ミヨは吸いこむように肉を口に入れ、口をもぐもぐさせ、巧みに白っぽい骨を出した」（61）「唇から口紅の色が落ち、くっついた脂がテカテカと鈍く光っている」（59）。このような食べっぷりは「千と千尋の神隠し」の冒頭部分さえ思い起こさせる。アニメのように、人間が豚になることはない（または、「木登り豚」の正子の夢の中でしか豚にならない）が、人間が豚と重なるところがあることを明確に暗示している。作品全体を通していえば、つまり、生かされているとともに、他人を生かすのである。最後の正吉の告白も、三人の女が求めていた癒しも「生かされている」証拠ではないだろうか。

（1）又吉栄喜：『別冊カルチュア　木登り豚』、カルチュア出版（1996）、p. 142。

5. 結　論

　「木登り豚」は「ドタバタ劇」であるなら、「豚の報い」は笑いあり、涙ありのエネルギッシュな円満劇である。そして、前者は神様を頼りにする物語なら、後者は人間同士による魂の癒しの物語であるといえる。又吉は、沖縄人になじみのある「豚」という動物に重要な役割を負わせ、見事に「種子」に「花」を咲かせた。豚は沖縄人の食生活、精神世界の支えである一方、人に迷惑をかけることを通じて成長させてくれる、神様に通ずる霊的なものでもある。豚、人間、神といった三者の関係から、両作品に溢れ出ている生命力や希望のようなものを読み取ることができるのである。

参考文献

[1] 宮本常一. 風土記日本 1 九州　沖縄篇 [M]. 14 版. 東京：平凡社, 1974.

[2] 岡本太郎. 沖縄文化論―忘れられた日本 [M]. 東京：中央公論社, 1972.

[3] 沖縄文学全集編集委員会. 沖縄文学全集　第八巻　小説Ⅲ [M]. 東京：国書刊行会, 1990.

[4] 石原千秋, 木股知史, 他. 読むための理論：文学・思想・批評 [M]. 東京：世織書房, 1991.

[5] 池宮正治, 嘉手苅千鶴子, 他. 岩波講座　日本文学史　第 15 巻・琉球文学、沖縄の文学 [M]. 東京：岩波書店, 1996.

[6] 又吉栄喜. 豚の報い [M]. 東京：文藝春秋, 1996.

[7] 又吉栄喜. 別冊カルチュア　木登り豚 [M]. 東京：カルチュア出版, 1996.

[8] 宇野憲治.「豚の報い」論：新しい伝統と現代の精神 [J]. 比治山大学現代文化学部紀要, 1997(3)：31-45.

[9] 塩月亮子. 表象としてのシャーマニズム―沖縄の映画と文学にみるアイデンティティ・ポリティックス―[J]. 哲学, 2002(107)：1-20.

[10] 追立祐嗣. ラルフ・エリソン"Flying　Home"と又吉栄喜『豚の報い』に見られる土着性のシンボルに関する比較考察 [J]. 沖縄国際大学外国語研究, 2003(6-2)：143-160.

[11] 新城郁夫. 沖縄文学という企て：葛藤する言語・身体・記憶 [M]. 東京：インパクト出版会, 2003.

[12] 井上ひさし, 小森陽一. 座談会昭和文学史（第五巻）[M]. 東京：集英社, 2004.

[13] 新城郁夫. 日本語を内破する：又吉栄喜の小説における「日本語」の倒壊 [J]. 日本東洋文化論集, 2006(12)：155-168.

[14] 浜川仁. Eiki matayoshi's pig's revenge：the dismemberment of a community[M]. Okinawa：Okinawa Christian University Review, 2006：69-81.

[15]神田より子，俵木悟.民俗小事典　神事と芸能 [M]. 東京:吉川弘文館,2010.

[16]新谷尚紀，関沢まゆみ.民俗小事典　食 [M]. 東京:吉川弘文館,2013.

[17]丁跃斌，宿久高.冲绳的异化创伤与文学书写——解读又吉荣喜《猪的报应》[J].郑州大学学报（哲学社会科学版）,2014(4):126-131.

作者简介

续昕宇,北京外国语大学日语系 2013 级研究生,研究方向：日本文学。

联系方式

（E-mail）xuxinyu2435@163.com

日本语教育

中日认知差异与惯用语教学对策

徐靖　田静　杨小敏

（中国·西安外国语大学）

"磨洋工""钻空子"都是日常生活中经常使用的形式固定、语义独特的惯用语。惯用语生动、凝练且口语性强，它不仅是语言浓缩沉淀的精华，更是思想和文化的载体，蕴含和承载了丰富的民族文化信息。汉语和日语都有各自的惯用语体系，汉语的惯用语和成语、谚语、歇后语等并列位于熟语的下位范畴。日语中也有大量的惯用语，如「一か八か」（碰运气）、「手に乗る」（上当）等。汉日惯用语的最大特征均是同时拥有词组的字面义和惯用语整体的引申义。可以说，能够准确、娴熟地驾驭外语惯用语，体现的是对深层语言文化的理解和领悟，才算真正拥有了较高的外语水平。所以惯用语既是对外汉语教学和外语教学的重点，也是难点。如何运用对比语言学和认知语言学的理论，制定高效的惯用语教学对策，最终服务于跨文化交际，是本课题的研究所指。

1. 汉日惯用语基本特征

1.1 汉语惯用语

惯用语是汉语熟语中的一个重要类别。自 20 世纪 50 年代起，惯用语的语义特征、形式结构、与其他熟语的界定等问题逐渐成为语言学界的热点课题。近年来，随着认知语言学的不断发展，对惯用语语义机制的认知研究也在逐渐深入。相关先行研究贡献可概括如下：①惯用语的语义具有双层性，除字面的语义外，必须具有深层次的比喻引申意义；它的结构是固定的；在句法功能上它同成语近似，在修辞功能上它有强烈的通俗性和口语色彩（李行健，2002）。②在划界问题上，惯用语以非"二二相承"的结构与成语相区别；以其描述性与具有表述性、知识性的谚语相区别（吴建生，2007）。③惯用语意义生成的认知基础是隐喻、转喻和约定知识等（刘正光、周红民，2002）。

1.2 日语惯用语

日语惯用语的研究，也同样经历了从对概念内涵和外延的争议，到对结构类型、语义功能、修辞特征、语源分析等的不断探索过程。研究结论可归纳如下：①惯用语是凝结度较高且拥有比喻意义的短语，它与格言、谚语并列位于习语的下位范畴，但是与格言、谚语不同，不表示历史性或社会性价值观（宫地，1982）；②惯用语按意义可分为不透明语义、比喻语义和文化相关语义三类（国广，1985）；③惯用语的语源包括俗语和流行语、中日古代典籍、佛教文化用语、西欧和中东文化用语等（松原，1999）。

2. 方所惯用语的认知考察

按语义、品词、结构等不同的标准划分，惯用语则有不同的类型。下面将以方所惯用语

为切入点,考察其认知模式,对比探讨中日认知差异。

2.1 方所词与方所惯用语

表示方位和处所的词,叫作方所词。方位词有单纯方位词和合成方位词,如"上""下""里面""外侧"等;处所词包括地名和机构名,如"黄山""学校"等。方所词关涉的惯用语称为方所惯用语,如汉语的"走后门""高不成低不就"和日语的「机上の空論」(纸上谈兵)、「畳の上で死ぬ」(寿终正寝)。方所惯用语同样具有词组的表层义和惯用语整体的引申义。方所惯用语的语义是如何产生的呢?下面笔者将从认知角度进行剖析。

2.2 概念转喻、概念隐喻

认知语言学指出,概念转喻和概念隐喻是人类最基本的认知模式。概念转喻是指一个概念实体为另一个概念实体提供心理通道,即用同一认知域中一个凸显的概念指代另一个概念;概念隐喻则是发生在两个认知域之间的映射,是用熟悉的具体的事物帮助理解新事物。转喻的认知基础是"邻近性",而隐喻的认知基础则是"相似性"。转喻和隐喻构成连续体关系,转喻提供了隐喻成立的基础,转喻和隐喻有可能同时存在于一个语义扩张中。

2.3 方所惯用语的认知模式

先行研究指出,惯用语的语义生成和概念转喻、概念隐喻及约定知识密切相关。方所惯用语也不例外,它处于转喻—隐喻连续体中。

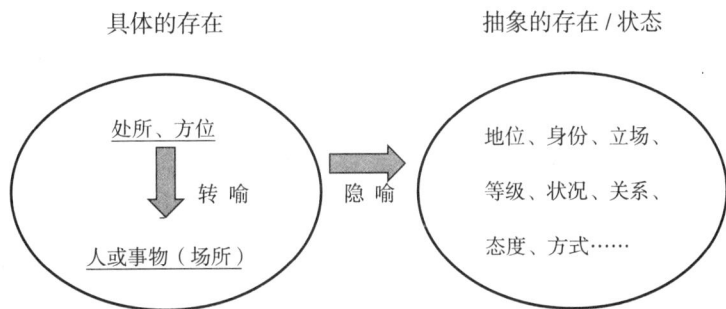

图1　方所惯用语的认知模式

方所惯用语的认知模式既包含转喻也包含隐喻。如图1所示,转喻发生在左侧的同一认知域中,是用凸显的处所和方位指代其邻近(或包含)位置上的人或事物;隐喻则是发生在两个认知域之间,是用具体的人或事物与方所的关系隐喻抽象的地位、身份、立场、态度等等。如"高不攀低不就"表示在择偶或求职方面,不愿攀附或俯就比自己强或弱、比自身条件好或差的异性或工作。此惯用语中,方位词"高"和"低"转喻处于高处或低处的异性或工作,整体隐喻对于择偶或求职的立场和态度。再如日语惯用语「机上の空論」表示"纸上谈兵"。该惯用语的「机上」(桌子上)转喻空想、计划、预想等的场所,惯用语整体隐喻"不付诸实践、毫无实际意义的妄想和空谈"这种行为方式。总之,汉日方所惯用语中,用凸显的方位或处所转喻邻近的人或事物,惯用语整体隐喻立场、态度、方式、状态等。

3．汉日惯用语的认知异同

3.1 汉日惯用语的对应关系

通过上述考察可以发现，汉日的方所惯用语均包含转喻和隐喻认知。那么，汉语和日语的惯用语是否完全一致呢？通过检索日语方所惯用语及其汉译，共计 103 组（数据源为『weblio 電子辞書』和《详解日语惯用语词典》），发现日汉惯用语呈现如下三种对应关系。

第一种，日语惯用语对译汉语惯用语。如「右から左」汉译为"左手进右手出"；

第二种，日语惯用语对译汉语的成语、谚语和俗语。如「余所に見る」汉译为成语"袖手旁观"，「隣の花は赤い」汉译为俗语"家花不如野花香"；

第三种，日语惯用语无对应的汉语熟语，汉译采取注解、说明。如「嵩から出る」注解为"采取强硬态度"。

另外，从汉语惯用语的角度出发，考察其对应的日译，也存在上述三种关系。

以上考察的说明，汉日在惯用语的表达上，既存在共性也存在个性。共性反映在汉日存在惯用语互相对应的部分，个性体现在汉日只有一方有惯用语表达方式。一方用惯用语另一方用成语、谚语等其他类别的熟语对应，则反映了共性和个性的交织。为什么会存在这三种对应关系？下面笔者将探讨汉日对应的动因。

3.2 汉日惯用语的激活动因

汉日在惯用语表达方式上呈现出的三种对应关系，是人类共识文化和民族独特文化被认知激活的体现。

"人类各民族、各种文化虽然千差万别，但都生活在同一个星球上。因此，具有不同文化背景的人会有一些相同的文化积累，从而产生共识文化，共识文化反映在语言中便凝结为共同的文化语义。"（陈家旭，2006）汉日惯用语中存在共性的部分，即是人类共识文化的体现。"惯用语语块既是语言的一部分，也是文化的一部分。不同的民族具有自己的民族心理结构、认知与思维方式，因而不同的语言文化具有其独特的内涵"，"惯用语语块是该民族语言文化特性和心理结构的集中沉淀与表征"，"往往具有浓厚的民族文化色彩和鲜明的独特性"（蒋苏琴，2011）。惯用语所承载的民族文化包括民族独特的风俗习惯、历史典故、民族价值取向和思维方式等。如汉语的"坐冷板凳"和日语的「窓際族」（字面义为"窗边族"）在语义上有交集的部分，都表示"受冷遇"。但是差异在于，"坐冷板凳"除了表示"工作上不被重用"外，还表示"长期等候却不被接见的受冷遇"，此用法在较早的文学作品中就已经出现（详见《官场现形记》第十七回）；而日语的「窓際族」最早出现在 1978 年 1 月 9 日『日本経済新聞』的一篇题为「ニッポン・生きる条件」的报道中，文中将那些被安排在办公室的窗边就座、不被重用也没有任何升迁机会的员工，称为「窓際族」。自此「窓際族」所表示的"在职场遭受冷遇"的语义被确定并逐渐广泛流传、使用起来。

总之，人类的共识文化激活了相似的认知模式，反映在语言层面就是汉日用相似的惯用语以及熟语来表达相近的语义；民族独特的历史、人文积淀激活了各民族独特的认知模式，所以才呈现出惯用语表达上的个性。而这种基于民族独特认知模式的语言个性，正是外语

学习的难点。

4．跨文化交际与教学对策

上文从认知视角分析了汉语和日语方所惯用语中的转喻和隐喻认知；考察了汉日惯用语的对应关系，探讨了中日认知激活的动因——共识文化激活相似的认知模式，呈现出相似和对应的表达方式；民族文化激活各民族独特的认知模式，表现为本民族特有的惯用语等。

语言研究服务于语言文化教学，最终服务于全球化背景下的跨文化交际。认知语言学和对比语言学的成果，不仅为对外汉语教学和日语教学中的惯用语以及其他熟语的习得提供了明确的理论支持，对其他语种的外语教学也同样具有借鉴意义。

4.1 利用共识文化促进正迁移

"跨文化理解在很大程度上受到文化认知特点的影响"（王志强，2005），共识文化及相似的认知模式能帮助跨文化理解，有利于外语学习的正迁移。如惯用语"当耳旁风"和日语的「何処吹く風」语义相同，表达方式也十分相似。又如"你说东他说西"和日语的「右と言えば左」，虽然用了不同的方位词，但语义相同。另外，俗语"油瓶倒了都不扶，万事懒伸手"和「横のものを縦にもしない」的语义和表达手法均如出一辙。有了这些共识文化的积累和铺垫，会增强学习者的兴趣，也会明显提高外语教学的效率。

4.2 认识文化差异，防止跨文化冲突

"求同存异"是跨文化交际的重要指针。文化差异，小则体现在文化表征的差异，如中西方饮食习俗的差异、中日建筑材料与风格的差异等；大则反映在意识形态和价值取向方面，如个人英雄主义和集体主义。又如，即使是"中庸思想"，东西方文化的阐释也大相径庭。

在语言表达上反映出的文化差异也极为明显。如中日对一些动物的好恶取向就相去甚远。汉语虽然也有关于"忠犬"的传说，但是在熟语中"狗""犬"大多为贬义，如"狗咬吕洞宾""狗眼看人低""狗急跳墙""狗腿子"等；日语熟语中的「犬」（狗）大多无贬义，有的还有褒义，如「犬は人に付き、猫は家に付く」（狗恋主人，猫恋家）、「犬も歩けば棒に当たる」（意想不到的灾难或好运突然降临）、「犬猫も三日飼えば恩を忘れず」（猫狗喂养三天都会知恩）等。汉、英对动物的认知取向也清晰地呈现在语言层面，如汉语说"胆小如鼠"，英语却说"chicken-hearted"（胆小如鸡）或"as timid as a rabbit"（胆小如兔），因为在英美文化里兔子等小动物是公认的"胆小"意象的载体。还有汉语中"落水狗""丧家之犬"和英语"lucky dog"也反映出明显的认知差异。另外，在接人待物和处事方式上，中日的价值观和方法论也有不同之处。反映在熟语层面，如中国人比起日本人有时更愿意直接地解决问题，愿意把问题"摆在桌面上"，"当面锣对面鼓"地面对面争论、争议和商量。而日本文化更崇尚委婉地表达、迂回地解决问题，因为日本人相信「短気は損気」（性急必吃亏）。

文化差异是跨文化交际的最大障碍，也是最容易产生文化摩擦、文化冲突的原因。因此外语教学中一定要坚持以文化理解为目的的语言学习原则。外语熟语教学是了解和探索异

文化的重要"桥梁"。教师应充分把握这一契机,将反映民族独特文化的熟语作为教学的重点,以介绍具体的文化差异、价值观差异为突破口,通过文化背景讲解、文化语境示例、重点练习等方式,对不同文化投射出的熟语进行重点教学规划。

4.3 理解文化的不对称性,突破跨文化困境

与文化差异有别,文化的不对称性表现在相似的语义却用不同的表达方式上,即价值观相近而方法论不同。虽然没有价值观的对峙,但是本族认知模式投射在母语中,会导致先入为主等文化定势或文化期待,造成外语熟语理解的负迁移,成为跨文化困境。

面对文化的不对称性,既要从多视角去观察异文化的不同层面,又要积极探索和理解不对称异文化发展的轨迹。如"磨洋工"和「油を売る」语义相同,均指"干活磨蹭,故意拖延时间"。但是这两个惯用语对外语学习者来说,很难理解字面义和引申义之间的关系。事实上,引申义诞生的认知基础均和中日的历史事件、文化风俗有关。"磨洋工"中的"磨工"一词,原是建筑工程的一道工序,就是对砖墙的石材表面进行打磨,讲究"磨砖对缝"。"磨洋工"一词和协和医院的建造史有关。1917—1921 年,美国用清政府的"庚子赔款"在京建造协和医院。因是外资工程又是洋人设计,所以老百姓称其为"洋工"。又因该洋工中的磨工工序浩繁复杂,所以工人们称之为"磨洋工"。该词组本无磨蹭、怠工语义,后来出于对列强侵华的愤懑和发泄,才逐渐演变为消极怠工及之后的贬义色彩。由此可见,该惯用语的文化语义和建筑用语、历史事件及民族心态密切相关。日语惯用语「油を売る」源于日本江户时代常见的生活画面。该词组的字面义是"卖油",具体指卖发油。江户时代的日本男女都梳发髻,也都使用发油,发油是江户百姓的生活必需品。卖发油的小商贩们走街串巷挨家挨户兜售,但是因发油黏性大,往买主的油罐中装油需要耽误不少工夫,此时,小商贩们就会和买油的主妇们闲聊打发时间。之后,「油を売る」便逐渐产生了"拖延、磨蹭、偷懒"的语义,即该惯用语的文化语义和历史文化、风俗习惯有关。

同样是"怠工、磨蹭"的语义,不同的文化生态激活了不同的认知模式,造成了文化的不对称性。所以,教学策略是架构从字面义到引申义的"桥梁",通过了解文化生态,解读深层的文化语义。

惯用语所反映的文化语义源自本民族历史文化、风俗人情及社会生活的许多层面。如"马后炮"和象棋规则有关,"炒鱿鱼"源自广东方言,"拍马屁"和北方游牧民族夸赞马匹的动作习惯有关,"吹牛皮"源自早期黄河上的交通工具——牛皮筏和羊皮筏的对比,"空城计"则是著名戏曲曲目的语义延伸。对外汉语教学中,对这些惯用语文化语义的深入解读,是帮助学习者达成跨文化理解的关键。

惯用语不仅是思想的载体,更是民族文化的积淀和结晶。惯用语因其语义生成机制的复杂性,成为外语教学的难点,也是跨文化交际无法回避的问题。从转喻、隐喻的视角探讨惯用语的认知模式,有利于把握惯用语语义生成基础;从对比角度考察惯用语,并进而分析认知激活的动因,为学习者提供了深入解读共识文化和民族文化的契机。惯用语以及熟语的教学关键,在于超越字面义、探索和理解引申义诞生的文化生态。在外语教学方面,利用共识文化促成学习的正迁移,提高教学效率;认识文化差异,防止文化偏见,避免跨文化冲

突；理解文化的不对称性，克服文化定势，突破跨文化困境。对外语惯用语以及熟语的学习过程，就是深入解读异文化、内省民族文化的过程。透过语言现象探索异文化的目的是提高跨文化交际能力，最终服务于全球化时代背景下的跨文化交际。

参考文献

[1] 李行健. 惯用语的研究和规范问题 [J]. 语言文字应用,2002(1):55-60.

[2] 吴建生. 惯用语的界定及惯用语辞典的收目 [J]. 语文研究,2007(4):10-17.

[3] 刘正光,周红民. 惯用语理解的认知研究 [J]. 外语学刊,2002(2):7-14.

[4] 宮地裕. 慣用句の意味と用法 [M]. 東京:明治書院,1982.

[5] 国広哲弥. 慣用句論 [J]. 日本語学,1985(4-1):4-14.

[6] 松原純一. 現代日本語の慣用句(続)—日本人の知恵—[J]. 聖徳大学研究紀要第一分冊(人文学部),1999(10):93-99.

[7] 陈家旭. 英汉语隐喻认知对比的哲学基础 [J]. 外语教学,2006(5):24-27.

[8] 蒋苏琴. 惯用语语块的认知理据性及其文化生态探微 [J]. 外语语文,2011(6):95-97,116.

[9] 王志强. 文化认知与跨文化理解——以中德跨文化交际为例 [J]. 德国研究,2005(3):71-77.

基金项目

本文系陕西省教育厅专项科研计划项目《认知视域下的汉日惯用语对比研究》(项目编号：15JK1608)和教育部人文社会科学研究一般项目《基于语料库实证分析的汉日空间表达方式对比研究》(项目编号：12YJA740083)以及教育部人文社会科学研究一般项目《语言类型学视角下的日汉结果构式对比研究》(项目编号：15YJC740008)的阶段性研究成果。

作者简介

徐靖,西安外国语大学副教授,研究方向：汉日对比研究,认知语言学研究。

田静,西安外国语大学讲师,研究方向：日本文学。

杨小敏,西安外国语大学助教,研究方向：日本文化。

联系方式

徐靖(E-mail)xujing@xisu.edu.cn

田静(E-mail)tianjing@xisu.edu.cn

杨小敏(E-mail)yangxiaomin@xisu.edu.cn

基于口语语料库的中国学习者
日语复合动词使用研究

陈 曦

（中国·西安外国语大学）

1. 引 言

本文所探讨的复合动词（Compound Verbs, CV）是指前一个动词的连用形（前项动词，V1）结合后一个动词（后项动词，V2）所构成的词，如「泣き叫ぶ」「降り始める」。因其具有高频率、多义性和新颖性等特点，被认为是日语词汇复杂部分的代表。掌握复合动词的结合条件和使用规律，在语言交际中灵活、恰当地使用复合动词是日语学习者提高语用能力的重要方面。近年来复合动词习得研究渐受关注，研究者们以不同母语背景的日语学习者为研究对象，尝试从认知、母语迁移等角度解释复合动词习得的特点（松田文子，2004；陈曦，2004；白以然，2007等）。

随着语料库语言学的发展，利用语料库探讨复合动词习得的研究开始出现，并成为复合动词习得研究的大趋势。陈曦（2007，2008）运用语料库研究方法，对不同母语背景、不同日语能力的二语学习者的复合动词使用进行了研究。本文在陈曦（2007，2008）的基础上，通过对比本族语者语料和学习者语料，就中国学习者口语中复合动词的使用情况进行研究。

2. 研究设计

为保证数据的同质性，本研究选用以 OPI[1]形式收集的语料作为研究素材。学习者语料取自"KY 语料库"[2]，总字数为 314,784。本族语者参照语料取自"上村语料库"[3]，总字数为 318,276。

对两个语料库分别进行语料赋码和数据提取后，制成复合动词一览表。参照影山（1993），将复合动词分为句法性复合动词（前后项动词构成主谓关系如「食べ過ぎる」或补足关系如「読み続ける」的复合动词）和词汇性复合动词（句法性复合动词以外的复合动词）

---

[1] OPI 是指美国外语教育协会（ACTFL）的口头表达能力测试。其特点是在 30 分钟以内最大限度地使受试者的口头表达能力得以发挥，并根据 ACTFL 外语能力标准将受试者的外语水平进行分级。将 OPI 的采访录音转写为文字资料形成口语语料库。

[2] 以汉语、英语、韩语为母语的学习者各 30 人共计 90 人的语料。本文选用当中 25 名汉语本族语者语料（中级 10 人、高级 10 人、超级 5 人）。另一部分学习者语料为镰田修教授收集的未收入"KY 语料库"的 25 名汉语本族语者语料（中级 10 人、高级 14 人、超级 1 人）。

[3] "上村语料库"是由上村隆一教授负责建立的以 OPI 形式收集的口语语料库。其中包括 54 名本族语者的语料，以及以英语、韩语、汉语、俄语等为母语的 66 名学习者的语料。本文选取其中本族语者 50 人的语料。

两大类。对两个语料库进行复合动词词频统计，对于频数间的差异比较，采用卡方检验。

3．结果与讨论

3.1 复合动词使用总体特点的比较

表1表明，在本族语者语料和学习者语料中，动词使用数分别占总字数的5.46%和5.01%，卡方检验表明，在动词使用频率上两者无显著差异（$\chi^2=2.20$, ns）。本族语者的复合动词总计数343（占总字数百分比为0.11%）、区别数174（占复合动词总计数百分比为52%），学习者的复合动词总计数131（占总字数百分比为0.04%）、区别数79（占复合动词总计数百分比为60.3%），卡方检验显示，两者在复合动词使用的频率和多样性上均存在显著差异（总计数：$\chi^2=64.87$, p<0.01；区别数：$\chi^2=30.59$, p<0.01）。

表1 复合动词使用总体情况的比较

	本族语者（上村）	中国学习者（KY）
总字数	318,276	314,784
动词数	17,380	15,766
（占总字数的百分比）	(5.46%)	(5.01%)
复合动词总计数	343	131
（占总字数的百分比）	(0.11%)	(0.04%)
复合动词区别数	174	79
（占复合动词总计数的百分比）	(52%)	(60.3%)

从表2看，无论是本族语者还是学习者，10个高频复合动词均占其复合动词总计数的30%—40%。无疑在教学中优先导入高频复合动词能够促进复合动词的习得。在这10个高频复合动词中，「でかける」「みつける」「つきあう」是相同的（下划线项目）。在本族语者使用的高频复合动词中，有「働きすぎる」「話しかける」「思い始める」等句法性复合动词。而学习者使用的高频复合动词中，除「話し合う」以外均为词汇性复合动词。也就是说，学习者有过少使用句法性复合动词的倾向。另外，本族语者使用的高频复合动词中，有「申し上げる」「差し上げる」等敬语复合动词，而学习者使用的高频复合动词中，没有敬语复合动词。我们推测，学习者有过少使用敬语复合动词的倾向。

表2 10个高频复合动词的比较

本族语者（上村）			中国学习者（KY）		
复合动词	词汇性／句法性	占CV总计数343的百分比	复合动词	词汇性／句法性	所占CV总计数131的百分比
出かける	词汇性	25(7.3%)	つきあう	词汇性	10(8.6%)

续　表

本族语者（上村）			中国学习者（KY）		
复合动词	词汇性／句法性	占 CV 总计数 343 的百分比	复合动词	词汇性／句法性	所占 CV 总计数 131 的百分比
ひっこす	词汇性	21(6.1%)	出かける	词汇性	8(5.7%)
働きすぎる	句法性	8(2.3%)	乗りかえる	词汇性	6(4.3%)
つきあう	词汇性	7(2.0%)	ひきだす	词汇性	6(4.3%)
見つける	词汇性	7(2.0%)	みつける	词汇性	6(4.3%)
申し上げる	词汇性	7(2.0%)	とりあげる	词汇性	4(2.9%)
話しかける	句法性	6(1.7%)	つっこむ	词汇性	3(2.9%)
差し上げる	词汇性	5(1.5%)	とりいれる	词汇性	3(2.9%)
恐れ入る	词汇性	5(1.5%)	話しあう	句法性	3(2.9%)
思い始める	句法性	5(1.5%)	申しこむ	词汇性	3(2.9%)
合计		96(28%)	合计		55(43%)

　　复合动词是由前项动词和后项动词结合而成的词，而复合动词的中心词基本都在后项动词（影山，1993：101）。诸如「～こむ」「～だす」等后项动词、「ひき～」「とり～」等前项动词因其高频性、多义性的特点成为困扰学习者日语学习的难点所在。以下分别探讨复合动词的后项动词及前项动词的使用特点。

3.2　高频后项动词的比较

　　表 3 列出了本族语者和学习者使用频率最高的 10 个后项动词。两个语料库中，有「～かける」「～あう」「～こむ」等 7 个后项动词共同出现。这个结果表明，尽管这 7 个后项动词在两个语料库中的频数不同，但学习者和本族语者一样，口语中都依靠这些高频后项动词来表达意义。此外，从高频后项动词占复合动词总计数的比例来看，学习者（74.0%）远高于本族语者（53.4%）。我们推测，由于受二语水平的制约，学习者对后项动词词汇掌握的深度和广度都不够，只能反复依靠一些高频后项动词表达思想。

　　以「～かける」为例，本族语者使用的 6 种 34 个「～かける」中，除「でかける」外，「読みかける」「走りかける」等 5 种的前项动词均为动作性动词，「～かける」为前项动词添加“开始”的语义。学习者所使用的 3 种 11 个「～かける」中，8 个为「でかける」，另外 3 个是表示“搭话、打招呼”的「話しかける」和「しゃべりかける」，即学习者有过少使用表达“体”的「～かける」的倾向。学习者只掌握了「～かける」的某一个或几个义项，而没有学会「～かける」的其他用法。「～かける」使用过少的原因是没有对应的汉语对等词，语义较难把握。学习者在口语表达这样的主动性产出中，都会尽量使用自己熟悉和有把握的用法，对不太了解的用法采取回避策略。另外，在本族语者的 10 个高频后项动词中，有「～はじめる」「～続ける」等表示“体”的后项动词，而在学习者语料中，这两项都未进入 10 个高频后项动词范围。由此可见，学习者有过少使用表示“体”的后项动词的倾向。

表3　10个高频后项动词的比较

本族语者（上村）			中国学习者（KY）		
V2（V1 种类） V1 共 66 种	V2 总计数	占 CV 总计数 343 的百分比	V2（V1 种类） V1 共 79 种	V2 总计数	占 CV 总计数 131 的百分比
かける (6)	34	9.9%	あう (7)	19	14.5%
あう (11)	30	8.7%	だす (7)	14	10.7%
こむ (12)	23	6.7%	こむ (8)	13	9.9%
あげる (7)	19	5.5%	かける (3)	11	8.4%
すぎる (7)	16	4.7%	つける (3)	9	6.9%
つく (4)	13	3.8%	すぎる (7)	8	6.1%
つける (7)	13	3.8%	かえる (3)	8	6.1%
だす (8)	12	3.5%	あげる (3)	6	4.6%
はじめる (7)	12	3.5%	いれる (2)	5	3.8%
続ける (7)	11	3.2%	あわせる (2)	4	3.1%
合计	175	53.4%	合计	97	74.0%

「～あう」是学习者使用频率最高的后项动词，占复合动词总计数的 14.5%，远高于本族语者（8.7%），这表明学习者有多用「～あう」的倾向。在这里通过两个学习者的例句来看「～あう」的使用状况。

例（1）駅で6時までまちあおう（→待ち合わせる／あう）ね。（6点之前在车站见面吧。）（笔者译）

例（2）やはり指導教官と研究課題について話し合いたい（→相談に乗ってもらいたい）とおもっております。（还是想就研究课题与老师商量。）（笔者译）

例（1）是一个中级学习者产出的偏误句。"集合、见面"的一般表达方式为「待ち合わせる」「あう」，而不是「まちあう」。学习者将汉语中的"等待见面"对应为「まちあう」，从而导致了偏误。例（2）是一个超级学习者的偏误句。"（想与老师）商量"的更贴切更符合语境要求的表达方式为「相談に乗ってもらいたい」，而非「話し合う」。产生这种偏误的原因可能是受母语迁移的影响，学习者将「話し合う」对应为汉语的"对话、商量"，从而导致使用不当。如果想改变学习者复合动词习得的不理想状况，就有必要提供更优质的输入，让学生记住更多地道的、带有情景语境信息的实例，以减少母语思维的干扰。

3.3 高频前项动词的比较

表4列出了本族语者和学习者使用频率最高的 10 个前项动词。结果显示，「で～」「ひき～」「とり～」等 7 个是共现的，尽管顺序不同。在本族语者和学习者的复合动词使用中，10 个高频前项动词所占复合动词总计数的比例分别为 51.6% 和 61.8%。这表明，在前项动词的使用上和后项动词一样，本族语者和学习者有着较强的共性。「ひき～」「とり～」等

作为前项动词时,往往失去原本语义,而给后项动词添加某种属性。如「引っ返す」「取り囲む」中的「ひき〜」「とり〜」都只起加强语气、强调的作用。学习者由于不能区分单纯动词和复合动词的语义差别采取回避策略,从而导致「ひき〜」「とり〜」等高频前项动词的使用频率偏低。在复合动词习得研究中,前项动词未受到应有的重视。本调查结果显示,掌握如「とり〜」「み〜」「ひき〜」等高频前项动词,对复合动词的习得有着重要的意义。

表 4　10 个高频前项动词的比较

本族语者(上村)			中国学习者(KY)		
V1(V2 种类) V2 共 80 种	V1 总计数	所占 CV 总计数 343 的百分比	V1(V2 种类) V2 共 32 种	V1 总计数	所占 CV 总计数 131 的百分比
でる(3)	29	8.5%	みる(4)	14	10.7%
ひく(7)	27	7.9%	とる(8)	13	9.9%
とる(14)	24	7.0%	つく(2)	13	9.9%
みる(11)	21	6.1%	でる(2)	9	6.9%
おもう(9)	17	5.0%	ひく(3)	8	6.1%
する(10)	16	4.7%	のる(1)	6	4.6%
つく(3)	13	3.8%	うける(4)	5	3.8%
もうす(2)	12	3.5%	はなす(2)	5	3.8%
さす(4)	9	2.6%	おもう(2)	4	3.1%
うつ(3)	9	2.6%	もうす(2)	4	3.1%
合计	177	51.6%	合计	81	61.8%

3.4 不同日语水平学习者使用情况的比较

表 5 列出了不同日语水平学习者的复合动词使用情况。从表 5 可看出,高级和超级学习者的复合动词使用数为 108 个,占学习者复合动词总计数的 82.4%。再从各组的复合动词人均使用数来看,中级为 1.2 个,高级为 2.8 个,超级为 6.7 个,本族语者为 6.7 个。这个统计结果表明,随着学习者日语水平的提高,复合动词的使用频率及种类都呈增加趋势。

表 5　不同日语水平学习者使用情况的比较

	中级学习者 20 人	高级学习者 24 人	超级学习者 6 人	学习者合计 50 人	本族语者 50 人
复合动词使用数 (占 CV 总计数 131 的百 分比)	23 (17.6%)	68 (51.9%)	40 (30.5%)	131	343

	中级学习者 20 人	高级学习者 24 人	超级学习者 6 人	学习者合计 50 人	本族语者 50 人
复合动词区别数	15	48	29	79	174
人均复合动词使用数	1.2	2.8	6.7	2.6	6.7

表 6 列出了中级、高级、超级学习者及本族语者使用频率最高的 5 个后项动词。数据表明，「～あう」是所有组共现的后项动词，即不论日语学习水平如何都有过多使用「～あう」的倾向。而超级学习者与本族语者有 4 项是共通的，这说明超级学习者的复合动词使用较为接近本族语者水平。然而，从占复合动词总计数的百分比来看，超级学习者的 65% 远高于本族语者的 35.6%，即超级学习者在复合动词的使用多样性上与本族语者存在差异。

表 6　不同日语水平学习者 5 个高频后项动词的比较

中级学习者 20 人 CV 数:23		高级学习者 24 人 CV 数:68		超级学习者 6 人 CV 数:40		本族语者 50 人 CV 数:343	
V2(V1 种类)	总数	V2(V1 种类)	总数	V2(V1 种类)	总数	V2(V1 种类)	总数
かける(1)	4	あう(3)	8	あう(4)	7	かける(6)	34
あう(3)	4	つける(2)	7	こむ(4)	8	あう(11)	30
あげる(2)	3	だす(5)	7	だす(2)	5	こむ(11)	23
かえる(2)	3	すぎる(5)	6	かける(2)	3	あげる(7)	19
こむ(1)	3	いれる(2)	6	すぎる(2)	3	すぎる(7)	16
合计	17	合计	34	合计	26	合计	122
占 CV 数的百分比	73.9%	占 CV 数的百分比	50.0%	占 CV 数的百分比	65.0%	占 CV 数的百分比	35.6%

4. 结　语

本文运用语料库研究方法，就中国人学习者日语口语中的复合动词使用情况进行了研究。结果表明，学习者在复合动词的使用上，无论是频率还是多样性和本族语者相比均存在显著差异。学习者使用复合动词既有使用不足的倾向，也有使用过多的倾向，但前者比后者严重。句法性复合动词、敬语复合动词以及表示"体"的复合动词使用不足，「～あう」「とり～」等后项、前项复合动词使用过多，反映出学习者复合动词词汇知识的广度与深度不够的特征。随着学习者日语水平的提高，复合动词使用的数量和类型都有所提升，但与本族语者相比仍然欠缺。

今后的研究拟从以下两个方面加以改进。第一，加大语料的规模。笔者在选择语料时，注意了语料内容和形式以及数量的匹配性，今后将在语料规模上加以改善。第二，本研究只是初步的描述性研究，主要采用定量分析的方法，而定性的分析不够。今后将对学习者的复合动词偏误进行研究。第三，对中日复合动词进行对比分析，在此基础上进行中介语中复合

动词项目习得难度的预测,并采用实验法进行验证。

参考文献

[1] 影山太郎. 文法と語形成 [M]. 東京:ひつじ書房, 1993.

[2] 陳曦. 中国人学習者における複合動詞の習得に関する一考察—「～あう」と「～こむ」の理解に基づいて— [J]. ことばの科学, 2004(17):59-79.

[3] 陳曦. 学習者と母語話者における日本語複合動詞使用状況の比較—コーパスによるアプローチ [J]. 日本語科学, 2007(22):79-99.

[4] 陈曦. 关于日语复合动词的习得研究 [M]. 北京:中国社会科学出版社, 2008.

[5] 白以然. 韓国語母語話者の複合動詞「～出す」の習得—日本語母語話者と意味領域の比較を中心に— [J]. 世界の日本語教育, 2007(17):79-91.

[6] 松田文子. 日本語複合動詞の習得研究—認知意味論による意味分析を通じて [M]. 東京:ひつじ書房, 2004.

基金项目

本文系 2011 年教育部人文社科项目"基于语料库实证分析的中日复合动词对比研究"(编号:11YJC740014),2015 年陕西省社科基金项目"基于历时语料库的日语 复合动词习得研究"(编号:2015K027)的研究成果。

作者简介

陈曦,西安外国语大学日本文化经济学院副教授,研究方向:二语习得、日语语言学。

联系方式

(E-mail)chingi99@qq.com   chenxi@xisu.edu.cn

"翻转课堂"在高校日语语法课程的应用

赵萍　王盟　穆海晶

（中国·大连交通大学）

1．背景与概念

说到基础教育中翻转课堂的起源，人们通常将美国科罗拉多州一所山区学校——林地公园高中的两位化学教师视为创始者。当时这所山区学校的许多学生由于各种原因时常缺课，而且一些学生好多时间花在了往返学校的班车上，很多学生无法跟上正常的学习进度。2007年春天，学校化学教师乔纳森·伯尔曼（Jonathan Bergmann）和亚伦·萨姆斯（Aaron Sams）开始使用视频软件录制PPT演示文稿并附上讲解声音。他们把结合实时讲解和PPT演示的视频上传到网络，以此帮助缺席的学生补课。不久他们进行了更具开创性的尝试——逐渐以学生在家看视频、听讲解为基础，在课堂上，教师主要进行问题辅导，或者对做实验过程中有困难的学生提供帮助。

翻转课堂（The Flipped Classroom）是一种创新教学模式，近年来在美国日渐流行。所谓翻转，主要指重新建构了学习流程。在传统的教学模式中，学生通常在学校里听老师讲课，课后复习、做作业，然后参加考试。在翻转教学模式中，学生先通过老师制作的教学视频自学，到了课堂上，做一些实践性的练习，并利用学到的知识解决问题。在学生遇到困难时，老师会进行指导，而不是当场授课。学生进行的通常是项目式学习，教师则要针对不同学生进行区别化指导。

近年来我国兴起的翻转课堂现象较为复杂，尚属起步阶段，仍有很多问题需要探讨。

2．如何将翻转课堂引入到日语语法教学

2.1 日语语法的学习意义

在进行日语语法课时，每学期的第一堂课，我都会问学生一个问题："大家喜欢学习语法吗？"这个问题，目前为止我没有收到几个肯定的回答。大多数都是"一直讨厌学习语法"，"语法课是我觉得非常难熬的时间"，"没有办法，必须得学"等的回答。为了提高学生学习日语语法的兴趣，笔者觉得非常有必要和学生讨论日语语法的学习意义。为此，接下来我都会给学生看两段简短的视频。第一个视频是关于天才猩猩Kanzi（倭黑猩猩，学名"Pan paniscus"，曾经也叫作"Pygmy Chimpanzee"，是类人猿的一种）的故事。专家认为它比黑猩猩的智商更高，甚至可以与人进行高度的非语言交流。课上我会先播放这段录像，让学生思考Kanzi的非语言行为与人类通过语言进行的交流活动有什么不同。之后再让学生看一下婴儿表达时的实例，对比二者又有什么不同。结果我们发现，比起只会牙牙学语的一岁婴儿，似乎Kanzi的沟通能力更强。但是幼儿到了三岁，单词量和语言表达的丰富性会达到一个

Kanzi 无法企及的高度。其中最重要的区别在于，人类掌握了过去、现在、将来等时态和助词等复杂的语法，也就是说语法能使交流更加顺畅。如果仅用单词来沟通交流，表达事物的名称尚且可以，但是如果想用单词表达一件事的话，就需要相当庞大的单词量了。可见，语法会使语言交流变得更加丰富多样，会使句子更加准确。特别是在备考日语能力考试时，通过对语法的系统学习，能提高日语能力并促进和丰富日语的语言表达。

2.2 利用微视频将翻转课堂引入日语语法教学

传统的学校课程，为了配合全班的进度，教师只要求学生跨过一定的门槛（例如及格）就继续往下教。如果遇到复杂、抽象的知识点，接受能力较差的学生因难以理解或理解不透彻就不会应用，而接受能力强的学生又不能满足于教师点到为止的讲解。如果将翻转课堂引入大学的日语语法教学，可尝试通过 PPT 配以解说然后转换成视频的方式，制作短小精悍的微视频，从而将复杂、抽象的语法用法进行区分。学生可在课上或课后观看微视频，完成信息的传递过程。生动的视频可以吸引学生的注意力，强化教学效果。接受能力较差的学生可以在课外反复观看，直至掌握。接受能力强的学生则可以通过微视频提前学习接下来的内容。而课堂上，教师可以利用更多的时间与学生进行互动、答疑、个性指导，完成知识的吸收内化过程。这种翻转课堂模式可以促进日语教与学方式的根本转变，促进学生的学习效果，提升教师的教学质量。下面以大连交通大学日语专业 2012 届学生为例，介绍翻转课堂在日语语法教学中的具体应用，并通过对学生的问卷调查来分析其实践效果。

2.2.1 翻转课堂的具体应用

在讲解语法「上に」「上で」及「上は」三者的使用区别时，笔者采用了"271"的模式，即课堂 45 分钟按照 2:7:1 的比例，划分为"10+30+5"，要求教师的讲课时间不大于 20%，学生自主学习占到 70%，剩余的 10% 用于每堂课的成果测评，并将学生自主学习的 70% 根据课堂的实际情况，按照三等分的形式来进行。课堂上的时间安排大致是这样的：前 10 分钟，了解学生观看微视频的学习效果，落实课前情况；再 10 分钟，教师就三者的用法区分结合具体例子加以讲解；再 10 分钟则用于学生之间在微视频上遇到的问题的相互讨论和吸收，教师作为指导者可以就个别学生之间无力解决的疑难问题加以解答；再 10 分钟则让学生利用学到的语法来设计一段情景会话（每到这个环节，学生们都跃跃欲试，交流各自团队的"作品"）；最后的 5 分钟用于本小结课的总结以及新语法的引导。

2.2.2 问卷调查

日语语法课程在推行翻转课堂以来，学生的学习效果如何？学生对今后的改革有哪些意见？为此，笔者对在校大四学生共计 210 人（五年制学生）进行了一次问卷调查。在第一个问题"课前观看微视频吗？"的回答中，78% 的同学选择"观看"，22% 的同学选择"不看"。在第二个问题"没有进行改革之前，课前预习吗？"中，49% 的同学回答"预习"，51% 的同学回答"不预习"。通过对比这些数据可以看出，通过翻转课堂的教学改革，学生自主学习的能力提高了，因为"如果课前不观看微视频，课堂上就不知道老师在讲什么，课堂就跟不上，自己只好下课再多次反复观看学习"。而对于第二个问题回答"不预习"的理由是"没有必要预习，因为老师都会讲的，课堂上只要听老师讲课就可以了"。在第三个问题"是否喜欢现在的

课堂模式?"中,92%的同学喜欢现在的课堂模式,理由是"现在课堂上觉得自己好像是主人,不能睡觉,不能打盹,有时还要配合小组一起表演,不能丢脸,下课前老师还要给测评,所以感觉上课挺有趣的"。在第四个问题"本学期的日语语法课对你的日语语法学习帮助大吗?"中,87%的同学回答"很有帮助",理由是"以前的语法课是最头疼最枯燥无味的课,只能死记硬背,考完试就忘记了。但现在的不同,因为课前自己先要自主学习,所以对自己搞不懂的地方印象比较深刻,课堂上自己设计的情景会话也有助于应用和理解,所以语法记得比较牢固"。在第五个问题"针对课程改革的意见"中,有的同学回答"希望在其他的科目中也推行翻转课堂";有的同学回答"课前的微视频可以多加几个,多些练习";有的同学回答"对于日语基础差的学生来说,这种课堂太难了,好想从一年级重新来";等等。可见学生的学习兴趣明显变得浓厚起来,对于那些基础较差的学生来说,作为引路人的教师应该因材施教,一方面让学生反复观看视频,一方面又要对学生进行个别指导,争取在毕业之前达到学习效果的最佳化。

2.2.3 调查结果分析

从我自己的亲身经验中不难发现,在推进实施翻转课堂的过程中,学生因为对微视频热情很高,课前的知识点学习更为扎实,在课堂上学生参与课堂交流的表现更为突出,学生的学习热情和积极性也大大提高了。翻转课堂在以下两方面从根本上改变了我们的学习。

第一,通过"翻转"让学生自己掌控学习。翻转课堂后,利用微视频,学生能根据自身情况来安排和控制自己的学习。学生在课外或回家看教师的视频讲解,完全可以在轻松的氛围中进行,而不必像在课堂上教师集体教学那样紧绷神经,担心遗漏什么,或因为分心而跟不上教学节奏。学生观看视频的节奏快慢全在自己掌握之中,懂了的快进跳过,没懂的倒退反复观看,也可停下来仔细思考或笔记,甚至还可以通过聊天软件向老师和同伴寻求帮助。

第二,通过"翻转"增加了学习中的互动。翻转课堂最大的好处就是全面提升了课堂的互动,具体表现在教师和学生之间以及学生与学生之间。由于教师的角色已经从内容的呈现者转变为学习的教练,这让我们有时间与学生交谈,回答学生的问题,对每个学生的学习进行个别指导。当教师更多地成为指导者而非内容的传递者时,我们也有机会观察到学生之间的互动。我们在教室内巡视过程中注意到学生们彼此帮助、相互学习和借鉴,而不是依靠教师作为知识的唯一传播者。

3. 面临的问题与解决途径

翻转课堂在给高校课堂带来活力和生机的同时,也出现了很多新的问题,就笔者自身的实践经验来看,认为有以下几个问题。

第一,如同教育质量好不好,起决定性作用的是教师的专业素养一样,翻转课堂也是如此。课堂教学模式的改变,对教师提出了更高的要求。如果教师制作的微视频质量一般或较差,不仅对课堂教学没有帮助,相反会起到阻力。因此既需要教师具备较强的计算机操作技能和媒体设计能力,以便对课程进行科学合理的知识萃取、教学设计及媒体设计。同时也需要对丁本节课的重点难点熟记于心,设计有层次和梯度的练习,尽可能地估计学生会出现

的问题,并进行拓展深化。这个过程就是我们青年教师专业素养提升的过程。

第二,鉴于大连交通大学日语专业学生都是普通高校大学生,甚至有很多是调剂到此专业的,自控力和自学能力不是很强,因此有些学生不能很好地完成课前的自学过程,只是被动地观看视频,课堂上自然而然也就不能和教师完成互动。基于此种状况,笔者认为完全将课堂翻转是不可取的,或者对每次课的疑难点进行个别翻转,以此来加强加深对其的记忆;或者每个月进行一次课堂的翻转,以此让学生对课堂保持新鲜感和紧迫感。

第三,通过这两个学期的实践,笔者认为所有课程都进行翻转也是不可取的。就日语课程而言,笔者认为不是所有的课堂都应以语法为主,以讨论为主。大部分的课堂都应以语法为辅,会话和听力为主。课堂上应把大量的时间用于学生的"说"和"听"上,而不是用于讨论语法的正确性与否上。只有通过反复的精深练习和模仿、背诵,才能熟能生巧,达到灵活运用。因此我们应该具体课程具体分析,不应该全面否定过去的教学模式。

4. 结 语

无论哪种教学模式,其目的都在于让课堂更具活力,让学习活动具有高质量。因此我们在学习和接纳翻转课堂模式时,也应吸取其精华之处,提高翻转课堂利用的有效性,使翻转课堂真正发挥出作用。

参考文献

[1] 张西宁. 将微课引入现代教育技术课程教学的研究 [J]. 电子测试,2013(24):138-139.

[2] 雷军环. 翻转课堂教学模式的研究与应用 [J]. 长沙民政职业技术学院学报,2013,2(3):67-69.

[3] 曹育红. 基于开放教育资源的翻转课堂教学模式研究 [J]. 成人教育,2014(1):72-75.

[4] 周洁. 翻转课堂教学法在高校第二外语教学中的应用 [J]. 科技展望,2015(15):190.

[5] 徐苏燕. 高师院校英语教学法课程"翻转课堂"实证研究 [J]. 广东第二师范学院学报,2014(4):92-98.

作者简介

赵萍,大连交通大学外国语学院讲师,研究方向:日语语言文学。

王盟,大连交通大学外国语学院讲师,研究方向:日本文化与日语教育。

牟海晶,大连交通大学外国语学院讲师,研究方向:日本教育与日本文学。

联系方式

赵萍(E-mail)22715805@qq.com

王盟(E-mail)wadlmm@163.com

牟海晶(E-mail)syhaijin@163.com

あいさつ表現の使用制限の要素について
― 日中対照の視点から ―

丁尚虎

（日本・东北大学大学院国际问价研究科）

1. はじめに

　あいさつとは、ある場面の最初と最後のところで、相手との関係を考えながら使用する社交的・儀礼的な表現である。あいさつの使用は恣意的ではなく、様々な要素の制約のもとで行われる。これはあいさつの使用制限であると考えられる。時枝（1941、1973）が指摘したように、言語は常にその場面との調和関係において表現されるものであるため、単なる主体の内部的なものの発動ではなく、これを制約する場面において表現されることによって完成するのである。ト（1990）によると、あいさつ表現は一定の制約のもとで行われ、その表出される条件の取捨によって形が変わっている。この制約には、時間、空間、親疎、上下、年齢、性別、参与者状況、期待値、個人差などがあるとト（1990）はあいさつの行動モデルの作成の視点から指摘している。言うまでもなく、あいさつの使用制限の要素には時間、場所、対人関係などの客観的要素だけではなく、参与者の気持ち、目的の有無などの主観的要素もある。しかし、後者は千変万化で、十人十色であるため、把握しにくいといえるだろう。本稿では、アンケートとインタビュー調査によるデータを用い、日本語のあいさつ「おはよう（ございます）」とそれに当たる中国語の表現「早（上好）」を例として、時間による使用制限と対人関係による使用制限をとりあげ、その要素およびそれに関する日中差異の原因を検討してみたい。

2. 時間による使用制限

　時間による使用制限が成立する条件は、時間以外のすべての要素が同一であることである。例えば、「朝9時ごろ学校の廊下で初めて偶然担当の先生に出会った」と「夕方5時ごろ市内のスーパーで初めて偶然担当の先生に出会った」という2つの場面では、使用するあいさつは異なるかもしれないが、必ずしも時間による使用制限によるものではない可能性がある。というのは、両場面における「場所」という要素が一致していなくて、時間による使用制限なのか場所による使用制限なのか判断できないためである。つまり、「学校の廊下で初めて偶然担当の先生に出会った」という同じ前提で、朝9時ごろと夕方5時ごろ使用するあいさつが違えば、その違いは「時間による使用制限」である。

　2015年1月、日本語ができない中国語母語話者と中国語ができない日本語母語話

者[1]（大学生と社会人それぞれ 10 人、計 40 人）に対してアンケート調査を実施した。本調査では、「アルバイト先で初めて以下の人（先輩・同輩・後輩・上司）[2]に出会った場合、『早（上好）』『おはよう（ございます）』と言うか」という場面を設定し、それぞれ「朝の時間」と「朝以外の時間」で行った。その結果を表 1 に示す。

　表 1 から、同一条件で、中国語のあいさつ「早（上好）」の使用は時間帯によって顕著に異なると分かった。朝の時間に「よく言う」と「時々言う」の人数は 9 割に達している。一方、朝以外の時間に「早（上好）」というあいさつ表現を使用するのは 1 人もいない。それに対して、日本語の「おはよう（ございます）」は朝以外の時間でも半数以上の人が使用している。

表 1　時間による使用制限の日中対照

使用時間	あいさつ	「よく＋時々」言う	「あまり＋全然」言わない
朝の時間	早（上好）	18	2
	おはよう（ございます）	20	0
朝以外の時間	早（上好）	0	20
	おはよう（ございます）	11	9

　つまり、時間による使用制限において、日本語のあいさつ表現「おはよう（ございます）」より、それに当たる中国語のあいさつ表現「早（上好）」のほうが強いといえる。なぜこのような日中差異があるのだろう。これは「おはよう（ございます）」と「早上好」の使用基準の違いによると考えられる。以下の (1)、(2) は日本語の国語辞典における「おはよう（ございます）」に関する説明である。

(1) おはよう【お早う】（感）：朝のあいさつのことば。「やあ、─」▸「お早く」の音便から。　丁寧体「おはようございます」を簡略化した言い方で、親しい間柄などで使う。
→『明鏡国語辞典』（北原保雄編・大修館書店）

(2) おはよう【御早う】（感）：
　　㊀人に会った時の挨拶の言葉。
　　㊁芸能・放送の世界で、夜昼問わず、その日はじめて会った時の挨拶の言葉。
→『新明解国語辞典』（第五版・三省堂出版社）

(3) おはよう【お早う】（感）：朝、人に会ったりしたときのあいさつのことば。／早上好；　早安；您早。［使い方］ていねいにいう時は「おはようございます」を使う。
→《日汉双解学习词典》（外语教学与研究出版社）/『標準国語辞典』（新定版・旺文社）

---

[1]「中国語ができない」と「日本語ができない」という条件で限定したのは、日本人の中国語からの影響と中国人の日本語からの影響を避けるためである。

[2] 中国語母語話者の使用状況には上下関係による差異がみられない。

　(1)、(2) の説明から分かるように、日本語のあいさつ表現「おはよう（ございます）」の使用基準は２つある。即ち、(1) と (3) が示しているような「実際の時刻」という基準と (2) における◯が示しているような「その日はじめて会った時の時刻」という基準である。前者に従うと、朝である場合「おはよう（ございます）」が使用できる。後者に従うと、その日はじめて会った場合、何時かに関わらず「おはよう（ございます）」が使用できる。ただし、現実における「おはようございます」の使用範囲は必ずしも芸能・放送の世界に限らず、普通の場面にも拡大しつつある傾向が見られる。以下の X はその例である。X は中国語ができない日本語母語話者 10 名に対してインタビュー調査を実施した結果の一例である。

　X：……一日の中の何時まで朝で、何時までお昼かという基準で使うと、10 時半とか 11 時は「こんにちは」と言った人はいるのだ。これは事実だ。もう一つの基準は、その日が始まって、最初にするあいさつというのが「おはよう（ございます）」なので、たとえ 11 時であっても、その日にその先生と初めて会って、あいさつするのであれば、「おはよう（ございます）」という言い方ができる。例えば夜仕事始める人たちは夜職場にはじめていて、夜の 6 時だとか、8 時だとかでも「おはよう（ございます）」とあいさつする。……それができるのは、その人たちにとっては、それが一日の中で最初のあいさつだから。（男・40 代）

　上述の X から分かるように、あいさつ表現「おはよう（ございます）」の「その日はじめて会った時の時刻」という基準による使用は、芸能・放送の世界に限らず、学校や普通のアルバイト場所にも浸透しつつある。

　それに対して、「おはよう（ございます）」に当たる中国語のあいさつ表現「早上好」の使用基準は「実際の時刻」という一つにすぎない。「早上好」における「早上」は『中日辞典』（初版 / 北京商務印書館・小学館）における説明は「朝」という意味である。朝以外の時間に「早上好」を使用することが可能であるかどうかについて、可能であると回答した被調査者は一人もいなかった。この点については上記の表 1 が明らかに示している。

　つまり、使用基準について、日本語のあいさつ「おはよう（ございます）」には「実際の時刻」と「その日はじめて会った時の時刻」という二つがあるのに対して、それに当たる中国語のあいさつ表現「早上好」には「実際の時刻」という一つしかない。日本語の「おはよう（ございます）」より中国語の「早上好」の時間による使用制限がより強いのは、このような使用基準の違いがあるためであると考えられる。

3.　対人関係による使用制限

　日本語のあいさつ表現「おはよう（ございます）」とそれに当たる中国語のあいさつ

表現「早上好」は対人関係において、どのような使用制限があるのか。これについても、前述の調査において、20名の被調査者に対してアンケート調査を実施した。その結果の一部を表2に示す。

表2から分かるように、対人関係による使用制限において、日本語のあいさつ表現「おはよう（ございます）」と中国語のあいさつ表現「早（上好）」は大きな違いを示している。家族以外の人に対しては、「おはよう（ございます）」と「早（上好）」はともに頻繁に使用されているが、家族に対しては、「おはよう（ございます）」は全員が使用しているのに対して、「早（上好）」は3割の被調査者が使用しているにすぎない。言い換えれば、日本語のあいさつ表現「おはよう（ございます）」は家族にも家族以外の人にも使用できるのに対して、中国語のあいさつ表現「早（上好）」の使用は家族の人に対しては大きく制限されている。つまり、中国語のあいさつ表現「早（上好）」は日本語のあいさつ表現「おはよう（ございます）」より対人関係による使用制限が強いといえるだろう。

表2　対人関係による使用制限

使用対象	あいさつ	「よく＋時々」言う	「あまり＋全然」言わない
家族	早（上好）	7	13
	おはよう（ございます）	20	0
家族以外の人	早（上好）	19	1
	おはよう（ございます）	20	0

また、上述のアンケート調査において、「朝の時間帯の『おはよう（ございます）』の使用についてどう思うのか。何か一言書いてください」という質問も設定し、回答してもらった。A〜Eはその答えを抜粋しまとめたものである。

A: 友達同士でもよく使われる。　（男・19歳）
B: 相手は誰なのかに関わらず、「おはようございます」は一番無難な言い方だと思う。（女・22歳）
C: 特殊な意味合いだが、近所の人との付き合いで怪しい人だと思われないようにする手段でもあると思う。　（男・22歳）
D: 一日のはじまりなので言う。親しい人ほど「おはよう」を使う。　（女・51歳）
E: 隣近所の人に朝に顔を合わせる時、「おはようございます」と言うのが普通のあいさつ。　（男・80歳）

A〜Eの答えから分かるように、日本語のあいさつ表現「おはよう（ございます）」は、対人関係の点においてほぼ使用制限がないといえるだろう。家族同士は言うまでもなく、親しい人、友達同士、近所の人、見知らぬ人にも使用できるのではないかと推察できる。つまり、中国語のあいさつ表現「早（上好）」と比べてみれば、対人関係において、日本語

のあいさつ表現は汎用の傾向がより顕著になっていると考えられる。

　日本語のあいさつ表現「おはよう（ございます）」のこの汎用は日本人の横並びの価値観とあいさつの定型化の特徴に関わっていると考えられる。単一文化色が強く、意識規範が生活を強く縛っている日本社会では、人々は明確な型に縛られたあいさつを行う傾向が強い（西江 2000）。日本人はあいさつ言語行動が極めて定型化されていて、実際の場面においては、「親しき仲にも礼儀あり」という意識がよく表現されている。それに対して、中国人は、あいさつの定型表現が少なく異なる場面で自由に適切な言葉を用いてあいさつする傾向が顕著である。なお、曲・王（2001: 33）は日中両国日常あいさつの特徴について以下の表 3 のようにまとめている。

表 3　日中日常あいさつの特徴と文化差

人間関係	国家	あいさつ表現	特徴
疎	日本	公式化，簡略化	日中共通
	中国	公式化，簡略化	日中共通
親	日本	公式化，簡略化　→ 具体的，個人情報のやりとり	共話的・礼儀中心・遠慮文化発想
	中国	具体的，個人情報のやりとり	対話的・相手中心・配慮文化発想

注：（曲・王 2013 による）

　表 3 が示している通り、親しい人に対してあいさつする場合、具体的な個人情報が言及されることが日中両国の共通点だといえるが、公式化・簡略化（定型化）のあいさつ表現が省略されるかどうかという点において、大きな違いが見られる。中国人は直接具体的な個人情報に関する話題に入るのに対して、日本人は公式化・簡略化のあいさつを行ってから入る傾向が顕著であることが窺える。つまり、日本人と中国人があいさつする場合、表 3 が示しているようなあいさつ行動の特徴と文化差があるため、日本語のあいさつ表現「おはよう（ございます）」とそれに当たる中国語のあいさつ表現「早（上好）」の使用は対人関係による使用制限において異なるのであると考えられる。

4.　まとめと今後の課題

　以上、日本語のあいさつ表現「おはよう（ございます）」と中国語のあいさつ表現「早（上好）」を例として、時間と対人関係という二つの要素に着目してあいさつの使用制限について考察した。時間及び対人関係の両面で、「おはよう（ございます）」より「早（上好）」のほうがより強く制限されていることが分かった。また、時間による使用制限における日中差異は、「おはよう（ございます）」と「早（上好）」の使用基準の違いによること、対人関係による使用制限における日中差異は、日中両国のあいさつ行動の特徴と文化の違いによることが推察された。

　　あいさつの使用はさまざまな要素の制約のもとで行われているため、時間と対人関係という二つの制限要素以外、「場所」（職場・家庭・公園 ……）、「性別」（男・女）、「年齢」（子供・若者・中年者・高齢者 ……）、階層（上層・中層・下層）などの要素もある。場合によって、あいさつの使用制限要素を考察する際、これらの要素も考えなければならないと思われる。例えば、方言の視点から「おはよう（ございます）」と「早（上好）」を考察する場合、「地域差」や「階層差」は欠かせない制限要素ではないだろうか。また、「おはよう（ございます）」と「早（上好）」に関する歴史的な変化を究明する場合、「年代」と「時代」という要素はいうまでもなく、「世代（年齢差）」も重要な参考要素であると考えられる。また、あいさつの使用制限の要素に関する日中対照研究は「おはよう（ございます）」と「早（上好）」に限らず、「こんにちは」と「你好」、「さようなら」と「再见」なども様々な視点から行うべきである。というのは、これらは、中国人日本語学習者と日本人中国語学習者にとっては、習得上の難点であるためである（施 2005: 246）。あいさつの使用制限の要素に関する多角度、広範囲の考察は必要であると思われるが、今後の課題にしたい。

参考文献

[1] 曲志強，王娟. 日中日常あいさつ表現再考 [J]. 比較社会文化研究, 2001 (10)：27-36.

[2] 施暉.「あいさつ」言語行動に関する日中比較研究—日本語のあいさつに対する中国人留学生の違和感について [J]. 広島国際研究, 2005 (11)：245-263.

[3] 時枝誠記. 国語学原論 [M]. 東京：岩波書店, 1941.

[4] 時枝誠記. 言語本質論 [M]. 東京：岩波書店, 1973.

[5] 卜雁. あいさつ行動様式に関する基礎的探究：日・中語あいさつ表現の比較を中心として [J]. 日本文化研究：筑波大学大学院博士課程日本文化研究学際カリキュラム紀要, 1990 (2)：131 (18)-148 (1).

[6] 西江雅之. 挨拶とその型 [J]. 言語, 2000, 29 (4)：60-67.

作者简介

　　丁尚虎，日本东北大学大学院国际文化研究科在读博士，研究方向：社会语言学。

联系方式

　　（E-mail）sghimkf666@163.com

持続可能性日本語教育を経験した中国の
大学生の振り返りの分析

穆红　小田珠生
（中国・大连理工大学　日本・东京工艺大学）

1. はじめに

　持続可能性日本語教育とは、言語を人間や人間活動から「分離された実体」としてではなく、それらと一体化したものと捉える「言語生態学」（Haugen1972）を理論的支柱とするものであり、「グローバル化の下で変動する世界の中で、雇用や食糧など、ライフラインを中心とした揺れに対して、個々人がどのような持続可能な生き方を追求していくかについて考え、そのために読み、話し、聞き、書くことを通じて日本語能力を併せて形成していく」内容重視の日本語教育である（岡崎2009）。主に「生き方のベースとしての基本的な能力」、すなわち、「変動する世界を能動的に認識する過程を形作り、具体的に実践していく能力、また実践の中でその認識を修正・改善しつつ、育成していく能力」（岡崎2009）を育成することが目指される。

　本研究は、中国の某大学の「総合日本語」という主幹科目に持続可能性日本語教育を取り入れた実践を行い、参加した中国人学生が書いた振り返り[1]を対象に、グローバル化社会に対する意識の変容を分析し、内容重視の持続可能性日本語教育の可能性を探りたい。

2. 先行研究

　まず、日本国内で行われた持続可能性日本語教育の実践や研究として、鈴木（2012）、トンプソン他（2012）、鈴木他（2012）などが挙げられる。

　鈴木（2012）は、大学における留学生対象の持続可能性日本語教育に参加した学習者が、自分を振り返ることにより、これまで持っていなかった世界と自己の関連について考える態度を培っていたことを示した。　また、トンプソン他（2012）は、リベラルアーツ科目として持続可能性日本語教育の実践を行い、受講生1名（日本語母語話者）が受講期間を通して自己・他者・世界のつながりの中でグローバル化に立ち向かう意志を生成するに至ったことを明らかにした。　鈴木他（2012）は、いかに生き、持続可能な共生を探っていくかを教師が対話によって学習者と共に考える教師養成プログラムを実践した。運営メンバー5名の内省を検討した結果、"同行者としての教師"としての自己を追求する

---

〔1〕ここでの「振り返り」は、後でその日の活動を振り返り、作文することによって内省を深める活動のこと。

姿勢が共通して現れたという。

　また、中国における持続可能性日本語教育の実践には、劉（2011）がある。劉（2011）は、大学で日本語作文の授業に持続可能性日本語教育を取り入れ、実践の結果、教室内外の学びが有機的に結び付いたと報告している。しかし、読解や作文など一つの能力に特に重点をおくのではなく、四技能を統合的に学ぶことを目指した試みは管見のかぎりではまだ少ない。

　そこで、本研究では、グローバル化社会において現在その動静が最も注目されていると言っても過言ではない中国における持続可能性日本語教育の実践の事例を取り上げ、本実践の参加者の中でも、特に参加前後でグローバル化社会に対する認識の変容が見られた学生1名に注目し、その変容過程を質的に分析する。

3．研究方法

　中国にある某大学の3年生の「総合日本語」という主幹科目に持続可能性日本語教育を取り入れた実践を試みた。具体的には、2ヶ月間にわたり持続可能性日本語教育の活動を合計10回導入し、毎回45分〜90分の実践を行った。本実践は、実践の場となった中国の某大学に所属している「総合日本語」の担当教員と日本の某大学に所属する大学教員の二名（ともに本稿の筆者）の連携で展開した。日本の大学教員は日本在住のため遠隔参加であったが、授業の目的の設定やデザイン決め、毎回の授業の調整を全て協働で行った。本実践では、特に人間が生きていく上でもっとも根本的な問題である「食糧」の問題を取り上げて、毎回「振り返り」のような内省活動を取り入れて実践を行った。参加した学生は合計32名であった。

　本研究では、本実践に参加した学生の中でも、特に1名の男子学生（以下、Mとする）に注目し、その認識の変容過程を分析する。Mに注目した理由は、実践の前後に書いてもらった同一テーマ（「グローバル化社会のなかの食と私」）の作文の内容に著しい変化が見られ、実践への参加を通して、自己と社会のつながりを明確に意識するようになったと推測されたためである。分析の際に、活動が終わった後にMが書いた授業の「振り返り」を中心に、実践前後に書いてもらった作文などの資料を用いて質的に分析する。

4．分析の結果と考察

　分析の結果、Mのグローバル化社会に対する認識の変容は、「グローバル化社会に対する表面的な理解」「背後にある問題の確認」「問題が及ぼす他国への影響の認識」「理想と現実との狭間で葛藤」「自分と社会をつなぐ連関関係の気づき」という5段階に分けられることが明らかになった。以下、各段階におけるMのグローバル化社会に対する認識について詳細に記述していく。

　まず、実践に参加する前のMの認識のあり方は、「グローバル化社会に対する表面的な理解」の段階である。実践を行う前に「グローバル化のなかの食と私」というテーマで

作文を書いてもらったが、そのとき、Mは作文の中で、異なる国の食文化が衝突し新しい食文化が生まれたことに賛成し、また中国の中華料理もいいのだが、洋風のファーストフードが中国に入ってきたことで、生活が便利になったということを述べている。このことから、本実践に参加する前のMは、グローバル社会を食文化の良い一面のみ捉えており、表現的な理解に止まっていることが窺えた。

　次は、Mの認識のあり方は「背後にある問題の確認」の段階になったと考える。参加者に書いてもらったワークシートでは、Mは「今日あなたが食べたものは本当に安全ですか。どのような心配事が想定されますか。」という質問に対し、自分が食べているものは安全ではない可能性があること、そして、生産、加工、流通の際に生じる問題を心配していることを述べた。その際、Mは、中国上海の工場で問題のある鶏肉がファーストフードで販売されて問題になった事件を例に挙げて、悪い原料を使うと顧客の健康に悪い影響を与えることを説明している。これらの記述から、Mはワークシートに取り組むことにより、普段漫然と表面的に捉えていた目の前にある食べ物を意識的に捉え、生産、加工、流通などのプロセスを意識するとともに、食べ物の背後にある問題に目を向けるようになったことが窺えた。

　そして、次にMの認識のあり方は、「問題が及ぼす他国への影響の認識」に至った。日本の大学教員が参加者のワークシートのフィードバックとしてまとめたコメントでは、Mが挙げた上海の工場から問題のある鶏肉がファーストフード店に出荷された事件についても触れられており、その鶏肉は中国だけではなく日本のファーストフード店でも販売され、日本でも大きな問題になっているということが書かれていた。Mは、その日の授業の「振り返り」で、グローバル化社会では皆近くなっており、食べ物の原材料に問題があると他の地域に影響を与える可能性があること、そして、グローバル化には良い面のみでなく悪い面もあり、悪い面の方が重大であると述べている。このことから、Mは、授業の担当教員だけではなく日本の大学教員との遠隔でのやりとりを経て、食べ物の背後にある生産・加工・流通のプロセスの先に他の国があり、そこで生きている人間がいることを確認し、プロセスの一端にある国で問題が生じると、他の国の人へ影響を与える可能性があると意識するようになったことが読み取れる。特に、グローバル化によって国と国の距離が近くなったことによる悪影響を認識していることが明らかになった。

　続いて、Mの認識のあり方は、「理想と現実との狭間での葛藤」の段階であると言える。食糧問題の実情を描くドキュメンタリー映画『フード・インク』[1]の一部を視聴し、参加

---

〔1〕『フード・インク』の視聴した箇所の内容は、アメリカの大手食肉加工企業と契約している養鶏農家のキャロルが、工業製品のように鶏を扱うことを強いられ（利益のために50年前の2倍の速さで育ち、しかも大きさも2倍になるようにされた鶏たちが、狭いスペースの中でひしめき合い、病気でもおかまいなしに出荷される）、自身も飼料に含まれる抗生物質のせいでアレルギーになったこともあって、その食肉加工企業との契約をやめる決断をしたというものである。

者の仲間と話し合いの活動[1]に参加した後、Mが書いた「振り返り」では、もしその仕事は自分に不愉快な気持ちにさせたら、その仕事をやめること、そして、お金や利益よりは自分本当の気持ちを大事にしたいということが述べられていた。つまり、もしMが登場人物のキャロルだったら、お金や利益より自分の気持ちにしたがって仕事をすることができるかどうかを重視するので、その仕事をやめるということが記述されていた。しかしながら、その次の授業で登場人物に手紙を書く活動、そして仲間と話し合う活動に参加した後、「振り返り」では、前回の意見を変え、「私はやはり自身の生存や家族のために、金銭を稼ぐ目的でこの仕事を続けなければならないと思う」と自分の考えを述べている。グローバル化社会の問題を知って正論を述べるにとどまっていたものが、実際に社会で人生の岐路に立った登場人物の立場に立って考えてみたことで、きれいごとではなく自分の生存と関わるものとして問題を捉えるに至ったと推測される。つまり、Mは理想と現実のギャップの狭間で葛藤している状況にあることが窺えた。

　最後に、Mの認識のあり方は、「自分と社会をつなぐ連関関係の気づき」の段階にたどり着いたと言える。その次に行った「つながりの図」を作成する活動では、グループのメンバーで話し合い、社会、自分、食糧問題の間のつながりを考えてキーワードを線で結び、図を作成する活動を行った。その後、グループごとに作成した「つながりの図」を発表し、「振り返り」を書く活動を行った。Mは、この活動を通して、グローバル化社会の背後にある国境を越えた生産・加工・流通のプロセスのみならず、その循環をなす連関関係の構造に気づいたと考えられる。そのことは、「振り返り」の中で、「生産者と消費者はつながっているため、結局自分は生産者でも消費者でもある。そのため、私は自分の行為には責任を持たなければならない。」と述べていることから分かる。Mは例を挙げながら、グローバル化社会では背後にある循環関係により影響が国内のみでなく国外にも及ぶこと、さらに、自分の行為は家族や将来の自分に影響を与える可能性があり、グローバル化はこの可能性を拡大していることを指摘している。つまり、Mは、空間的・時間的な制限を超えてヒト・コト・モノが循環しているということに気付き、そして、自分自身をこの循環の中に位置づけながら、自分が自身の行動に責任を持つことが重要であると考えるに至ったと考えられる。

5.　おわりに

　本研究では、中国の某大学の「総合日本語」という主幹科目に持続可能性日本語教育を取り入れた実践を行い、参加した学生が書いた振り返りを対象に、グローバル化社会に対

---

〔1〕主に次の３つのことについて、話し合ってもらった。①ここでは、どんなことが起こっていると思いますか。②登場人物のキャロルは、ここで一体何を感じていると思いますか。また、どういう問題として捉えていると思いますか。③もしこれが自分のことだったら、あなたはどう感じ、どう行動するのでしょうか。

する意識の変容を分析し、日本語教育を通して「生き方のベースとしての基本的な力」を
つけることを目指す本実践の可能性を探った。前述したように、持続可能性日本語教育
は言語生態学を理論的支柱とするものであり、「グローバル化の下で変動する世界の中
で、雇用や食糧など、ライフラインを中心とした揺れに対して、個々人がどのような持続
可能な生き方を追求していくかについて考え、そのために読み、話し、聞き、書くことを通
じて日本語能力を併せて形成していく」内容重視の日本語教育である。本研究では学生
の振り返りを分析した結果、本実践参加前はグローバル化社会の表面的で良い一面のみ
を捉えていたが、本実践への参加を通して、グローバル化社会の様々な現象の背後にある
構造や、自分を含め人々がその連鎖の中にいることに気付き、自分の行動に責任を持つべ
きだと考えるに至ったことが示された。このように、本実践に参加した学生は、世界の現
状を分析しながら認識し、表面的なことのみでなく、世の中の現象の背後にある構造に気
付き、自分をグローバル化社会の連関関係の中に位置づけるようになったことから、思考
の深化が促され、問題解決の手がかりが得られたことによって、自分はどのように生きて
いけばいいかを考えることができるようになったことが示された。さらに、その思考の
深化のプロセスの中で、日本語を運用して自分の考えを述べたり、文章に書いたりするこ
とを通して、日本語を読み、話し、聞き、書く総合的な力も育成される可能性が窺えた。つ
まり、内容重視の持続可能性日本語教育は、日本語の総合的な力の育成のみでなく、世界
を認識する力、分析する力、問題を解決する力、生きる力の養成にもつながる可能性を持
っていることが示唆された。今後、中国の日本語教育における持続可能性日本語教育の
可能性をさらに追求して、理論と実践の往還を積み重ねていくことが重要であろう。

参考文献

[1] 岡崎敏雄. 言語生態学と言語教育—人間の存在を支えるものとしての言語—[M].
　　東京:凡人社, 2009.

[2] 岡崎眸. 持続可能性日本語教育—生活の質を向上させる言葉の力—[C]// 第三回ルー
　　マニア日本語教師会日本語教育・日本語学シンポジウム論文集,2008:6-41.

[3] 鈴木寿子. 留学生教育としての持続可能性日本語教育の活動展開—国内の大学にお
　　ける実践例—[J]. 高等教育と学生支援:お茶の水女子大学教育機関紀要,2012(2):
　　1-13.

[4] 鈴木寿子, トンプソン(平野)美恵子, 房賢嬉, 他. 言語生態に基づく日本語教師
　　養成プログラムの構築とその可能性—運営メンバーによる内省の分析から—[J]. 言
　　語文化と日本語教育,2012(43):11-20.

[5] トンプソン(平野)美恵子, 鈴木寿子, 小田珠生,他. グローバル化社会をいかに
　　生きるかを考えることばの教室の試み—受講生による認識に着目して—[C]// 日本
　　語教育学会 2012 年度秋季大会予稿集,2012:111-116.

［6］劉娜. 中国の大学における持続可能性日本語作文教育の可能性—学習者の意識から
　　言語実践を見る—［J］. 言語文化と日本語教育，2011（42）：41-50.

［7］HAUGEN E. The ecology of language［M］. Stanford：Stanford University Press, 1972.

作者简介

　　穆红，大连理工大学外国语学院讲师，研究方向：日语教育。

　　小田珠生，东京工艺大学助教，研究方向：日语教育。

联系方式

　　穆红（E-mail）muhong@dlut.edu.cn

　　小田珠生（E-mail）oda-tama@zmail.plala.or.jp

多人数会話におけるあいづちと非言語行動の関連性分析

田黎　李盼
（中国・西安交通大学）

1. はじめに

あいづち行動とは話し手が発話する時、聞き手が相手の話に調子を合わせて応答する非言語行動である。あいづちが話し手と聞き手のインフォメーション交換の一つ手段として、会話のスムーズに展開に重要の役割を果たしている。会話では、あいづちに伴う「うなずき」「笑い」「視線」などの非言語行動も多く使われている。非言語行動は言語行動と同様に、コミュニケーションを円滑に進めるように不可欠な要素である。本研究では、あいづちがあいづち詞と指し、あいづち詞と一緒に使われている非言語行動あるいはあいづちの機能を持つ非言語行動を非言語行動と略称している。

本研究では ELAN という映像解析ソフトウエアを利用し、多人数会話の映像データを解析し、あいづちと非言語行動の関連性についての研究を行う。その上に、中国人母語話者と日本人母語話者の共通点と相違点を明らかにしたい。

2. 先行研究

2.1 あいづち

従来、あいづちについての研究が多く行われていた。主にあいづちの定義、機能、頻度、打つタイミングなどの面から考察されている。

Yngve（1970）によると、あいづちは「話し手がyesとかuh-huhなどの短いメッセージを，自分の発話権を譲らずに聞き手から受けとることと認められる」とされている。

また、堀口（1997）が「あいづちの定義はまだ明確で一致したものになってはいないものの、話し手が発話権を行使している間に聞き手が話し手から送られた情報を共有したことを伝える表現という点では一致している」と指摘している。

あいづちの機能について、堀口（1997）があいづちの機能をまとめて分析し、「聞いているという信号」「理解しているという信号」「同意の信号」「否定の信号」「感情の表出」の五つに分類している。

村田（2000）が学習者のあいづちの機能を分析する際、大いに「理解した」と「聞き手の感情、態度を示す」（共感、感情の表出、情報の追加）二種類分類している。

陳（2002）が従来のあいづちについての研究を概観し、今後の研究領域、方向を展望し

ている。あいづちの機能について各研究者の分類がまちまちになったが、あいづちは話し手の発話が聞き手に届けられたことを話し手に知らせるサインであり、その会話が成立させる一番基本な「聞いている」部分は共通していると指摘している。またこのあいづちの基本機能の上に聞き手の態度や感情が加えられたものであり、聞き手の態度や感情は，会話の状況などの違いにより常に変動していると述べている。

　また、趙・賈（2013）はあいづちの機能を分析しているとき、堀口（1997）の分類より「疑問を表す」を加え、六つにまとめている。またあいづちがないと、話し手が聞き手が自分の話を聞いているのか疑問を持っている、即ち、あいづちが会話が円滑に進めるように役立っていると述べている。

2.2 非言語行動

　非言語行動の面について、杉戸（1989）は4人の自然談話の録音・録画資料を対象に、日本人のあいづちの発話とうなずきの頻度を分析した。その結果、あいずちの80％は「うなずき」と共起する、またあいづちのみの発話が単純な「うなずき」行動の約3倍になる、人によってあいづちの頻度が違うが、その割合が個人の差があまりないと述べている。中井（2003）が言語面と非言語面から話者交替するときに用いられた行動を分析した。

3. 研究方法

3.1 資料収集

　本研究が日本語母語者者（JNSと略称する）と中国語母語話者（CNSと略称する）の自然会話資料を利用し、分析する。その会話資料は協力者の四人グループで自由に会話して、図1の示した場所（西安交通大学外国語学部の研究室）で録画、録音したビデオである。

　(1) 中国側の参加者は8名（2グループ）の西安交通大学日本語学科の四年生で、日本側の参加者は8名（2グループ）の20代の日本人留学生である。同じグループでの参加者はいずれも親しい友人同士である。

　(2) 一つのグループが二つの話題で自由に話す。話の話題は身近な話しやすいテーマである。一つ目は「どんな授業がいい授業なのか」、二つ目は「お正月はどう過ごすか」である。

　(3) 一つの話題のビデオは15分間程度で、8組の会話資料は120間分の映像資料である。

図1　会話映像収録の場所

3.2　研究対象の分類

本研究では、まず会話資料のあいづちを機能別から分類し、次に一類ずつにあいづちと非言語行動の関係を分析する。あいづちの分類については、堀口（1997）の分類基準を基づき、あいづちを機能別から「聞いているという信号」「理解しているという信号」「同意の信号」「否定の信号」と「感情の表出」の五種類に分類している。

非言語行動の分類について、非言語行動の分類を「視線」「頭の動き」「手の動き」「体の動き」「笑い」と「咳」の六種類に分類した。また、聞き手はすべてのあいづちに視線行動を伴うため、視線行動をさらに以下の三つに分類している。

a）視線行動 A：話し手を見る。

b）視線行動 B：話し手を見ない、聞き手が話し手を見ないであいづちを打つ、つまり下の位置、上の位置、あるいはほかの参加者を見て話す。

c）視線行動 C：話し手から視線を逸らす、聞き手ははじめから話し手を見てりるが、あいづちを打つ時、視線が話してから離れる。ただ、視線の移動による頭の動きは含まれていない。

図2では、視線分類の例を示している。

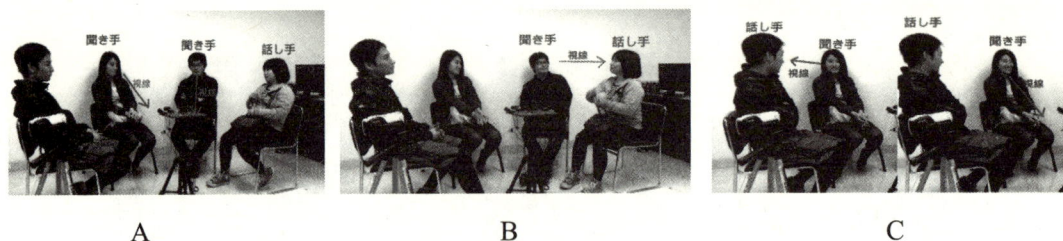

図2 視線行動の分類

3.3 非言語行動の分析ツール

あいづちと非言語行動の標記について、本研究はELAN[1]を利用して行われている。ELAN（EUDICO Linguistic ANnotator）は幾つかの利点がある。ELANでは、映像を見ながら、非言語行動を簡単に注釈することができる。また、複数の時間軸があるため、共起する行動が見やすい。データの統計も便利である。最後に、完成したファイルが再生可能の形でコンピューターで保存することができる。

4. あいづちと非言語行動についての分析

表1　各機能のあいづちの数とその割合

	日本語母語話者 (JNS)		中国人母語話者 (CNS)	
	数	割合	数	割合
1. 聞いている信号	86	21.8%	36	14.3%
2. 理解の信号	173	43.8%	80	31.9%
3. 同意の信号	68	17.2%	91	36.2%
4. 否定の信号	1	0.2%	3	1.2%
5. 感情の表出	67	17.0%	41	16.3%
あいづちの合計	395		251	

まず、映像解析により本研究の映像データに出たあいづちをまとめた。表1はその結果を示している。合計数以外は、機能別の割合も示している。あいづちの合計数はJNSが395回に対し、CNSが251回である。話し時間がほぼ同じであるため、JNSはCNSよりあいづちが多く使用することが分かる。また、機能別ではJNSの場合、一番多いのが「理解している信号」で、CNSの場合、一番多いのが「同意の信号」である。

（1）ここで https://tla.mpi.nl/tools/tla-tools/elan/ に参照。

表2　あいづちと共起している視線行動の数と割合

	日本語母語話者（JNS）		中国人母語話者（CNS）	
	数	割合	数	割合
視線行動A	281	71.1%	158	62.9%
視線行動B	92	23.3%	79	31.5%
視線行動C	22	5.6%	14	5.6%
合計数	395		251	

　また、あいづちと共起している視線行動を分析する。すべてのあいづちは視線行動が伴うため、視線行動の合計数があいづちの数と一致している。表2の示している通りに、JNSとCNSとも、視線行動Aの割合が一番多く、全体の60%を超えている。JNSのほうはCNSより、話し手を見ながらあいづちを打つ傾向が強いと言える。

表3　視線行動以外の非言語行動の割合

	日本語母語話者（JNS）		中国人母語話者（CNS）	
	数	割合	数	割合
頭の動き	159	40.2%	110	43.8%
手の動き	10	2.5%	22	8.8%
体の動き	18	4.5%	23	9.2%
笑い	18	4.5%	17	6.4%
咳	6	1.5%	1	0.3%

　最後、視線以外の非言語行動を考察する。表3は非言語行動の「頭の動き」「手の動き」「体の動き」「笑い」「咳」の割合を示している。頭の動きについて、JNSの場合は40.2%で、CNSの場合は43.8%である。視線以外、頭の動きとあいづちの関連性がほかの四つの非言語行動より高いとは言えるだろう。また、あいづちが打つとき、残りの四つの非言語行動が共起する頻度が低いと言える。

5.　まとめと今後の課題

　本研究は多人数会話におけるあいづちと非言語行動の関連性について分析し、以下の結論が導かれた。
　1) あいづちに伴う非言語行動の使用頻度は「視線」「頭の動き」「手の動き」「体の動き」「笑い」と「咳」の順番になる。
　2) 日本語母語話者は中国語母語話者より、あいづちを使用する頻度が高い。
　3) 日本語母語話者は中国語母語話者より、話し手を見ながらあいづちを打つ傾向が強い。
　4) 日中間の差異の原因は日本語母語話者は中国語母語話者より、会話参加者の気持ちを重視することにあると考えられる。
　本稿では、まだ非言語行動の共起とあいづちの関連性を分析していないため、今後の課題として残されている。

参考文献

[1] 杉戸清樹. ことばのあいづちと身ぶりのあいづち—談話行動における非言語的表現—[J]. 日本語教育,1989(67):48-59

[2] 陳姿菁. 日本語におけるあいづち研究の概観及びその展望[J]. 言語文化と日本語教育,2002(増刊特集号):222-235

[3] 中井陽子. 言語·非言語行動によるターンの受け継ぎの表示[J]. 早稲田大学日本語教育研究,2003(3):23-39

[4] 堀口純子. コミュニケーションにおける聞き手の言語行動[J]. 日本語教育,1988(64):13-26

[5] 村田晶子. 学習者のあいづちの機能分析:「聞いている」という信号、感情·態度の表示、そして turn-taking に至るまで[J]. 世界の日本語教育:日本語教育論集,2000(10):241-260.

[6] 赵刚,贾琦. 会话分析[M]. 北京:高等教育出版社,2013:274-299.

[7] YNGVE V H. On getting a word in edgewise[C]//The Sixth Regional Meeting of the Chicago Linguistics Society,1970:567-578.

作者简介

田黎,西安交通大学讲师,研究方向:会话分析、会话场景分析、数据挖掘及相关交叉研究。

李盼,西安交通大学硕士研究生在读,研究方向:日汉汉日翻译、会话分析。

联系方式

田黎(E-mail)tian.li@mail.xjtu.edu.cn

李盼(E-mail)1341991849@qq.com

日语阅读课堂上的电子词典使用分析

张文丽

（中国·西安交通大学）

1．研究背景

阅读课是日语专业的一门主要课程,大多数院校都将其设置在二年级以后,其主要目的是通过大量地阅读文章以增加学习者的词汇量,巩固所学语法知识,培养学习者的阅读策略等。传统的阅读课的教学模式是先由教师讲解单词、语法,之后再让学习者阅读文章并解答课后的阅读理解题及相关的词汇、语法题。这样的授课模式固定了教师和学习者在课堂上的角色,使得教师掌控课堂,花费大量时间进行讲解。而学习者则基本是处于被动接受的局面,有些学习者甚至要再次接受原本已经掌握的知识,而有的学习者仅靠教材所提供的词汇和语法知识根本不能够完全读懂文章。另一方面,在当今课堂上,学习者频繁地使用电子词典查阅单词和语法,使用智能手机随时上网查询所需信息,这样的学习行为给课堂学习方式带来了巨大的变化。电子词典和传统的纸质词典相比,优点在于便于携带、查阅速度快、功能多(发音功能、单词调查功能等)。作为教师最想知道的就是,这种新型学习工具的出现是否改变了学习者的学习行为? 如果学习者的学习行为有了变化,那么教师就应该相应地改善课堂教学模式以适应学习者学习模式的变化需求。因此,对学习者使用电子词典的学习行为进行调查分析十分必要且具有实际意义。

为了调查和分析在高校日语专业的阅读课上学习者使用电子词典的学习行为,笔者花费了近一个学期的时间,进行了贯穿整个学期的课堂调查,并在学期末实施了问卷调查和个人访谈。进行课堂调查的目的是对授课过程中学习者使用电子词典的情况进行细致观察,明确其微观的学习行为;而在学期末进行的问卷调查和个人访谈,则是对电子词典的使用频率、常用功能等总体情况进行调查,同时在问卷中还就学习者对电子词典的主观评价进行了调查。通过以上调查,明确学习者在阅读课堂上的学习行为。

2．研究方法

2.1 研究课题

本研究的研究课题为以下 4 项。

（1）学习者在阅读课堂上使用电子词典查询的内容是什么?

（2）学习者使用电子词典的频率如何? 使用哪些功能?

（3）学习者如何评价电子词典的作用?

（4）利用电子词典进行阅读和利用单词表进行阅读二者有何不同?

2.2 研究对象和学习素材

本研究以西安交通大学日语专业三年级学习者 20 人为对象，调查了在 2013 年秋季每周一次共 15 次的高级阅读课上电子词典的使用情况，该项调查贯穿于课堂教学的全过程以及课堂教学结束之后。阅读内容是从日语专业泛读系列教材中挑选的 14 篇文章[1]，这些文章所涉及的范围包括散文、实用文、议论文等多种体裁。

2.3 调查方法

2.3.1 课堂调查

每次课堂教学开始时，将文章以及课后练习（包括阅读理解、语法、词汇、归纳中心意思等）复印后分发给学习者。笔者将这 14 篇文章分为两类，其中有 6 篇文章为学习者提供了教材上所附的单词表，另外 8 篇则没有向学习者发放单词表，但提示学习者如有需要可以随时查询电子词典。为确保各篇文章的词汇难度保持在一定范围内，利用在线软件「リーディングチューター」（Reading tutor），对每篇文章的词汇均进行了难度判定。[2]

为了让学习者对自己查询电子词典的学习行为有效地进行规划、实施和监控，在每次课堂教学开始之前都会给每位学习者发一张电子词典查询记录表（见表1），要求学习者记录如下四个项目：1) 记录所查询的词和词组；2) 查询理由（如"通过上下文猜不出意思，影响理解"等）；3) 记录使用电子词典所查询的内容；4) 查询电子词典后得到的信息。表 1 是学习者 L 在阅读"人形"这篇文章时的查询记录表，其记录了如下内容。其中，"查电子词典的目的"一栏要求学习者从表格下方的 A～I 项中进行选择。

表 1　电子词典查询记录表

查询前			查询后
词 / 词组等	理由	查电子词典目的	从电子词典上得到的信息
小脇	读音不知	A	A. 腋下
		C	C. こわき
どんより	意思不明	B	天空阴沉沉貌　〜と曇った空
		D	眼睛等混浊貌　〜とした目
かまける	意思与用法	A	A. 只顾作
		D	D. 子供に〜
せびる	不确定意思，大概是"索取"	A	A. 死皮赖脸地要,纠缠不休地索要金钱或物品。
			F. ねだる（強請る）同义

---

〔1〕陈俊森：《日语泛读教程（1—4）》，高等教育出版社 2004 年版。

〔2〕此在线软件（网址：http://language.tiu.ac.jp/tools.html）以日语能力考试（旧）规定的词汇为基准，输入文章后软件能够计算出文章的总词数、能力考试一级词汇数、二级词汇数、三级词汇数、四级词汇数、级外词汇数，通过词汇水平判定文章的难度。

续 表

查询前			查询后
词 / 词组等	理由	查电子词典目的	从电子词典上得到的信息
旺盛	不确定读音	C	C. おうせい D. ～な好奇心　　元気旺盛

注：　A. 汉语释义　　　B. 日语释义　　　C. 读音　　　D. 短语搭配　　　E. 例句
　　　F. 同义词与反义词　　　G. 词性　　　H. 复合词　　　I. 其他（请注明是什么）

2.3.2 问卷调查和个人访谈

当整学期的教学任务完成后，笔者实施了针对阅读课电子词典使用情况的问卷调查和学习者个人访谈。问卷共设计了 8 个问题，主要涉及电子词典的使用频率、词典种类、使用目的、使用环节、所用功能及对电子词典的个人评价。个人访谈放在问卷调查实施后进行，采访内容涉及和问卷相关的一些问题。

综上所述，对于课题（1）和（2），本研究采用的调查方法是课堂调查和问卷调查相结合，数据分析采用的是量化分析的方法。对于课题（3）和（4），本研究采用的调查方法是问卷调查和个人访谈相结合，数据分析采用量化分析和质性分析相结合的方法。

表 2　研究课题、调查方法和数据分析方法

研究课题	调查方法	数据分析方法
(1) 学习者在阅读课堂上使用电子词典查询的内容是什么？	课堂调查 问卷调查	量化分析
(2) 学习者使用电子词典的频率如何？使用哪些功能？	问卷调查	量化分析
(3) 学习者对电子词典的作用如何评价？	问卷调查 个人访谈	量化分析 质性分析
(4) 利用电子词典进行阅读和利用单词表进行阅读有何不同？	问卷调查 个人访谈	量化分析 质性分析

3. 调查结果与分析

3.1 使用电子词典查询的内容

3.1.1 课堂调查的结果

笔者在让学习者在阅读《人形》『分相応と分不相応』等 8 篇文章时，没有给他们发单词表，而是让学习者根据自己的需要去查询电子词典，并且要求他们把查询到的内容记录在上述表 1 中。

笔者将 8 次课堂的记录表中所选取的各项统计数字，除以出席人数，得到学习者使用电

子词典查询内容的平均次数。在 8 次阅读中,学习者人均查阅词和词组的汉语释义 3.68 次,查读音 1.72 次,查日语释义 1.26 次。从整体状况可以看出,学习者在遇到学习障碍时,首先想到和最常使用的策略就是通过电子词典了解其汉语释义。这是因为首先查询汉语释义有利于学习者在有限的时间内迅速掌握该单词和词组的意思,可以在短时间内继续衔接阅读理解的过程。其次占比例较大的学习行为就是确认读音,例如表 1 中学习者 L 对于"小胁""旺盛"两个单词虽然能够基本上猜到大概的意思,但是不知道它们的读音,于是,就通过使用电子词典查出它们的读音,填写在记录表上。位于第三位的是查询日语释义。三年级同学与低年级同学不同,他们已经能够读懂《日日辞典》的内容,因此出现了查询日语释义的学习行为。除汉语释义、日语释义、读音的查询之外,其他项目的选择显现出很大的个人差异。这意味着在每一次阅读过程中,针对某一个词或词组,是否需要查询词典、查什么内容等每位学习者所采取的学习行为存在着很明显的差异。

3.1.2 学期末问卷调查的结果

调查问卷中"阅读课堂上你使用电子词典查询什么?"为多选题,要求学习者从表 1 的项目 A ～ I 中选择符合自己选择的查询内容。为了确保回答的客观性,笔者将学习者在课堂上完成的"电子词典查询记录表"发给学习者供他们参考。此次调查问卷的分析结果如下。选择 A 项"汉语释义"和 B 项"日语释义"的学习者人数最多,均为 13 人,而选择 C 项"读音"的学习者人数居其次,为 11 人。结果表明 A 项、B 项和 C 项的统计结果与上面对查询记录表所做的统计结果相符,也就是说在学期末所实施的问卷调查和贯穿于整个学期教学过程中由学习者填写在查询记录表中的查询内容大致相同,说明在实际的学习行为中学习者最为关注的还是单词(词组)意思和单词(词组)的读音。课堂教学的调查结果与在学期末所实施的问卷调查的结果大致相同,这从一个侧面说明学习者对于学习行为的认识还是较为客观的。

在学期末实施的问卷调查中,20 名学习者中选择"汉语释义"和"日语释义"的均达到 13 人。然而在整个学期课堂教学中由每名学习者所填写的"查询记录表"的统计结果显示查询"日语释义"的人均次数只有 1.26 次,这一数字要远远少于查询"汉语释义"人均次数的 3.68 次。这可能是由于学习者受课堂时间所限,他们既要迅速地理解文章的意思,同时还要在有限的时间内完成课后的练习题,因此首选查询汉语释义。但是在时间充裕的情况下,学习者还是会尽量地去查询日语释义,以期对词汇有更加深刻的理解。

3.2 使用电子词典的频率和功能

关于使用电子词典的频率,20 名学习者中选择"经常"的有 12 人,选择"有时"的有 4 人,选择"偶尔"的也有 4 人。从这样的统计数字可以看出,电子词典在阅读课中已经成为一个学习者频繁使用的重要工具。

关于电子词典的功能,选择"手写功能""多辞典查询功能"的学习者人数最多,均为 13 人;其次是选择"发音功能"的学习者,有 11 人;选择"单词跳查功能"的有 9 人。其他功能如"单词本功能""追加查询功能"等选择的人数都在 5 人以下。这个结果显示,学习者会针

对不同的词语,有选择地使用电子词典的各种不同功能,以便迅速高效地了解和查询到相关的信息。当学习者遇到不认识、不知道发音的日语汉字词时,他们所采取的学习策略往往是靠手写输入汉字,然后查找其读音和意思。当学习者遇到自己已知发音的词汇时,他们大多会使用"多辞典查询功能"来进行查询,这样做可以一次性地查询到这个词条在《日汉双解》《日汉》《大辞林》《新明解》等词典中的释义。另外,电子词典中的"发音功能"也是学习者们经常使用的功能之一。电子词典的真人发音功能是纸质词典无法比肩的,之所以这么说是因为由于每个人的语言适应性不同,导致学习者中有人擅长模仿而不擅长信息加工。这类学习者对于纸质词典所提供的声调信息(如头高型①,平板型 0 等),并不能瞬时在头脑中将其进行加工并准确产出,他们虽然知道声调是头高型,但是自己却不能准确地按照头高型来进行准确的发音。而电子词典的发音功能恰恰很好地解决了这个问题,发音功能可以让学习者直接模仿准确发音,因此发音功能成为学习者在阅读时最常使用的功能之一。

位于第四位的功能是"单词跳查功能"。学习者在查询某个单词时,如果在解释中发现另外一个不会的生词,就可以选择单词的跳查功能,选择跳到这个不认识的单词进行查询,并且在获取词义之后可以很快返回主页面。通过调查分析可以推测出这个功能对于增加学习者的相关词汇有很大帮助,但是学习者如果在课堂上频繁使用跳查功能来进行查询的话会额外花费相当多的时间,从而影响听课效率,因此,课外学习中使用此功能的频率可能会更高。"单词本""查询记录"等功能对于积累词汇也很有帮助,但是选择这些功能的学习者都在 5 人以下。出现这样的结果可能是受课堂上时间的限制而没有频繁使用,也有可能是学习者还没有学会使用这些功能。针对这一点,教师可以在课堂上适时适当地对电子词典的功能给予相应的指导,以便学习者能够更加有效地使用这一教学辅助工具。

3.3 对电子词典的评价

对于电子词典的评价,调查中要求学习者对下面 A ~ G 五项内容进行了 5 个阶段的评价(5"完全同意",4"同意",3"很难说",2"不同意",1"完全不同意"。平均值大于中间值 3 视为同意,小于 3 视为不同意。)

如表 3 所示,数值在 4 以上的项目有 G 项"提高了完成词汇语法类题目的准确度"(4.40)和 C 项"使用电子词典,可以扩充词汇量"(4.05),这一结果充分显示了电子词典在词汇学习上的有效性。另外,E 项"使用电子词典,有助于更好地理解文章的内容"(3.85),和 F 项"提高了完成内容理解类阅读题目的准确度"(3.60),说明学习者基本上认同电子词典在帮助理解文章,完成课后题目方面的作用。学习者对于 A 项"提高阅读效率"的认同度相对较高(3.5),而对 B 项的"不能提高阅读的效率"基本上不认同(2.75),说明学习者偏向于肯定电子词典在提高阅读效率方面的作用。C 项"使用电子词典,可以扩充词汇量"的均值达到了 4.05,与其相反的项目是 D 项"阅读过程中基本上可以通过上下文进行推测,不使用电子词典,也可以扩充词汇量"(3.45)。C 项和 D 项虽然内容相反,但数值都在中间值 3 以上,这样的结果看似矛盾,实际上说明学习者认同电子词典可以扩充词汇量的说法,但是在阅读的时候会根据文章的具体情况对自己的阅读策略进行调整,遇到那些能够通过上下文推测出意思的词汇,就不会再查电子词典。

表 3　对电子词典的评价

	评价项目	平均值
A	阅读过程中使用电子词典,提高阅读的效率	3.50
B	阅读过程中使用电子词典,不能提高阅读的效率	2.75
C	使用电子词典,可以扩充词汇量	4.05
D	阅读过程中基本上可以通过上下文进行推测,不使用电子词典,也可以扩充词汇量	3.45
E	使用电子词典,有助于更好地理解文章的内容	3.85
F	提高了完成内容理解类阅读题目的准确度	3.60
G	提高了完成词汇语法类题目的准确度	4.40

一直以来,有些教师反对学习者在课堂上使用电子词典,大致基于如下两个理由,一是认为学习者对已知的单词也会使用电子词典进行查询,这样做会导致查询频率增加,从而影响阅读效率(Koyama & Takeuchi,2004)。二是认为频繁地使用电子词典会产生依赖心理,不利于学习者对词义的推测。对于前者的反对理由,从本调查的结果来看,学习者并不认为电子词典的使用会降低阅读效率,而是偏向于认同提高阅读效率这一观点。对于过度使用电子词典会导致产生依赖心理的看法,本调查结果也并不支持。关于这一点,在以下 3.4 中还会结合学习者的访谈结果做进一步说明。

3.4 利用电子词典阅读和利用单词表阅读的不同

为了比较传统的利用单词表进行阅读和利用电子词典进行阅读这两种阅读模式的不同,笔者在调查问卷中特别设置了问题让学习者自由比较并回答两者的不同,并在后续的个人访谈中针对这一内容补充提问了相关问题。对于学习者对这一问题的回答,笔者采取了质性分析的方法。具体步骤如下:

首先,从学习者的表述中抽出核心概念,将其进行分类,然后由其他教师确认概念的抽取以及分类方法的客观性,以确保质性分析的客观性。表 4 是抽取核心概念的实例。从学习者 Z 的表述中分别抽取了"不利于记忆单词""阅读效率差"等核心概念。

表 4　核心概念的抽取

学习者 Z 的表述	核心概念
有单词表的文章,在读的时候,总是前后来回翻,影响效率,而且即使是看过的单词,也很难留下深刻印象。	不利于记忆单词 阅读效率差
没有单词表的文章,读的时候需要自己查,能增强对单词的记忆,而且词典会给出更多信息,更有利于理解文章。	有利于记忆单词 提供更多信息 有利于理解文章

将抽取的核心概念按照"词汇学习""文章理解"和"其他"这三个方面进行分类,分别归

为"优势"和"劣势",如表5,每个核心概念后面的数字是提及这个概念的学习者的人数。例如提到单词表在词汇学习方面"方便迅速了解词性、读音"的学习者为2人。

表5 核心概念的分类

		优点（优势）		缺点（劣势）	
单词表	词汇学习	方便迅速了解词性、读音	2人	限制单词的理解范围	3人
		有利于记忆单词	2人	不利于记忆单词	4人
	文章理解	有利于理解文章	2人	不利于培养推测能力	1人
	其他	提高阅读效率	4人	阅读效率差	2人
				依赖单词表	1人
电子词典	词汇学习	提供更多信息	6人	多义词有误解	1人
		有利于理解单词	7人		
		有利于记忆单词	6人	不利于记忆单词	1人
		增加词汇量	7人		
	文章理解	有利于理解文章	8人	专注单词忽略文章理解	1人
		有利于培养推测能力	5人		
	其他	提高阅读效率	4人	阅读效率差	3人
		提高回答问题的正确率	1人	过度使用,产生依赖心	2人

通过对核心概念的分类,可以看出学习者对于电子词典的优势认知主要集中在"词汇学习"和"文章理解"这两个方面。在"词汇学习"方面,学习者认为电子词典可以提供有关单词的更多信息,学习者在使用电子词典进行查询的过程中,不仅找到了自己想要的"汉语释义"和"读音",同时还能了解到短语搭配和例句等。例如,表1中,学习者遇到「旺盛」一词,本来只想查一下词汇的读音,但是在查询之后她将相关的短语「旺盛な好奇心」「元気旺盛」也一同记入了查询表。再如,对于「せびる」这个动词,学习者原本只是想要确认一下这个动词的意思,但是查询后将近义词「ねだる」也记录了下来。可见,通过查询电子词典,尤其是使用学习者常用的"多辞典查询"的功能,能够使学习者迅速地获得短语搭配、例句、同义词反义词等相关信息,有益于学习者对单词的理解,进而有利于记忆单词,增加词汇量。与此相对,查看单词表的优点是学习者能够迅速地了解词性、读音,而缺点就是"限制单词的理解范围",仅仅知道在当前文章中的意思,而无法得到搭配、同义词等信息。

在"文章理解"方面,认为电子词典"有利于理解文章"(8人)的多于单词表(2人),认为电子词典"有利于培养推测能力"的学习者有5人。在访谈调查时,有6名学习者提到了自己的阅读策略,如"通过上下文能够推测的,不需要查的单词就不查"(学习者H),"阅读过程中不查电子词典,阅读完成后才去查单词。因为阅读过程中查词典会中断阅读,降低阅读速度"(学习者C),等,这说明这些学习者在阅读过程中,会积极运用推测未知单词的策略,根据阅读的实际情况有选择地使用电子词典。

关于使用电子词典和使用单词表进行阅读的效率方面,二者并没有显示出太大的差别,20名学习者中认为能够提高效率的分别有4人,认为效率差的分别有3名和2名。针对这

一结果,可以结合2.3的调查来略做分析。在2.3中对电子词典的作用评价进行了调查分析,其中学习者认为"电子词典提高阅读效率"的平均值是3.5,大于中间值3即可视为同意,认为"不能提高阅读效率"的学习者的平均值是2.75,小于3即可视为不同意。也就是说虽然有3名学习者明确指出电子词典影响阅读效率,但是大多数学习者在意识调查中还是偏向于认同电子词典可以提高阅读效率。

通过调查可以看到,虽然每个学习者在阅读过程中遇到障碍时,在决定是否要查询电子词典,查询什么,查询到什么程度等方面均存在着很大的差异,但是从整体来看,他们对于使用电子词典的有效性均给予了积极评价。同时,学习者在阅读过程中能够根据自己的需要有选择地使用电子词典,这也充分显示出他们的学习自主性。

4. 启 示

本调查研究结果显示,学习者频繁地使用电子词典,常用的电子词典的功能以及查询内容均与冷丽敏(2014)、杨峻(2014)的分析结果基本一致,这个结果反映了当前学习者使用电子词典的实际状况。这一结果也显示出学习者积极评价电子词典在扩充词汇量、理解文章内容等方面的作用。同时,学习者在阅读过程中积极运用推测未知单词的策略,有选择地使用电子词典,也充分体现出他们的学习自主性。

本研究的结果为今后"日语阅读"课的教学提供了以下几点启示。

第一,从阅读课堂上电子词典的实际使用情况来看,电子词典使学习者课堂学习方式发生了变化。学习者在课堂上频繁使用电子词典,不仅查询到了汉语或日语的释义,而且还获得了短语搭配、例句等教师可能没有提及的相关信息。也就是说,学习者的知识来源扩大了,学习者不只是被动接受,同时还在利用电子词典等媒体拓展着自己的学习内容。在传统的课堂上,由于教师要对语法词汇知识进行详细讲解,常常使学习者基本处于被动的学习状态。如果学习者通过查询电子词典就可以得到教师提供的信息的话,那么教师就不需要只专注于知识的传授,而把精力放到如何去选择教材、组织课堂教学、激发学习者学习动机等方面。笔者认为,由于学习者的课堂学习方式发生了变化,教师也应该主动摆脱传授知识的单一角色。教师要相信学习者的自主学习能力,根据学习者的水平选择合适的教学材料,同时指导学习者自主选择适合他们自己的学习工具(电子词典等),组织能够激发学习者学习动机的课堂活动。只有这样才能适应当前的课堂教学的变化,满足学习者的需求,促进学习者的外语学习。

第二,从整体来看,学习者对于使用电子词典的有效性给予了积极评价,但是这并不能否认在电子词典的使用上还存在着这样或那样的问题。先行研究中指出,在电子词典的使用过程中,学习者并没有活用电子词典的各种功能。马静(2002:51)指出,"学习类电子产品往往是20%的功能被80%的人使用,而另外80%的功能仅被20%的人使用,造成了使用功能方面的无效投资"。在日本开展的一些研究也指出学习者检索手段单一、没有活用电子词典(副田、平塚,2009;广田,2007)等问题,本研究的结果也凸显了这个问题。例如"查询记录"可以随时翻阅查询过的单词,而想要牢记的单词,则可以利用"单词本"功能进行专门保存,并可以将其分门别类地保存下来。这两个功能可以帮助学习者反复记忆单词,提升词汇量,但是选择使用这两项功能的学习者都在5人以下。可见学习者在阅读过程中碰到困

难时会使用电子词典及时解决，但是似乎不善于利用其他功能将学习成果保存下来。电子词典的功能过多且复杂，教师需要对学习者进行适当指导，使他们学会根据不同的内容选择合适的功能进行高效的检索，并及时地保存学习成果。但是，在对电子词典的使用方法进行指导的同时，也要看到每名学习者都有不同的学习习惯和学习方式，教师亦不能将自己的方式强加于人。例如在调查问卷设计的预调查过程中，有的学习者就提出自己更加习惯使用传统的纸质单词本。

另外，日本的英语教学领域也开展了关于电子词典使用的一系列实证研究（Koyama & Takeuchi，2004；箱守、山内，2004；磯、大崎，2003）。这类研究的目的是调查学习者在阅读时，在使用电子词典和纸质词典的不同条件下，哪一种条件更有利于加强词汇记忆、提高文章的理解度。因受到所阅读文章的难易度、对文章理解测试的方法等因素的影响，现有的研究并没有得到一致的结果。今后可以在本课题研究的基础上开展相关的教学实践研究，通过控制学习者水平、文章的难易度、查询电子词典的任务类型等因素，明确电子词典在日语阅读方面的积极性和局限性，使这个学习工具最大程度地发挥作用，促进学习者的有效学习。

参考文献

[1] 副田恵理子，平塚真理．初級学習者による漢字語の意味理解のための外部リソース使用実態調査：電子辞書の使用法に焦点をあてて [J]．北海道大学留学習者センター紀要，2009(13)：58-77．

[2] 廣田周子．非漢字国学習者に対する電子辞書の使い方の指導 [J]．文化外国語専門学校日本語課程紀要，2007(21)：21-44．

[3] 箱守知己，山内豊．辞書の引かせ方と語彙定着率との関係 [C] // 外国語メディア教育学会 (LET) 第44回全国研究大会発表論文集，2004：126-129．

[4] 磯達夫，大崎さつき．電子辞書と印刷辞書にみる英文読解・語彙検索・保持の差異 [C] // 第29回全国英語教育学会南東北大学発表要綱，2003：545-548．

[5] 冷丽敏．高校日语专业学习者电子辞典的使用现状调查 [J]．日语学习与研究，2014(6)．

[6] 马静．学习类电子产品辅助学习者英语学习状况调查 [J]．外语电化教学，2007(4)．

[7] 杨峻．综合日语课堂教学新模式探索——学习者使用电子辞典行为的调查分析 [J]．日语学习与研究，2014(6)．

[9] KYOYAMA T，TAKEUCHI O. Comparing electronic and printed dictionaries：how the difference affected EFL learning[J]．JACET Bulletin，2004(38)：33-46．

作者简介

张文丽，西安交通大学外国语学院副教授，研究方向：日语教学研究。

联系方式

（E-mail）zhang_wenli@mail.xjtu.edu.cn

基于名词物性结构的日语多义形容词核心语义解析

——以多义形容词「高い」为例

曹捷平

（中国·西安外国语大学）

1. 引 言

多义词是指形式上具有相同读音，同时语义上具有两个或两个以上相关联语义的词，包括多义名词、多义动词、多义形容词等。其成立需具备两个条件：一是多义词相关联的多个语义之间必须具有共时性；二是多义词的多个语义必须共存于同一个语言共同体内（曹捷平，2014）。多义词是世界各国语言里的普遍现象，是人类语言生活经济性原则的体现。Langacker（1988）甚至认为："使用频率高的词，一般是由相互关联的多个语义构成的。"可见人们日常生活里的常用词基本都是多义词。

多义词因其使用频率高、语义复杂，历来都是外语教学中的重点和难点。非母语外语学习者如何有效、全面地掌握对象语中多义词的语义和用法，也一直是语言研究者关注的一个重要课题。张联荣（1995：31）指出："认定一个多义词的核心义，主要考虑的是词所标示的对象的特征，而对这个词所指示的对象则往往含而不论。多义词的若干意义所指示的对象可以有种种不同，但由某种共同的特征把它们联系在一起，正是这种特征构成了词的核心义的基础。""词义的形成是一个抽象的过程，经过对客观事物的抽象，形成了词的本义；经过归纳，又将词所标示的事物的本质特征从其所指示的对象中分离出来，归结为它的核心义。从这个角度讲，核心义的确认是一种'二次抽象'的过程。"在这种认识的基础上，张联荣主张运用义素分析法来获取多义词的核心语义。比如他认为"发"的核心义可以这样获取：

（1）箭射出（引而不发）：拉弓 + 使箭 + 离开

（2）发生，产生（发芽、发生）：某种事物 + 脱离本体 + 出现

（3）派遣，出发（出发）：由目的地 + 派人 + 离开，人由目的地 + 离开

（4）打开（探囊发匮）：使覆盖的部分 + 离开

（5）启发（抽象意义，如发蒙）：使蒙蔽思想的部分 + 离开

（6）显示，表露（发扬）：被蒙蔽的部分 +（向上）离开 + 达于表面

（7）发散（发散）：原来聚集的东西（如气味）+ 互相离开

（8）表达（发怒）：言语、感情等 + 离开（自身）+ 显现

因为"离开"这一义素贯穿于多义词"发"的各个义项，在"发"的整个词义结构中处于核心地位，其他语义都与之有联系，所以可以得出"发"的核心语义是"离开"。

Nation（2000）指出多义词认知过程的有效策略是用一个能贯穿于所有意义的词义来

定义目标词，这样可以减少所需认知的词汇量，因为任何一次目标词的出现都是该词的复现。松田、白石（2006）认为，「目標言語での円滑なコミュニケーションのためには，言葉の意味付けを母語話者と共有することが必要である。このためには個々の意味付けの背後にある当該語に対するコア（概念イメージ）がどのようなものであるかを知ることが必要となる」。

张联荣运用义素分析法获取的多义词核心语义、Nation 主张的"贯穿于所有意义的词义"和松田、白石（2006）提出的「個々の意味付けの背後にある当該語に対するコア（概念イメージ）」，其实和田中茂范（1990）里的多义词核心语义（core meaning）是一致的。核心语义是概括多义词各个语义共通特征的、可脱离语境的抽象语义。田中茂范等（2006）认为，多义词的核心语义隐藏在具体语境里，并通过具体语境调整多义词的各个周边语义（图1）；必须让学习者掌握由多义词的核心语义推导具体语境下的周边语义的能力。

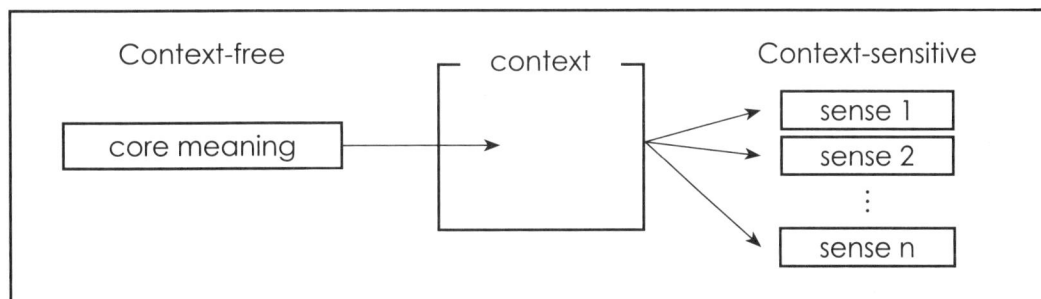

图1 多义词的核心语义和具体语境

实验证明，非母语学习者只有掌握对象语中多义词的核心语义，才能熟练使用对象语中的多义词。（赵群、罗炜东，2005）对中国日语学习者来说，张联荣的方法具有一定的可取性，不过非母语学习者往往无法正确认知对象语中"（多义）词所标示的对象"及其"特征"。而田中茂范等（2006）的观点给了我们两点启示：一是既然多义词的核心语义隐藏于它所在的具体语境并通过具体语境调整各个语境语义（周边语义），那么具体语境就可以成为我们获取多义词核心语义的载体和突破口。二是通过具体语境获得语境语义，再通过具体的语境语义就可以归纳出多义词的核心语义。这一点也和田中的"核心语义理论"（详见第3部分）相一致。

基于以上思考，本文将以日语多义形容词「高い」为例，以最简单的语境「N が高い」为考察对象，利用名词的物性结构理论和多义词核心语义理论来探讨如何获取多义形容词的核心语义。

2. 形名组合和名词的物性结构理论

2.1 形名组合

形名组合是指修饰语形容词和被修饰语名词的字串符,是逻辑结构上的偏正结构,句法结构上的修饰语和中心语关系,功能结构上的限定语与被限定语关系。形名组合可分为两大类,即定中式形名组合"A+N"(装定用法,例如「高い山」)和主谓式形名组合"N+A"(述定用法,例如「山が高い」)。因为定中式形名组合"A+N"实际可解释为"N1+A+N2"(张辉、范瑞萍,2008),即「高い山」实际是指「位置が高い山」,所以本文选择更能代表形名组合关系的主谓式形名组合「N が明るい」作为考察对象。

在一个合法的形名组合中,名词所指事物都具有一定的形状,形容词必须是一定名词所指事物的性状。所以在形名组合中,名词处于主导地位,形容词所指性状对名词所指称的事物具有认知和语义上的依存性(赵春利、石定栩,2009:10)。多义形容词的不同语义与具体的名词同时出现时,名词语境常用于对多义形容词的解歧(张辉、范瑞萍,2008)。日本学者近藤等(2007:267)也指出,"形容词的语义可通过其所修饰的名词以及其所描述的名词主语来把握"。因此,通过对主谓式形名组合中名词语境的考察,就可以实现对多义形容词的解歧。

2.2 形名组合中名词的物性结构理论

认知语言学家 Langacker 认为形容词和名词这两个因素在形名组合中的地位是不对称的,属于自主—依存联结(autonomy-dependence alignment)关系。其中形容词为依存体,名词为自主体。依存体和自主体在组合过程中会产生局域激活(Langacker,1987:272)。

名词的物性结构理论认为,作为自主体的名词由4种特性角色构成,分别是:

构成角色(constitutive role):物体与组成部分之间的关系。

形式角色(formal role):在一个大认知域内区别于其他物体的属性。

功能角色(telic role):物体使用的目的和功能。

施事角色(agentive role):物体形成和来源中所包含的因素。

比如日语名词「本」的物性结构就由以下4部分构成:

本

构成角色:表紙,ページ,紙,紙幅

形式角色:出版物

功能角色:読む

施事角色:書く,出版する

依存于名词的形容词在与名词组合时,往往只选择或激活名词的某一部分物性角色。被形容词选择或激活的部分叫激活局域(Langacker,1987:272)或语义接口(赵雅青、储泽祥,2013)。例如在形名组合(9)、(10)、(11)中,被形容词选择或激活的接口各不相同。

(9)大きい本

（10）厚い本

（11）面白い本

在（9）、（10）中，形容词「大きい」「厚い」选择激活的接口分别是「本」构成角色的「紙幅」和「ページ」部分。而（11）里的「面白い」选择激活的却是「本」的功能角色「読む」。

有时形容词选择激活的名词物性角色不是唯一的，形名组合的语义接口就有多个。比如形名组合（12）「新しい本」中，形容词「新しい」既可以选择激活「本」构成角色里的「表紙、紙」部分，表示"纸张崭新的书"；也可选择激活施事角色里的「書く、出版する」部分，表示"新写的、新出版的书"。

3. 核心语义理论

"核心语义理论"即"CORE 理论"（田中茂范，1990：19—30），该理论认为，人类在使用自己的母语认知和表达某一概念时，经常会在潜意识状态下利用以往语言学习和使用的经验来宏观把握该概念所具有的总体印象。这一印象是概括了该概念各个因素所具有的共通特征的、可脱离语境的抽象体。如果把人类这种潜在的认识能力显现化，并用可视的图式表示出来便是核心图式。运用核心图式分析多义词语义特征的理论就是核心语义理论。

核心语义理论认为，多义词的全体语义可以包括在一个圆锥体内，圆锥体的底面由多义词的所有语义构成，底面的大小表示多义词拥有语义的多少；底面越大就说明多义词的语义越多。圆锥体的顶部是多义词的核心语义。核心语义是多义词脱离语义语境、统辖全体语义的高度抽象概念，是揭示一个多义词最本质的概念。圆锥体底面和顶部之间的横截面是多义词各个语义层的堆集，上层横截面的语义由下层横截面的相近语义概念群通过隐喻、转喻、提喻（籾山洋介，1997：29—43）等认知机制抽象而成。核心语义理论可用图 2 来表示。

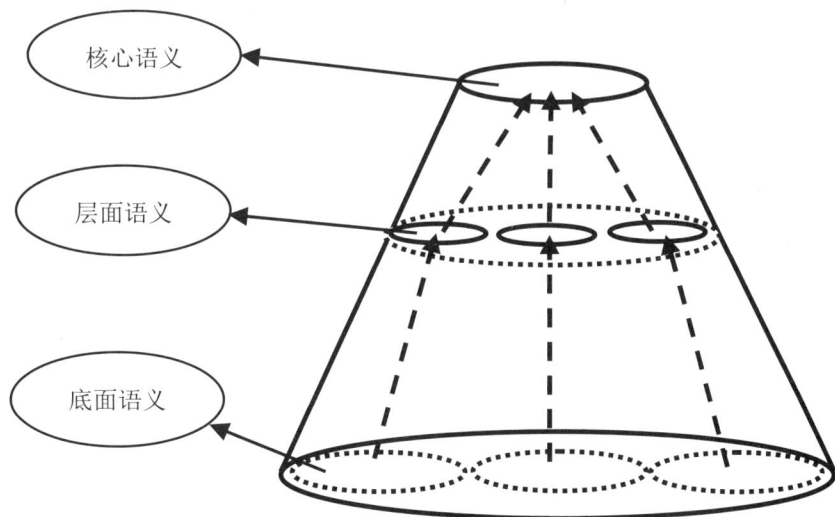

图 2　核心语义理论

4.「N が高い」组合里的形名语义对接

4.1「N が高い」组合里的名词范畴

本文利用语料库「Web データに基づく形容詞用例データベース」[1]，以「高い」为关键词检索得出「N が高い」用例 1104 例，部分检索结果如图 3 所示。

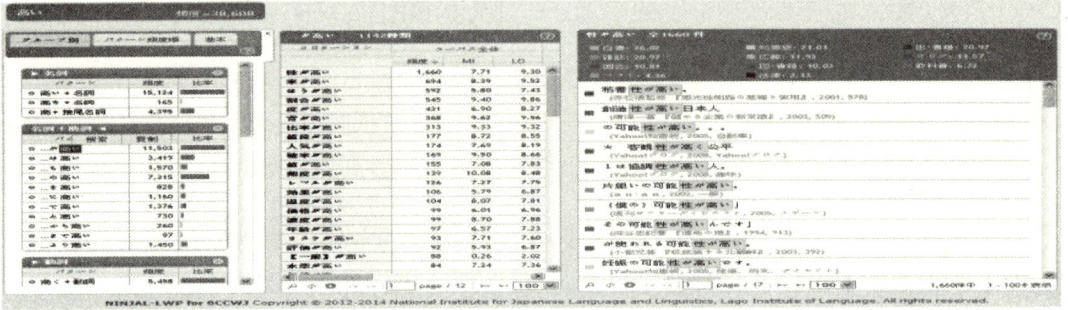

图 3「N が高い」的语料检索

通过对这 1104 个用例中名词物性结构角色的分析，可发现「N が高い」组合里的名词被「高い」激活的语义接口全部为其形式角色，并且可总结为十五大类（见表 1）。

表 1「N が高い」组合里名词被「高い」激活的语义接口

"N が高い"组合里的名词	物性结构角色里的名词语义
山、木、ビル、背など	形のあるものが下の端から上の端まで鉛直的な距離が基準より大きいもの
空、雲、日など	下の基準より鉛直的に離れた距離が大きいもの
鼻、額、尻、胸など	体のある部分が基準より水平的な距離が大きいもの
温度、重度、血圧など	測られた数値が基準より差が大きいもの
値段、価格、税金など	計算された金額が基準より差が大きいもの
音、声、騒音など	感じられたり計られたりした音度が基準より差が大きいもの
香り、匂いなど	感じられた匂いが基準より差が大きいもの
光度など	感じられたり計られたりした光が基準より差が大きいもの
樹齢、月齢など	計算された時間が基準より差が大きいもの
抽象度、信用度、高度など	感じられたり計られたりした程度が基準より差が大きいもの
学歴、レベルなど	レベルが認められた基準より差が大きいもの
地位、身分など	社会的な身分や地位が普通の基準より差が大きいもの

---

〔1〕http://nlb. ninjal. ac. jp/search/。

"Nが高い"组合里的名词	物性结构角色里的名词语义
名、知名度、悪名など	知名度が認められた基準より差が大きいもの
知能、意識など	思惟が普通の基準よりだいぶ優れているもの
気など	品性が普通の基準よりだいぶ優れているもの

　　因为这 15 类名词都能够进入「Nが高い」组合，被「高い」修饰限制，所以我们可以把它们看作一个名词范畴。在「高い」的选择激活下，这个范畴里的名词按照核心语义理论，相关联的名词间通过隐喻、转喻、提喻等机制，就能逐级抽象出最能代表该范畴所有名词的核心语义，详见表 2。

表 2　「Nが高い」组合里名词的核心语义

名词的核心语义	名词的层面语义二	名词的层面语义一		语境语义
ある基準面から上への差が大きい名詞	ある基準面から上への差が大きい空間領域に属している名詞	地上距離		山が高い
		位置距離		空が高い
		垂直距離		鼻が高い
		数量	数値	温度が高い
			価格	値段が高い
		聴覚		声が高い
		嗅覚		香りが高い
		視覚		光度が高い
	ある基準面から上への差が大きい時間領域に属している名詞	時間		樹齢が高い
	ある基準面から上への差が大きい程度を表す名詞	程度		抽象度が高い
		レベル		学歴が高い
		身分・地位		地位が高い
		知名度		名が高い

4.2　形容词「高い」的核心语义

　　在「Nが高い」组合中，名词处于主导地位，对「高い」有解歧作用；反过来，「高い」和名词对接时对名词又有选择和激活作用。那么形容词的核心语义就可通过其所修饰的名词的核心语义来把握（表 3）。

表 3　「高い」的核心语义

名词	高い
ある基準面から上への差が大きい名詞	ある基準面から上への差が大きいさま

5．结　语

　　中国口语学习者只有掌握日语多义词的核心语义，才能熟练掌握日语多义词的使用。

主谓式形名组合中的名词语境,可以实现对多义形容词的语义解歧。本文以「N が高い」组合里的名词为考察对象,利用多义词的核心语义理论和名词的物性结构理论,分析得出日语多义形容词「高い」的核心语义为「基準面から上への差が大きいさま」。在这一核心语义的指导下,中国日语学习者就可以全面、正确地理解和使用形容词「高い」了。

参考文献

[1] 曹捷平. 日语多义词的语义分析模式 [M]// 徐一平,等. 中日跨文化交际研究. 大连:大连理工大学出版社,2014:300-310.

[2] W LANGACKER. A view of linguistic semantics [M]//Brygida Rudzka-Ostyn. ed. Topics in Cognitive Linguistics. Amsterdam:John Benjamins,1988.

[3] 张联荣. 谈词的核心义 [J]. 语文研究,1995(3):31.

[4] NATION P. Learning vocabulary in another language [M]. Cambridge:Cambridge University Press, 2000.

[5] 松田文子,白石知代. コア図式を用いた複合動詞習得支援のための基礎研究 [J]. 世界の日本語教育,2006(16):35-51.

[6] 田中茂範,阿部一,佐藤芳明. 英語感覚が身につく実践的指導—コアとチャンクの活用法 [M]. 東京:大修館書店,2006.

[7] 赵群,罗炜东. 关注词汇的核心义项——多义词习得的有效途径 [J]. 外语教学,2005(6).

[8] 张辉,范瑞萍. 形名组合的意义建构:概念整合和物性结构的杂合分析模式 [J]. 外国语,2008(4).

[9] 赵春利,石定栩. 形容词与名词的语义组合模型研究 [J]. 中文信息学报,2009(5).

[10] 進藤三佳,内元清貴,井原原均. 感覚領域からの意味拡張 [M]// 楠見孝. メタファー研究の最前線. 東京:ひつじ書房,2007:267.

[11] W LANGACKER. Foundations of cognitive grammar volume I [M]. Stanford:Stanford University Press, 1987:214, 272.

[12] 赵雅青,储泽祥. "高 / 深 +N"的组配及语义对接的管控 [J]. 语言教学与研究,2013(2):42-49.

[13] 田中茂範. 認知意味論:英語動詞の多義の構造 [M]. 東京:三友社,1990.

[14] 籾山洋介. 慣用句の体系的分類—隠喩・換喩・提喩に基づく慣用的意味の成立を中心に— [J]. 名古屋大学国語国文学,1997(80):29-43.

作者简介

曹捷平,西安外国语大学日本文化经济学院讲师、在读博士,研究方向:日语语言学。

联系方式

(E-mail) caojieping@xisu.edu.cn

中国人日本語専攻大学生の日本語学習に対する動機づけ

—アンケート調査・インタビュー調査を通して—

陈　瑾

（中国・运城学院）

1. はじめに

　第2言語習得分野における動機づけの重要性は多くの研究によって報告されている。動機づけは学習者が学習を維持していくための原動力となるものである。第2言語習得研究の分野における動機づけの研究は1970年代頃から盛んになっており、そうした動機づけに関する大きな流れの一つは、Gardner & Lambert は社会心理学的な観点から動機づけをとらえ，統合的動機づけと道具的動機づけとを区別した。統合的動機づけとは、学習者が目標言語の言語や文化そのものに興味があるとか、その言語を学習するのが楽しいとか、目標言語社会に溶け込みたいという動機づけである。一方、道具的動機づけとは、学習者が試験があるから勉強するとか、外国語ができれば就職が有利とか、大学へ進学するなどの学習言語の使用によって何かが得られる実用的目的で学習する場合の動機づけである。

　日本語教育における日本語学習者の動機づけ調査では、統合的・道具的動機づけの枠組みで、研究が多く行われてきまた。日本語学習者の動機づけを扱った研究は、縫部・伊藤・狩野 (1995)、成田 (1998)、郭・大北 (2001) や李 (2003) など諸外国で学習する日本語専攻学習者の動機づけについて調査を実施しているものである。中国人日本語学習の動機づけに関する調査は日本にも中国にも触れた論文は多くない。それに、異なった地域、学習環境によって、調査から得られた結論は違ったから、一般化するのは難しい。

　中国国内における動機づけを扱った研究は彭・王 (2003)、蒋 (2009) などの総合大学、理系大学の学習者を対象に、集団的に調査を行って、全体の傾向を探る。学習者の多様化に注目を集めて、学習者の個人差を捉えることができない。研究方法はアンケート調査が主流であり、インタビュー調査はまだ少ない。これから、量的研究も質的研究も多角的な視点からの実証研究が行われるのは重要な意義がある。

2. 調査概要

2.1 量的調査

調査対象：西安外国語大学における日本語中上級学習者 279 名を対象に、質問紙調査

の協力を得た。不完全なものを除いて、274名の質問紙を量的データとして分析した。

　調査内容：フェイスシートと質問紙項目からなっている。調査対象者の属性から日本語専攻学習者は、大学入学してから日本語を学習し始めると見られる。質問紙項目は先行研究を参考として、予備調査によって動機づけの測定尺度を整備した35項目からなる。

　データ分析：回収したデータはspss19.0という科学統計ソフトを利用して、因子分析が行われた。因子分析を通して、動機づけの全体傾向が明らかにする。

2.2 質的調査

アンケート調査を補足するために、インタビュー調査が行われた。

　調査対象：インタビュー調査は6名の学生の協力を得た。

　調査内容：調査協力者と個別面接で話しを進め、談話内容を録音している。談話内容は、大学入学前の日本語学習歴から始まり、日本語学習のきっかけと日本語学習中の動機づけを尋ねるものである。

　データ分析：ケース・スタデイ[1]とKJ法[2]を援用し、学習者の動機づけを明らかにする。

3. 調査結果と分析

3.1 量的調査の結果

　spss19.0で因子分析の結果、表1が示したように、7つの因子が抽出さた。因子負荷量によって、因子命名をした。第1因子は「いい成績をとりたい」「日本語試験に合格したい」などの8項目からなり、日本語の試験や日本語の上達を目指すことから「日本語の向上」と命名した。第2因子は「日本語学習が好き」「日本語言語に興味」などの5項目からなり、日本語学習、日本語言語に興味があるということから「日本語学習への興味」と命名した。第3因子は「日本人の振る舞いに興味」、「異国文化に関心」などの4項目からなり、日本の経済・歴史や日本人の行動などに関する興味で構成されていたため、「日本理解志向」と命名した。第4因子は「日本で定住したい」「日本人と恋愛、結婚したいから」の3項目からなり、日本で暮らしたい、働きたいなど日本への憧れを示すことから「日本への憧れ」と命名した。第5因子は「知識を得て、視野を広げたい」「日本の新聞・雑誌を読みたい」などの3項目からなり、自己尊重に関するものが主な内容となっているため「自己

（1）教育におけるケース・スタディは、学習上の問題点を診断するというふうに、個々の生徒に焦点をあてる。しかしより一般的には、教育におけるケース・スタディ調査は、実践上のある課題や問題を明らかにしたり説明したりするために行われる。

（2）KJ法とは、アイデアや意見などの雑多な情報を1枚ずつ小さなカードに書き込み、それらのカードの中から似通ったもの同士を数枚ずつ集めグループ化し、小グループから大グループへと組み立てて図解していく問題解決法である。開発者の川喜多二郎氏の頭文字をとってKJ法と言う（楠木・工藤2006）。

尊重志向」と命名した。第6因子は「日本ファッションに興味」「日本食が好き」などの4項目からなり、日本のポップカルチャーに関するものに興味があるから「現代日本文化への興味」と命名した。第7因子は「日本の企業で働きたい」「日本に留学したい」など日系企業への就職と留学のために関わる項目からなるから「将来実用志向」と命名した。

表1　日本語学習動機づけの因子分析結果

質問項目	因子						
	1	2	3	4	5	6	7
Q30. いい成績をとりたい	.860	-.084	-.013	.030	-.128	.064	.003
Q18. 日本語能力試験に合格したい	.788	.018	-.144	-.046	.054	-.105	.062
Q31. ほかの人より優れたい	.771	-.052	.075	.162	-.122	-.053	-.091
Q32. 日本語レベルを高めたい	.692	.034	.096	-.084	.075	-.062	.014
Q25. 日本人との交流に役立つ	.667	-.136	.133	-.016	.169	-.013	.039
Q5. 日本語先生が好き	.592	.095	-.178	-.078	.116	.128	-.127
Q17. 日本に旅行したら、役立つ	.591	.052	-.163	-.030	.284	.057	.014
Q6. 多くの日本人友達が作りたい	.572	.062	.202	.110	-.104	.026	.102
Q1. 日本語学習が好き	.036	.802	-.006	.126	.016	-.174	.052
Q24. 単位を取る目的	-.092	.699	.153	.124	.051	-.217	-.145
Q10. 日本語言語に興味	.056	.676	-.154	-.160	-.234	.168	.112
Q3. アニメが好き	-.039	.675	.095	-.118	.027	.018	.301
Q2. 日本語はきれい	-.067	.545	.035	.089	.123	.105	-.129
Q27. 日本的振る舞いに関心	.021	-.026	.741	-.087	.047	.048	.161
Q22. 日本の経済と歴史に関心	.165	-.012	.714	.040	-.052	-.108	.112
Q35. 異国文化に関心	-.334	.026	.681	-.002	.205	.168	-.109
Q23. 中日言語間の相違に興味	.275	.193	.551	-.139	-.114	.137	-.183
Q33. 日本で定住したい	.075	-.024	-.070	.892	-.011	.091	-.098
Q34. 卒業後、日本で働きたい	-.049	-.065	-.062	.722	.171	.101	.165
Q28. 日本人と恋愛、結婚したい	-.005	.159	.013	.693	-.270	.047	-.021
Q21. 知識を得て、視野を広げたい	.050	-.080	.174	-.171	.755	-.088	-.030
Q19. 就職に有利	.048	-.080	-.002	-.051	.667	-.029	.207
Q15. 日本の新聞・雑誌を読みたい	-.001	.151	-.079	.161	.646	.050	-.060
Q12. 日本ファッションに興味	-.012	-.090	.077	.112	-.106	.731	.218
Q14. 日本ドラマを見たい	-.040	.177	-.120	-.059	.093	.696	.115
Q13. 日本食が好き	-.001	-.194	.174	.168	-.061	.620	.015
Q16. 日本語の歌を歌いたい	.189	.090	.062	.046	.282	.367	-.198
Q9. 日本の企業で働きたい	-.029	.036	.038	-.072	-.013	.254	.822
Q8. 日本へ留学したい	.071	.102	.066	.289	.208	-.134	.520

動機づけの各因子の特徴に基づき、動機づけの伝統的な分類から言えば、「日本語の向上」「将来実用志向」はある目的を達するための一種の道具として、目的言語を学習する

から、「道具的動機づけ」に分類できる。「日本語学習への興味」「日本への憧れ」「日本理解志向」「現代日本文化への興味」は学習者が目的言語話者の文化や言語、その言語共同体について知りたい、目標言語の文化を賞賛し、目標言語に興味を持つといった動機づけと見なすことができるから、「統合的動機づけ」に分類できる。「自己尊重志向」は郭・全(2006)との「エリート主義」と重なる部分が多いから、一種の「エリート主義」として考えられている。従って、量的調査から日本語専攻学習者の動機づけパターンは「道具的動機づけ」「統合的動機づけ」「エリート主義」に分類できる。

3.2 質的調査の結果

インタビュー調査から得た音声資料を文字化し、分析データとして処理した。ケース・スタデイとKJ法で文字化したデータから24項目の日本語学習理由が抽出された。これらの学習理由をさらにKJ法で分析し、7つの動機づけをまとめた。

表2のように、「日本語に対する好奇心」「日本語の面白さ」など日本語言語に興味があるから、「日本語への興味」と名付けた。「日本語に漢字があって、やさしい」といったことから、「日本語のやさしさ」と命名した。「日本での生活を体験したい」「日本へ行くのに憧れる」など日本への憧れの気持ちを「日本への憧れ」と名付けた。「日系企業に就く」「日本で働きたい」など将来の就活のために、日本語を勉強しているから、「仕事」と命名した。「会話の上達をさせたい」「日本語能力試験に合格する」など日本語能力が上達するために、日本語を勉強する動機づけを「日本語の向上」と名付けた。「視野を広げたい」、「日本語は立身出世の武器」などの立身出世の理由から日本語を勉強することを「自己尊重」と命名した。「専門だから、ちゃんと身につけなきゃ」「日本語専攻学生としての義務」など学生としての責任感を持って、日本語学習の動機づけを「義務感」と命名した。

表2　インタビュー調査結果

小グループ	カテゴリー
「日本語に対する好奇心」	「日本語への興味」
「日本語の面白さ」	
「生きた日本語を聞きたい」	
「日本語に漢字があって、やさしい」	「日本語のやさしさ」
「日本での生活を体験したい」	「日本への憧れ」
「日本伝統文化に興味がある」	
「日本人の思考様式に興味がある」	
「日本、日本人を知りたい」	
「日本へ行くのに憧れる」	
「日本は先進国だから、行ってみたい」	
「多くの日本人と付き合いたい」	

小グループ	カテゴリー
「日系企業に就く」	「仕事」
「日本で働きたい」	
「日本語通訳になる」	
「就職のため」	
「いい仕事を見つけるため」	
「日本語を仕事の道具として」	
「会話の上達をさせたい」	「日本語の向上」
「日本語能力試験に合格する」	
「視野を広げたい」	「自己尊重」
「日本語は立身出世の武器」	
「専門として、ちゃんと身につける」	「義務感」
「日本語専攻学生としての義務」	

　アンケート調査と同じように、動機づけの伝統的な分類から動機づけを 5 つに分類した。「日本語への興味」「日本への憧れ」は「統合的動機づけ」に分類される。「日本語の向上」「仕事」は「道具的動機づけ」に分類される。「自己尊重」はエリート主義に分類できる。「日本語のやさしさ」と「義務感」は「自己動機づけ」と名づけた。

3.3　総合的調査の結果

　両調査の調査結果を総合的に分析すると、「道具的動機づけ」「統合的動機づけ」「エリート主義」は共通した動機づけパターンであるため、インタビュー調査結果はアンケート調査結果の裏付けになった。同時に「自己動機づけ」「誘発的動機づけ」は可能的な動機づけとして確認された。これは動機づけの個人差が存在すると考えられる。両調査の調査結果を総合し、動機づけパターンは表 3 のように、「道具的動機づけ」「統合的動機づけ」「エリート主義」「自己動機づけ」「誘発的動機づけ」5 つ提示した。

表 3　総合的調査結果

アンケート調査結果	インタビュー調査結果
道具的動機づけ	道具的動機づけ
統合的動機づけ	統合的動機づけ
エリート主義	エリート主義
	自己動機づけ
	誘発的動機づけ

4. 日本語教育への示唆

　総合的調査を通して、日本語専攻大学生の動機づけパターンを明らかにした。日本教育現場に合わせて、以下のような示唆が提示される。

　(1)「道具的動機づけ」が強い学習者にとって、日本語は実際の仕事場でどのように応されるかに対して感心を集めている。教育者として、日本語の応用性に注目を集めて、授業内容を調整し、学習者の日本語への意欲を増加する。

　(2)「統合的動機づけ」を持った学習者は日本社会、日本文化、日本語など日本に関るものに興味がある。普通、授業中、日本社会と文化の知識を導入して、日本語への理解を深めることもできる。

　(3)「エリート主義」といった自己成長を獲得しようとした学習者にとって、日本語レベルを高めるにはいい学習方法を紹介してあげる。学習者の日本語力の成長にできるだけの力を貢献する。

　(4)「自己動機づけ」は日本語に対する好きとも嫌いとも言えないが、日本語学科の学生としての天職だと思われます。このような場合で、少なくとも学習者の学習意欲を傷つけないように、学習成果を認めつつあり、日本語学習への自信を獲得する。

　(5)「誘発的動機づけ」を持った学習者は他からの影響を受けやすい。日本語学習への嫌いな気持ちを引き起こさないように、教え方を改善し、日本語の面白さを感じさせることが大事である。

5. おわりに

　今後、調査校および受験者人数を増加し、調査結果の信頼性を高めようとする。また、調査票の問題が挙げられる。調査結果の妥当性と信頼性を高めるために、調査地域に合わせた質問紙の作成が必要がある。アンケート調査を実施する前に、まず質的調査を行い、調査地域に合わせた日本語学習の動機づけの測定尺度を独自で作成しようとする。

参考文献

[1] 郭俊海，全京姫．中国人大学生の日本語学習の動機づけについて [J]．新潟大学国際センター紀要，2006(2)：118-128.

[2] 原田登美．留学経験は学習動機にいかに関わっているか：「自己決定理論」に拠る「甲南大学 Year in Japan プログラム留学生」の留学と日本語学習の動機の変化 [J]．言語と文化，2008(12)：151-171.

[3] 毛賀力，福田倫子．中国における日本語専攻学習者及び日本における中国語専攻学習者の動機づけの比較 [J]．言語と文化，2010(23)：209-232.

[4] 夏素彦．中国における日本語専攻学習者の日本人イメージ—日本語学習動機との関

連を中心に—[J].言語文化と日本語教育,2010(39):112-121.

[5] 文野峯子.学習過程における動機づけの縦断的研究:インタビュー資料の複眼的解釈から明らかになるもの[J].人間と環境:人間環境学研究所研究報告,1999(3):114-125.

[6] 李受香.第2言語及び外国語としての日本語学習者における動機づけの比較:韓国人日本語学習者を対象として[J].世界の日本語教育,2003(13):76-92.

[7] 蒋庆荣.关于专业学生日语学习动机的调查分析[J].四川外语学院学报,2009(1).

[8] 彭晶,王婉莹.专业与非专业学生日语学习动机及学习效果研究[J].清华大学教育研究,2003(S1).

作者简介

陈瑾,运城学院助教,研究方向:第二语言习得。

联系方式

(E-mail) 396974004@qq.com

跨文化交际背景下日语泛读课的教学策略研究

牟海晶　赵萍　王盟
（中国·大连交通大学）

近年来，我国外语界有关跨文化交际能力的研究十分活跃。以中国知网（CNKI）为例，当输入"跨文化交际能力"这一主题词时，查询结果如下：2012 年为 8217 篇、2013 年为 8325 篇、2014 年为 8254 篇，即已连续三年每年发表的相关论文数量超过 8000 篇（包括硕士、博士论文）。可见这一概念已得到国内学者的广泛关注和高度重视。然而，在外语教学实践活动中如何始终如一地将培养跨文化交际能力的目标贯穿其中，如何切实地提高学生的跨文化交际能力，仍然是值得我们深入思考和探讨的现实问题。

1. 何谓跨文化交际能力

2001 年新修订的《高等院校日语专业基础阶段教学大纲》（以下简称《大纲》）中明确规定："外语教学的最终目的是培养学生具有跨文化交际的能力。"那么，何谓跨文化交际的能力呢？

"跨文化交际"是指本族语者与非本族语者之间的交际，也指任何在语言和文化背景方面有差异的人们之间的交际，是不同文化背景的人与人之间的知识、思维、概念、情感的交流。通俗地说就是当你和外国人打交道时应该如何得体地交流？怎样顺畅地沟通？

自 20 世纪 80 年代以来，"跨文化交际能力"领域的研究成果十分显著。国外方面，如，斯彼兹堡（Spizberg）和库帕克（Cupach）早在 1984 年就已提出"跨文化交际能力涵盖七种能力：基本能力、社交能力、社交技巧、人际间能力、语言能力、沟通能力与关系能力"的概念。拜拉姆（Byram，1997）认为跨文化交际需要两种主要知识，一是对本国和交际方国家的社会群体与文化的知识；二是与群体或个人交际过程中的知识。为此，拜拉姆构建了一个跨文化交际能力模式。该模式由知识、技能、态度和性情、行为取向构成，他指出"语言能力、社会语言能力及语篇能力与这些构成因素结合才能形成跨文化交际能力，且它们之间是互动的关系"。国内方面，如，贾玉新（1997）借鉴了国外研究的先进成果，综合了海姆斯（Hymes）、鲁本（Ruben）和萨莫娃（Samovar）等的理论，把跨文化交际能力概括为基本交际能力、情感和关系能力、情节能力、交际方略能力。而胡文仲等（1997）则从微观、中观和宏观三个方面把外语教学的目的分为相互关联与相互包含的三种能力：社会文化能力、交际能力和语言能力。语言能力指的是听、说、读、写、译内容；交际能力包括语篇、策略和社会语言学等语用能力以及对不同文化的理解能力，对所接受的文化信息进行理性评价的能力和整合新文化信息与已知知识的扬弃贯通能力。这些能力的综合就是跨文化交际力，也就是所谓的"社会文化能力"。张红玲（2007）进一步将跨文化交际能力定义为：掌握一定的文化和交际知识，能将这些知识应用到实际跨文化环境中，并且在心理上不惧怕，主动、积极、愉快地接受挑战，对不同文化表现出包容和欣赏的态度。

综上所述，跨文化交际能力是一项综合能力，它包含认知层面、感情（态度）层面和行为层面的能力，是在某一特定的语境下能够进行恰当而有效的沟通的能力。跨文化交际能力要求我们既要具备一定的知识，包括对象国的语言、文化、历史、宗教、习俗等，又要具有对文化差异的敏感和包容，要善于处理人际关系、适应环境的变化，并适当调节自己的行为和情绪。因此，跨文化交际能力的培养是极其复杂和长期的过程，并非一朝一夕就能达成。在教学活动中，除了正常的课堂教学以外，还要通过大量的课外活动以及日常生活的细节一点一滴地向学生渗透，使之在潜移默化中逐渐了解和掌握这一技能。

2．日语泛读课的现状及存在的问题

日语泛读课作为高校日语专业的基础必修课，一直承载着培养学生阅读能力、交际能力等各项综合能力的重任。通过泛读课的课堂教学提升学生的跨文化交际能力，从而培养出更多优秀的国际化人才是我们所期待的。然而，当前国内许多高校开设的日语泛读课却普遍存在以下问题。

定位不准确。目前很多高校的日语泛读课都或多或少存在与精读课界限不明的问题，课堂上往往将大量时间用在精讲单词、语法和句型上，导致没有充分的时间讲解文章的结构、内容、背景知识及阅读文章的方法和技巧等。以我校（大连交通大学）日语＋软件工程专业为例，泛读课的规定学时仅为 32 课时，即在每学期 16 周的教学周里每周只有 2 学时的时间用来讲授相关读解知识。如果把这么宝贵的时间浪费在讲解语法知识和单词用法上，实在有些舍本逐末，泛读课应当以传授阅读技巧、提升学生的阅读能力和跨文化交际能力为主要目的。

教材选用不当。"国内现有的大部分教材的编排模式多以文本阅读为主，以阅读技能的介绍和训练为辅。"（韦华凤，2011）尽管其设计的初衷是为学生提供一定量的阅读材料，通过阅读训练来培养其能力，但是这样的编排暴露出来的问题也是比较明显的，如内容比较零散、缺乏系统性、训练效果不明显等。个别教材还存在文章长度不恰当的问题，过长或过短都不适合作为课堂教学之用。

与能力测试脱节。在我校的师生座谈会上曾有学生质疑日语泛读课的教学效果，指出这一课程对日语能力测试 N2 帮助不大。据了解，我校 80% 以上的学生都希望通过课堂学习达到提高阅读成绩、尽快通过能力测试的目标。因此，在课堂教学过程中适当地传授速读与答题技巧也是必不可少的环节。

课堂枯燥无趣。传统的泛读课堂往往以教师的精讲为主，内容又与精读课有所重合，因而导致学生的课堂参与性极低，往往是教师在讲台上讲得激情四射，而学生却毫无兴趣、哈欠连天。因此改变传统的教学模式，建立以学生为主体的新式课堂，让学生真正参与到课堂教学活动中去才是提升教学效果的一剂良药。

因此，为实现培养学生的跨文化交际能力的目标，与时俱进地对日语泛读课进行大刀阔斧的改革是日语教学刻不容缓的任务。

3．解决的策略

为解决上述问题，我们可以重点由以下几个方面着手进行改革。

第一，修订新的教学大纲，进一步强调跨文化交际的重要地位，并据此对日语泛读课进行重新定位。

近年来，中国日语教学研究会会长修刚老师积极奔走于国内各大日语教学研讨会及日语教师研修班，反复强调与时俱进地重新修订大纲的重要性，并且亲自带领大纲修订委员会着手开展这一工作。在这次修订当中跨文化交际无疑将成为最大的看点，有望被提到更加重要的位置。修刚老师指出："要进行跨文化交际，必须具备两方面的能力，其一为运用语言或非语言行为传递信息和接受信息的能力，其二为对两种文化的理解能力。要具备两种文化的理解能力，首先要在日语教学中加大广义的日本文化介绍的力度，突出日本人思维模式等的介绍。（中略）另外，增加学生的中国国情知识、中国语言文化知识，教育学生学会用日语介绍中国文化，也是一项重要的内容。"（修刚，2008）也就是说，培养学生的跨文化交际能力不但要教会他们基本的语言知识，更重要的是引导他们理解和掌握日本、日本人及日本文化，并能基于中国的国情冷静地思索中日关系，用日语表达自己的见解。

因此，在日常课堂教学中，教师要有意识地培养学生这方面的能力。除了语言教学以外，还要更多地介绍日本文化背景知识，让学生多调研多思考，尽量将课本知识与社会文化知识结合起来，形成跨文化交际的思维模式。这一点落实到日语泛读课上，就要求我们对课堂进行重新定位。既要解除传统"一把抓（既抓单词、语法的学习，又抓阅读能力的培养）"思想的束缚，又要明确教学目的，大胆创新找到真正适合泛读课的授课模式，在教学当中潜移默化地培养学生的跨文化交际能力。

第二，结合"大纲"要求选定适合的日语泛读教材。

在亚马逊搜索"日语阅读教材"即可得到 143 条相关书籍信息，书名从《日语泛读教程》到《日语阅读》《日语报刊选读》《能力测试 N2 读解》等，名目繁多。那么，如何从中选取适合的书籍作为大学日语泛读课的教材呢？首先它的内容必须涵盖日本社会的诸方面，包括文化、历史、文学、科技、社会、教育、政治、经济等；内容要新颖，最好具有一定的趣味性或有能引起人们阅读兴趣的热门话题。其次，它的体裁要结合日语能力测试的要求，既包含小说、随笔、又包括新闻、报道、各种商务信函等。最后，文章的长度要适中，最好既有短篇（150—400 字），又有中篇（400—800 字）和长篇（800—1200 字），一课多练，过长或过短的文章都不适合作为泛读教材在课堂上使用。另外，结合我校日语＋软件工程专业的特点，为我校三年级学生选取 N2 难度的教材时还要考虑到其双专业的特点，有意识地向软件方面的文章倾斜，以期同时扩大学生的单词量和专业知识。

第三，针对日语能力测试 N1、N2 的应试需要，补充相关阅读技巧方面的指导和速读训练。

由于大部分的三年级学生都有过级（N2 或 N1）要求，普遍期待通过泛读课的学习掌握一定的应试技巧，提高能力测试的阅读成绩，因此，授课过程中要根据班级学生的整体水平，将文章按照由易到难的顺序进行编排，尤其在考虑难度的前提下要将篇幅较长的文章排在前面，每次课都按照长（中）篇→短篇的顺序进行训练和讲解。由于长（中）篇文章的分值较高，所以养成先做长（中）篇的习惯有利于在能力考试中取得好成绩，如果时间实在不够可以选择放弃个别短篇。在培养速读能力方面，要从日常做起，要求学生在规定时间内快速浏

览文章，准确解答课后的问题，并能简短总结文章的主题和大意。在答题技巧方面，为避免因重复看文章而延误时间，提倡先看问题后读文章，带着问题阅读材料更有针对性。要抓住文章的主题和关键词，主题一般出现在第一段或最后一段，而关键词往往是出现频率较高的词汇，抓住这两项也就抓住了文章的主旨，即"作者最想说什么"。另外还要格外注意「が」「しかし」「つまり」「このように」等接续词引起的内容，这里往往是作者的不同意见或独到观点。此外，例如指示代词的指代内容、画线句子的意思、补充句子等题型，也都有各自的答题技巧，可以通过大量的练习学习和掌握。

第四，改变传统的教学模式，真正做到以学生为主体，注重寓教于乐。

传统的泛读课堂常常以老师的精讲和提问为主要形式。而新时代的外语教学则要充分发挥学生的主体作用，要尽可能多地调动学生的积极性，促使其积极参与课堂活动。组织学生以小组为单位进行主题调研、讨论和报告是一种行之有效的方式。

教师要充分利用多媒体等现代化教学手段，激发学生的学习热情。可以根据每篇文章的内容及文化背景，精心制作生动有趣的多媒体课件（包括照片、音频、视频资料等），促使学生产生兴趣和进一步学习的动机，还可以为学生设计一个个问题情境，激起学生在阅读中不断探索和解决问题的创造性。当然，也要发挥学生自主学习的热情，适当布置一些课后调研的作业，如调查相关文化背景或中日异同等，并让学生以学习小组为单位，通过制作 PPT 等影像资料向大家讲解，加深其对异文化的理解，培养学生跨文化交际的能力。

全面推广微课教学，有效利用自主学习平台等教学资源。微课又叫微课程，是指以视频为主要载体，记录教师在课堂内外教育教学过程中围绕某个知识点或教学环节而开展的教与学活动的全过程。胡铁生（2012）认为微课是以阐释某一知识点为目标，以短小精悍的视频为表现形式，以学习或教学应用为目的的教学视频，通常还包括相应的教学设计、素材课件、练习评测、教学反思核心和关键、学生反馈等教学支持资源，构成一种半结构化、主题突出的资源单元应用"生态环境"。近年来，微课教学已经在全国范围内推广开来，尽管目前还处在试行阶段，但"高校微课建设也正同样遵循这一轨迹，按照微课的专题化、课程化发展趋势，秉承资源开放共享的理念，积极探索，大胆创新"（胡铁生，2014）。因此，我们的日语泛读课也应当乘风前行，通过制作一个个短小的微课程（5—8 分钟），将教师的教学理念和课程的主要信息融入其中，并巧妙地穿插设问以激发学生主动思考和学习的热情。由于微课是一种自主学习的形态，所以学生可以利用课余时间反复多次观赏视频学习知识，非常方便。而且一旦发现问题，即可通过查阅词典、资料或网络信息等找寻答案，这无疑大大促进了学生的自主学习效果。

开展丰富多彩的课余活动，提高学生的参与热情。除了课堂学习以外，外语学习还体现在生活的方方面面。由于日语泛读课的课堂时间十分有限，所以我们必须把大量的课余时间有效地利用起来。组织学生开展演讲、辩论、写作、演短剧，甚至是卡拉 OK 等比赛并适当采取奖励措施，可以挖掘学生的潜力，激发学生的热情和斗志，培养其学习日语的兴趣，使其从中学会分析、总结，从而间接地提高阅读理解能力。

4. 结 语

《国家中长期教育改革和发展规划纲要(2010—2020 年)》明确提出要"培养大批具有国际视野、通晓国际规则、能够参与国际事务和国际竞争的国际化人才"。也就是说,国际化人才对我们提出的要求不仅仅是具备较高的语言能力,更要具有跨文化交际能力等软实力。因此,为培养出更多更优秀的国际化外语人才,我们的泛读课也必修采取一系列行之有效的策略,从修订教学大纲,到选择适合的教材,再到以学生为主体的课堂教学,全面培养学生的跨文化交际能力、创新思维能力、国际性视野和民族情怀。

参考文献

[1] 教育部高等学校外语专业教学指导委员会日语组. 高等院校日语专业基础阶段教学大纲 [M]. 大连:大连理工大学出版社,2001.

[2] SPIZBERG B H,CUPACH W R. Interpersonal communication competence [M]. Beverly Hills, CA : Sage Pub,1984.

[3] BYRAM M. Teaching and assessing intercultural communicative competence [M]. London:Multilingual Matters,1997:35,70-73.

[4] 贾玉新. 跨文化交际学 [M]. 上海:上海外语教学出版社,1997:480-502.

[5] 胡文仲,高一虹. 外语教学与文化 [M]. 长沙:湖南教育出版社,1997.

[6] 张红玲. 跨文化外语教学 [M]. 上海:上海外语教育出版社,2007:70.

[7] 韦华凤. 试论高校日语泛读教材与教学改革 [J]. 考试周刊,2011(16):10-11.

[8] 修刚. 中国高等学校日语教育的现状与展望——以专业日语教学为中心 [J]. 日语学习与研究,2008(5):1-5.

[9] 胡铁生,詹青春. 中小学优质"微课"资源开发的区域实践与启示[J]. 中国教育信息化,2012(22):65-69.

[10] 胡铁生,周晓清. 高校微课建设的现状分析与发展对策研究[J]. 现代教育技术,2014,24(4):5-13.

作者简介

牟海晶,大连交通大学外国语学院讲师,研究方向:日本教育、日本文学。

赵萍,大连交通大学外国语学院讲师,研究方向:日本语言文化。

王盟,大连交通大学外国语学院讲师,研究方向:日本文化、日语教育。

联系方式

牟海晶(E-mail)syhaijin@163.com

赵萍(E-mail)22715805@qq.com

王盟(E-mail)wadlmm@163.com

浅议在课堂中融入交际型教学语法的重要性

李璠　王霞

（中国·大连交通大学）

1．引　言

为何要重视在课堂中融入"交际型教学语法"这个理念？"根据联合国教科文组织公布的《国际教育标准分类法》申明，高等教育人才培养类型分为学术研究型人才、应用型专门人才和实用型职业技术人才。"（刘慧云，2008）高校开设日语专业，目的是要培养高素质的日语应用型人才。因此，必须重新审视在现阶段各高校日语专业"无目的教学"的根本问题。造成"无目的教学"的原因有两点，一是从教学大纲的制定上可以看出，各门课程在培养目标上都倾向要达到听、说、读、写四项技能综合全面的掌握。然而，在实际交际活动中，在听、说、读、写四个场景中所使用的语言各有不同。因此，不能盲目追求全能教学，应当先考虑各门课程开设的具体培养目标，制定适合此目标的具体培养方案，同时根据培养方案拟定教材。二是在教学语法上面，教师围绕教材进行教学，而教材中在导入语法知识点的时候，并没有考虑这些语法能否在实际交际活动中起到促进友好交流，缓解矛盾，减少摩擦，顺利解决问题等真正有效的语法内容。千篇一律地将语言学研究成果照搬给学生，这种中立性的语法知识既不能满足语言交流的目的，也无法顺利完成交际活动。这种看似系统全面的语法教学其实是一种"无目的教学"，导致学生认识不到自己学习的语言只是"正确的语言"而非"合适的语言"。要解决这一问题，必须从课堂上对学生灌输的内容做出改变。这是摆在每一位日语教师面前迫切需要解决的问题。

2．将交际型教学语法融入课堂的重要性

在交际活动中，为了能够顺利完成交际活动，必须能够做到准确向对方传达自己的想法。同时，在遇到无法避免的误解或是需要明确拒绝对方的时候，至少做到在语言表达上尽量减少对对方造成的心理上的伤害，以达到最大限度减少双方摩擦的目的。而这也是为何我们在教学中要将交际型教学语法提到一个重要的位置的主要原因。通过学习语言了解不同文化下的语言习惯差异，运用恰当的语言使具有不同文化的两个国家真正做到互相理解。同时，作为人际关系润滑剂，我们也要通过成功的交际活动来建立更好的人际关系。

以邀请的情景为例，日本人说明自己不能赴约的理由时，追加一句"以后会有机会参加"这样的积极态度，从而对邀请的人表现出自己很想参加，只是有不得已的理由才无法参加。如：「A：明日パーティーがあるから、来ないか。B：ありがとう。でも明日ちょっと用事があるから。また誘ってね。」而我们的教材中在导入时多数是用「すみません、今日はちょっと都合が悪いです」来强调我去不了了。像这样的文化差异导致的语言表达上的差异

不在少数。我们的教学中应当适当融入这种以实际交际活动为出发点的表达方式，掌握这样的语言习惯也是语言学习中的一个重要环节，是达到减少误解和摩擦的有效途径。

因此，笔者将融入交际型教学语法的出发点归纳为三点：一是应当重视容易引起误解的表达方式；二是应当重视会伤害到听者或读者的感情的表达方式；三是应当重视社会语言学能力。

3．现阶段教学中存在的问题

野田（2014）在重新审视日语教学语法的必要性时提出了两点需要解决的问题。第一点是原有课堂教学理念无法满足多样化学习者；第二点是将教学单一地放在探究语法本身。基于以上两点，笔者将现阶段高校日语教学中存在的问题归纳为以下三点。

3.1 课堂教学始终是围绕"学什么"而不是"用什么"

迄今为止的教学法和学习法，其基本构思是：教师通过教材上"有这样的句型"，让学生把这个句型背下来，再让学生考虑"怎样使用"该句型。学生因为教材上"有这样的句型"，考试可能会考到，于是把句型本身背下来，根本不去考虑"怎样使用"，甚至更多情况是教师也不知道学生学完这个句型用来做什么。没有正确的引导，学生也无法最大化地理解语言学习的正确用处。

3.2 无明确教学目标的传统型归纳式教学语法

《新编日语》第一册中，在第 8 课里导入了接续助词「が」的用法。语法解释分为两种：①接续助词「が」接在句末，用于连接两个相反的、不协调的事项；②也可连接没有转折意义的前后两句句子。连接没有转折意义的前后两句句子的「が」没有具体意义，仅起连接作用，前句大多是交代后句所需的前提、情况等。

这个语法解释存在两点问题：一是从学生接受的角度来看，第一种用法的「が」在表示转折这一意义上，可以理解为中文的"虽然 …… 但是 ……"；而第二种用法在中文里面没有对应的语言支撑，除了从句子结构上看有相似之处以外，语义上可以说没有任何共同性。二是教师在教授过程中，往往是将第一种用法作为接续助词「が」的主要用法导入。而在导入后者用法时，也仅仅按照解释中"也可连接没有转折意义的前后两句句子"这样的说明简单略过，而恰恰是这个不表示转折的「が」在实际情景对话中起到了润滑剂的作用。

这种看似系统地将某一个知识点完整地介绍给了学生，但实际上是一种无目的的盲目教学法。

3.3 各自独立的碎片式教学，缺少语法间的连贯性引导

野田（2014）将重视句子结构的形式主义语法称为"语法点至上"的语法，而且这种日语教学目标也是要让学习者掌握并"使用"所有的语法点。

我们的教学中也依旧存在依照形式把语法内容照搬给学生这一现象。而学生在无明确目标地学习语法之后，根本无法将其之间的关联有效地利用到交际活动当中。本论文以表

示人的意愿的「～たいんですが（想要做……）」为例，详细分析碎片式教学法带来的弊端。

先看《新经典日本语 基础教程》中的语法导入顺序。在导入接续助词「が」的时候，对于它的解释是：（1）表示前后事项的对比；如：「テレビはよく見ますが、映画はほとんど見ません。」（2）表示转折；如：「李さんのアパートは便利ですが、広くないです。」（3）引出下文，且下文多为请求或拒绝。如：「すみませんが、今、何時ですか。」（刘利国、宫伟，2014：71）在解释第三种意思的时候，没有提及可以将其使用在表示意愿的句型中。在导入「～の（ん）です（是……的）」的时候，对于它的解释是："该句型用于说明状况或解释原因、理由。"收入的四个例句均为解释说明的意思。如：「A：どうして買わなかったんですか。B：お金が足りなかったんです。」（刘利国、宫伟，2014：160）在这里并没有提到这个句型可以用在拒绝或道歉这类实际交际活动中。之后，再导入「～たいです（想……）」。对于它的解释是："该句型表示第一人称想做某个行为。"收入的四个例句均为第一人称，意在强调只能用于第一人称。如：「夏休みには富士山に登りたいです。」在这里，仅在一个例句中用了「～たいんですが」，但并没有将这个句型作为一个表达意愿的形式归纳介绍。同时没有和之前所学习的「～の（ん）です（是……的）」接续助词「が」连贯起来。这种碎片式的教学方式势必会造成学生对知识点掌握得不完整、不连贯。

4. 如何有效地将交际型教学语法融入课堂

如何让课堂真正成为学生学习有用知识，学校培养有用人才的地方？这是一线教师应当不断探讨创新的课题。迄今为止，课堂教学方法无非是教师讲课，学生记笔记、背句型这样被动的教学及学习模式。语言存在于生活之中，在课堂上学习也要遵循这一原则，不能将语言变成死板的文字符号。因此首要任务是要让学生去不断探索学习语言的最终目的，而教师是重要的引导者。

4.1 不断提高学生对"想要表达什么"的认识

从第3部分问题一可以看出，再好的教师教出的优等生，如果在不知道要"表达什么"的情况下学习语言，不能说是失败的教学，但是必定是做了很多无用功。一旦学生面对不同场景时，还是要根据不同场景需要，从大脑储备中调取相关语言信息。那么，我们在教学中为何不在第一时间先让学生弄清楚"我想要表达怎样一件事情"，然后再去学习"我怎样表达这件事情"？从学习目的角度出发，不再是盲目一手抓，而是针对不同情况，学习不同的表达。等到有这样的情景发生，只需要从这个情景中去调取语言信息。

例如，给学生设置一个迟到后需要表明迟到理由的场景。不论是在校学习或在公司工作，抑或是社交活动，难免会出现迟到的情况，而对于场景的想象有助于更明确知识点的用处。讲解的时候应当明确告诉学生在陈述理由时，用「～んです」来表达。如：「遅れてすみません。交通事故にあったんです。」

4.2 重视语言实用性,构建"功能性至上"的日语教学语法

从第3部分问题二和问题三可以看出,我们迫切要解决的问题是如何导入有效的语法知识点,使学生能够学习到在实际情景中更加实用的知识点,而不是将所有知识点无主次、无目的地一股脑搬到课堂上。

在交际活动中,当有问题需要解决的时候,语言能够最大限度地体现出它的重要性,大多时候我们必须通过语言来化解矛盾。那么,在导入一种新的语言的时候,也应当遵循这一原则,从实际出发,先导入需要掌握的知识内容。本论文主张在初级的前期阶段,应当优先导入学生在以校园为主的学习生活期间可能会遇到的实际情景,从解决学生在学习生活中可能会遇到的各种问题的角度出发设置交际活动的场景,并通过这样的场景对话导入相关知识点。同时,应当积极拟设在日本生活的场景,以真正再现日本人实际交流场景。笔者根据留学生在日在校期间可能会遇到的"问题场景"拟设以下9个场景,作为初级阶段导入知识点时的语言背景,其中包括"请假、在教务课打工、看病、打电话、去银行、去邮局、在便利店、买东西、在机场"。

4.3 细化听说读写教学目的,培养真正的"综合"能力

由于在交际活动中听、说、读、写这四种语言活动所使用的语法也都不相同,因此,一直以来认为学好语法知识点是为以后所有课程奠定一个良好的综合能力基础这样的说法是不现实的。我们应当在初级阶段明确教学目标,制定出一系列对于提高听、说、读、写这四项能力分别有效的教学语法。在教学上,应当分别针对提高这四项能力采取不同的教学手段。另外,在教学大纲的制定上,应当适当减少"综合日语"课程的学时,把时间合理地分配到视听、会话以及阅读和写作这四门课程当中,以达到真正培养学生"综合"语言能力这一目的。

5．结　语

语言是交际的工具,学习语言的根本目的是和他人有效沟通。但由于传统的教学语法并不能满足听、说、读、写这四种不同的语言活动,因此在以往的传统型教学中,仍然存在着学非所用的现象。我们主张应当创建适用于实际交际活动的教学语法。同时,教师应当在课堂上正确引导学生认识到学习语言首先要知道"用什么"来调动他们的学习的积极性,从而激活他们内在的语言知识系统,真正实现培养日语应用型人才这一目标。

参考文献

[1] 野田尚史 . 交际型日语教学语法研究 [M]. 张麟声,等,译 . 北京:外语教学与研究出版社,2014.

[2] 刘金培 . 浅谈言语交际中拒绝语义的表达技巧 [J]. 河北广播电视大学学报,2008(3).

[3] 刘慧云 . 日语应用型人才培养新模式的探索 [J]. 湖南社会科学,2008(4).

[4] 王在琦,王玲 . 日语暧昧语言文化特征研究 [J]. 西南民族大学学报(人文社科版),

2005(11).

[5] 刘利国，宫伟. 新经典日本语基础教程(第一册)[M]. 北京:外语教育与研究出版社，2014:71,160.

[6] 周平,陈小芬. 新编日语（第一册）[M]. 上海:上海外语教育出版社,1993:135.

作者简介

李璠,大连交通大学外国语学院讲师,研究方向:日语语言、社会文化。

王霞,大连交通大学外国语学院副教授,研究方向:日语语言、社会文化。

联系方式

（E-mail）angelfanfanjp@163.com

日本现代流行歌曲在日语文言教学中的应用
——结合「時代おくれ」之中否定助动词「ず」的用法

金 中
（中国·西安交通大学）

日语文言一直是我国大学日语专业教学中的薄弱环节。日语文言语法的项目繁多，变化复杂，中国大学生学习起来面临较大困难。此外，中国学生平常接触日语文言使用实例的机会较少，单纯死记硬背日语文言的语法规则，容易忘记，这也是造成中国学生学习日语文言语法难度较大的原因之一。笔者以前提出过将含有文言表达的日本歌曲导入日语文言教学的设想。[1]本文以现代流行歌曲「時代おくれ」为例，就其具体应用做一论述。

笔者在西安交通大学日语专业本科三年级开设的"日语文言语法"课程中，一般在第一次课上首先介绍学习日语文言的意义，其后讲解文言助动词「ず」表示否定的用法。「ず」即相当于现代日语中的「ない」，在日本当代社会中使用广泛，学生在中级现代日语的学习阶段或多或少地接触过。笔者介绍「ず」之前的动词接续与「ない」相同；「ず」是在句子终结时的表达，称为"终止形"；当其位于句中，之后承接名词时则变为「ぬ」，称为"连体形"。现代日语中没有终止形与连体形在表达上的区别，而日语文言中终止形与连体形往往是有区别的，这是日语文言语法的重要特点之一。在当前的日语文言教材中，「ず」一般在靠后的助动词部分才涉及。笔者在课程的第一节即讲解「ず」，通过这一对学生来说相对简单又熟悉的表达切入"终止形"与"连体形"的概念，从而为接下来讲解日语文言动词的各种活用形打下基础，具有由简到繁、循序渐进的效果。

作为集中出现否定助动词「ず」相关表达的实例，笔者在课堂上播放并讲解日文歌曲「時代おくれ」，歌词全文及笔者的翻译如下：

時代おくれ
作詞：阿久悠　作曲：森田公一

一日二杯の酒を飲み
さかなは特にこだわらず
マイクが来たなら　微笑んで
十八番（おはこ）を一つ　歌うだけ

（1）详见拙文：「中国における日本語文語授業の工夫 —— 現代短歌と抒情歌の導入」（『東京外国語大学日本研究教育年報』2009 年第 13 号；中文版，李国玲译：《日本学研究论丛　第八辑》，社会科学文献出版社 2013 年版）。

妻には涙を見せないで
子供に愚痴をきかせずに
男の嘆きは　ほろ酔いで
酒場の隅に　置いて行く

目立たぬように　はしゃがぬように
似合わぬことは無理をせず
人の心を見つめつづける
時代おくれの男になりたい

不器用だけれど　しらけずに
純粋だけど　野暮じゃなく
上手なお酒を　飲みながら
一年一度　酔っぱらう

昔の友には　やさしくて
変わらぬ友と信じこみ
あれこれ仕事も　あるくせに
自分のことは後にする

ねたまぬように　あせらぬように
飾った世界に流されず
好きな誰かを思いつづける
時代おくれの男になりたい

目立たぬように　はしゃがぬように
似合わぬことは無理をせず
人の心を見つめつづける
時代おくれの男になりたい

时代落伍
作词：阿久悠　作曲：森田公一　翻译：金中

一天喝上两盅酒
什么下酒菜都无所谓
要是有人递过来麦克风，我面带微笑

只唱上一首自己最拿手的曲子

不让妻子看到自己的眼泪
不让孩子听到自己的抱怨
在微醉中将男人的叹息
在酒馆的角落里丢走

我不显眼　我不上蹿下跳
不勉强去做和自己不般配的事
我不停地关注着世道人心
甘愿做一个时代的落伍人

我虽然不够机灵　但不让大家扫兴
我虽然单纯　但也不是不通人情
把酒喝到恰到好处
一年也就醉上一回

我对过去的朋友热情相待
绝对相信是朋友就不会改变
虽然这样那样的活儿也不少
总是把自己的事放在后头

我不眼红别人　我不焦虑自己
不在这粉饰的世界里随波逐流
我一直默默地想念着喜欢的那个人
甘愿做一个时代的落伍人

我不显眼　我不上蹿下跳
不勉强去做和自己不般配的事
我不停地关注着世道人心
甘愿做一个时代的落伍人

　　该曲由日本当代著名词作家阿久悠作词，发表于 1986 年。其时代背景是，日本正处于泡沫经济虚假的繁荣之中，举世浮华，热衷于奢侈的高档消费。词作家敏锐地察觉到了这种社会的病态，以第一人称的口吻道出了一位中年男子朴素的心声。他想走自己的路，不愿在这浮华的时代随波逐流。歌曲问世之初并未受到多少关注，不久日本的泡沫经济崩溃，三年

后，日本的年号从昭和改为平成。「時代おくれ」被寄予了对逝去的昭和时代的怀念，其中所蕴含的对时代的警钟意义也渐渐为世人所感知，从而逐渐在日本全国得以传唱，甚至作为某日本酒的广告歌曲被起用。

歌词中主人公的自述多使用了否定形式的表达。「こだわらず」「せず」及「流されず」分别为动词「こだわる」「する」及「流す」的被动表达「流される」承接「ず」的形式。这些与现代日语的「見せないで」都表示否定，但文体不同，使歌词富于变化。「きかせずに」和「しらけずに」分别为动词「きかせる」和「しらける」的否定形式并承接格助词「に」的用法，「ず」实际上是连用形，这在以后的授课中再讲给学生。「変わらぬ」「似合わぬ」之后由于承接名词「友」和「こと」，「ず」需要表达为其连体形「ぬ」。关于副歌中「目立たぬように　はしゃがぬように」和「ねたまぬように　あせらぬように」的反复，由于动词「目立つ」「はしゃぐ」和「ねたむ」「あせる」之后的「ず」要承接样态助动词「ように」，也需要表达为其连体形「ぬ」。

作为具体的教学方略，笔者在授课中首先让学生观看「時代おくれ」的演唱视频。该视频由日本歌手河岛英五自弹钢琴伴奏，歌唱得深情投入，舞台风格素朴，较好地阐释了歌曲的情感内涵。接下来使用 PPT 展示「時代おくれ」的歌词全文，对其中的文言表达使用红色以示强调，让学生熟悉歌词中出现的「ず」的不同用法。要求学生课后对「時代おくれ」的音频和视频多听多看，尽量做到自己能够歌唱的程度。并将默写「時代おくれ」的歌词全文列入考试范围，以此促进学生对该曲内涵的深入消化。

歌曲「時代おくれ」旋律优美，歌词情深意切，容易使人产生共鸣。其中反复出现了文言否定助动词「ず」的终止形和连体形用法，同时也有和现代日语的比较，使学生能够在第一时间对于文言"终止形"和"连体形"相区别的特点获得直观印象。同时，在课程的第一节即听到一首优美动听的现代流行歌曲，也能使学生间接地认识到日语文言广泛应用于日本当代社会，并不陈旧过时。将该曲应用于日语文言教学，能起到一系列综合效果。

作者简介

金中，西安交通大学外国语学院教授，研究方向：日本古典诗歌、日本近现代诗歌、日本文言语法、中国当代诗词、中日比较文学、日本诗歌翻译。

联系方式

（E-mail）jinzhongshici@aliyun.com

日本語専攻大学生における学習動機の分類に関して

高希敏

（中国・大連民族大学）

1. 初めに

　国際交流基金の最新データによると[1]、2012 年に中国の日本語学習者は 100 万人の大台を超え、全世界で第 1 位となり、そのうち、高等教育における学習者は 67 万あまりにも達しているという[2]。一方、中日間の経済情勢などが変わりつつあり、今日本語学習者の就職などの問題が厳しくなってきた。そうした状況の中で、日本語学習者、特に日本語のみを学習する専攻大学生は将来の進路がどうなるか、また、将来の激しい競争に向けて大学の段階でどんな能力を身に着けておけば勝負に役立つかなどが注目される。

　日本語専攻における高学年段階の教学大綱が 2000 年、基礎段階の教学大網が 2001 年に作成され、異文化コミュニケーション能力を養成する目標が提起された（修 2008: 2）。それは今まで言語知識の習得を中心に行われた日本語教育が新しい社会情勢、社会のニーズに対応できるように人材を養成する目標を調整したものであるとみられる。十何年も経った今、国際情勢も中国の情勢も変化した。しかし、外国語学習者として異文化コミュニケーション能力が依然として基本的な重要な能力として求められると言える。一方、中国国内で行われている日本語教育において、異文化コミュニケーション能力の育成をめぐる研究は教える側からの施策を中心に展開されるものが多く、学習者の学習の立場に立ち、どのようにこの 2 種類の能力を育てるかなどを取り扱う研究がまだ少ないと言っても過言ではない。

　学習者要素に学習動機があげられるが、学習動機は外国語教育に対して大きな意義を持っている。英語教育の面における学習動機に対する研究は国際的に多く行われている。国内で 1990 年代に英語教育に携わっている研究者たちが国際社会から学習動機の理論と研究方法を取り入れて以来、今多くの研究が成されている。しかし、日本語教育においては、国内での研究はまだわずかである（例: 王 2005a、2005b; 蒋 2006、2009、2010）。そのため、学習動機を取り扱う研究が大いに期待されると考えられる。

　学習動機の実証研究を行う前に、まず学習動機の分類が問われる。しかし、今までの研

（1）国際交流基金『2012 年度日本語教育機関調査結果』による。http://www.jpf.go.jp/j/project/japanese/survey/area/country/2014/china.html#KEKKA を参照。
（2）「高等教育」は日本語専攻、非専攻第一外国語、非専攻第二外国語に分類される。

究をレビューする時、「学習動機の種類」と「学習動機の要素」という二つの分類法があることが判明した。本稿は学習動機に関する国内外での論文をレビューした上で、「学習動機の要素」と「学習動機の種類」はどんな関係にあるのか、両者はどんな研究にとらえられるかを論じ、その上日本語専攻大学生における「学習動機の種類」への構築を試みる。

2.「学習動機」の定義

「学習動機」は英文で「motivation」と表現されるが、Dörnyei（1999）は第二言語の「motivation」とは、「人間の行動の方向（direction）と規模（magnitude）を決めるもの」であるとし、「なぜ（why）人がそれを行うのか」、「どのくらい（how long）その活動を維持しようとするのか」、「いかに（how hard）それを手に入れようとするのか」を説明するものであると述べている[1]。つまり、Dörnyei（1999）の論じている「学習動機」は「学習の目的／原因」、学習動機の「強度」、学習動機の「ストラテジー」まで統括するものであると考えられる。上淵（2004: 2）は、学習動機を「強度（intensity）」と「方向性（direction）」という 2 つの視点から理解し、「強度」とはどの程度やる気があるかという「量」を問う視点で、「方向性」は「何のために」、「何を」しようとするのかという行為の目的や内容を問題とする「質的な」視点であると論じる。上淵（2004）の論じている「学習動機」も学習の「目的」と「強度」を含むものであるとまとめられる。筆者は Dörnyei（1999）の論じている学習動機の「強度」「ストラテジー」まで含む統括的なものを広義的な「学習動機」とし、なぜ（why）人がそれを行い、そして維持するのかという学習の目的／原因を扱うものを狭義的な「学習動機」とする。本稿は後者を取り扱うこととする。

3. 先行研究に見られる外国語学習動機の分類

3.1 学習動機の要素

3.1.1 Gardner らの古典的社会心理モデル

1960 年代から 80 年代にかけて、第二言語教育[2]における学習動機に関する研究は主に、Gardner や Lambert らの研究グループによって導かれた社会心理的アプローチを中心としていた（Gardner & Lambert 1959、1972；Gardner 1985）。Gardner & Lambert（1972）は学習動機に「統合的志向（integrative orientation）」と「道具的志向（instrumental

---

〔1〕訳は守谷（2002: 316）によるものである。
〔2〕「第二言語学習」は、目標言語が話されている国で外国人が目標言語を学習する場合を指すのに対して、「外国語学習は」、目標言語が話されていない国で外国人が目標言語を学習する場合を指す（倉八 1998: 7）。倉八（1998）は「外国語」という用語を第二言語をも含んだ包括した用語として使っている。本稿は　表現上の統一を期するためそれに倣い、それらを包括するものとして「外国語」という用語を使用する。ただし、先行研究の中で使用されている表記についてはそれに従う。

orientation）」があると述べている。「統合的志向」とは、学習者が目標言語話者の文化、言語、その言語集団をもっと知り、自分もその集団の中に溶け込みたいという動機であるのに対して、「道具的志向」とは、自分の仕事に役に立てたい場合や、社会的地位を高めたい場合といったようなある目的を達するための道具的、実用的なものである。この二種類の志向を中心に構築された社会心理モデルは「古典的モデル」と言われている。

3.1.2 「拡大モデル」とDörnyeiらの「学習動機の構成要素」

Gardnerらによる社会心理学の古典的モデルを踏まえ、Dörnyei（1994）、Trembley & Gardner（1995）、Williams & Burden（1997）などは心理学から認知の要素を取り入れて、古典的モデルを拡大し、「拡大モデル」を構築した。Trembley & Gardner（1995）は古典的モデルに加え、「目標」、「数価」と「自己効力感」などの認知論的要素を取り入れた。Crooks & Schmidt（1991）は、第二言語習得が行われる主な場としての教室における学習動機研究の重要性を強調した。それはそれまでの学習動機研究と大きく異なり、学習動機研究が社会環境の場面から教育場面へ焦点が変わる、大きな転換となった。

Dörnyei（1994）はそれまでの研究結果を踏まえ、新しい学習動機の構成要素を整理したものであり、「3次元説」とも呼ばれている。それは「言語レベル（language level）」「学習者レベル（learner level）」「学習状況レベル（learning situation level）」からなる。「言語レベル」には「統合的学習動機の構成要素」と「道具的学習動機の構成要素」がある。[1]「学習者レベル」は達成への欲求や学習に対する自信といった内容が含まれる。そのうちの「自信」はまた「目標言語使用への不安」「自覚された第二言語能力」「原因の帰属」と「自己効力感」からなる。「学習状況レベル」は、コース・教師・グループ特有の学習動機の要素を含む。

3.1.3 秦・文の「外国語成績に影響する学習動機の構成要素概念モデル」

秦・文（2002）は先行研究を踏まえ、「外国語成績に影響する学習動機の構成要素概念モデル」を構築した。このモデルは「個人の欲求」（Individual Needs）、「動機前提」（Motivational Antecedents）、「感情仲介」（Affective Mediators）、「認知仲介」（Cognitive Mediators）、「動機行為」（Motivational Behavior）、「学習成果」（Learning Outcomes）からなる。[2]「個人の欲求」は「認知」と「感情」を含み、学習動機の原動力であり、「動機前提」は入学する前に持っている特性を指しており、「第二言語能力」、「原因の帰属」と「（目標言語への）関心」を含む。「感情仲介」には「（目標言語使用への）不安」と「自己効力感」が入り、「認知仲介」には「数価」[3]、「学習目的」と「目標への方向性」が含まれる。「学習成果」には「認知の成果」と「感情の成果」がある。「動機行為」は「努力」を指す。

秦・文（2002）の学習動機の構成要素概念モデルの特徴を言うと、まず、動機の内容の

---

〔1〕訳文は守谷（2002：320）を参考にした。
〔2〕筆者訳。
〔3〕「数価」という訳は小西（2006：243）を引用したものである。

みならず、動機が影響する「動機行為」[1]、さらに「動機行為」がもたらす「動機成果」まで関わる因果的連鎖であると捉える。次に、このモデルは学習者の動機がかかわるすべての要素を統括しようとする側面が伺える。また、このモデルは Dörnyei(1994) における認知的な要素を取り入れている一方、Dörnyei(1994) の中で重要視されている教室現場に表れる「学習状況レベル」がない。

3.2 学習動機の種類

3.2.1 英語学習動機の種類

学習動機の「種類」[2]は中国国内の先行研究でよくとられている表記である。日本の先行研究では「日本語学習動機の分類 (縫部ほか 1995)」で表現するが、それも「要素」と異なるものであると見られるため、本稿はそれが表現上の相違であり、「日本語学習動機の分類」も「種類」と見なすことにする。

先行研究に主に文 (2001)、許・高 (2011)、周・高・臧青ほか (2011)、劉・高 (2012) などがある。文 (2001) は「表層動機」と「深層動機」と分けるが、それぞれ「道具的志向」と「融合的志向」に相当する。高一虹をはじめとする研究チームは学習動機を「興味」「成績」「留学」「学習情景」「社会責任」「個人の発展」「コミュニケーションの媒介」といった 7 種類にわけている (高・趙・程・周 2003; 許・高 2011; 周・高・臧ほか 2011; 劉・高 2012 など)。それは古典的モデルの「融合的志向」と「道具的志向」の具体的な展開で、その上「社会責任」と「学習情景」を加えている。「学習情景」は学習動機「3 次元説」における「学習環境」という次元から言うものであるとみられる。「社会責任」は「中国の発展のため、親の期待に応える、中国を世界に知られたい」といった内容が含まれているが、中国の社会文化を反映していると判明できる。

3.2.2 日本語学習動機の種類

縫部他 (1995) は外国語学習環境下の日本語学習動機を「外発的動機」「内発的動機」に分けている。具体的分類は表 1 が提示する通りである。

表 1　日本語学習動機の分類 (縫部他 1995：164)

A. 外発的動機	A1. 道具的動機	A2. 統合的動機	A3. 誘発的動機
B. 内発的動機	B1. 好奇心, 関心	B2. モデルとの同一視	B3. 仲間との相互作用

上記の「道具的動機」と「統合的動機」は古典的学習動機理論に当たり、「誘発的動機 (incentive motivate)」はいい成績を取りたいとか周囲の人に言われて勉強を始めた

---

〔1〕秦・文 (2002:53) によると、「動機行為」は「集中力」「持続性」「積極性」「勉強に力を入れる程度」「授業外の目標言語学習時間」などを含む。筆者は以下でそれを「動機強度」と見ることにする。
〔2〕中国語では「類型」と言う。

といった、日本語学習自体が目的となっていないなどの動機のことである。この3つの学習動機は日本語学習を目的視しないで手段視しているため、「外発的動機（extrinsic motivate）」と総称している。一方、「内発的動機（intrinsic motive）」は (1) 好奇心や関心（curiosity and interest）、(2) モデルとの同一視（identification with the model）、(3) 仲間との相互作用（interaction with peers）を含む。「好奇心や関心」は、「日本語や日本文化そのものに興味があり、日本人をもっと知りたいといった動機」を指す。「モデルとの同一視」は「例えば、きれいな日本語を話す先生に憧れて、その先生のように上手に日本語が話せるようになりたいという動機」である。また、「仲間との相互作用」は「日本語を使って日本人とコミュニケーションを行いたいという欲求」のことである。

　郭・大北 (2001: 130) は、シンガポール国立大学日本研究学科の学習者を対象に調査を行い、「統合的動機づけ」「エリート主義」「道具的動機づけ」の存在を報告した。「エリート主義」について、郭・大北 (2001:131) は Oxford & Shearin (1994) を援用し、「難しい言語を学習することは一種のエリート主義の自己満足と見られる」という。シンガポールではバイリンガル政策を取るので、ごくわずかの限られた優秀な学生だけが高校や大学で外国語（第三言語）が学習できるため、学習者が大学で日本語を学習することで、エリートとしての自己満足も得られるのである（郭・大北 2001: 135）。縫部他 (1995) の研究と比較すると、「エリート主義」はシンガポール独特のものであると見なし、「『エリート主義』が日本語学習上達に影響を与えていることはシンガポールの社会状況と学習者の文化社会的背景をよく反映している」（郭・大北 2001:136—137）と指摘している。これは学習動機に対する研究を行う時、外国語学習者の所在する社会の背景を考慮に入れる必要があることを示唆している。

　国内における学習動機に関する研究に王 (2005a、2005b)、蒋 (2006、2009、2010) があり、分類は主に古典的モデルの「融合型」と「道具型」に対する具体的な分類とみられるが、そのうち「学びやすい動機」[1]があるが、それは「日本語は中国語との間に共通しているものがあり、習いやすい」というものである。

3.3 先行研究に対する考察

3.3.1 学習動機の「要素」と「種類」という分類上の相違

　上記の先行研究から、学習動機に関する先行研究には学習動機の「要素」と「種類」という2種類の表現があることは明らかになっている。筆者は学習動機の「要素」と「種類」は2種類の分類法であり、かつ両者は相互対応的な存在であると捉える。「要素」は要素間の関係を取り扱う時に多く使われているが（例: 秦・文 2002）、後者は学習動機と成果の相関性を考察する時に使用されるのがほとんどである（例:高・趙・程・周 2003; 劉・高 2010a、2010b; 許・高 2011; 周・高・臧ほか 2011 など）。実証研究を行う時、学習動機の要

---

〔1〕中国語では「易学動機」と表記する。

素を学習の種類に取り入れる必要があり、一つの「種類」がどのような「要素」を反映するのか、いわゆるある種の種類がどの要素に支えられているのかということである。しかし、先行研究に両者の関係を言及するものが皆無である。

3.3.2 認知論的な要素への認識不足

全体的に言えば、国内の学習動機に対する先行研究は「学習の種類」という分類法をとっているが、内容は主に「古典的モデル」の具体的な展開であると見られ、伝統的な学習の「目的 / 原因」が中心で、「拡大モデル」が心理学から新しく取り入れた認知論的な知見はまだ十分に認識されているとは言えない。

3.3.3 社会文化を反映する学習動機の重要性

外国語学習の場合、その国の社会文化を反映する特殊な学習動機を発見することは重要な意義を持っている。上述した郭・大北 (2001: 130) がシンガポールの日本語学習者に発見した「エリート主義」はシンガポールの独特なものと見なされ、シンガポールの社会文化にある特有なものを反映している。王 (2005b) が見つけた「習得しやすい動機」は日本語に漢語があるなどのような両国語に共通しているものがあり、中国人の学習者にとって習得しやすいところから言うものである。

学習者の学習動機を研究する目的は国の外国語教育に役立つことであろうとされる。したがって、学習者自身の特徴に根差す研究こそ有意義だろうと考えられる。

4. 中国の日本語専攻大学生における「学習動機の種類」

上記の先行研究に対する考察を踏まえ、以下のような中国の日本語専攻学習者[1]における「学習動機の種類」(表 2) を試みた。このうち、筆者の教育現場で観察した中国の学習者にある特有な文化的な要素を「文化型」と命名した。また、上に述べたように、筆者は学習動機を「要素」と「種類」に 2 分類し、両者が対応するように試みた。本稿は認知論的要素に属している「言語不安」を狭義的学習動機と見なさなく、「原因の帰属」を学習動機に対する解釈とするため扱わないことにする。

表 2　中国の日本語専攻学習者における「学習動機の種類」への構築

種類	融合型	道具型	興味型	自信型	情景型	誘発型	成就型	文化型
要素	融合性目標	道具性目標	興味	自己効力	グループ	重要な他人	期待	強引的志向；メンツ的志向；学びやすい志向

---

(1) 先行研究をレビューする時、専攻大学生と非専攻大学生を分けて論じたわけではないが、日本語専攻大学生における学習動機の種類への構築をする時、非専攻大学生に対する先行研究も参考にした。

　「道具型」と「融合型」の分類は学習動機の古典的モデルに基づく。しかし、古典的モデルにおける「融合的志向」は、「学習者が目標言語話者の文化、言語、その言語集団をもっと知り、自分もその集団の中に溶け込みたい」という動機であり、第二言語習得の場合という前提をもっており、アイデンティティにかかわるものであろうと考えられる。本稿で論じる「融合型」は縫部ほか（1995）における「外発的な動機」という分類法のように、「道具的動機」と「融合的動機」は対立的な存在でなく、両者に重なる部分があると見なし、「道具的＋興味的」という複合的な性質を持っているものであると取り扱う。「道具型」は日本語を完全に手段視している動機であるが、「興味型」はそれに対し、「好奇心・関心・興味」で学習するものである。つまり「興味型」は日本語や日本文化そのものに興味があり、それをもっと知りたいというものである。伝統的な二分法はいつも分類の基準が曖昧で、はっきしないと指摘されるが、それは両者が重なる部分があるからだと考えられよう。したがって、本稿はそこから抜けるように「融合型」、「道具型」、「興味型」という三つの種類に分けることによって、それを緩和し、問題をさけようとする。内発的か、外発的かという視点から言えば、「道具型」は完全な「外発的」で、「興味型」は完全な「内発的」であり、「融合型」は両者の性質を持っている複合的なものであるとみる。「自信型」は自分の語学力や、語学を習得する時に起こる問題を解決する能力、また学習を続ける能力に自信を持つことである。「情景型」はDörnyei（1994）の「学習3次元説」から「学習状況レベル」という要素を取り入れ、主に「学習」という情景におかれる日本語教師、クラスメート（友達）、さらに学習グループの全体的な雰囲気を指す。「誘発型」は周囲の人に言われて学習をし始め、そして続ける型であり、外部からの影響を受け身的に引き受け、外部からの影響力が大きいが、それに誘発されるものである。内部に学習する気がないでもないという特徴をもち、後述する「文化型」の中に含まれる「強引的志向」と対比的にとらえる。「成就型」は高・趙・程・周（2003）、許・高（2011）、周・高・臧ほか（2011）、劉・高（2012）の「自己提高」に当たるものであるが、主に日本語学習をよく学習することで回りの人に自分の能力を見せ、認めてもらうことで自己達成感、満足感を感じるもののような内容を含む。最後の「文化型」は中国独特の実情を指すもので、①中国の教育実情、例えば入学志望は自分ではなく、周りの人に決められてしまったもの、大学に入学するに当たり、第一希望でないのに、無理に日本語学科に編入されたもの、自分の専攻だから、各科目の単位を取得しないと、卒業できないものなどが入ってくる。「強引的志向」と命名する。②「よく勉強できれば、メンツが立つ」、「よく勉強できなければ、メンツがない」、「どんなことでもよくやりたくて、日本語学習もほかの人より良くできたい」などのような中国独特のメンツ文化であり、「メンツ的志向」である。③上述した「学びやすい動機」であり、「日本語は中国語の間に共通しているものがあり、習いやすい」というものである。

5. まとめ

　先行研究には学習動機の「要素」と「種類」という 2 種類の表記があることは明らかになっている。筆者は学習動機の「要素」と「種類」は 2 種類の分類法であり、かつ両者は相互対応的な存在であると捉える。全体的に言えば、国内における学習動機に対する先行研究は「学習の種類」という分類法をとっているが、内容は主に「古典的モデル」の具体的な展開であると見られ、伝統的な学習の「目的／原因」が中心で、「拡大モデル」が心理学から新しく取り入れた認知論的な知見はまだ十分に認識されているとは言えない。また、外国語学習の場合、その国の社会文化を反映する特殊な学習動機を発見することは重要な意義を持っている。

　本稿は先行研究を踏まえ、そして上記で判明した先行研究の問題点を認識した上、中国の日本語専攻学習者における学習動機を分類してみた。分類する時、それぞれの「種類」に異なる「要素」が対応するように捉える。「種類」は「融合型」「道具型」「興味型」「自信型」「情景型」「誘発型」「成就型」「文化型」と 7 種類に分けている。それぞれは「融合性目標」「道具性目標」「興味」「自己効力」「グループ」「重要な他人」「期待」と「強引的志向；メンツ的志向；学びやすい志向」などの要素に支えられている。「要素」の分類は古典的モデルと新しく取り入れた認知論的要素、特に学習状況における要素、さらに、教育現場で観察した中国の日本語専攻大学生にある特有な文化的な要素を十分に考慮に入れて学習動機の種類を全面的に見ようとすることを期する。

　また、筆者は本稿を学習者の異文化コミュニケーション能力の養成につなげることを目標とするが、異文化コミュニケーション能力に対する考察が現段階では不十分であるため、今後の研究テーマのひとつとして探求していきたい。そして、この「学習動機の種類」はあくまでも理論的な枠組みとして作成を試みたものであるため、これからの量的および質的実証研究で検証する必要がある。

参考文献

[1] 上淵寿. 動機づけ研究の最前線 [M]. 京都：北大路書房, 2004.

[2] 王婉螢. 日本語学科における日本語学習者の動機づけについて―中国の総合大学の場合 [J]. 国文白百合, 2005a(36).

[3] 王婉莹. 大学非专业学生日语学习动机类型与动机强度的定量研究 [J]. 日语学习与研究, 2005b(3).

[4] 郭俊海，大北葉子. シンガポール華人大学生の日本語学習動機づけについて [J]. 日本語教育, 2001(110).

[5] 许宏晨，高一虹. 英语学习动机与自我认同变化――对五所高校跟踪研究的结构方程模型分析 [J]. 外语教学理论与实践, 2011(3).

[6] 倉八順子. コミュニケーション中心の教授法と学習意欲 [M]. 東京:風間書房, 1998.

[7] 高一虹,赵媛,程英,等. 中国大学本科生英语学习动机类型 [J]. 现代外语, 2003(1).

[8] 小西正恵. 言語学習に対する動機づけの研究動向 [J]. 津田塾大学紀要, 2006(38).

[9] 周燕,高一虹,臧青ほか. 大学高年级阶段英语学习动机的发展——对五所高校学生的跟踪调查研究 [J]. 外语教学与研究, 2011(2).

[10] 修刚. 中国高等学校日语教育的现状与展望——以专业日语教育为中心 [J]. 日语学习与研究, 2008(5).

[11] 蒋庆荣. 日语学习动机实证研究 [J]. 淮海工学院学报(社会科学版·学术论坛), 2010(1).

[12] 蒋庆荣. 关于专业学生日语学习动机的调查分析 [J]. 四川外语学院学报, 2009(1).

[13] 蒋庆荣. 关于日语专业学生日语学习动机的调查分析 [J]. 常州工学院学报(社科版), 2006(6).

[14] 秦晓晴,文秋芳. 非英语专业大学生学习动机的内在结构 [J]. 外语教学与研究, 2002(1).

[15] 钟华,白谦慧,樊葳葳. 中国大学生跨文化交际能力自测量表构建的先导研究 [J]. 外语界, 2013a(3).

[16] 钟华,樊葳葳. 中国大学生跨文化交际能力量具构建的理论框架 [J]. 中国外语教育, 2013b(3).

[17] 縫部義憲,狩野不二夫,伊藤克浩. 大学生の日本語学習動機に関する国際調査—ニュージーランドの場合—[J]. 日本語教育, 1995(86).

[18] 文秋芳. 英语学习者动机、观念、策略的变化规律与特点 [J]. 外语教学与研究, 2001(2).

[19] 守谷智美. 第二言語教育における動機づけの研究動向—第二言語としての日本語の動機づけ研究を焦点として—[J]. 言語文化と日本語教育, 2002(5月特集).

[20] 刘璐,高一虹. 英语学习动机与自我认同变化跟踪——综合性大学英语专业三年级样本报告 [J]. 外语与外语教学, 2010(1).

[21] 刘璐,高一虹. 英语学习动机与自我认同变化跟踪-综合性大学英语专业四年级样本报告 [J]. 外语与外语教学, 2012(2).

[22] CROOKS G., SCHMIDT R W. Motivation: reopening the research agenda[J]. Language learning, 1991(41).

[23] DÖRNYEI Z. Motivation and motivating in the foreign language classroom[J]. The Modern language journal, 1994, 78(3).

[24] DÖRNYEI Z. New themes and approaches in second language motivation research[J]. Annual review of applied linguistics, 2001(21).

[25] DÖRNYEI, MARDEREZ A. Group dynamics in foreign language learning and

teaching[M]//J. AMOLE. ed. Affect in language learning. Cambridge : Cambridge University Press, 1999.

[26] GARDNER R C. Social psychology and second language learning : the role of attitudes and motivation[M]. London : Edward Arnold, 1985.

[27] GARDNER R C. Motivational Variables in Second Language Acquisition[D]. The Degree of Doctor of Philosophy-McGill University, 1960.

[28] GARDNER R C. LAMBERT W E. Attitudes and Motivation in Second Language Learning[M]. Rowley : Newbury House Publishers, 1972.

[29] OXFORD R, SHEARIN J. Language learning motivation : expanding the theoretical framework[J]. The modern language journal, 1994, 78(1).

[30] TREMBLAY P F, GARDNER R C. Expanding the motivation construct in language learning[J]. The modern language journal, 1995, 79(4).

[31] WILLIAMS M, R BURDEN. Psychology for language teachers : a social constructivist approach[M]. Cambridge : Cambridge University Press, 1997.

作者简介

高希敏,大连民族大学外国语学院日语讲师,研究方向:日语教育。

联系方式

(E-mail) cai_liang_jp@126.com

运用响度特征量的日语学习者促音与非促音的误听辨分析

——以汉语母语者为对象

张琰龙　鲜于媚　加藤宏明　匂坂芳典

（日本·早稻田大学　日本大学文理学部　NICT 信息通信研究机构　早稻田大学）

1. 问题的提出

日语是一种以莫拉（mora）为语音单位的语言，时长在日语发音中具有区别意义的作用。促音是日语语音要素之一，多出现于后接「か」「さ」「た」「ぱ」行假名的词中，发音时口腔成阻形成约一莫拉的停顿或摩擦，再爆破发出随后的辅音，形成与正常发音的区别。促音的相关研究中将停顿／摩擦与后接辅音的部分合称为促音区间（current geminate consonant）。因为促音区间的声学时长是区别促音与非促音的主要特征，因此针对促音听辨课题的研究基本都将该区间的声学时长作为研究对象。在面向非母语者的日语教学与分析中，促音与非促音的听觉辨析一直是日语学习者的学习难点。促音区间的声学时长虽然已经被证明是日语学习者辨别促音的主要感知线索，但对于学习者来说促音区间的时长必须达到一定长度才能被日语学习者感知为促音，也就是说学习者是以某一固定值为基准来听辨促音与非促音的。[1,2] 同时，Hirata & Whiton（2005）指出，促音与非促音的该区间声学时长受到母语者语速的影响成比例变化，语速越慢时长越长。通过分析语速对日语学习者促音非促音听辨正确率的影响，发现日语学习者的听辨正确率与语速呈现明显的相关性，促音听辨正确率随着语速的减慢而上升，在不影响发音自然度的情况下，促音区间的时长越长，越容易被听辨为促音，而非促音的听辨则相反。[4,5] 以上的研究说明，学习者是以声学时长为基本的判断标准来进行促音听辨的。

而另一方面，语音合成领域的研究发现，单纯根据促音区间的声学时长合成的促音在听觉自然度上还存在疑问，即人对促音的感知和评价并不能完全与声学时长相对应。Kato 等（1997、1999、2002）引入了量化"人类感知声音大小"的心理物理量响度（loudness），与物理量声学时长相结合，提出了"听觉时长"的概念。加藤的研究表明，对于时长变化相同的两个音节，所包含音素的响度或音素间的响度差，均会影响受试者对其时长变化感知的敏感度。音素响度或音素间响度差越大，受试者对时长变化的感知越明显。[6-8] 关于响度影响听觉时长的感知是否也适用于第二语言学习者，Nakamura（2009）在以往完全基于声学时长的客观评价体系基础上，将响度特征量运用到对英语学习者的长短句朗读发音的客观评价中。结果表明，运用了响度特征量的评价手法相对于以往的手法，所预测的客观评价与英语母语者的主观评价之间的相关系数从 0.54 上升到 0.72，由此证明在二语习得中对于响度的考量也是可行的。[9]

综上所述，促音区间的声学时长是感知促音的重要声学线索，除此之外，响度大小会影响日语母语者对时长变化的敏感度和对自然度评价的感知。同时，响度作为客观量化人类感知声音大小的心理物理量，对第二语言学习者听觉的影响也是存在的。由此我们推测，在日语作为第二语言习得的研究中，学习者对于促音的感知虽在量值的大小上与母语者有差别，但也应是以声学时长为主要感知线索，结合了响度特征的综合听觉感知，因此不仅需要考察促音区间声学时长的影响，更应将其作为反映"声学时长是如何被感知的"这一现象的"听觉时长"概念，将响度这一心理特征量纳入考虑范围。

为了探究响度在促音听辨中的影响，在先行研究中我们分析了朝鲜语母语者听辨日语促音的正确率与如图 1 所示的单词中相关音素的响度特征量的相关性。[10,11] 结果表明，在正确率较低的快语速促音和慢语速非促音听辨中存在明显相关，前置母音与促音区间辅音的响度差在促音与非促音中都呈现正相关。因为在朝鲜语中，单词中间的辅音在特定情况下会转化为与日语促音音韵特征相近的浓音，因此有推测认为此种相关的存在可能是源于母语特征的相似性。[10] 但从定义来看，响度是量化了听者所感到的声音大小的客观特征量，因此我们推测响度的相关应该是具有不限于学习者母语的普遍适用性的。然而响度对于听觉时长的影响规律是否会因为第二语言学习者母语背景的不同而有不同表现目前尚未可知。因此本研究在之前以朝鲜语母语者为对象的研究基础上，将以汉语为母语的日语学习者（以下简称为学习者）为研究对象，分析其对促音听辨正确率与响度的相关关系，来验证响度影响听觉时长是否具有母语背景特异性。

2. 促音非促音听辨的响度特征量

根据加藤对听觉时长的研究，音素自身的响度会影响该音素时长变化的感知，音素间的响度差会影响对促音区间时长的感知，[6-8] 但加藤的研究并没有针对每一个相关音素进行具体探讨，究竟哪个音素对于时长的感知还是未知的。而本研究所使用的促音音节既包含了各个音素自身，也包含了音素间的响度差，因此本研究将这两种语音信息都纳入考察范围，具体将其划分为两类五种特征来考察，如图 1 所示。

第一类是音素自身响度，包括前置元音响度 L_p，促音区间的辅音响度 L_c，后续元音响度 L_f 三种特征；

第二类是相邻音素响度差，包括前置元音与促音区间的响度差 J_p，促音区间与后续元音间的响度差 J_f 两种特征。

响度值的计算方法参照了 ISO-532B 标准（Zwicker 等，1991），单位为宋（sone）。具体做法为，针对每个声音刺激，首先，通过标注划分出各个音素的区间；其次，每隔约 2 毫秒测出一个响度瞬时值；最后，在各音素区间中取连续响度瞬时值的中位数作为代表此音素的响度大小值。[12]

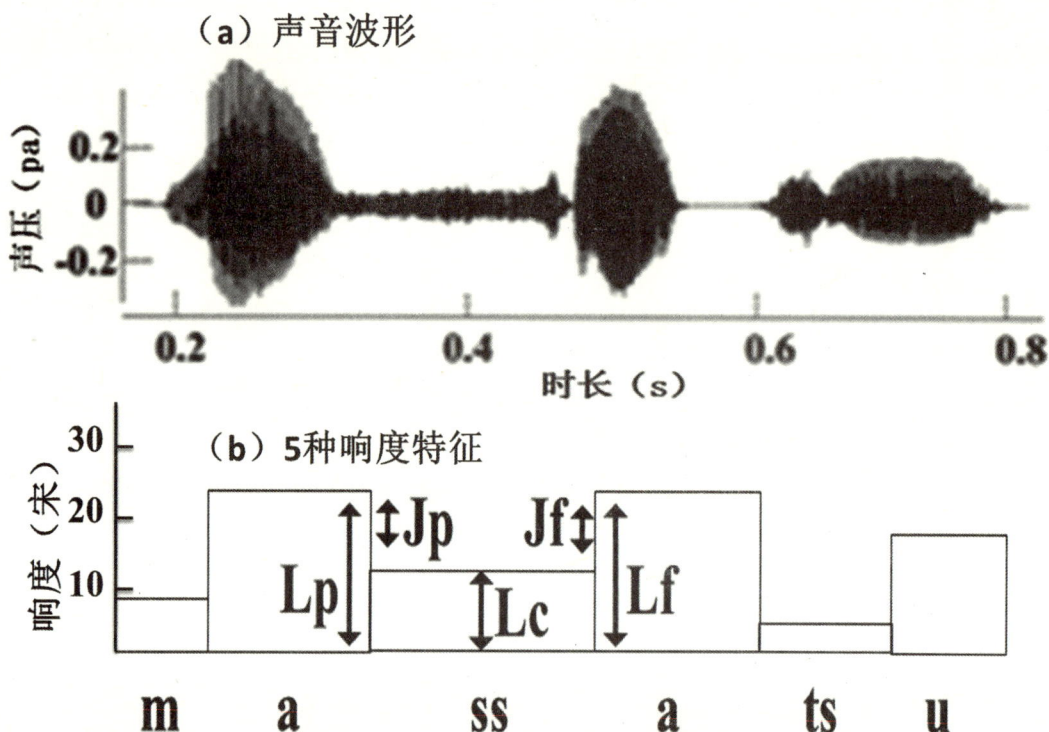

（a）声音波形

（b）5种响度特征

图 1　五种响度特征的测定（例 "massatsu"［抹殺]）

3. 促音非促音听辨实验

3.1 受试者

12 名汉语母语者（7 男 5 女）参加了本次实验。这 12 人均来自中国大陆，来日本前无日语基础，参加实验时到日本不到一年，均为东京都内语言学校的在校学生，日语能力考试水平在 N3 以下（包括 N3），属于初级日语学习者。实验开始前用汉语讲述了注意事项，确认被试者都已明白促音与非促音的定义和区别，并且都没有或曾经有过听觉障碍。

3.2 实验材料和过程

本实验中我们从田岛（2008）所使用的声音语料中选出了 32 个促音与非促音对立的单词最小对声音刺激，例如促音单词 "gakka"（学科）和对立的非促音单词 "gaka"（画家）。[13] 为了保证促音区间辅音的多样性，我们选用的 32 对单词包含 22 对塞擦音（其中 17 对辅音 "k"，5 对辅音 "t"），以及 10 对擦音（其中 7 对 "s"，3 对 "sh"）。同时为了保证日语单词音型的多样性，选出的促音单词包含 3 拍 4 拍和 5 拍（相应的非促音单词即包含 2 拍 3 拍和 4 拍）。为了排除其他特殊拍或特殊音节的影响，选出的单词中不包含长元音（例如 "a：" 等），鼻音

(n),以及拗音(例如"ky""gy"等)。

所选出的声音刺激是根据田岛的定义,请1名生长在东京并且受过标准日语发音训练的女性日语母语者用"快速,普通,慢速"三种语速对选出的音节对进行朗读来收录的。[13]我们选出作为实验刺激音节的共192个(32对×促音非促音2类×3种语速)。

实验在安静的实验室中进行,用电脑连接耳机向受试者呈现刺激音节,每个刺激音节对应一个画面,屏幕画面上呈现该刺激音节的促音或非促音选项。为了排除单词熟悉程度对被试者的干扰,这两个选项仅用日语罗马字母标出。在受试者听完刺激音节做出选择后,开始播放下一个刺激音节。播放顺序随机,且每个刺激只播放一遍。没有对受试者设置回答问题的时间限制,在受试者感觉疲劳时可以暂停实验进行短暂的休息。

4.听辨正确率与响度特征量的相关性分析

4.1 听辨正确率的语速依赖现象

首先我们对三种语速下促音和非促音刺激的平均听辨正确率进行了分析,结果如图2所示。从图中可以看出,受试者对促音与非促音刺激的听辨正确率存在着明显的语速依赖现象,即在促音听辨中,正确率随着语速的减慢逐渐上升;而在非促音听辨中则呈现相反的趋势。在促音听辨中,语速从快到慢,平均正确率分别为35.5%(SD=21.1),85.7%(SD=14.1)以及93.1%(SD=7.3);而在从快到慢的非促音听辨中它们分别为93.6%(SD=8.4),89.9(SD=11.9)以及70.0(SD=19.2)。为了探明语速对正确率的影响在统计学上是否有意义,我们对促音与非促音听辨的6个正确率两两进行了t检验。从结果来看,除了非促音听辨的快速与普通语速之间没有显著的差异外(t(31)=1.2,n.s),其他各组均具有显著差异。促音听辨中,快速—普通:t(31)=-10.4,p<0.05;快速—慢速组:t(31)=-13.8,p<0.05;普通—慢速组:t(31)=-2.5,p<0.05。非促音听辨中,快速—慢速组:t(31)=6.6,p<0.05;普通—慢速组:t(31)=5.3,p<0.05。此结果与相关研究中对于其他母语背景的日语学习者一致,[4,5]也与我们已考察的韩语母语者的听辨结果基本一致[11]。

我们推测,造成语速依赖现象的根本原因是时长作为感知促音的主要声学线索,当时长达到足够长时,受试者只依赖时长便能分辨出促音与非促音。而对于正确率较低的快语速促音和慢语速非促音这两种情况,受试者在辨识上相对比较困难,仅依赖时长已经不能做出正确的判断,因此我们考虑在声学时长的基础上引入响度特征量来分析这种误听辨现象,以求给出合理的分析和解释。

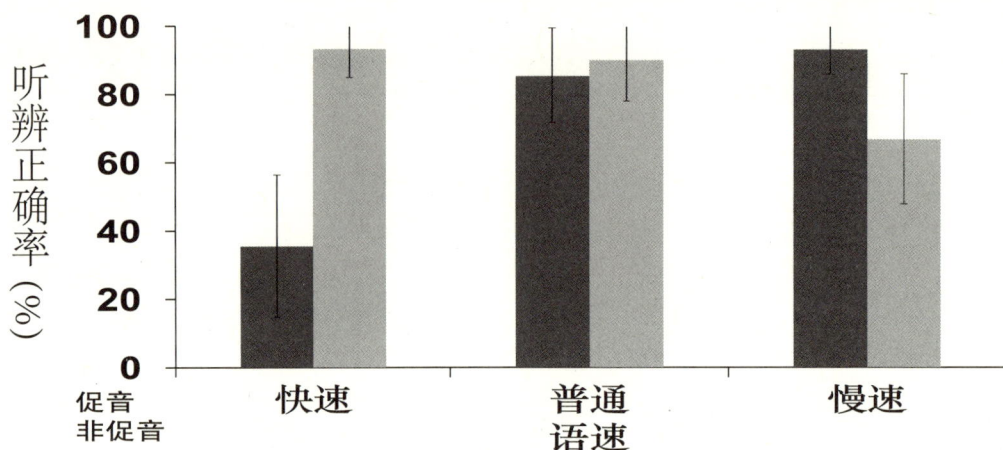

图2 三种语速下的促音非促音听辨正确率

4.2 响度特征量与听辨正确率的相关性分析

依据第 2 节所示方法,我们提取了 192 个刺激音节的 5 个响度特征值,即 Lp, Lc, Lf, Jp 和 Jf,然后一一与其各自的听辨正确率进行了相关性分析。计算结果按照三种语速与促音与非促音的组合分为 6 类,只有快语速促音和慢语速非促音两种刺激音节的听辨正确率与响度特征值出现了显著的相关关系,与 4.1 中听辨正确率较低的类型相符合。相关结果如图 3 所示。在快语速促音的条件下,前置元音与促音区间的响度差 Jp 和正确率存在显著相关($r=0.62, p<0.01$);在慢速非促音的刺激音节中,前置元音响度 Lp 和前置元音与促音区间的响度差 Jp 都和正确率存在显著相关($r=0.63, p<0.01$;$r=0.61, p<0.01$)。而在其他正确率较高的情况下,均未出现显著相关($r=-0.36 \sim 0.37$, n.s)。这一结果与先行研究[11]中针对朝鲜语学习者的结果基本一致,均为在正确率相对较低的快语速促音和慢语速非促音的听辨中,前置元音与促音区间的响度差 Jp 呈现出显著的相关。

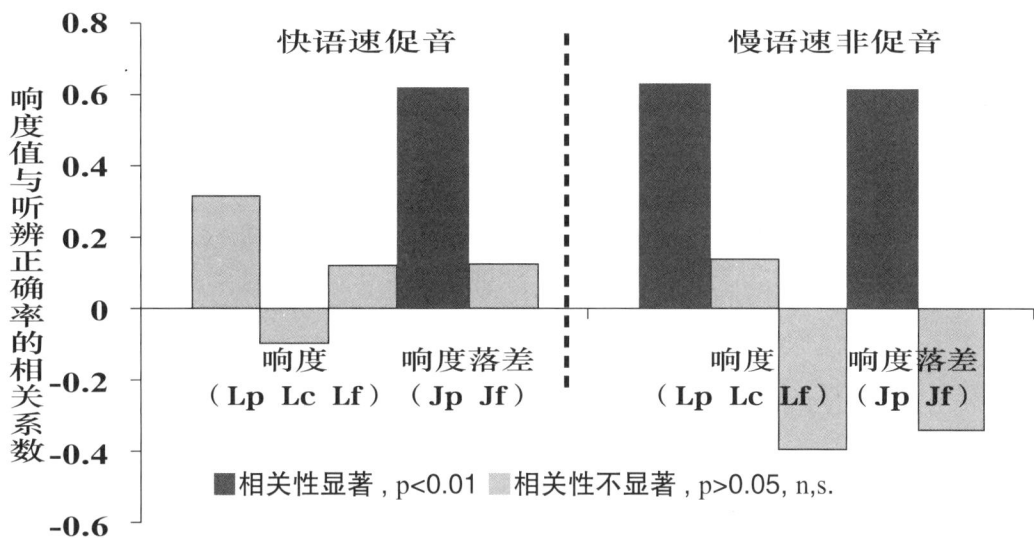

图 3 五个响度特征值与听辨正确率的相关关系

在以上结果中，只有前置响度差 Jp 在快语速促音与慢语速非促音两种情况下都显示出与正确率的显著正相关，即前置元音与促音区间的响度差越大，对促音和非促音的听辨正确率就越高。由于响度特征量对学习者听觉感知的影响存在两种可能性，一是和声学时长一样独立影响听觉感知，一是辅助声学时长形成听觉时长来影响听觉感知。而这两种假设会在 Jp 与正确率的相关性中显示出截然不同的结果，若响度独立，则应呈现促音正相关，非促音负相关，即 Jp 增大会使前置元音与后接辅音 / 促音区间之间的听觉差异增加，从而使促音听辨正确率上升而非促音听辨正确率下降；若响度非独立，则应呈现一致的相关性，即 Jp 增大影响了人对于声学时长的感知，使前置元音与后接辅音 / 促音区间的听觉时长差异增加，从而使学习者更容易判断元音之后是辅音还是促音，因此促音非促音的听辨率都有所增长。因此，结合本次实验结果，前置响度差 Jp 与听辨正确率在促音与非促音两种情况下均为正相关，证明了响度特征量是组成听觉时长的重要因素，学习者对促音的感知是以声学时长为主要线索，结合了响度特征量的综合听觉感知。

最后，我们希望能够将以上结果运用到日语促音的听力教学中。针对第二语言学习者促音与非促音的听辨，如果能够依照不同促音单词的听辨难易程度，从易到难循序渐进地进行教授和训练，或许会达到更好的教学效果。为了预测不同单词的听辨难易度，我们可以基于目前已知的声学时长、语速及本研究新探明的响度等各种特征量，将它们作为自变量，运用回归分析来得出线性模型，预测出单词听辨的难易程度，从而优化教材设计和教学方式。

5．结 论

本研究根据以汉语为母语的初级日语学习者听辨日语促音与非促音的结果，以响度作为新的特征量分析了学习者感知促音与非促音的听辨特性。与先行研究中朝鲜语母语者的结果一致，汉语母语者在听辨促音非促音时，也呈现出明显的语速依赖现象；在听辨困难的

快语速促音和慢语速非促音条件下,响度特征量与听辨正确率显示出明显的正相关。由此可以证明,在日语促音与非促音的听辨中,以声学时长为主,结合了响度的听觉时长是日语学习者听辨促音的重要感知特征,并且通过针对两种不同母语学习者的结果比较,我们推测这种感知特征可能具有普遍性,不因学习者的母语背景不同而受影响。

在今后的研究中,我们将探讨更多母语者背景的日语学习者对响度特征量的感知,来进一步验证听觉时长的感知普遍性。同时,根据已有实验结果,我们将根据促音单词所包含音素本身的声学特征来推测其听觉时长,即使用声学时长、响度、语速作为自变量作回归分析得出线性模型,从而预测某一单词对学习者来说的听辨难度。这种促音学习难度推测研究在张琰龙等(2013)中已经进行了初步的考察,并得出了积极的结果,我们希望以此为基础由简入繁、从易到难地编排教材或进行教学,最终促进日语听力教学的进步。

6. 致　谢

本研究得到了日本学术振兴会科学基础研究 B 基金 NO. 25330223 和 23320091 的部分支持。本研究中的响度计算公式得到了 Chatchawarn Hansakunbuntheung 博士的支持。在此表示感谢。

参考文献

[1] FUJISAKI H, NAKAMURA K, IMOTO T. Auditory perception of duration of speech and non-speech stimuli[M]//FANT G. ed. Auditory analysis and perception of speech. New York: Academic Press, 1975: 197-219.

[2] 鮮干媚, 田嶋圭一, 加藤宏明, 匂坂芳典. 促音挿入判断に着目した韓国語母語話者による日本語促音の知覚特性: 韓国語の濃音化との関連性を中心に (聴覚一般, 聴覚・音声・言語とその障害 / 一般)[J]. 電子情報通信学会技術研究報告 SP 音声, 2012, 111(471).

[3] HIRATA Y, WHITON J. Effects of speaking rate on the single/geminate stop distinction in Japanese[J]. Journal of the Acoustical Society of America, 2005(118): 1647-1660.

[4] SONU M, TAJIMA K, KATO H, SAGISAKA Y. Perceptual studies of Japanese geminate insertion phenomena based on timing control characteristics[J]. Proceedings of the ICPhS XVII, 2011(8): 1886-1889.

[5] SONU M, KATO H, TAJIMA K. AKAHANE YAMADA R, SAGISAKA Y. Non-native perception and learning of the phonemic length contrast in spoken Japanese: Training Korean listeners using words with geminate and singleton phonemes[J]. Journal of East Asian Linguistics, 2013, 22(4): 373-398.

[6] KATO H, TAUZAKI M, SAGISAKA Y. A modeling of the objective evaluation

for durational rules based on auditory perceptual characteristics[J]. The journal of the acoustical society of Japan, 1999, 55(11):752-760.

[7] KATO H, TAUZAKI M, SAGISAKA Y. Effects of phoneme class and duration on the acceptability of temporal modifications in speech[J]. Journal of the acoustical society of America, 2002(111):387-400.

[8] KATO H, TAUZAKI M, SAGISAKA Y. Acceptability for temporal modification of consecutive segments in isolated words[J]. Journal of the acoustical society of America, 1997(101):2311-2322.

[9] NAKAMURA S, MATSUDA S, KATO H, TAUZAKI M, SAGISAKA Y. Objective evaluation of English learners' timing control based on a measure reflecting perceptual characteristics[J]. Proc. IEEE ICASSP, 2009:4837-4840.

[10] 鮮于媚,加藤宏明,田嶋圭一,他. 韓国語母語話者による日本語の促音への知覚バイアスに関する特性—音韻時間長とラウドネスの関与の観点から—[C]// 日本音響学会講演論文集,2013:549-552.

[11] 張エン龍，鮮于媚,加藤宏明. 非母語話者による日本語促音聴取におけるラウドネス関連指標の関与 [C]. 聴覚研究会資料, 2014, 44(9):591-595.

[12] ZWICKER E, FASTL H, WIDMANN U, KURAKATA K, KUWANO S, NAMBA S. Program for calculating loudness according to DIN 45631 (ISO 532B)[J]. Journal of the acoustical society of Japan, 1991, 12(1):39-42.

[13] TAJIMA K, KATO H, ROTHWELL A, AKAHANE YAMADA R, MUNHALL K G. Training English listeners to perceive phonemic length contrasts in Japanese[J]. Journal of the acoustical society of America, 2008, 123(1):397-413.

[14] ZHANG YL, NAKAJIMA H, SONU M, KATO H, SAGISAKA Y. Perception-related feature base estimation of geminate identification difficulty for non-native speakers of Japanese[C]//Proceedings of Spring Meeting of Acoustical Society of Japan, 2014:423-424.

作者简介

张琰龙,日本早稻田大学大学院国际信息通信研究科在读博士,研究方向：日语学习者发音与听力的特征分析及教学应用。

鮮于媚,日本大学文理学部助教,研究方向：日语二语习得者日语语音节奏特点研究。

加藤宏明,NICT 信息通信研究机构先进音声技术研究室主任研究员。

匂坂芳典,日本早稻田大学国际信息通信研究科、基于理工学研究科应用数理学科教授,研究方向：第二语言语音听说习得、机器翻译及客观评价。

联系方式

张琰龙（E-mail）chouenryu0903@hotmail.com

日本語と中国語の複合動詞における自他交替の対照研究
—「結果性」と「完了性」による分析—

史 曼

（中国・陝西師範大学）

1. はじめに

日本語も中国語も「自他交替」と呼ばれる現象が見られる。[1]例えば、日本語であれば、「ドアを開ける－ドアが開く」における「開ける」と「開く」、また、中国語であれば、「我开门－门开」における「开」のように、一つの同じ動詞または動詞の語幹が、自動詞にも他動詞にも用いられる現象は、普遍的現象として、「自他交替」と呼ばれる。

日本語と中国語は単純動詞だけではなく、複合動詞にも自他交替現象が見られる。しかし、両言語の複合動詞の自他交替の振る舞いが異なる。まず日本語複合動詞自他交替の例を見よう。ほとんどの日本語の複合動詞は (1) のように自他交替しない。[2] (2) のような自他交替できる日本語複合動詞はごくわずかである。一方、(1) に対応する中国語の複合動詞は (3) に示すように、大体自他交替できる。[3]

(1)a. ドアを押し開けた—＊ドアが押し開いた
　b. 窓ガラスを叩き壊した—＊窓ガラスが叩き壊れた
　c. 卵を踏み潰した—＊卵が踏みつぶれた
　d. 事件を調べ上げた—＊事件が調べ上がった
(2)a. 花火を打ち上げた—花火が打ち上がった
　b. セーターを編み上げた—セーターが編み上がった
(3)a. 他打开了门（ドアを開けた）—门打开了（ドアが開いた）
　b. 他推开了门（ドアを押し開けた）—门推开了（ドアが押されて開いた）

---

〔1〕使役－起動交替とも呼ばれている（影山 1996；小野 2000 など）。
〔2〕日本語の複合動詞は語形成部門により，語彙的複合動詞と統語的複合動詞に分けられる。統語的複合動詞は語彙的な制限をほとんど受けずに形成され，「読み始める，書き始める，走り始める」のように意味的に透明で生産性が高い。一方，語彙的複合動詞は意味の不透明化と語彙化が進んでいる典型的な＜語＞であり，厳しい制限が課されている（影山 1993）。統語的複合動詞には自他交替現象が見られないので，本稿では語彙的複合動詞だけを扱う。
〔3〕瀋陽（2012:308）では「所有动结式（特别是动结式复合词）都相当于做格动词〔すべての『V（动词）+R（結果）』式複合動詞は能格動詞である〕」と述べている。ここでいう能格動詞はすなわち，自他交替する動詞のことである。

c. 他砸坏了玻璃（窓ガラスを叩き壊した）―玻璃砸坏了（窓ガラスが叩かれて壊れた）

d. 他踩碎了鸡蛋（卵を踏み潰した）―鸡蛋踩碎了（卵が踏まれて潰れた）

e. 他织完毛衣了（セーターを編み上げた）―毛衣织完了（セーターが編み上がった）

では、なぜ日本語と中国語の複合動詞における自他交替の振る舞いが異なるのであろうか。本稿は語彙意味論の１つのモデルとして、「動詞の意味がその統語的ふるまいを決定する」という考えに基づき、日本語と中国語の複合動詞の自他交替の意味的な要因を探る。

2. 自他交替について

一般に，自他交替における他動詞と自動詞の対応関係は (4) のような LCS で表される．

(4) a. 他動詞 LCS:

[[x ACT ON y] CAUSE [y BECOME 〈STATE〉]]
　起因事象　　　　　　結果事象

b. 自動詞 LCS: [y BECOME 〈STATE〉] 結果事象

(4) の他動詞は起因事象 (使役作用) と結果事象 (変化結果) の両方を持つ使役事象を表す。これに対して自動詞は結果事象 (変化結果) のみを含む。また自他交替する他動詞は、起因事象と結果事象のうち、結果に焦点が置かれる (影山 1996 ; 早津 1995)。例 (5) を見てみよう。

(5) a. 彼は窓ガラスを壊した。

b. 窓ガラスが壊れた。

ここで、他動詞「壊す」の意味は、彼は窓ガラスに働きかけて、それによって、窓ガラスが変化することを引き起こすということであり、起因事象と結果事象からなる使役事象を含めている。そして、意味的な焦点からみれば、どんな手段で壊すのか不問に付されているが、必ず壊れるように変化するので、結果が焦点になっている。

一方、起因事象と結果事象からなる使役事象を表す動詞でも、起因事象と結果両方が指定される場合は、自他交替できないとみられる。例えば、「玉ねぎを刻んだ」という文では、通常、「包丁などによって切る」という過程と「玉ねぎはみじん切りになった」という結果の両方が指定されていると考えられる。このような動詞は自他交替できない。

まとめると、自他交替の要因は二つある。一つは起因事象と結果事象からなる使役事象を持つことであり、もう一つは、その中の結果事象が焦点になっていることである。

3. 日本語複合動詞の自他交替について

まず、日本語の複合動詞について簡単に説明する。日本語の複合動詞には次のようなものがある（影山 1999: 195）。

(6) a. 手段 (V1 することによって、V2)：切り倒す、押し開ける、叩き壊す
  b. 様態・付帯状況 (V1 しながら V2)：尋ね歩く、遊び暮らす、探し回る
  c. 原因 (V1 の結果、V2)：歩き疲れる、溺れ死ぬ
  d. 並列 (V1 かつ V2)：泣き喚く、忌み嫌う
  e. 補文関係 [V1 という行為 / 出来事を (が)V2]：見逃す、歌い上げる

この中で、起因事象と結果事象からなる使役事象を持っているのは手段関係複合動詞と補文関係複合動詞である。[1] まず、手段関係複合動詞を見るが、「叩き壊す」は「叩く」ことによって「壊す」という意味であり、「叩く」は手段を指定し、「壊す」は結果を指定する。つまり、手段も結果も指定されている。このような場合、2 節で述べた「刻む」のように、自他交替が成立しない。ほとんどの複合動詞は「叩き壊す」と同様に、手段も結果も指定されているため、自他交替が成立しない。

しかし、冒頭のところで見たように、「花火を打ち上げる」のような複合動詞は自他交替できる。これは影山 (1993) で述べたように、「花火を打ち上げる」における「打つ」は「勢いよく」といった副詞的な意味合いに転義していると解釈される。すなわち、「打ち上げる」における「打つ」の語彙的意味が希薄化しているからである。「打つ」は本来「上げる」の手段を指定しているが、意味が希薄化したことにより、その手段の指定がなくなるので、結果が焦点になり、自他交替できると考えられる。

次に補文関係複合動詞「セーターを編み上げた－セーターが編み上がった」について分析する。「編む」は起因事象と結果事象からなる複合動詞を持つ作成動詞であり、(7a) のように、材料か最終的な完成品を表す名詞を内項として取ることができる。しかし、(7b) のように、補文関係複合動詞「編み上げる」、は最終的な完成品を表す名詞しか内項に取らない。つまり、「編み上げる」において、結果が意味的な焦点になっている。

(7) a. 毛糸を編む / セーターを編む
  b. * 毛糸を編み上げる / セーターを編み上げる

---

〔1〕史 (2013) を参照ください。

　ここまでは日本語複合動詞の自他交替について簡単に説明したが、まとめると、日本語複合動詞は単純動詞と同じように、起因事象と結果事象からなる使役事象を持っており、そして結果が意味的な焦点になっている場合、自他交替が可能になる。

4.　中国語複合動詞の自他交替について

　次は中国語複合動詞の自他交替の議論に入るが、上と同じように、まず単音節動詞から見よう。現代中国語では、自他交替できる単音節動詞はわずか十数個であり、例えば、「开 Kāi、关 Guān、倒 Dào、转 Zhuǎn、变 Biàn、化 Huà、坏 Huài」などである。これは現代中国語では、ほとんどの単音節動詞は結果を含意していないからである。結果を表すために、変化結果（あるいは完了）を表す動詞あるいは形容詞と複合して、結果複合動詞にしなければならない。

4.1　中国語の結果複合動詞

　中国語の結果複合動詞は基本的に日本語の手段関係複合動詞、因果関係複合動詞と同じように、V1 は原因を表し、V2 は結果を表す。ただし、日本語はきびしい語彙的制限を受けているが、中国語はほとんど語彙的制限を受けず、非常に生産的である。中国語の結果複合動詞はいくつかの分け方があるが、本稿は申（2009）などに基づいて、次のように分けている。

(8) 中国語結果複合動詞の分類
① V2 が外項の結果状態を表す
　　A. 滑倒（Huádǎo 滑って倒れる）、跌倒（Diēdǎo 転んで倒れる）
　　B. 看懂（Kàndǒng 読んで分かる）、喝醉（Hēzuì 飲んで酔っ払う）
② V2 が内項の結果状態を表す
　　A. 推开（Tuīkāi 押し開ける）、摔破（Shuāipò 投げて破る）
　　B. 哭肿（Kūzhǒng 泣いて目を腫らす）、哭湿（Kūshī 泣いて濡らす）
③ V1 が V2 の補文
　　A. 传遍（Chuánbiàn あまねく伝わる）、起早（Qǐzǎo 早く起きる）
　　B. 织完（Zhīwán 編み上げる）、烤好（Kǎohǎo 焼き上げる）
（申・望月 2007；湯 2002 に基づいて作成）

　①では V2 が外項、普通は動作主の結果状態を表す。② V2 が変化対象の結果状態を表す。（②A）は日本語の手段関係複合動詞に対応し、（②B）は日本語の因果関係複合動詞に対応する。③は V1 が V2 の補文であり、日本語の補文関係複合動詞に対応するが、申（2009）などはこれを結果複合動詞として扱っているため、本稿はそれにしたがって、

結果複合動詞として扱い、自他交替を考察する。次節では中国語複合動詞の自他交替について分析する。

4.2 中国語複合動詞の自他交替

中国語では、自他を区別する形態的標識がないため、一見、(9) のような複合動詞は日本語の自他交替と同じ振る舞いを見せる。

(9) a. 他看懂了说明书―说明书看懂了
　　　　彼読む―分かる完了説明書（彼は説明書を読んで分かった。）
　　b. 他推开了门―门推开了
　　　　彼押す‐開ける完了ドア（彼はドアを押し開けた）
　　c. 她哭肿了眼睛―眼睛哭肿了
　　　　彼女泣く―腫れる完了目（彼女は泣いて目が腫れた）
　　d. 她哭湿了手帕―手帕哭湿了
　　　　彼女泣く―濡れる完了ハンカチ（彼女は泣いてハンカチを濡らした）
　　e. 她织好毛衣了―毛衣织好了
　　　　彼女編む―上げるセーター完了（彼女はセーターを編み上げた）

本稿では (9a) は自他交替ではないが、(9b)、(9c)、(9d)、(9e) はすべて自他交替現象と認める。これについては、望月 (2004)、曽 (2009)、倪 (2009) などの先行研究を踏まえ、次のような自他交替の判断テストを設定し、判断する。

(10) 自他交替の判断テスト
　　a. NP1+V+NP2―NP2+V　交替できるかどうか
　　b. 「NP2 ＋被＋ V」と共起できるかどうか（影響を受ける）
　　c. 「有―NP2（不定名詞句）＋ V」と共起できるかどうか（主題との区別）
　　→「可」：自他交替

これらの判断テストについて説明する。１つ目は目的語が文頭に移動される文と交替できるかどうかというテストである。例えば、「张三灌醉（Guànzuì 飲ませて酔わせる）了小王。―*小王灌醉了」にように交替できない場合、無論「灌醉」という動詞は自他交替できない。

しかし、目的語が文頭に移動されても必ずしも自他交替とはいえない。望月 (2004) に指摘されるように、目的語が主題化された主題文の可能性もある。自他交替か主題文なのかについての判断テストは (10b)、(10c) を設定した。(10b) は受身標識「被」と共起

できるかどうかというテストであり[1]、(10c) は主語名詞を不定名詞句に変えられるかどうかというテストです[2]。(10a)、(10b)、(10c) の判断テストですべて「可」の場合、自他交替と認定する。では、先ほど結果複合動詞の分類にしたがって、それぞれを具体的に見てみよう。

　まずは V2 が外項の結果状態を表す複合動詞について考察する。(9a) のように交替できるが、(11b)、(11c) から分かるように、これは自他交替ではなく、ただの主題文である。その原因は「看懂」という結果複合動詞は主語自身の変化を引き起こす、目的語「説明書」は何の変化も起こっていないと考えられる。

(11)a. 他看懂了说明书— 说明书看懂了（例５ａ）
　　 b.＊说明书被看懂了。
　　 c.＊有一个说明书看懂了。→自他交替ではない

　次に V2 が内項の結果状態を表す複合動詞についてであるが、(12)、(13)、(14) のように、「打開」「推開」「摔破」いずれも受身標識「被」と共起できれば、「有」という不定名詞句と共起できるため、自他交替と認定する。

(12)a. 他打开了门—门打开了　　 b. 门被打开了　　 c. 有一扇门打开了
(13)a. 他推开了门—门推开了　　 b. 门被推开了　　 c. 有一扇门推开了
(14)a. 他摔破了盘子—盘子摔破了　 b. 盘子被摔破了　 c. 有一个盘子摔破了

　このように、中国語の結果複合動詞では、V2 が内項の結果状態を表し、しかも目的語が無生物の場合、ほとんど自他交替できる。

　最後は V1 が V2 の補文である場合自他交替を見てみよう。これも三つの判断テストですべて「可」と考えられるため、自他交替と認定する。[3]

(15)a. 他织好（Zhīhǎo 編み上げる）毛衣了— 毛衣织好了
　　 b.？毛衣被织好了
　　 c. 有一件毛衣织好了
(16)a. 他查完（Cháwán 調べ上げる）案件了— 案件查完了

---

〔1〕小野 (2000) らの研究によれば、自他交替は使役構造をなしている。使役構造では、使役作用となる活動が先にあり、その結果、なんらかの状態変化がもたらされるというのは認められた一般的な説である。このため、自動詞のほうは他動詞から「働きかけ」という影響を受けるので、受け身文と共起できると考えられる。
〔2〕望月 (2004) を参照されたい。
〔3〕(15) のように、「被」がないほうがもっと自然であるが、「被」と共起できると考えてもいい。

  b. 案件被查完了

  c. 有一些案件查完了

  ここまで、中国語の結果複合動詞の自他交替について分析した。これらの結果複合動詞は大抵日本語の手段関係複合動詞と対応するが、日本語と異なり、ほとんどの結果複合動詞は自他交替できる。例えば、「推开」－「押し開ける」、両方とも手段も結果も指定される結果複合動詞であるが、前者は自他交替できるが、後者はそうではない。第3節で論じたように、「押し開ける」は手段も結果も指定されており、焦点は結果ではないため、自他交替しないわけである。「推开」は「押し開ける」と同じような意味構造を持っているが、自他交替できる。中国語の単音節動詞の自他交替と関連して考えると、結果を表さない動詞に結果あるいは「完、好」のような「完了」を表す動詞と組み合わされて、結果複合動詞になると、アスペクト的に「完了」であれば、自他交替が可能になる。このことは中国語の結果複合動詞の自他交替の条件は日本語より緩く、内項の結果状態を表す結果複合動詞であれば、すべて自他交替できるといえるのであろう。

5. おわりに

  本稿では、日本語と中国語複合動詞における自他交替の異なる振る舞いに注目し、語彙意味論という理論的枠組みに基づき、日本語及び中国語における複合動詞自他交替の要因を解明した。結論として、日本語の複合動詞の自他交替は「結果性」によるものであり、結果が焦点になっている場合、複合動詞の自他交替が可能になる。一方、中国語の複合動詞全体のアスペクトは「完了」であれば、つまり、内項の状態変化を表す結果複合動詞である場合、自他交替が可能である。

参考文献

[1] 小野尚之. 動詞クラスモデルと自他交替 [M]// 丸田忠雄, 須賀一好. 日英語の自他の交替. 東京：ひつじ書房, 2000：1-31.

[2] 影山太郎. 文法と語形成 [M]. 東京：ひつじ書房, 1993.

[3] 影山太郎. 動詞意味論―言語と認知の接点― [M]. 東京：くろしお出版, 1996.

[4] 影山太郎. 形態論と意味 [M]. 東京：くろしお出版, 1999.

[5] 申亜敏. 中国語結果複合動詞の意味と構造：日本語の複合動詞・英語の結果構文との対照及び類型的視点から [D]. 東京外国語大学博士論文, 2009.

[6] 申亜敏, 望月圭子, TERENCE SEAH. 中国語の結果を表す複合動詞の分類と英語・日本語との対照コーパス [C]// 多言語社会に貢献する言語教育学研究者養成プログラム報告集, 2007.

[7] 史曼. 事象構造による日本語複合動詞自他交替の分析 [D]. 東北大学博士論文, 2013.

[8] 早津恵美子．有対他動詞と無対他動詞の違いについて一意味特性を中心に [M]// 須賀一好，早津恵美子．動詞の自他．東京：ひつじ書房，1995：179-197.

[9] 望月圭子．日本語と中国語における使役起動交替 [G]// 松田徳一郎教授追悼論文集，2003：236-260.

[10] 倪蓉．现代汉语作格交替现象研究 [M]．长春：吉林大学出版社，2009.

[11] 汤廷池．汉语复合动词的使动与起动交替 [J]．Language and linguistics，2002，3(3)：615-644.

[12] 沈阳，RINT SYBESMA．作格动词的性质和作格结构的构造 [J]．世界汉语教学，2012，26(3).

[13] 曾立英．现代汉语作格现象研究 [M]．北京：中央民族大学出版社，2009.

基金项目

本論は陝西省社会科学基金項目「基于历时语料库的日语复合动词习得研究」(2015K027) 研究成果の一部である。

作者简介

史曼，陕西师范大学外国语学院日语系讲师，研究方向：词汇语义学。

联系方式

（E-mail）shiguozhuwa@snnu.edu.cn

日本語相づちの機能について学習者と母語話者の使用実態の比較

张成　穆红
（中国・大连理工大学）

1．研究のきっかけ

どんな言語であっても、日常の会話を観察すると、談話進行中、相づちが所々使われていることがわかる。相づちは、会話を行う際に聞き手の反応の一つとして、会話の中で重要な役割を果たしている。日本語の相づちは、「話手の気分をよくし、話を滑らかに運ばせる役を果たすから、談話におけるもっとも望ましい態度の一つであり、聞き上手の大切な要素である」とされている[1]。

中国人学習者の日本語による会話を観察すると、相づちの使用に関して、何となく不自然な場面が少なくない。原因はいったい何かと考えると、日本語の相づちについてはまだ十分に把握していないことが挙げられる。特に相づちの機能を完全に理解できていないため、実際の会話の場面ではうまく使いこなせないことが考えられる。

2．先行研究

2.1 相づちの使用実態における中日対照研究

まず、楊（1997a）では、1対1で行われる会話の音声・録画資料を考察し、聞き手の相づちについて、「形態」「頻度」「タイミング」の観点から分析を行った。三者の相違点を明らかにした上で、学習者の日本語の相づち使用について、母語と目標言語の日本語との関係でどのように位置づけられるかを考察した。その結果、「ア系」「ウン系」「エ系」の感声的表現、「くり返し」「頷き」の使用傾向や頻度及び「終止形」「て系」「格助詞」に呼応する相槌の使用率などにおいて、母語の中国語の影響を受けていることが分かった。

次に、柳（2003）では、電話録音という調査方法を用いて、日本語の上級学習者は会話の中で日本人と同じように様々な相づちを使っていることを明らかにしている。しかしながら、相づち詞の内訳を詳しく見ると、以下のような結果が出ている。（1）日本人は待遇性の高い「ハ系」を一番多く使っているが、学習者は待遇性の低い「ン系」をより多く使用している結果が出ている。（2）学習者にも日本人にも「エ系」の使用割合は低いと

---

〔1〕国語学会：『国語学大辞典』、東京堂（1980）。

いう傾向が見られた。(3) 日本人に使われている「へー系」は学習者にあまり使われていないことが分かった。(4) 学習者にも日本人にも一番多く使われている複合的相づち詞は「あ（あー）＋概念」の組み合わせであるが、「はあ（はあー）＋概念」のような相槌の組み合わせは学習者に使用されていないことが指摘されている。

　最後に、郭（2008）では、日本語学習者と母語話者による接触場面の自由会話を録画して分析を行った。その結果、接触場面では、母語話者が新情報を提供するよりも、学習者が提供した情報を受け止め、繰り返したり補充したり拡張したりするなど、学習者の発話をフォローしながら、そこに相づちを活用していることが多く見られた。しかし、母語話者が様々な位置で用いた相づちはどんな意図で打たれたかを学習者が察することができるかどうかが問題となると指摘している。

2.2 相づちの機能における中日対照研究

　まず、楊（1997b）では、日本の大学で留学中の中国人女子留学生12名と同大学在学中の日本女子学生6名を対象に、中国語と日本語の会話における相づちの運用上の異同点について分析・考察を行った。その結果、日本語の相づち詞のほうがより種類多く、頻度が高く、意味領域が広いということが改めて示された。中国人のほうは、相づち使用における個人差が大きいだけではなく、会話の中で、話し手の発話を繰り返す傾向があり、「繰り返し」の会話の展開の上で果たす役割も日本語より大きいことが分かった。

　また、楊（2012）では、中日両言語各4組の会話をそれぞれの国でそれぞれの国の母語話者による会話のデータを収集し、考察を行った。中国語の相づちは、発話権の放棄に使用する傾向が非常に強いのに対して、日本語の相づちは発話権の取得にも多く用いられ、多様な相づちが発話権の交替に機能していることが示された。

　以上の研究を通して、中国語と日本語の相づちに異なる点があり、学習者は日本語の相づちを使用する際に、母語の影響を受けているということが明らかにされている。しかしながら、学習者と母語話者の相づち使用実態における相違点の比較が少なく、学習者は日本語の相づちを使用する際に、母語話者との間に機能別の差異点もまだ明らかにされていない。また、中国語と日本語の相づち使用に関する比較研究の中で、頷きや笑いのような非言語表現を考慮して考察を行ったものがほとんどであった。そのため、本研究では、録音、録画を用いて、実際の会話データを収集して分析し、相づちの機能という視点から、学習者と母語話者の日本語相づちの使用実態を比較し、両者の相違点を明らかにしたい。

3. 本　論

3.1 研究方法

本研究では、インフォールな場面で身近な話題に沿う自由会話を設定しデータを収集

する。被験者は学習者 12 人と母語話者 12 人である。学習者全員は長期間の日本での生活経験がない日本語能力試験の一級試験合格者であり、母語話者は全員大学生、大学院生である。親疎関係の考慮で談話相手はお互いに面識がある友人である。そして、談話相手は男性同士と女性同士のペアに設定し、表 1 のような組み合わせを設定した。

表 1　中日対象者の組み合わせ

	学習者				母語話者			
	男性		女性		男性		女性	
①	c1	c2	c7	c8	j1	j2	j7	j8
②	c3	c4	c9	c10	j3	j4	j9	j10
③	c5	c6	c11	c12	j5	j6	j11	j12

今までの先行研究によって指摘されているとおり、相づちだけではなく、頷きや微笑といった非言語行動も相づちとして機能すると考えられる。そうした非言語行動を考慮するため、本研究は被験者の自由会話を 5 分間ぐらい録音、録画した。収録したビデオを言語行動だけではなく、非言語行動を含めて文字化し、それぞれの使用機能を考察する。

3.2 「相づち」の定義について

相づちの定義について、Yngve(1970) は「相づち」を Back Channel と呼び、「話し手が yes とか un-huh などの短いメッセージを、自分の発話権を譲らずに聞き手から受け取る時認められる」としている。また、楊 (1997b) によると、「相づちとは、話し手が発話権を行使している間に、または話し手の発話が終了した直後に、聞き手が自由意志に基づいて送る (非言語行動を含む) 短い表現のことである」。

本研究は、Yngve(1970) と楊 (1997b) を参考にして、次のように相づちを定義する。相づちとは話し手が発話権を行使している間に、或いは話し手の発話が終了した直後に、聞き手が発話に対して送る短い言語表現または非言語行動である。また、三つの性質をもつものでなければならない。ア話し手の発話に直接応える；イ話し手は回答を要求しているわけではない；ウ話し手はこれらの短い表現に回答する必要がない。本研究では「相づち詞」「繰り返し」「言い換え」「先取り」「意見・感想」「非言語行動」を相づちと見なす。

3.3 相づちの機能分類について

相づちの機能として、今までの研究に共通して認められているのは「聞いていることを伝える」と「分かったということを示す」という働きである。しかしながら、堀口 (1988、1997) は、前述の二つに「同意の信号」「否定の信号」「感情の表出」を付け加えて五つの機能を認めている。楊 (1997b) は、日本語及び中国語の会話での相づちに共通する機能として、以下の六つに分類している。①聞いているということの表れ；②了解、理解の表示；③興味、関心を示す；④同意、共感を伝える；⑤意見、感想を表明する；⑥儀礼的に否

定する。上記の機能分類を見て分かるように、相づちの機能はそれぞれ対立的なものではなく、一つの相づちは同時に幾つかの機能を持つことが示されている。一つの表現はどのような機能を果たしているかは、具体的な場面での談話の流れで考慮しなければならない。本研究では、学習者と母語話者を対象として調査を行うため、日本語と中国語の会話の相づちに共通する機能として分類を行った楊（1997b）の研究を参考にして分析を行う。

3.4 分析の結果

3.4.1 中日両国の相づち使用実態の概観

学習者と母語話者の一対一の自由会話を録音、録画したビデオを文字化した上で、会話の長さと相づちの回数を統計し、以下の表2のようにまとめた。

表2 中日両国の相づち使用数の比較

	学習者	母語話者
会話総時間	34分15秒	31分
相づち総数	339	549
一分ごとの相づち数	9.90	17.71

表2に示されているように、全体的に学習者は母語話者と比べて、相づちの使用数がかなり少ないことが分かった。理由として、母語からの影響が考えられる。中国語の自由会話にも相づちがあるが、日本語ほど相づちを重視しているわけではない。

また、収録したデータを機能別に統計した結果を表3と図1のようにまとめた。

表3 中日両国の相づち使用機能の比較

機能分類	学習者		母語話者	
① 聞いているということ	39回	11.50%	115回	20.95%
② 理解、了解の表示	124回	36.58%	190回	34.61%
③ 興味、関心を示す	51回	15.04%	44回	8.01%
④ 同意、共感を伝える	96回	28.32%	177回	32.24%
⑤ 意見、感想を表明する	20回	5.90%	22回	4.01%
⑥ 儀礼的に否定する	9回	2.65%	1回	0.18%
合計	339回	100%	549回	100%

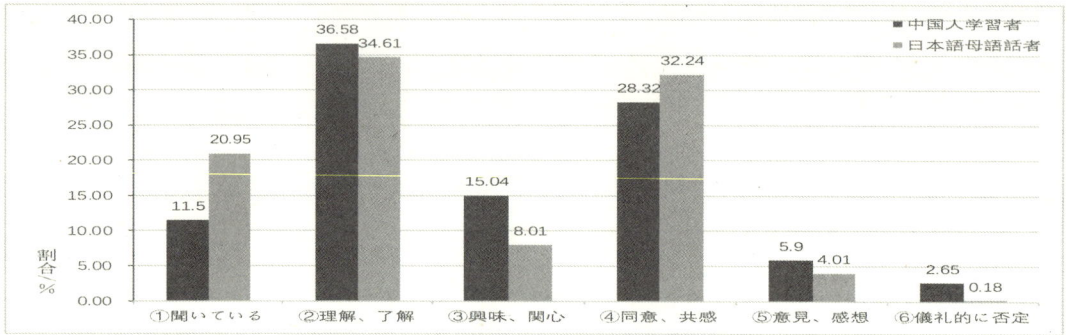

図1 中日両国の相づち使用機能の比較

まず、表3と図1から分かるように、機能②、機能④と機能⑤において、学習者と母語話者の間に大きな差がないことが分かった。項目別に見てみると、機能②「理解、了解の表示」と機能④「同意、共感を伝える」の相づち使用には、両者の間に著しい差がないと言える。また、機能⑤「意見、感想を表明する」の相づち使用には、学習者のほうが少し多く使用している傾向にあるが、大きな差がないと言える。これは中日のコミュニケーションスタイルによる影響だと考えられる。日本人のほうは「和」の精神をもっと重視し、相手との関係を配慮し衝突を避けるように、自分の意見を明確に言わない傾向があるのに対して、中国人のほうは日本より自己主張の傾向が強く、自分の考えや意見を率直に言うことが考えられる。

次に、機能①、機能③と機能⑥において、中国語日本語学習者と母語話者の間に大きな差が存在していることがわかった。まず、機能①「聞いているということ」を表す相づちについて、母語話者のほうは多く使用しておるが、機能③「興味、関心を示す」の相づについて、母語話者のほうは使用数が少ないであることが示された。また、機能⑥「儀礼的に否定する」を表す相づちにおける学習者と母語話者の使用の割合は、それぞれ2.65％と0.18％であり、母語話者は一回しか使用していないことが分かった。つまり、学習者の使用の割合は、母語話者の十五倍程度である。

3.4.2 中日両国の男性の相づち使用実態の比較

学習者と母語話者の男性における相づち使用割合を機能別に計算し、図2に示した。

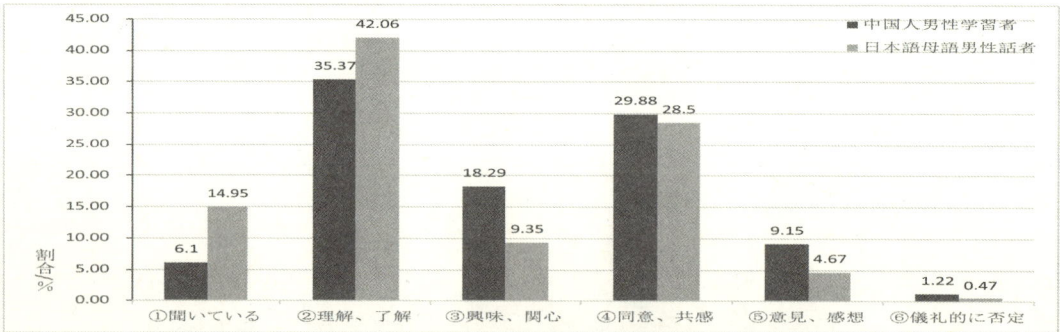

図2 中日両国の男性における相づちの使用機能の比較

まず、図3.2から分かるように、中日両国の男性における相づちの使用機能に関して、機能④「同意、共感を伝える」において、男女全体の傾向と同じく、両者の間に著しい差がないことが示された。

次に、中日両国の男性における相づちの使用機能に関して、両者の間に大きな差が見られた項目もある。まず、機能①「聞いているということ」を表す相づちについて、母語話者の男性の対象者のほうが多く使用しておる。また、機能③「興味、関心を示す」相づちについては、学習者の男性の対象者のほうが多く使用しておる。このことから分かるように、男性における中日両国の相づち使用機能は、男女全体の使用傾向と同じく、母語話者のほうが「興味、関心を示す」相づちよりも、「聞いているということ」を表す相づちのほうを多用していることが分かれた。一方、学習者の場合は、「興味、関心を示す」相づちを多用していることが示された。

また、機能⑤「意見、感想を表明する」の相づち使用に関しては、学習者の使用率は母語話者の二倍程度であり、学習者のほうが会話の進行中に「意見、感想を表明する」相づちを多く使用していることが示された。機能⑥「儀礼的に否定する」相づちの使用に関しても、男女全体の使用傾向と同じく、学習者のほうが、「意見、感想を表明する」と「儀礼的に否定する」を多く使用していることが示された。最後に、機能②「理解、了解の表示」を表す相づちに関しては、学習者の方が使用割合が少し低いであることが分かれた。

3.4.3 中日両国の女性の相づち使用実態の比較

学習者と母語話者の女性における相づち使用割合を機能別に計算し、図3に示した。

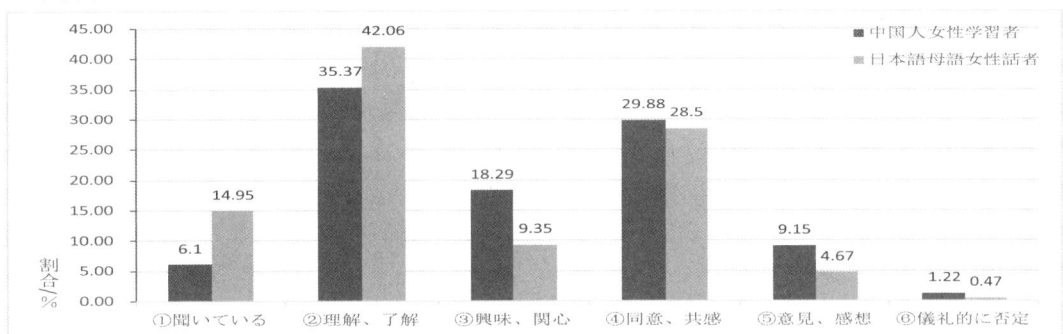

図3　中日両国の女性における相づちの使用機能の比較

まず、図3から分かるように、女性の対象者のほうも、母語話者は「興味、関心を示す」相づちよりも、「聞いているということ」を表す相づちを多く使用しているが、学習者は「興味、関心を示す」相づちのほうを多く使用している。また、機能⑥「儀礼的に否定する」相づちの使用については、学習者は全体の1.22%を占めており、日本人母語話者は一回も使用されていないことが分かった。

次に、両国の男女全体の相づちの使用傾向と異なるのは、機能②、機能①と機能⑤の使用機能であることが分かれた。機能②「理解、了解の表示」の相づち使用に関しては、女

性の学習者の方が多く使っていることが示された。また、機能④「同意、共感を伝える」相づち使用について、女性の学習者の場合は、話し手の話を「ひとまず同意する」といった話し手を配慮する「相づち」を女性の母語話者ほど多用していないことが窺える。一方、女性の母語話者の場合は、実に意見があっても言わずに、相手の発話を同意する態度をより多く示す傾向にあることが示された。機能⑤「意見、感想を表明する」相づちの使用については、女性の学習者と母語話者ともに低い割合を占めており、両者とも対話の中で自分の意見をあまり出さないという傾向が示された。

4. おわりに

本稿では、学習者と母語話者の日本語相づちの使用実態について、相づちの機能という視点から分析を行った。学習者と母語話者における相づちの使用実態において、差異が見られたことが分かった。全体的に、母語話者は学習者より相づちをより多く使用しているが、機能別に見ると、「理解、了解の表示」と「同意、共感を伝える」において、両者の間に著しい差がなかった。そして、母語話者は学習者より「聞いているということ」を表す相づちをより多く使用している一方、「興味、関心を示す」と「意見、感想を表明する」相づちをあまり使用していないことが分かった。また、学習者は「儀礼的に否定する」相づちを使用しているが、母語話者はあまり使用していないことも明らかにされた。

また、男女別に見ると、母語話者の場合、男性は女性より「理解、了解の表示」相づちをより多く使用している傾向があるが、学習者の場合、男性と女性の間に大きな差がなかった。そして、女性の学習者は、母語話者ほど「同意、共感を伝える」相づちを使用していないことが示された。さらに、中日ともに、女性のほうが男性より対話の中で自分の意見を出すより、相手の話を聞いているということを常に伝えているという傾向が見られた。

本研究では、母語話者と学習者における相づちの使用傾向を明らかにし、両者によるコミュニケーションを促進するために参考になる手がかりを提供できると考える。教師は授業で、相づちの違い機能を詳しく説明し、全体的な実用意識を学生に教える必要がある。また、学習者は日本語の相づちをきれいに使われるようになるため、上述の機能別の違う傾向を気づくだけではなく、日本語を使う時、母語の影響を受けられないように努力する必要もある。両方の努力に基づいて、学習者は日本人と付き合う場合に、それらの区別を覚えた上、日本語相づちの特徴を注意して発言できることになる。

今回の調査は、中級レベルの学習者を対象にしたが、今後レベル別に考察し、さらに接触場面での会話を録画・録音して分析を行うことが必要だと考える。また、学習者の習得段階と相づち使用との関係があるかどうかをさらに追究することが必要であろう。

参考文献

[1] 国語学会. 国語学大辞典 [M]. 東京: 東京堂, 1980.

[2] 楊晶. 中国人学習者の日本語の相づち使用に見られる母語からの影響—形態、頻度、タイミングを中心に—[J]. 言語文化と日本語教育, 1997a(13): 117-128.

[3] 楊晶. 電話会話で使用される中国人学習者の日本語の相づちについて—機能に着目した日本人と比較—[J]. 日本語教育, 2001(111): 46-55.

[4] 柳川子. 台湾人日本語学習者の相づち表現—滞日経験のない上級学習者の場合—[J]. 言語文化と日本語教育, 2003(25): 66-77.

[5] 郭末任. 日本語母語話者と学習者の会話に挿入される相づちの実態 [J]. 言語文化と日本語教育, 2008(35): 86-88.

[6] 楊晶. 会話における相づちの中日対照研究—形態、頻度、機能を中心に—[J]. 言語文化と日本語教育, 1997b(13): 210-214.

[7] 楊晶. 相づちと発話権の交替に関する中日対照研究 [J]. 明治学院大学教養教育センター紀要, 2012, 6(1): 91-103.

[8] 堀口純子. 日本語教育と会話分析 [M]. 東京: くろしお出版, 1997.

[9] YNGVE VICTOR H. On getting a word in edgewise[C]//The Sixth Regional Meeting of the Chicago Linguistics Society, 1970(6): 567-578.

[10] 堀口純子. 相づち研究の現段階と課題 [J]. 日本語学, 1991, 10(10): 31-41.

[11] 堀口純子. コミュニケーションにおける聞き手の言語行動 [J]. 日本語教育, 1988(64): 13-26.

作者简介

张成, 大连理工大学外国语学院硕士研究生, 研究方向: 日语语言学。

穆红, 大连理工大学外国语学院讲师, 研究方向: 日语语言学。

联系方式

（E-mail）420990131@qq.com

小集団討論における視点転換に関する中日対照研究

賈琦　張琪珑
（中国・西安交通大学）

1. 研究目的

　視点の概念について、彭 (2008) は「事象を誰が見ているか、どの部分を見ているか、どのように見ているか、という言語主体の心理的操作であり、そして何らかの言語化されるものである」と定義し、久野 (1978) も話し手の視点をカメラ・アングルに比喩している。要するに、視点というものは会話において話し手が出来事を描写する際に自分を位置づける立脚点であると捉えられる。中日両言語において話し手の視点表現について今まで数多くの研究が行われてきているが、全面的な中日対照研究は稀である。更に、今まで視点に関する研究は一対一会話にフォーカスして行われてきたが、参加者が多数である多人数会話において相互行為が複雑になり、視点の実態も多様であると考えられるが、それに関する研究がまだ少ない。よって、本研究では小集団討論における話し手の視点に重点を置き、中日それぞれの話し手の視点表現、特に、話し手の視点が転換する状況を確認する上に、それが会話における機能を検討し、中日対照研究を行いたい。

2. 先行研究と問題提起

　視点という概念は非常に曖昧であり、久野 (1978) は会話における話し手の視点をカメラ・アングルに比喩したが、視点の定義は明確にさせていない。中国語では彭 (2008) は話し手の視点を「事情を、誰が見ているのか、どの部分を見ているのか、どのように見ているのか、という言語主体の心理的操作であり、そして何らかの形で言語化されるものである」とし、即ち視点を言語過程としている。一方、茂呂 (1985) は視点を「視点人物」「視座」「注視点」「見え」の四つに細分化し、つまり、言語単位の総称に捉えている。よって、視点という言葉が多義に用いられている。本研究ではこれらの先行研究に基づき、会話における話し手の「視点」を話し手のカメラ・アングルの置かれる場所、即ち話し手自身が占めている空間的位置であると捉える。

　そのうち、注視点は話し手がどこに関心を持ちながらどんな対象を描写しているかを表現できるため、本研究における話し手の視点表現というのは注視点を表す表現と指し、それに関して、人称代名詞 (彭 2008；久野 1978)、感情形容詞 (甘 2004)、移動動詞とその補助動詞 (古賀 2012)、授受表現 (森山 2006, 久野 1978)、受動文 (森山 2006；姚 2012；久野 1978) などが論じられているが、久野 (1978) と彭 (2008) は中日対照研究について

触れているが、その研究対象は小説やドラマのセリフで、自然会話をデータとする研究が少ないようである。

また、小集団討論においては、話し手は自分の視座から脱出したり、他の参加者の視点を借用したりして出来事を述べることがよく見られるためである。本研究ではそういう話し手の自分にあるべき視点をほかの人物に変換させるということを視点転換と呼ぶ。それについて、冉（2007）は話し手の発話する立場を「語用視点」と称し、語用論や社会心理学的な立場から人称代名詞による視点の表し方及びそれによる心理的拡散と収斂について論じている。具体的に他人に移入する「心理的収斂」と自分から離れる「心理的拡散」という二種類に分け、それが会話における役割を考察している。本研究では人称代名詞だけではなく、より多くの視点表現による視座転換の類型と機能について詳細に検討したい。

3. 研究方法

3.1 研究対象

本研究は日本九州大学の日本語母語話者と中国西安交通大学の中国語母語話者（各40名）に協力してもらい、一グループに4人に（男女各2名）にし、「いい授業とは何か」という話題を巡って15分程度自由に討論してもらった。その録音を文字化し、研究データとする。

3.2 研究内容

1) 小集団討論における中日両言語の視点表現を抽出し、整理する上に、分類を行う。

2) 中日両言語の小集団討論における視点転換の類型と機能を検討し、更に、中日対照研究を行う。

4. 視点転換について

本研究では、視点表現を人称代名詞、移動動詞とその補助動詞、人間の心理状態と生理状態を表す述語詞（形容詞及び動詞）、受動詞と授受表現に分ける。その中、人称代名詞、移動動詞とその補助動詞は中日両言語でも見られるもので、人間の心理状態と生理状態を表す述語詞（形容詞及び動詞）、受動詞と授受表現は日本語の特有の視点表現である。

話し手が自分のことについて語る際に、話し手の視点が自分に立つべきであるが、他人の視を借りて物事を語ることがしばしば観察される。また、他人のことであれば、その話題の中に出た人物の視点に立って話すこともよくある。本研究では、以上で述べた現象を「視点転換」と称する。その際に、視点が転換したのは話し手のカメラ・アングルの置かれる視座である。本研究では、先行研究に基づき、話し手の視点転換のパターンを大別して話し手が出来事に参与する場合と参与しない場合という二種類に分けて考察する。

4.1 話し手が出来事に参与する場合

話し手が自分の直接に参与する動作を語る際に、自分が当事者でありながら、視点を自身に位置づけず、人称代名詞や通称名詞の使用によって、視点を複数まで拡大したり、自分が出来事から脱出したりするという視点転換が見られる。

4.1.1 視点の拡大

話し手が自分の経験や意見などを語る際に、視点を自分にあるべきであるが、例（1）、（2）のように複数人称代名詞の使用によって、自分の視点を複数に拡大することが見られる。

（1）男2：まあ、何だ、高校の時は、なんか、俺らも完璧に、こう、教えてもらうみたいな。（グループJ10）

（2）女1：我在高中的时候有一个老师这样说，他说他上课的主要一个对象是中等偏上的学生。因为，他，我们那个学校算是市里最好的嘛。（グループC4）

人称代名詞の使用によって、話し手が自分の視座を複数の人に拡大し、自分の経験や意見は他人も共感しているように述べている。それによって自分の発話を正当化したり、説得力を与えたりすることができると考えられる。また、本研究では中国語データにおける視座の拡大は日本語データよりかなり多用されている。その理由として、日本語では人称代名詞が省略されやすいのに対して、中国語では動作主が明示されているためであると考えられる。

4.1.2 視点の脱出

話し手が自分に関することを語る際に、視点を自分に立脚し、一人称代名詞で自称すべきであるが、その代わりに一般化する通称、或いは二人称代名詞で自分を指すことが見られる。これは本研究で新しく提出した視点転換のタイプである。

（3）女2：単位をちゃんと甘くくれる先生がいい。だって、生徒は生徒なりに頑張ってるから。（グループJ4）

（4）女1：我觉得这是作为老师一个最，最基本的东西，让，让人觉得很不舒服。（グループC4）

例（3）、（4）の中で話し手はそれぞれ「生徒」と「人」で自称している。即ち、話し手は視座を自分から脱出させ、自分を客体化して発話している。それによって、その発話はより個人的な意見というより客観的なものであるように聞こえ、聞き手にとっても受け入れやすくなるのではないかと考えられる。

また、前述したように、通称ではなく、対称である二人称代名詞「你」で自分を指すことが見られる。例（5）のように、自分の語っていることは相手も同時に体験しているように述べ、聞き手の共感を呼ぶことができると思われる。これは中国語データでしか観察されなかった現象である。

（5）女2：我以前听过一个时政课嘛，那个老师就是谈时政，然后就一边谈一边，说的一些

话特别搞笑，然后你听着也觉得，听下来也觉得挺不错。（グループ C5）

要するに、通称であれ、対称であれ、一人称代名詞の放棄によって、話し手の視点が自分から脱出し、客観的な立場を据えて出来事を描写するができる。即ち、聞き手の共感を喚起したりすることで自分の発話を正当化することができると考えられる。

4.2 話し手が動作に参与しない場合

話し手が出来事に直接に参与しない場合では、その出来事を語る際に話し手は視点を話題に出た事物の一人に移動させる現象がある。それはまた「視点の代弁」と「視点の偏り」に分けることができる。

4.2.1 視点の代弁

会話において他人の意思を伝えるために、話し手が元発話者の役割を演じて引用文をそのまま語るのはよく見られるが、日中両言語小集団討論において、例（6）と（7）のように話し手が他人に関することを描写する際に、その人の視点を据えて演じるように話すことが見られる。これは引用の一種の変体であるとも考えられる。

（6）男 2：一分後に、はい、そこから、はい、順番に読んでくださいって言って。（グループ J2）

（7）女 1：他说上课的时候有些人是上课受益不大的。就是一种是最上面的，一种是最下面的，你，你，我上课讲的东西也许就对你这两部分人来说那个作用并不是很大，所以我就不用太刻意去针对你们。（グループ C4）

例（6）、（7）はいずれも話し手が先生に関することを語っているが、一人称代名詞の使用によって、自分のことのように語っている。つまり、話し手の視座が自分から先生に転換している。このような第三者のことを語る際に、話し手が一人称代名詞で代弁することによって、聞き手にあたかもその場にいるかのうような臨場感と生き生きとしたイメージを与え、聞き手に理解しやすくなると思われる。ただし、この種の視点転換は日本語より中国語データに多用され、その理由として、日本語は話し手が自分以外の他人の内側にある心理状態を把握できないという強い人称制限があり、視点の代弁より推測文の使用が好ましいと考えられる。

4.2.2 視点の偏り

小集団討論においてもう一つ視点が移動するパターンとして、話し手が他人のことを語る際に、自分の主観性を持ちながら、視点表現の使用によって視点を他人に移動することによって自分の視点をその人へ偏ることがある。例（8）、（9）のような移動動詞とその補助動詞の使用による視点の偏りは両言語の小集団討論にも見られる。

（8）女 2：我是从他们其他学校那儿看的，就是一门课同时分很多老师一块儿上，然后你学生可以自己去听，觉得哪个老师比较好，然后你可以自己选择那个老师上的。（グループ C5）

（9）女 2：でも、なんか、法学部、なんか、お菓子を食べるところがあるらしいって、

私聞いたんだけど、うん、なんか、なんかお菓子とか、教授が持ってきて食べながら、＊＊＊みたいな。（グループ J8）

　一方、例（10）、（11）が示しているように、受動文と授受表現の使用によって、話し手の視点が他人に偏ったことは日本語討論にしか見られない。例（10）において、話し手が受動文「苦しめられた」を用い、聞き手である女1に対して共感を示している。例（11）でも話し手が授受表現である「てくれる」を用い、自分と同じ身分である学生との心理距離を縮小することができた。

　（10）女1: 私たちさ、それをさ、高校の時の数学の先生がやってたよね。似たようなパターンをね。

　　　　女2: そうやね。苦しめられたね。（グループ J8）

　（11）男1: （先生は）やっている最中は、結構見まわってくれて、分からん人とかに結構、アドバイスしてくれたりとか。（グループ J8）

　また、このような視点の移動は、討論現場にいない第三者より話し手自分と空間距離の近い聞き手へ、話し手との社会身分の違う人より同社会身分の人へ偏りやすいという傾向があると見られる。要するに、このような視点の偏りは、空間や心理の距離に制限され、近い人物への感情の移入である。このような視点の偏りの機能として、話し手が聞き手或いは現場にいない第三者への好感を示し、その人との心理的距離を縮小したり、自分が所属している集団の一員としての身分を強調することができると考えられる。

5.　終わりに

　本研究では小集団討論における話し手の視点転換に焦点を当て、日中対照研究を行った。その結果、話し手の視点転換に関して、話し手が実際に動作に参与するかどうか、また、視点転換の仕方によって、主に「視点の拡大」、「視点の脱出」、「視点の代弁」と「視点の偏り」という四つのパターンにまとめた。そのうち、「視点の拡大」、「視点の脱出」と「視点の代弁」は主に人称代名詞の活用にとって表現されているのに対して、「視点の偏り」の表現として、移動動詞とその補助動詞、受動文及び授受表現が見られた。

　視点転換の機能として、「視点の拡大」は相手の共感を呼んだり、話し手自分の話に説得力をあたえすることができる。「視点の脱出」は話し手が自分を客体化して発話をすることを通じて自分の発話を正当化する、或いは話に出た人との心理距離を拡大することができる。「視点の代弁」は自分を他人を演じることによってその人に関する意見を正当化させられる。「視点の偏り」は話に出現した人物に対する好感を示してその人との心理距離を縮小する機能を働ける。

　更に、さらに、言語別から見ると、中国語討論において「視点の拡大」と「視点の脱出」が多用されているのに対して、日本語では「視点の偏り」が最も多い。それは、日本語母語話者が意見の代わりに、経験を語ったり、「視点転換」により立場を表明したりすることが多いのに対して、中国語母語話者は意見を表出することが多く、その上に、相手の共

感を呼んだり、自分を客体化して発話をしたりすることを通じて自分の発話を正当化する傾向にあると考えられる。

　しかし、本研究のデータは設定した話題について話してもらったという形で収集されたため、話し手は主に自分の経験や意見を語り、視座転換が少ないと思われる。今後よりデータを増やし、今回の結論の妥当性を検証したい。

参考文献

[1] 大塚容子．視点と日本語受動文の使用—英語と対照させて—[J]．聖徳学園岐阜教育大学紀要，1995(29)：57-73.

[2] 甘露統子．人称制限と視点 [J]．言葉と文化，2004(3)：87-104.

[3] 金谷武洋．英語にも主語はなかった　日本語文法から言語千年史へ [M]．東京：講談社，2004.

[4] 久野暲．談話の文法 [M]．東京：大修館書店，1978.

[5] 古賀悠太郎．移動動詞「行く／来る」文と日本語話者の視点・中国語との対照研究を念に置いて [C]//第29回中日理論言語学研究会発表資料，2012：1-8.

[6] 茂呂雄二．児童の作文と視点 [J]．日本語学，1985(12).

[7] 森田良行．日本人の発想、日本語の表現—「私」の立場がことばを決める [M]．東京：中央公論社，1998.

[8] 森山新．視点についての認知言語学的考察 [C]//認知言語学的観点を生かした日本語教授法・教材開発研究（2年次報告書），2007.

[9] 横田隆志．「日本語の視点」から見た授受表現の導入方法についての一考察 [J]．北陸大学紀要，2009(33)：143-151.

[10] 郭力．授受动词与汉语"给""得到"的视点差异 [J]．辽宁教育行政学院学报，2011(3)：84-88.

[11] 李素杰．视点理论与日语语句研究 [J]．东北师大学报（哲学社会科学），2011(2)：222-224.

[12] 刘芳婷．浅谈说话者的视点与方向性动词 [J]．大众文艺，2012(1)：158.

[13] 刘函．人称指示语的语用距离研究 [J]．语言文字，2012(4)：110-111.

[14] 彭广陆．類型論から見た日本語と中国語—視点固定型の言語と視点移動型の言語— [C]//中日理論言語学研究会第12回研究会発表論文集，2008.

[16] 彭广陆．日本語の文における人称性 [G]//北京外国语大学日语系．日本学研究论丛．北京：高等教育出版社，1994.

[17] 齐沪扬．空间位移中主观参照"来／去"的语用含义 [J]．世界汉语教学，1996(4)：54-63.

[18] 冉永平．指示语选择的语用视点、语用移情与离情 [J]．外语教学与研究（外国语文双

月刊),2007(5):331-337.

[19] 申小龙.中国句型文化 [M].长春:东北师范大学出版社,1991.

[20] 王振涛.日语中视点原理下的转述表达方式研究 [J].河南理工大学学报（社会科学版),2012(2):222-226.

[21] 吴定芳.自称语视点转换的语用分析 [J].韩山师范学院学报,2010(2):77-82.

[22] 姚双云."主观视点"理论与汉语语法研究 [J].汉语学报,2012(2):11-24.

[23] 闫红菊.从语言表现看日本人以"我"为中心的视点 [J].江西科技学院学报,2013(3):74-76.

作者简介

贾琦,西安交通大学外国语学院副教授,研究方向：会话分析。

张琪珑,西安交通大学外国语学院日语研究生,研究方向：会话分析。

联系方式

贾琦（E-mail）jiaqikk@mail.xjtu.edu.cn

张琪珑（E-mail）20108582@qq.com

语料库在线检索系统 NLB 在近义词研究中的运用

郜　枫

（中国·西安外国语大学）

引　言

　　语料库如今在语言研究中已成为不可或缺的工具，但日语语料库的构建和运用相对于欧美国家起步较晚，长久以来都处在发展缓慢和滞后的状态。由于日语语料库数量少、规模小、文字处理及检索难度大等原因，基于语料库的日语语言研究也一直受到制约，难以有实质性的突破。2010 年"现代日语书面语均衡语料库（简称 BCCWJ）"[1]由日本国立国语研究所首次公开，其规模、种类、全面性在日语界开创了先河，也为日语语言研究者提供了许多便捷之处。随着大规模语料库的问世，以它为对象的检索工具也相继出现，"NINJAL-LWP for BCCWJ（简称 NLB）"[2]就是其中一种，此系统主要用于近义词对比研究以及词汇搭配研究等。在此之前，运用语料库进行的实证研究对研究者要求较高，既需要有扎实的语法理论功底，还需兼备语料库语言学的统计分析能力。无论是搜集大量数据进行量化分析，还是编辑一些程序对原始语料进行加工整理，对于文科类专业的研究者而言都具有相当大的技术难度，而"NINJAL-LWP for BCCWJ"系统的出现恰好解决了这一难题。

　　本文以一对近义词为例，着重从使用者角度介绍使用此系统时的检索顺序、分析方法、局限性和注意点等，以期对今后的近义词词汇搭配及语义研究、词典编撰及修改提供参考，并对日语学习者和教授者理解、运用近义词有所启发。

1．检索系统的概况

　　"NINJAL-LWP for BCCWJ"检索系统是日本国立国语研究所和 Lago 语言研究所共同开发的，以"现代日语书面语均衡语料库"为对象的在线检索系统。它与现有的 BCCWJ 专用检索系统"少纳言"[3]和"中纳言"[4]不同，最大的特点在于可以在词汇搭配（コロケーション）和句法表现（レキシカルプロファイリング）方面进行网罗式检索（图1、图2），并自

---

〔1〕由日本国立国语研究所开发的「現代日本語書き言葉均衡コーパス」(Balanced Corpus of Contemporary Written Japanese, BCCWJ)，详见：http://www.ninjal.ac.jp/corpus_center/bccwj/。

〔2〕详见：http://nlb.ninjal.ac.jp/。

〔3〕由日本国立国语研究所开发的以 BCCWJ 为对象的免费在线全文检索工具，无须书面申请即可使用。但只提供字符串检索和指定前后文长度等简单功能。详见：http://www.kotonoha.gr.jp/shonagon/。

〔4〕由日本国立国语研究所开发的以 BCCWJ 为对象的免费在线检索工具，书面申请后方可使用。可通过多种条件设定完成较复杂的检索。但需对检索单位的特点和适用对象有较透彻的了解。详见：https://chunagon.ninjal.ac.jp/。

动计算出表示单词结合紧密度指标的 MI 值[1]和 LD 值[2]，省去了用于人工计算此类指数花费的大量时间和精力。另外，此检索系统于 2012 年 6 月 15 日首次公开以来，至今已进行过三次系统完善与更新，尤其是在 2014 年 8 月 25 日新增了"近义词比较"的新功能，可以在同一画面同时输出两个关键词的词汇搭配信息以及 LD 差[3]（图 3），这一功能为日语近义词辨析研究提供了前所未有的高效的手段。

使用 NLB 检索系统时的常见界面如下。

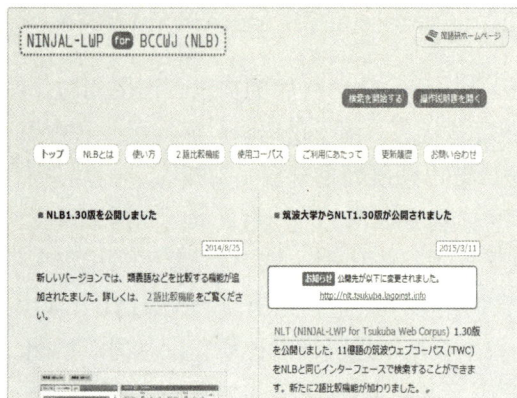

图 1　系统主界面

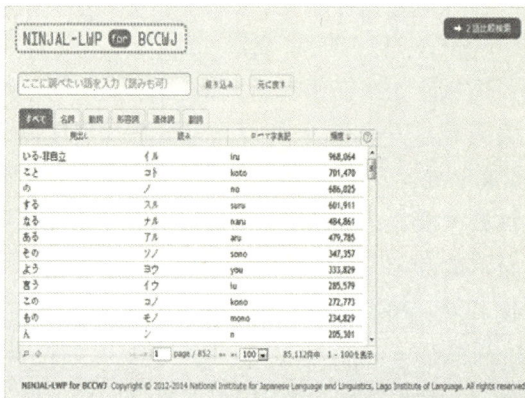

图 2　单词检索界面

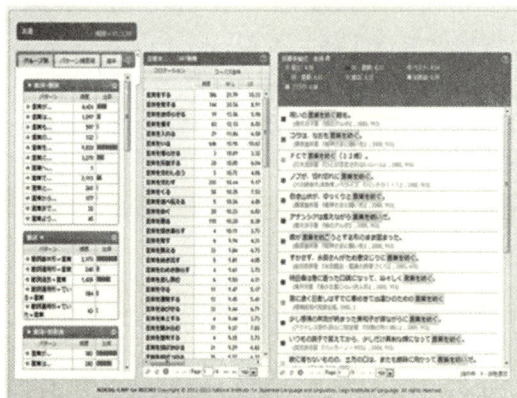

图 3　检索结果界面

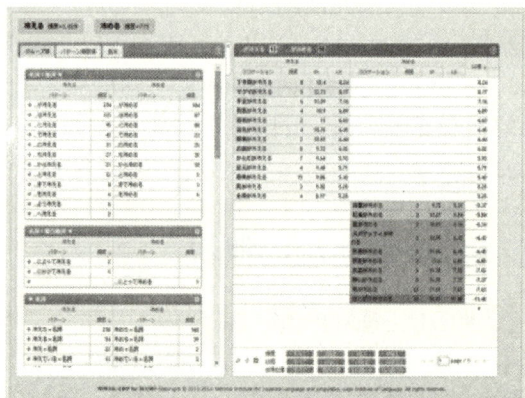

图 4　近义词比较界面

[1]即相互信息值（Mutual Information Score，也称 MI-score），在词汇搭配研究中常用来测量词语间搭配强度的统计值。MI 值越大，说明节点词对其词汇环境影响越大，对其共现词的吸引力也越强。但在语料库中共现频数过低时 MI 值会异常偏高，有时还需结合其他统计值综合分析。

[2]即 LogDice 系数（Dice 系数的对数值），词汇搭配研究中常用来测量词语间共现关系的统计值。LD 值通常与共现频数成正比，由共现频数、节点词频数、共现词频数 3 个变量得出。详见：http://nlb.ninjal.ac.jp/site_media/pdf/NLB.manual.v.1.30.pdf。

[3]NLB 的两词比较画面中左侧节点词的 LD 值减去右侧节点词的 LD 值所得出的差。LD 差越大，判断左侧节点词的词汇搭配强度越有效；LD 差越小，判断右侧节点词的词汇搭配强度越有效。为了避免检索时节点词的输入顺序影响，本文中使用 LD 差的绝对值大小来判断，绝对值越大，节点词的辨析度越高。详见：http://nlb.ninjal.ac.jp/site_media/pdf/NLB.manual.v.1.30.pdf。

2．检索实例

本文以近义动词「願う」和「祈る」为例,主要通过图示呈现 NLB 系统数据的检索、整理、分析等一系列考察过程(图 5—图 10),展现运用 NLB 检索的语料库数据,在以词汇搭配特征为切入点进行近义词研究中的可行性和有效性。

2.1 初步观察

「願う」和「祈る」都有"祈祷,祈求;希望,祝愿"之义,「ご健康を願う / ご健康を祈る」「神様に願う / 神様に祈る」等表达都成立。在『広辞苑』『大辞林』等词典中的解释也极其相似,但实际上凭这些相似的解释辨别两者极其困难(先行研究略)。鉴于此,笔者通过 NLB 检索系统对这两个词进行了初步观察,即①代表词汇结合强度的 MI 值(通常将 MI 值 ≥ 3 作为显著搭配参考值)和②表示两词辨析度的 LD 差(通常将 LD 差 ≥ 2 作为显著搭配参考值),发现它们在词汇搭配方面具有一定的特点和辨别性,但遗憾的是,先行研究中对这些基本的、显著的搭配以及不同搭配的语义差别均未提及。如:

「ご冥福＋祈る」：MI 值 =15.57,LD 差 =11.19。

「極楽往生＋願う」：MI 值 =13.37,LD 差 =6.92。

2.2 检索与整理

在初步确认了 NLB 检索数据对辨别两词的有效性后,笔者按照以下顺序对「願う」和「祈る」重新进行了检索和整理。即关键词检索(图 5)→出现类型排序(图 6)→确定考察类型(宾格名词、与格名词、前接动词三类)→两词在不同类型中的 LD 差排序(图 7)→下载检索结果并用 EXCEL 整理(图 8)→逐一确认所有例句去伪存真→词汇搭配信息重新整理排序(表 1、表 2)→根据检索结果展开分析。

在检索和整理过程中需要注意以下两点。

(1)两词出现类型(图 6)的分类标准及频数、比率的统计方式为 NLB 系统默认模式,有重复统计现象。由于系统具体的后台检索程序未知,造成出现类型当中既有句型变化也有词形变化,故只可作为确定考察范围的参考性数据。

(2)为保证语料库数据的客观性和准确性,下载 NLB 系统自动生成的数据后,必须确认所有例句和词汇搭配信息是否符合统计标准,必要时应重新统合计算或排序,且此项工作只能由人工完成。

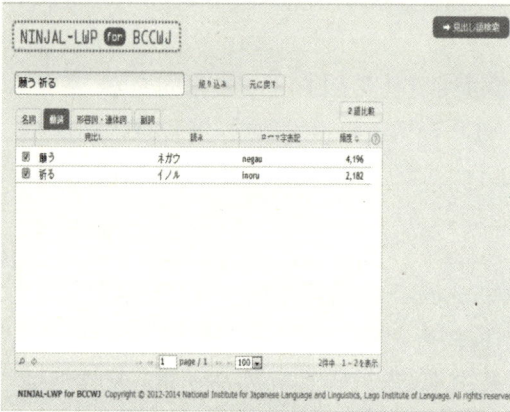

图 5　两词检索

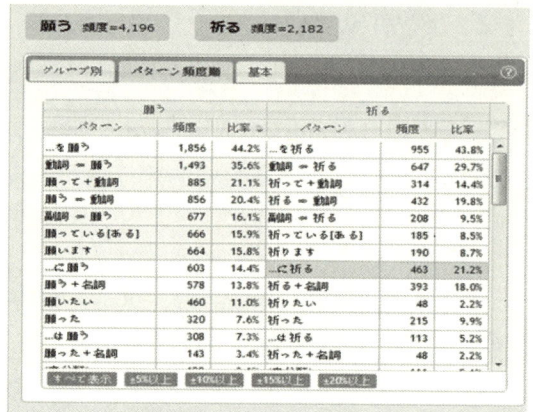

图 6　两词的出现类型

图 7　两词 LD 差排序

图 8　EXCEL 数据整理

表 1　「～を願う／祈る」搭配类型中的宾格名词（前十五位）

顺序	願う				祈る			
	共線名詞	頻数	MI 值	LD 差	共線名詞	頻数	MI 值	LD 差
1	挙手	44	14.41	9.51	冥福	82	15.57	11.19
2	お答え	34	9.62	7.99	健闘	40	14.89	10.21
3	答弁	27	9.24	7.62	五穀豊穣	4	13.63	7.05
4	発言	29	8.87	7.43	安産	3	11.40	6.87
5	往生	8	10.74	6.94	お幸せ	3	11.88	6.55
6	極楽往生	7	13.37	6.92	大当たり	2	10.23	6.31
7	許し	11	9.71	6.61	栄え	2	12.80	6.05
8	審議	18	7.83	6.50	武運	3	12.67	6.05
9	後生	5	11.48	6.39	眠り	2	8.28	5.58
10	着席	4	10.9	6.05	恵み	4	8.6	5.41

顺序	願う				祈る			
	共線名詞	頻数	MI 值	LD 差	共線名詞	頻数	MI 值	LD 差
11	勘弁	4	10.60	6.03	幸運	33	11.62	4.55
12	存続	5	8.58	5.96	長久	5	13.95	3.26
13	染筆	3	15.11	5.72	無事	46	10.72	3.22
14	目通り	3	11.73	5.69	病	2	5.15	3.15
15	再起	3	9.99	5.6	平癒	4	13.76	2.93

表 2　「願う」和「祈る」的前接动词(前十五位)

顺序	願う				祈る			
	共線名詞	頻数	MI 值	LD 差	共線名詞	頻数	MI 值	LD 差
1	入れる	4	11.68	6.37	跪く	8	11.68	7.95
2	解放する	7	8.46	6.29	迫害する	2	11.51	6.42
3	長続きする	4	10.00	6.20	慰する	3	9.28	6.07
4	叶う	4	9.18	6.04	徹する	2	9.35	5.81
5	長らえる	3	11.91	5.99	覚ます	2	8.65	5.46
6	往生する	3	11.10	5.95	儲かる	2	8.57	5.42
7	全うする	3	9.49	5.77	間に合う	3	8.14	5.33
8	存続する	3	8.74	5.62	話せる	2	8.34	5.28
9	貢献する	4	7.62	5.46	閉じる	4	7.65	5.03
10	自立する	3	8.14	5.44	遭う	2	7.95	5.02
11	触れる	2	12.35	5.43	垂れる	2	7.64	4.81
12	活躍する	5	7.28	5.41	外れる	2	7.40	4.63
13	会得する	2	10.54	5.36	導く	2	7.21	4.48
14	救助する	2	10.00	5.32	鳴る	2	7.01	4.33
15	成就する	2	9.29	5.25	吹く	2	7.00	4.32

2.3 分析结果

经过对 NLB 语料库检索数据的一系列整理和确认,笔者按照出现类型中的①宾格名词、②与格名词、③前接动词的顺序对近义动词「願う」和「祈る」进行了分析考察(具体过程略),并试着总结出了以下结论。

「願う」:①宾格名词中,与动作性名词的搭配最为显著,辨析度最高。

②表对象的与格名词数量多、范围广,涉及社会生活中的各类人群。

③在前接动词中多与表示动作内容的动词搭配出现,表示说话人的心理活动。

「祈る」:①宾格名词中与状态性名词的搭配最为显著,其中与身体状况和农业生产丰

收相关的名词辨析度较高,在具有宗教期盼色彩的场景中出现较为典型。

②与格名词中与宗教信仰相关的名词搭配非常显著,具有明显的宗教性语义特征。

③前接动词中可与表动作内容的动词搭配表示说话人的心理活动。还可接在部分表行为方式的动词后,除心理活动外还隐含了动作性语义指向。

在根据词汇搭配信息进行近义词分析时,首先应充分理解共现频数、MI 值与 LD 差三个重要指标所代表的含义以及三者之间的关联性。其次不可过度依赖检索系统的数据结果,应将这些词汇搭配指标与语料库中的实际例句相结合,使研究结果有理有据,更加全面。最后应通过这些词汇搭配特征进一步深入探析近义词在语义上的异同,达到透过现象看本质的目的(词汇使用倾向调查研究除外)。

3. 检索系统的局限性及注意点

在运用 NLB 检索词汇搭配信息进行近义词研究的同时,我们还要认识到它作为一种检索工具所存在的局限性以及使用时的注意点。

3.1 NLB 检索系统的局限性

尽管 NLB 系统为语料库检索提供了极大便捷,但从得到的语料库数据的完整性和准确性来看,目前还存在以下几点缺陷。

(1)由于著作权的限制,作为 NLB 检索对象的 BCCWJ 语料库中去除了新闻报纸类的内容,使检索的数量和结果受到了一定程度的影响,常出现在新闻报纸中的词组应考虑其他检索工具或途径。

(2)NLB 检索系统公开半年后即追加了检索结果下载功能,但词汇搭配信息和其相应的例句并不能同时下载保存,需要将相关数据二次整合,给具体的分析研究带来了不便。

(3)由于形态素和句构造自动分析、附码方面的误差,以及检索过程中后台程序精确度的影响,通过 NLB 得到的数据当中存在着大量不符合研究要求的信息,需要在使用这些数据时对检索结果进行人工甄别。

3.2 近义词分析时的注意点

从词汇搭配视角进行的近义词研究,其研究对象并非日语中所有的近义词,而是在前后词文搭配关系上特征显著的动词、副词、形容词等,而对于助词、接续词、感叹词等类型并不具有明显的辨别性。此外,由于 NLB 检索系统在设计开发时的设定,可检索的近义词数量也受到一定限制。因此,以词汇搭配检索为主的 NLB 系统并不适合用于以下几种类型的近义词对比研究。

(1)词汇搭配特征不明显的词。如「〜する」型拟声拟态词。

(2)词性不相同的词(形容词与连体词除外)。如「痛い」和「痛む」。

(3)关键词为两个以上的近义词群(仅限两词对比)。如「言う」「話す」「しゃべる」等。

（4）使用频率差别过大的词。如「とても」和「頗る」。

4. 结 语

本文主要介绍了如何在近义词研究中合理、充分、高效地运用 NLB 语料库在线检索系统获取数据,并以一对近义动词为例,通过大量图示展示了使用该系统检索、整理、分析的全过程以及各个环节的留意点,旨在明确借助 NLB 系统进行近义词研究的利与弊,为日语研究者、教育者及学习者提供一定的启发和可行性建议。此外,如何将语料库中的调查分析结果与实际的词典编纂、修改以及日语学习、日语教学相结合,也是今后的重要课题。

参考文献

[1] 田野村忠温. コーパスからのコロケーション情報抽出—分析手法の検討とコロケーション辞典項目の試作—[J]. 阪大日本語研究,2009,21(21):21-41.

[2] 毛文伟. 现代日语书面语均衡语料库应用研究 [J]. 日语学习与研究,2013(2):17-24.

[3] 王华伟,曹亚辉. 日语教学中基于语料库的词语搭配研究——以一组动词近义词为例 [J]. 解放军外国语学院学报,2012(2):71-75.

[4] 田野村忠温. BCCWJ に収められた新種の言語資料の特性について:データ重複の諸相とコーパス使用上の注意点 [J]. 待兼山論叢,2012(46):59-83.

[5] 赤瀬川史朗,プラシャント・パルデシ,今井新悟. NINJAL-LWP の類義語比較機能 [C]// 第 6 回コーパス日本語学ワークショップ予稿集,2014:41-50.

[6] 郜枫. コーパスを利用した類義語のコロケーション分析:擬態語「しんみり、しみじみ」と動詞の共起から [J]. ことばの科学,2006(19):129-140.

[7] 金城克哉. 2 つの異形態動詞「X じる」と「X ずる」のジャンルごとの分布とコロケーション特徴:「現代日本語書き言葉均衡コーパス」(BCCWJ)を利用した研究 [J]. Southern review: studies in foreign language & literature,2012(27):69-82.

基金项目

本文系 2014 年西安外国语大学校级一般项目"基于母语者语料库的日语类义词研究"(编号:14XWB12),2015 年陕西省社科基金项目"基于历时语料库的日语复合动词习得研究"(编号:2015K027)的阶段性研究成果。

作者简介

郜枫,西安外国语大学日本文化经济学院讲师,研究方向:日语语言学。

联系方式

(E-mail)gaofeng@xisu.edu.cn

多重授受文の使用状況の考察

胡　森

（中国・辽宁大学）

序　論

　日本語の授受関係について、たくさんの研究者が色々な研究を発表した。例えば、授受関係の教学方法、授受関係の人称の省略、授受関係の非恩恵意識、授受関係の誤用、授受関係と日本人の考え方、授受関係の中国語表現などである。その中には、多重授受関係についての論述があるが、それを主な考察対象とした研究はまだない。

1.　問題提起

1.1　学生を対象としたアンケート調査

　日本人は人間関係を大切にして生活している。高度な敬語と複雑な授受動詞でその人間関係を表している。授受動詞は日本人の日常生活でよく使われる。日本語を勉強して間もない学習者は使いこなせない。だから、筆者は遼寧大学日本語科二年生と三年生を対象に二回アンケート調査をした。一回めと二回めの間隔は一ヶ月間だ。第一回の内容は授受動詞を本動詞として使う時と補助動詞として使う時の二種の問題である。全部選択式で、《新経典日本语基础教程》からの引用だ。第二回の内容は多重授受関係、使役プラス授受、授受動詞を敬語とした使われ方である。タイプは選択式と日中翻訳で、日本語能力試験一級、二級の出題である。

　第一回の結果は正解率は二年生より三年生のほうがいくぶん高い。第二回の結果は二年生と三年生大体同じだった。そして第一回より正解率は明らかに低い。まだ授受関係の使い方をマスターすることができない学生がたくさんいるということがわかった。

　次は第二回の質問の一部分である。

選択

（1）（会議で）

部長「この方針について意見のある人はいますか。あ、田村さん、どうぞ。」

田村「はい、そのような対応は確かに必要だとは思います。しかし、私たち営業部の立場（から言わせてもらえば）、現在の状況でそこまでやるのは厳しいです。」

（2）私たちが旅館に着くと、従業員たちが笑顔で「ようこそ（お越しくださいました）」と挨拶してくれた。

翻訳

(3) テニスがお上手ですね。うちの息子に教えてやってくれませんか。

（訳文：你网球打得真好，能教教我的儿子吗？）

(4) お母さんを案内してもらってください。

（訳文：你帮我请人给母亲带路。）

(5)「ほんの子供ですから、駅長さんからよく教えてやっていただいて、よろしくお願いいたしますわ。」『雪国』

（訳文："他还是个孩子，请站长先生好好指点他，拜托您了。"）

1.2 授受動詞の方向性と恩恵性

授受動詞が使いこなせるように、「内」と「外」をはっきり分けて考える。「内」は話し手を中心に話し手がうちのグループだと考えている人を指している。「外」は聞き手を中心に話し手が聞き手のグループだと考えている人を含めている。授受動詞は本動詞としての例を以下に挙げる。

①与える人　は／が　受ける人　に　××　を　やります
　　内　　　　　　　外　　　　　　　　　　あげます
　　　　　　　　　　　　　　　　　　　　　さしあげます
②受ける人　は／が　与える人　に／から　××　を　もらいます
　　内　　　　　　　外　　　　　　　　　　　　　いただきます
③与える人　は／が　受ける人　に　××　を　くれます
　　外　　　　　　　内　　　　　　　　　　ください

以上の三つの例は明らかに「内」と「外」の間の動作の方向性と誰が「与える」かと誰が「受ける」かの恩恵の移動を表している。

授受動詞は授受補助動詞として使う時、「内」と「外」の関係は本動詞と同じだ。(1)の中の「私たち」は主語で、「内」だ。「言わせる」は「内」から「外」へ要求を出す。上の例によると、次には「てもらう」がつづく。中国語に訳すと「在营业的立场上让我说的话」だ。ここの「てもらう」は謙譲的な言い方だと思う。(2)の主語は「お客様」で「外」だ。「内」は話し手である「従業員たち」だ。お客様が旅館へ「越す」という恩恵の移動がある。したがって、「ください」が続く。中国語に訳すと、「欢迎您的到来」。ここでは同じ文でも中国語と日本語の主語が違うので、学習者は注意するべきだと思う。

次の例を挙げる

(6)　カンさんが窓を閉めました。

(6)'カンさんが窓を閉めてくれました。

(6)'は「内」は「外」の行為にありがたいとの感謝の意味を表す。すなわち恩恵意識だ。

(7)　カンさんが写真を見せました

(7)'カンさんが写真を見せてくれました。

(7)'は「外」から「内」への行為の方向性を表す。

だから、授受関係の動作の方向性と恩恵性[1]を把握すると、授受動詞が使いこなせる。

2. 考察対象

日本語の授受動詞は七つあり三種類に分けられる。この七つの授受動詞は二つあるいは三つ重ねて多重授受動詞にすることができる。筆者はこのような複雑な多重授受動詞を分析して、多重授受関係になる組み合わせ規則及び使用頻度を考察したい。

2.1 多重授受関係の定義

多重授受関係は二つ或いは二つ以上の授受動詞が補助動詞として組み合うことである。

それは以下の二種である。

1) 前の授受動詞は本動詞として、後ろのは補助動詞として使う場合である。

(8) 嫁にゆかないのかと聞いたとき、自分のような女はもらってくれる人がないと玉枝は言った。『越前竹人形』

（訳文：问过她为何不从良，当时玉枝回答说"谁还会来娶我这样的女人"。）

2) 二つ或いは二つ以上の授受動詞はすべて補助動詞として使い、前に他の本動詞がある場合である。

(9) でもその奥さんは一度でいいから娘に会うだけでも会ってやってくれって言うの。『ノルウェイの森』

（訳文：可是那太太非让我见见她女儿，说哪怕只见一面也好。）

2.2 多重授受動詞の組み合わせ

授受動詞は「内」と「外」の間の動作の方向性と誰が「与える」かと誰が「受ける」かの恩恵の移動で三種類にできる。

A　もらう　　いただく

B　やる　　あげる　　差し上げる

C　くれる　　くださる

組み合わせると

A+B（？）　　　　A+C　　　　　B+A　　　　　B+C　　　　　C+A（X）　　　C+B（X）

多重関係を深く理解する人が分かるように、多重授受関係文は後ろから前へ分析するべきだ。一番最後の授受動詞は話し手と聞き手との恩恵移動関係で、前の授受補助動詞は聞き手と第三者との恩恵移動関係だ。このような理論と前述の「内」と「外」との関係規則により、一つずつ以下の組み合わせを分析する。

---

〔1〕授受動詞は時々恩恵性がない。例：今度はきっと留学試験にパスしてやる。訳文：我一定要通过留学考试给你们看看。

表1　多重授受関係理論と「内」と「外」との関係規則

授受組合	後の授受動詞	前の授受動詞
A+B(例てもらってやる)	てやる	てもらう
	話し手が聞き手のために「V てもらう」ことをする	話し手が第三者に「V」という希望や要求を出す
	話し手が第三者に頼んで聞き手のために「V」という依頼をする	
A+C(例てもらってくれる)	てくれる	てもらう
	聞き手が話し手のために「V てもらう」ことをする	聞き手が第三者に「V」という希望や要求を出す
	聞き手が第三者に頼んで話し手のために「V」という依頼をする	
B+A(例てやってもらう)	てもらう	てやる
	話し手が聞き手に「V てやる」という希望や要求を出す	聞き手が第三者のために「V」ことをする
	話し手が聞き手に頼んで第三者のために「V」という依頼をする	
B+C(例てやってくれる)	てくれる	てやる
	聞き手が話し手のために「V てやる」ことをする	聞き手が第三者のために「V」ことをする
	聞き手が話し手の顔を立てて第三者のために「V」ことをする	

説明: V は本動詞である。

　よく考えると、最後の C+A と C+B は客観的な法則に合わない。仮に C+A「てくれてもらう」が成立すると、「てもらう」は話し手が聞き手に希望や要求をだす。「てくれる」は第三者が自発的に聞き手のために〜をするわけにはいかない。そうすると、「てくれる」と「てもらう」は対立関係になる。仮に C+B「てくれてやる」が成立すると、話し手が聞き手にものの移動をすることになる。そうすると第三者は自発的に話し手にものの移動をする言い方は成り立たない。[1]

　例:
　A+B
　加藤さんに教えてもらってやるよ。(訳文: 让加藤教你。)
　A+C
　社長に一筆お書きになっていただいてくださいませんか。
　(訳文: 你能不能请社长给我写一下啊?)
　B+A
　「ほんの子供ですから、駅長さんからよく教えてやっていただいて、よろしくお願い

---

(1)話し言葉では、「私はお金をくれる」「こんな女はお前にくれてやる」「こんなつまらないものはお前にくれてやる」のような表現がある。ここの「くれる」と「くれてやる」は「やる」の意味である。

たしますわ。」『雪国』（訳文："他还是个孩子，请站长先生好好指点他，拜托您了。"）

B+C

テニスがお上手ですね。うちの息子に教えてやってくれませんか。

（訳文：你能不能教教我的儿子？）

A+B の例文の「てやる」は話し手が聞き手のために「教えてもらう」ことをする。「てもらう」は話し手が第三者である「加藤さん」に「教える」という希望を出す。A+C の例文の「てください」は聞き手が話し手のために「お書きになっていただく」ことをする。「ていただく」は聞き手が第三者である「社長」に「お書きになる」という希望を出す。第二回の質問 (4) も A+C の組み合わせだ。その中の「てください」は聞き手が話し手のために「案内してもらう」ことをする。「てもらう」は聞き手が第三者である「誰」に「案内する」という要求を出す。文の「誰」が省略される。「お母さん」を「内」とする。B+A の例文の「ていただく」は話し手が聞き手である「駅長さん」に「教えてやる」という希望を出す。「てやる」は聞き手である「駅長さん」が第三者である「子供」のために「教える」ことをする。最後のB+Cの例文の「てくれる」は聞き手が話し手のために「教えてやる」ことをする。「てやる」は聞き手が第三者である「うちの息子」のために「教える」ことをする。ここでは「うちの息子」でも第三者になる。

多重授受文の中には、更に複雑な三重の授受組み合わせがある。組み合わせは一つだけである。日常生活では日本人はあまり使わないようだ。次は例である。

（写真を撮りたがっている）子供に写真を撮ってもらってやってくださいませんか。

意味は、「写真を私の子どもが撮りたがっています。子どもがあなたをモデルにして撮影したいのだ。子どもが撮るので下手かもしれないけど、我慢して、モデルをお願いします」ということだと思う。写真を撮るのは子どもで、話し手が会話している相手が、写真に写る人だ。たとえば、有名人が近くにいて、子どもが写真を撮りたいといっているときに、親がその有名人に「私の子どもがあなたの写真を撮りたいそうなので、ちょっと被写体になってください」という感じである。文の中の「てください」は話し手が聞き手に「被写体になってもいいですか」という要求を丁寧に命令している。「てやる」は聞き手が第三者である子供のために「モデルになる」ことをしている。「てもらう」は聞き手が第三者である子供に「写真を撮ってください」の希望を出している。中国語に訳したら「能不能让孩子给您照张相啊？」になる。

3. 考察方法

理論的には A+B、A+C、B＋A、B+C の組み合わせは確かに成り立つか。会話中での使用状況を考察した。

筆者は日本国立国語研究所の「コーパス検索アプリケーション中納言」を利用して多重授受文の使用状況を調査した。中納言の内容は豊富で、書籍、雑誌、白書などを網羅している。したがって、調査で得るデータが有効性があると思う。

四つの組み合わせは詳しく組み合わせると 22 種の組み合わせになる。統計した結果は以下の通りである。

表2　A+B(例てもらってやる)

組み合わせ	使用量	メデイア / ジャンル
てもらってやる	0 件	
てもらってあげる	1 件	書籍 (冷たい心臓)
ていただいてやる	0 件	
ていただいてあげる	1 件	書籍 (多情多恨)
てもらってさしあげる	0 件	
ていただいてさしあげる	0 件	

表3　A+C(例てもらってくれる)[1]

組み合わせ	使用量	メデイア / ジャンル
てもらってくれる	18 件	書籍 / 国会会議録
てもらってくださる	95 件	書籍 /Yahoo 知恵袋
ていただいてくれる	0 件	
ていただいてくださる	0 件	

表4　B+C(例てやってくれる)

組み合わせ	使用量	メデイア / ジャンル
てやってくれる[1]	157 件	書籍 /Yahoo 知恵袋 / 雑誌
てやってくださる	180 件	書籍 /Yahoo ブログ / 知恵袋
てあげてくれる	11 件	書籍
てあげてくださる	640 件	書籍 /Yahoo ブログ / 知恵袋
てさしあげてくれる	0 件	
てさしあげてくださる	2 件	書籍 /Yahoo 知恵袋

表5　B+A(例てやってもらう)[2]

組み合わせ	使用量	メデイア / ジャンル
てやってもらう	7 件	書籍
てやっていただく	8 件	国会会議録
てあげてもらう	0 件	

---

〔1〕「てやってくれる」:データの中には、「てやってくれる」「てやってください」「てやってもらう」「てやっていただく」の例文がもっと多い。しかし、その中の「やる」は「する」の意味なので、表4、表5に示した数にはそのような例文を含めていない。

〔2〕「0 件」:「育てあげてもらう」を含んでいる例文が一つある。しかし、その「育て上げる」は一つの言葉で、補助動詞ではない。

組み合わせ	使用量	メデイア / ジャンル
てあげていただく	6 件	書籍 /Yahoo 知恵袋
てさしあげてもらう	0 件	
てさしあげていただく	0 件	

4. 結　論

以上の統計から以下の結論を出す。

（1）文法的には A+B（例てもらってやる）の組み合わせがあるが、実際的な例は極めて少ない。ただ小説の中に 2 例だけ出ている。

（2）多重授受文では、「差し上げる」を含んでいる文は 2 例だけであり、非常に少ない。多重授受文で「差し上げる」はあまり使わないことがわかった。

（3）四つの組み合わせで、B+C（例てやってくれる）の使用頻度は一番高い。そして、その組み合わせで例文が一番多いのは「てあげてくださる」である。

日本語の学習者に「やりもらい」という授受関係を深く理解させるために、授業をするとき、A＋C と B+C の例文を少しでも導入したほうがいいと思う。そして、基礎文法の知識を身に付けるだけでなく、日本人の人間関係をよく考えるべきだと思う。

参考文献

[1] 贺静彬. 新经典日本语基础教程 [M]. 北京:外语教学与研究出版社,2014.

[2] 友松悦子,宫本淳,和栗雅子. 日语句型地道表达 200 例 [M]. 大连:大连理工大学出版社,2002.

[3] 日本語教育学会,水谷修,他. 日本語教育事典 [M]. 東京:大修館書店,2005.

[4] 林璋. 日语授受关系试析 [J]. 日语学习与研究,1998(3).

[5] 王燕. 日语授受补助动词再考——从日语教学的角度出发 [J]. 日汉比较研究,2002(6).

作者简介

胡淼,辽宁大学外国语学院日语系讲师,研究方向：日本语言、日本文化。

联系方式

（E-mail）67452757@qq.com

日语"使役"和"被动"接近的语义解释

高 越

（中国·大连外国语大学）

引 言

使役表达和被动表达是日语语态的重要组成部分，二者所表达的语义存在明显的区别，通常情况下不能互换。但在某些特殊语境下，对于同一事件，我们既可以使用使役表达，也可以使用被动表达，比如下文中的例句①和②。虽然①使用了使役表达，②使用了被动表达，但我们可以发现二者所表达的语义却是相近的。

①私は あの人に そんなふうに 思わせたくない。

（我不想让那个人那样认为。）

②私は あの人に そんなふうに 思われたくない。

（我不想被那个人那样认为。）

本文把这种在同一语境下既可以使用使役表达也可以使用被动表达的现象称为"使役"和"被动"的语义接近。本文将围绕这一现象分析使役表达与被动表达产生语义接近的机制，探讨这两种语法性质语态产生语义接近背后的语义动因。

1. 前人研究及本文立场

1.1 前人研究

对于使役表达和被动表达的语义接近关系的前人研究主要有寺村（1982），早津（1992、2014）。寺村（1982）举出了「死なせる—死なれる」这一代表性的例子，对这一现象给予了如下说明，然而未就其形成原因深入探讨。

③息子二人をその戦場で死なせた。（"父母"对"儿子战死"感到自责）

④息子二人にその戦場で死なれた。（"父母"从"儿子战死"中受到影响）

早津（1992、2014）对这一现象进行了细致的阐述。早津（1992）举出了大量例句，说明了这一现象存在的普遍性；早津（2014）则在早津（1992）基础之上，从使役表达的角度，阐明了什么样的使役表达会和被动表达产生语义接近。早津（2014）认为除去上文中寺村所提出的情况之外，当使役者预见到使役事件的发生会对自己造成不利影响，积极采取某种措施规避使役事件的发生时，使役表达也会与被动表达产生语义接近。同时，通过对语料的分析，早津（2014）还对产生语义接近的倾向方面进行了总结，即判断类动词、感情类动词、态度类动词、表移动和死去的动词等的使役表达和被动表达较易产生语义接近。

综上，前人研究主要着重于日语语言学本体的研究，对使役和被动的语义接近主要是从语义角度进行阐述。但对于动词倾向问题上，对于为何以上几类动词的使役表达和被动表

达较易产生语义接近,早津(2014)未能给出进一步的说明,在此有必要进行进一步的探讨。

1.2 本文立场

根据寺村(1982:175),日语中表示人的感知作用的动词,可以分为三类:一类是像「見る、感じる」这样的感觉动词;第二类是像「言う、教える」这样的发话动词;第三类则是像「思う、疑う」这样的表示人的思想的思考类动词。而在早津(2014)所总结的易产生语义接近的动词类型中,除去表移动和死去的那一类动词,刚好与寺村(1982)所指出的感知类动词相吻合。因此,本文将聚焦于感知类动词的使役和被动的语义接近,探讨为何感知类动词较易产生使役和被动的语义接近。

根据寺村的以上分类,在每一类中选取一个代表性动词,将语料调查的范围限定在「感じる」「言う」「思う」这三个动词上。

本文所选取的语料库是《现代日本语书面语均衡语料库》,在检索时,既检索该动词的使役表达形式,也检索其被动表达形式,然后对所收集的语料进行筛选,选出其各自产生语义接近的例句。同时为了保证例句收集的有效性(即使役表达和被动表达可以产生语义接近),所收集的数据在笔者初步判断该例句能够产生语义接近的基础之上,又经过了日语母语话者的判断,将最终收集的数据作为本文的有效数据。

本文试图通过对这三个动词的语料调查,来探讨感知动词类的使役表达和被动表达是如何产生语义接近的,进而深化对使役表达和被动表达之间的语义接近关系的认识。

2. 感知类动词调查结果

通过分析所得到的数据,可以将所收集到的有效例句按照原有动词句的宾语内容分为两种,分别为内容类、对象类。

(1)内容类

⑤彼は、六十歳に近い老人と思わせない・思われない活発さで、いつも伸子を引き廻した。(『伸子』)

⑥それはまた、いつも何か怯えている少女の震えを、女の表情で押し隠そうとする構えのようにも感じられた・感じさせた。(『北帰行』)

在本文中,我们用 NP1 表示使役/被动句的主语,NP2 表示被使役者/施事,VP 表示动词,( )表示可以省略,【 】和"…"内表示思考、感觉的内容。

观察例句⑤和⑥,我们可以发现其具有相同的句法结构,即:

NP1 は(NP2 に)【NP1 についてのこと】と/ように　VP-(s)aseru/(r)areru

因为这种类型的例句 VP 前一般接续的是「と/ように」,「と/ように」前是具体的感知类的内容,且通常是一个句子,因此我们将此类型的例句命名为内容类。

(2)对象类

⑦ほらね、あなたは、存在しているだけで、同性に反撥を感じさせる・感じられる何かがあるのよ。(『花芯』)

⑧「あら、それを私今まで黙ってたの、分かる?女にこんなことを言わせる·言われ
るようになったらおしまいじゃないの。」(『雪国』)

观察例句⑦、⑧,二者也具有相同的句法结构,即:

(NP1 は)　　NP2 に　　　… を VP-(s)aseru/-(r)areru

像例句⑦、⑧一样,NP1 通常省略,VP 前通常接续「を」格成分,我们把这一类型的例
句命名为对象类。

3. 使役表达和被动表达产生语义接近的机制

认知语言学认为,人们在描写同一客观事件时,由于认知方式的不同,用来编码的语言
表达式也会因之不同。基于上述语义观,本文认为对于使役表达和被动表达产生语义接近,
也是源于认知主体对同一客观事件的不同识解方式,反映在语法形式上形成了不同的编码
方式。

在下文中我们将逐类探讨每一类产生语义接近的例句,寻找其背后的语义动因。

3.1 句法分析

观察例句⑤—⑧,我们可以发现,因为动词「思う」「感じる」都是伴随ヲ格的他动词,
在使役表达中,被使役者 NP2 一般使用ニ格标记;被动表达标记施事即 NP2 同样也是用ニ
格标记,此时二者具有相同的论元结构,这也为二者的语义接近提供了句法条件。

使役表达的论元结构: NP1 が　　　NP2 に　【　】と VP-(s)aseru
　　　　　　　　　　　　　　　　　　　　　}… を

被动表达的论元结构: NP1 が　　　NP2 に　【　】と VP-(r)areru
　　　　　　　　　　　　　　　　　　　　　}… を

3.2 语义分析

3.2.1 「思う」「感じる」「言う」的语义特性

根据寺村(1982)对动词所做的分类,「思う」「感じる」「言う」都属于感知类动词,本
身及物化程度较低,即这三者都不是表达直接作用于动作对象的行为,都是基于心理层面
的作用。所以这三者的使役表达形式都不是表达典型的使役语义(即强制使役)。比如,在
下文的例句⑨中,使役者「彼」也仅仅是让人产生这样想法的一个引发原因,而并不是强迫
"我"这样想。

⑨彼は、六十歳に近い老人と思わせない·思われない活発さで、いつも伸子を引き廻
した。(『伸子』)

3.2.2 使役表达和被动表达产生接近的语义分析

（1）内容类

⑩己は　女房に　どうかして夫が冷淡だと思わせまい・思われまい、疎まれるように感じさせまいとしているのに、却って己が内にいる時の方が不機嫌だとすると、丁度薬を飲ませて病気を悪くするようなものである。（『雁』）

在例句⑩中，NP1 和 NP2 都是有生名词，且都在句子中有所呈现。该句所表达的是，NP1 自身所做出的某种行为引起了 NP2 的判断和思考，同时 NP2 所思考判断的内容又是关于 NP1 的某种特质。此时，如果我们关注 NP1 的行为对 NP2 思考的引发性，就可以使用使役表达；如果我们关注 NP2 的思考判断行为是指向 NP1 的，就可以使用被动表达。此时使役表达和被动表达产生了语义接近，我们可以发现二者产生语义接近的关键在于使役者 NP1 和 NP2 的动作对象，即受事发生了重合。

（2）对象类

⑪島村は頷いた。「あら、それを私今まで黙ってたの、分かる？　女にこんなことを言わせる・言われるようになったらおしまいじゃないの。」（『雪国』）

⑫自分では大丈夫だと思ってたけど、お客さんに不安を感じさせる・感じられるようじゃいけないって思ったのよ。（『サーカス放浪記』）

在例句⑪、⑫中，NP1 在句中都承前省略，⑪省略了「島村」，⑫省略了「私たち」，NP2 也都是有生名词。将例⑪和⑫还原为原有动词句，如下所示：

⑪' 女は　島村に　　こんなことを言う。

⑫' 客が　私たちに　不安を感じる。

通过例⑪'、⑫'，我们可以观察到「島村」和「私たち」都是「言う」「感じる」的对象。即在例⑪中，「島村」的行为导致「女」说这样的话，同时「女」说这样的话给「島村」听，即「島村」是「女」说话的对象。此时「島村」又兼具了使役者和受事的双重身份。同理，例⑫中，因为「私たち」的行为引起了客人的不安，可以看作使役者；同时，客人对「私たち」感到不安，「私たち」可以看作受事。

4. 结　语

综上，通过分析「思う」「感じる」「言う」相关的以上两种产生语义接近的使役表达和被动表达，我们可以发现，当使役者和受事合二为一时，且基于「思う」「感じる」「言う」三者的语义特性，三者在相应的使役表达中，对使役事件的控制程度较低，使役表达和被动表达较易产生语义接近。

参考文献

[1] 寺村秀夫．日本語のシンタクスと意味 I[M]．東京：くろしお出版，1982.

[2] 早津恵美子. 使役表現と受身表現の接近に関するおぼえがき [J]. 言語学研究，
1992(11)：173-256.

[3] 早津恵美子. 日本語における使役文と受身文との似通い—使役文からの検射—[C]//
日中対照言語学会第 31 回大会口頭発表資料，2014.

作者简介

高越，大连外国语大学日本语学院硕士研究生，研究方向：日语语言学。

联系方式

（E-mail）1181080641@qq.com

連体修飾節のタについて

―「｛＊激しかった／激しい｝雨が降った。」を中心に ―

王守利

（日本・千叶大学）

1. はじめに

寺村（1984: 201）には、以下の文が挙げられている。

(1) 昨日、｛激しい／＊激しかった｝雨が降りました。
(2) ｛＊激しい／激しかった｝雨が、夕方やっと小降りになった。

ここで三つの疑問が考えられる。一つ目は、「激しかった」は例 (1) で使えないのに、例 (2) で使えるが、「激しかった」と「激しい」の使い方はどこが違うのか、二つ目は、例 (2) の「激しかった」のタがどういう用法なのか、三つ目は、このような「激しかった」のタの用法は普遍性を持つのか、ということである。本稿はこれらの問題を解決しようとするものである。

今までタの用法に関する研究は、動詞を中心に行われており、形容詞のタの用法についてはあまり触れられていない。また、主文末のタはこれまでテンス、アスペクト、ムードなど多くの角度から考察され、過去、完了、発見、認識修正、思い出し、反事実、命令などの用法が明らかにされたが、上記の例 (2) の「激しかった」のような連体修飾節の内のタをどう理解すべきか、検討する余地があると考える。

2. 形容詞のタ

2.1 先行研究

形容詞のタの主な用法としては、テンスとしての「過去」が挙げられる。岩崎（1998）は、連体修飾節のテンスを考察するもので、Josephs（1972）を引用し、「寺村秀夫 (1984) は、「｛＊激しかった／激しい｝雨が降った。」のように、絶対的テンス・タ形が、文意としては可能であってもいいはずなのに、不可能である事実を指摘している。…（中略）… 寺村 (1984) の現象について、本稿の考察では説明できない」（岩崎 1998: 62）と指摘している。

高橋他（2003: 143）は、「形容詞の一番大事なはたらきは、名詞をかざって、名詞のさししめすものごとの特徴をしめすことである。その用法の場合には、テンスに無関心なのが基本である」と述べている。つまり、(1) の「激しい」と (2) の「激しかった」はテンス

から解放されていることがわかる。それ故に、テンスから説明することが無理であることも当然の理である。

寺村（1984: 204—205）は「修飾・限定」の仕方には二通りあると指摘し、この現象を説明している。一つは、他のものと比べ、主名詞を区別する特徴づけをするもので、一つは、主名詞自身の異なるありかたの中から一つをとりだして他のありかたと区別する特徴づけをするものである。即ち、例（1）の「激しい雨」は、「静かな雨」「穏やかな雨」など、色々な降りようの雨がある中の一つを限定し、例（2）の「激しかった雨」は、そのときの雨の、時間に沿っての変化の中の一局面を捉えた限定、特徴づけである、ということである。以上の解釈は受け容れやすいが、「激しかった」のタの用法が不明なままである。

2.2 本稿の立場

本稿は、基本的に寺村（1984）の解釈に賛成しているが、連体修飾には、主節で表される事態と連体修飾節で表される事態との関係として、異なる二つのものが存在すると考える。図に示せば次ようになる。

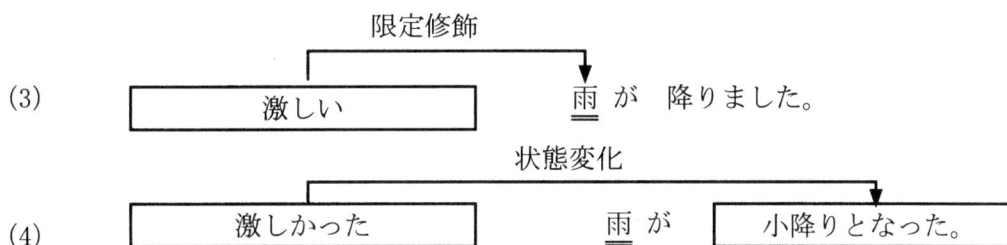

限定修飾

(3) | 激しい | 雨 が 降りました。

状態変化

(4) | 激しかった | 雨 が | 小降りとなった。

つまり、例（1）の場合は、（3）に示したように、連体修飾節の「激しい」は形容詞の非過去形としてテンスから解放されていて、主名詞「雨」だけを限定し、主名詞「雨」の変わらぬ特徴・性質を表している。連体節の事態と主節の事態とは異なっている。一方、例（2）の場合、寺村（1984: 205）は「激しかった雨」を「そのときの雨の、時間にそっての変化の中の一局面を捉えた限定、特徴づけである」と指摘している。（4）に示したように、主節の述語「小降りとなった」は主名詞の「雨」の説明になるが、主に連体節の状態の変化の説明になっている。「激しかった」は主節の「小降りになった」（激しくない）前の状態として捉えられ、主節の状態と対照的に見られるのである。そして、激しかった状態から小降りになり、激しくない状態への連続性があるのである。次に、「激しかった」と「激しい」の違いをコーパスで検証してみる。

2.3 コーパスによる「激しかった」と「激しい」の調査[1]

「現代書き言葉均衡コーパス 中納言」で「激しい」と「激しかった」の用例を調査してみた。「激しい」の全部 3445 例 (主文末の例を含めて) のなかに、このような状態変化の連続性がある特徴をもつ連体修飾節の例が見つかっていない。

(5)「暑さ寒さも彼岸まで」と良く言われているように、昨日から急激に寒くなりました。冷たい秋雨の朝、一瞬青空が現れ朝日に輝く雲をパチリ、午前には激しい雨やあられが降りました。おお！さむ～～い！（Yahoo ブログ 2008）

(6) 大尉は高綱を連れ、老人子供女のいる建物に案内させた。婦女子のあるものは位牌に向かって合掌しており、数分前の激しい銃声に、夫たちが銃殺されたものと信じて泣き伏しているものもあった。（『満州崩壊』）

(7) 3 年前に激しい頭痛と吐き気で脳外科にかかりました。いろいろ検査しましたが異常はなく、「疲れやストレスからきているのでしょう」といわれ、頭痛薬とデパスを処方されました。（Yahoo! 知恵袋 2005）

上例のような過去の事態を述べるときも、形容詞の非過去形が使われる。これは、連体修飾節の「激しい」は主名詞の性質にだけかかわり、連体節で表される事態と、主節で表される事態とは異なっているからである。

一方、「激しかった」の全部 129 例 (主文末の例を含めて) の中に連体修飾節は 11 例であるが、その中にこのような「状態変化」を表すのは 6 である。

(8) 前夜激しかった雨も小降りとなり、回復の兆しがうかがえる早朝、東京・品川区東五反田、通称「池田山」の高台にある瀟洒な洋館の正田邸は、ピーンと張りつめた空気に包まれていた。（『美智子皇后』）

(9) 筋肉痛が発生してからの四日間の痛みの変化を調べてみると、下右のグラフのように最初は痛みが激しかった温チームのほうが痛みがなくなっていたのです。（『ためしてガッテン効果がすぐ出る安心健康法』）

(10) プログラム修了時の柴崎は、素手、ナイフ、狙撃、すべての技術において、ジョゼフとダンを凌駕するまでになっていた。誰よりも喜怒哀楽の激しかった柴崎は、技術と引き換えに、人間らしさを失った。涙を、怒りを、笑顔を、氷壁の心に封印した。（『闇の貴族』）

---

[1] 寺村 (1984: 201) は、例 (1) と例 (2) を挙げ、次のような指摘がある。
「しかし、実際に色々な例を調べてみると、上のようにはっきりどちらかと判断される場合もあるが、人によって両形とも許容される場合もある。そのどちらかがより自然だとされる場合も、平等に許容される場合もある。」(寺村 1984: 201)
母語話者の内省がないため、文の自然さを判断するのが無理であるが、本稿は日本語母語話者の判断によるものでなく、調査実例の分析によるものである。

　同じく過去の事態を述べるのに、連体節の状態に変化があり、主節では対照的な事態が生じた場合は、形容詞の過去形が使われている。ここで連体節の状態と主節の状態に連続性が見られる。即ち、連体節に状態の変化が起こった場合、形容詞の過去形が使われるといえる。

　また、例 (1) と例 (2) を比べてみれば、もう一つの特徴が見られる。それは、例 (1) の「激しい」を削除すると、文の意味が変わるのに対し、例 (2) の「激しかった」を削除しても、意味が変わらないことである。つまり、形容詞の非過去形は限定的な働きをしているのに対し、形容詞の過去形が非限定的な働きをしていると見られる。

　即ち、例 (1) の「激しい」は「限定」で、「激しい雨」は、「静かな雨」「穏やかな雨」など、色々な降りようの雨がある中の一つを限定するもので (寺村 1984: 204—205)、削除されれば、降りようの雨の特徴が特定できず、文意が変わってしまうが、それに対し、例 (2) の「激しかった」はなくても、主節の「小降りになった」という文をみるだけで、「激しかった」から変化してきたことが想定できるわけである。

　また、このような用法は、形容詞に限らず、形容動詞、名詞にもあることが確認できる。

3. 形容動詞のタ

　(11) こちらからは式神の姿は見えなかったが、宮の周囲が陽光に似た明るい光で満ちあふれているのがわかる。たぶん、日曜星の能力だ。やがて、鏡のように静かだった水面が、細かな振動を伝えるように波立ち始めた。それはわずかな揺れでしかなかったのだけれど…この閉ざされた静かな世界が、今はじめて外からの力で動かされていた。(『積善白花』)

　「水面」は「鏡のように静かだった」という状態から「細かな振動を伝えるように波立ち始めた」という状態への連続的変化が見られる。一方で、「宮」という「世界」は常に閉ざされ、静かな性質を持ちながらも、「今はじめて外からの力で動かされていた」というように性質が変わりつつあると説明しているが、連体修飾節の状態が完全に変化を実現したとはいえない。また、ここで「静かだった」は「水面」を限定せず (非限定)、「静かな」は世界を限定していると解釈される。

　(12) ガラリと戸があいて、人々が入って来た。静かだった土間は、忽ちにぎやかな談笑の声にみたされた。(『二本の銀杏』)

　(12) もそうで、連体節の「土間」は「静かだった」という状態から「にぎやかな談笑の声にみたされた」の状態へ変化したのである。

　「現代書き言葉均衡コーパス　中納言」で「静か」と「静かだった」の用例を調査して

みた。「静かだった」の全部 109 例（主文末の例を含めて）のなかに、連体修飾節は 8 例であるが、その中にこのような「状態変化」を表すのは 6 例である。一方、「静かな」の 1653 の例文（主文末を含めて）の中にこのような状態変化が見られる例がまだ確認されていない。

（13）カンクンは、広大なリゾート・ゾーンだった。カリブ海にむかって斧のような形の砂洲があり、その内部にはいくつかの潟湖があり、静かな水面が拡がっていた。私とミゲールは、毎日夕方にそこで小魚を釣り、外洋の釣りのための餌にするのだ。（『いつか光は匂いて』）

（14）季節はちょうど二月の半ばを過ぎたばかりだが、今日は朝からあたたかく三月の末に近い気候を思わせる日だった。風もなく、静かな日差しがまだ雪が残る庭を照らしている。その風景の中に、池の右端にある梅の老木が一、二輪の花をつけはじめているのが見えた。（『漆の実のみのる国』）

以上の二例は、連体修飾節の「静かな」は主名詞だけにかかわり、主節とは無関係であり、連体節と主節との状態変化がみられない。また、「静か」だけでなく、他の形容動詞もこの用法が確認できた。

（15）これがシミュレーションゲームなら、設定を一つ変えれば、何かがすぐに変わるけれども、組織として何か変えようとすると、一つ一つに 1 〜 3 年はかかるんです。継続することが大の苦手だった僕が、ずいぶん気長になったものだと思います。（『がなり流!』）

（16）本物の信州蕎麦 …だが、今までとはひと味違う…そんな店をやってみたい。そう狙いを定めると、県下は勿論、全国の蕎麦処をじっくり食べ歩いた。嫌いだった蕎麦が、だんだん好きになってきた。（『日本列島すぐ蕎麦の旅』）

以下のように、状態変化の「きっかけ」を示した例がある。

（17）でもダイエットを始めた頃、（小 6 とか中学の時）野菜や魚しか食べれない環境になり、あれ? おいしいじゃん!! って気付きました。今は大嫌いだった牛乳も妊娠を機に好きになりましたし、時期ってあると思います。（Yahoo! 知恵袋 2005）

一方、これらの形容動詞の非過去形が「状態変化」を表す連体修飾節は調査の範囲では

まだ確認できていない[1]。

4. 名詞のタ

次に、名詞の場合を見られたい。

(18) 現実の男性には、一向に興味を示さない。男の人を好きになったという話は聞いたことがないし、普通の友達だった男の子が実は自分に好意を寄せていたことがわかると、途端に手のひらを返したように避け始める。もちろんデートの経験もない。(『中国洗面器ご飯』)

この例は、名詞の過去形の「過去」という意味では解釈できない例である。連体修飾節の「友達だった」が主名詞「男の子」を修飾し、連体修飾節の事態と対照的な事態が主節で表れ、連体修飾節の状態が変化していることがわかる。

寺村(1984: 201)には、以下の文が挙げられている。

(19)a. 川口は軍需工場{の/?だった}会社を三つ経営していた。
　　 b. 川口は、軍需工場{?の/だった}会社を平和産業に切りかえた。

軍需工場の会社が平和産業とはいえない。平和産業でない産業が平和産業に変化した場合、「?」がついた名詞の非過去形より、名詞の過去形が自然に使われることから、連体修飾節における名詞の過去形が、連体修飾節の名詞の状態が変化した意味を実現しているといえる。

5. 連体修飾節のタの用法 ― 「変化」について

5.1 「変化」の用法

以上、連体修飾節の形容詞、形容動詞、名詞の過去形の考察を通して、品詞が違うものの、①形態上でタが付いている、②一時的状態を表す、③状態の変化が見られる、という三つの点が共通していることがわかる。本稿は、連体修飾節の場合、「変化」という用法がタにあると考える。〔孫(2008)は、新たな動詞分類を行い、動作性動詞、非動作性動詞、動作性・非動作性動詞(両用動詞)に分けてアスペクトを研究しているものである。その中で、従来「変化動詞」と見なされていた「消える」「倒れる」などの動詞を「非動作性動詞」とした上で、それらの動詞の主文末のタ形のアスペクト的意味を「完了」ではなく「変化」とし、その「変化」という意味を「完了と同列に扱うべきだ」と主張している。また、連体修飾節におけるテイタにも「変化」という意味が認められると主張している(孫

---

〔1〕連体修飾節の「大嫌いな」の例が151例、「苦手な」は971例、「嫌いな」は1287例で、中に連体修飾節が「状態変化」を表す例がまだ確認されていない。

2008: 223—234)。これに対して、本稿における「変化」という意味は、連体修飾節におい
て現れる意味であり、主文末における動詞のタ形のアスペクト的意味ではないという点
で孫（2008）とは異なる。さらに、本稿における「変化」は、連体修飾節のテイタのみなら
ず、連体修飾節における形容詞、形容動詞及び名詞のタの意味を含むものである点でも孫
（2008）とは異なる。なお、動詞分類においても、本稿では「非動作性動詞」を認めず「変
化動詞」を認める立場をとり、それらの動詞の主文末におけるタの意味も「変化」ではな
く、「変化の完了」であるという立場に立つが、これらの詳細な検討は今後に譲りたい。〕

　形態上は、形容詞の場合、カッタになり、名詞と形容動詞の場合、ダッタになる。また、
連体修飾節のタが「変化」を表すとき、「それまで」「これまで」を伴うことがある。

　（20）添削指導を通して、子どもたちは文章を書くことが好きになり、それまで苦手だ
った国語が得意になり、さらには考えることができるようになっています。（『書く力が
伸びる!』）

5.2　動詞のタについて

　タの「変化」の用法は、形容詞、形容動詞、名詞だけでなく、動詞にもあることが確認で
きる。しかし、動詞の種類により、連体修飾節の状態変化を実現する形式が違っている。
　たとえば、「ある」という状態動詞であるが、寺村（1984: 201）には、次の文が出されて
いる。

　（21）a. 清子は汽車で三時間ほどの M 市に {ある／? あった} 大学に通っていた。
　　　　b. 都心に {＊ある／あった} 大学が郊外に移転した。

　（21）b の場合は、「あった」が選ばれるのも、連体節の状態変化が見られるためだと考
える。
　一方、動作動詞や変化動詞は、形態上ではタでなく、テイタでこの状態変化の意味を実
現している[1]。たとえば、

　（22）… 定価を守っていた百貨店も、対抗上昨年暮れから安売りに走り、定価を設定す
る意味合いが薄れた。（『朝日新聞』1994 年 8 月 14 日）
　（23）外出していた政恵が帰ってきたので、昭夫は自分の印象を語った。（『赤い指』）

　これらの例では連体節で表された事態がその後打ち消され、以前の事態と対照的な事
態が生じていることが主節で表されている。連体修飾節の状態変化が見られる。
　このように、連体修飾節のタの「変化」という意味は普遍性をもつと思われる。

---

　〔1〕これについては別稿に譲りたい。

5.3 位置づけ

日本語文法学会 (2014: 370) には、従属節のタについて、①発話時以前 (「昨日彼から もらった本を無くしてしまった。」)、②主節時以前 (「昨日勝ったチームが来年の世界大 会に出場できる。」)、③状態 (「まっすぐ伸びた道」)、④仮定 (今 100 円あったとします) などの用法を有していると述べている。

本稿で述べた「変化」は、動詞、形容動詞、形容詞、名詞などに広範囲で確認できた用法 であり、以上の①〜④の用法と並立すべき用法だと考える。

6. まとめと今後の課題

本稿は、「{＊激しかった／激しい} 雨が降った。」の文を手掛かりに、連体修飾節のタに 着目し、連体修飾節のタの「変化」の用法と特徴を考察した。また、形容詞、形容動詞、名 詞、動詞など品詞が違うものの、これらの品詞の過去形に、「変化」という用法が共通して いることが分かった。また、今回の調査の用例が限られているので、これから用例を増や してさらなる研究が必要だと思われる。

参考文献

［1］岩崎卓 . 連体修飾節のテンスについて [J]. 日本語科学, 1998(3)：47-66.

［2］王守利 . 連体修飾節のテイタの意味について—「途切れ」を中心に—[J]. 千葉大学 人文社会科学研究科研究プロジェクト報告書, 2014(287)：27-47.

［3］孫敦夫 . 日本語アスペクトの研究 [M]. 北京：中国社会科学出版社 , 2008.

［4］高橋太郎他 . 日本語の文法 [M]. 東京：ひつじ書房 , 2003.

［5］寺村秀夫 . シンタクスと意味 第Ⅱ巻 [M]. 東京：くろしお出版 , 1984.

［6］中畠孝幸 . 現代日本語の連体修飾節における動詞の形について—ル形・タ形・テイル 形・テイタ形 [J]. 人文論叢：三重大学人文学部文化学科研究紀要, 1995(12)：23-32.

［7］日本語文法学会 . 日本語文法事典 [M]. 東京：大修館書店 , 2014.

［8］樊慧穎 . 論日語連体修飾節中形容詞的 "体" [J]. 日語学習与研究, 2009(1).

［9］JOSEPHS, LEWIS S. Phenomena of tense and aspect in Japanese relative clauses[J]. Language, 1972(48)：109-133.

作者简介

王守利，日本千叶大学研究生院人文社会科学研究科在读博士，研究方向：文化科学 研究。

联系方式

（E-mail）happyteresa1986@hotmail.com

翻译理论与实践

文学翻译中的文本解读
——以芥川龙之介《橘子》为例

吴少华

（中国·西安外国语大学）

翻译是以符号转换为手段，以意义再生为任务的一项跨文化的交际活动[1]。翻译活动受到诸多因素的影响，尤其是文学翻译，社会环境、政治因素、翻译动机、译者能力等都会对翻译活动产生或多或少的影响。在整个翻译活动中，译者作为翻译的主体，无疑是最为活跃的因素。译者的语言修养和文学感受对翻译起着举足轻重的作用。而译者对文学文本的解读是文学翻译过程中的一个重要环节，决定着译本质量的高低优劣。对文本的解读并非一个简单的阅读过程，而是译者作为读者对原作多样化的阅读体验之一，是一种融合文本符号、语境和主体因素的视域融合。缺乏研究的文学译本难免出现断章取义、词不达意、前后矛盾、肤浅表面等问题。

本文以芥川龙之介《橘子》一文为例，通过对西安外国语大学翻译专业硕士（MTI）研究生翻译实践中出现的译文进行分析，从而找出学生在文学翻译实践的文本解读过程中产生偏误的原因，由此论证文本解读在文学翻译中的重要性，并进一步归纳文本解读的基本过程及其要素，以期对MTI文学翻译课程指导及学生翻译实践水平的提高提供一定的有益参考。

1．文学文本的解读

翻译活动作为一项复杂的跨文化交际活动，受到诸多因素的影响。例如翻译文本的选择就可能会受到诸如意识形态、外国文化的态势、本国文化的自我意识、社会政治经济状况等社会文化因素的制约。一旦确定了需要翻译的文本，文学翻译者就会进入解读原作的过程。在文学翻译的过程中，对文学文本的解读是必不可少的步骤，是一个复杂而综合的过程。

"文学文本的解读"究竟是什么？我们从文学理论中借鉴一个简明的定义："文学文本的解读活动，也就是文学接受或文学鉴赏活动，是一个反映、实现、改变、丰富文本的过程，也是一个融会、了解读者的感受、体验、联想、想象，以及审美判断等多种心理活动机制的认识活动和心理活动过程。"[2]可见，文学文本的解读是一个读者（译者）的主观活动与文本的客观存在交流互动的过程。文学翻译者的工作就是依据自己的理解，在另一种语言中创造一部新的作品。

这时，文学翻译者首先要面对的是原作中的字词——这些字词处于特定的语境中，具有特定含义。译者理解的"意义"并非是语言符号与所指概念的固定关系，而是一种融合文本

---

〔1〕许钧：《翻译论》，湖北教育出版社 2003 年版，第 75 页。

〔2〕王耀辉：《文学文本解读》，华中师范大学出版社 1999 年版，第 2 页。

符号、语境和主体因素的视域融合。其次,对原作者及其作品进行研究是文学翻译者的必备功课之一,其目的在于更加深入、更加全面、更加准确地了解和把握原作的创作背景及精神实质。译者对原作文本的解读是作为读者对原作多样化的阅读体验之一。对文本的解读往往是一个仔细、反复的阅读过程,同时伴随着对原作和作者的其他作品的检索和研究。对原作的研究甚至可能包括对作者居住地的考察、历史研究、版本研究、文学研究和评论等。如果不能很好地认识到这一点,在进行翻译活动时就难免会出现一些令人啼笑皆非的错误。

2.《橘子》翻译实践分析

2.1 实践情况简介

笔者担任西安外国语大学翻译专业硕士(MTI)"文学翻译"课程,除文学翻译的基础理论外,本课程的另一项重要内容就是文学翻译实践。笔者选取日本近现代文学不同时期、不同风格的代表作品作为实践内容,一方面让学生们亲自翻译,使其切身感受理论与实践的关系。另一方面与学生们共同分析实践中存在的问题,探讨可行的翻译策略和解决方案。

本文所分析的是 33 名(女 29 名,男 4 名)MTI 研二学生对芥川龙之介《橘子》的翻译实践结果。33 名研究生均为西安外国语大学 MTI 笔译方向的 2 年级学生,已经经过一年以上的笔译专业课程学习和训练。

2.2《橘子》简介

大正八年(1919)5 月,芥川龙之介以"偶然遇到的一件小事"为主题,创作了《橘子》这部短篇。整篇仅两千余字,情节十分简单。

小说的主人公"我"是个悲观、厌世的知识分子,一天,"我"乘坐火车坐在一节二等车厢里时,突然闯进了一个手握三等车厢票的乡下姑娘。小姑娘上车不久,就"一个劲地想打开车窗","我"感到不快,甚至讨厌这个才十三四岁、土里土气的乡下姑娘。当列车行至道岔附近时,小姑娘突然"伸开生着冻疮的手",把"揣在怀里的几个橘子"从车窗口扔下,"以犒劳特地到道岔来给她送行的弟弟们"。"我"这才恍然大悟:小姑娘是个贫穷人家的女儿,为了还债或交租,小小年纪就不得不进城当佣工。即使这样,她还惦记着自己的弟弟们。这种朴实、温暖的感情使"我"对小姑娘由鄙夷变为肃然起敬。"直到这时,我才聊以忘却那无法形容的疲劳和倦怠,以及那不可思议的、庸碌而无聊的人生。"

大正八年(1919),对于芥川龙之介来说是多事之年。首先是工作变动,3 月,芥川进入每日新闻社,在此之前,他曾在海军机关学校担任了两年半英语教师。不久,芥川的生父新原敏三因患流感病逝,随之而来的便是他必须向亲戚们提供经济上的接济。加之此时,他在小说创作上也遇到了瓶颈,这一切使得芥川倍感困惑,因此《橘子》一开头就描写了"我"阴郁、烦闷的心情。

2.3 翻译实例分析

例① 或る曇った冬の日暮である。私は横須賀発上り二等客車の隅に腰を下して、ぼ

んやり発車の笛を待っていた。

这是文章最初两句。作者在一开始就向读者呈现出一种贯穿全文的灰暗、阴郁、凄惨的氛围，以及身处其中的主人公的疲劳、怠倦和麻木。

学生们在译文中大都体现出了「曇った冬」「日暮」「ぼんやり」所寓意的气氛，但是对「横須賀発上り二等客車」却很少翻译出贴切的译文。多数同学将其译为"我坐上从横须贺出发的二等列车"。这一译文显然漏掉了原文中的一个重要信息，即此列车是开往东京方向的「上り」。还有人翻译为"我坐上了横须贺线的上行列车"。那么，何谓"上行列车"？开往哪里？这无疑会给中国读者造成不必要的迷惑和揣测。甚至，还有 4 名学生出现误译，将其译为"我坐在开往横须贺二等客车的一个角落里"。

大正五年（1916）7 月，芥川龙之介自东京帝国大学毕业，经恩师畔柳芥舟介绍，是年 12 月起担任位于横须贺的海军机关学校的英语教师，每周 12 小时课。大正八年（1919）3 月进入每日新闻社前，芥川在海军机关学校工作了约两年半时间。在海军机关学校任职期间，芥川租住在镰仓，下班后会乘坐横须贺线回到镰仓的住所。

可见，对文学文本的背景解读是十分必要的。了解到作者以上这种背景资料，译者翻译例①时才会感觉豁然开朗，才能将"我乘上一列由横须贺开往东京的上行列车"这样确切的信息传递给读者。

例②　しかしその電燈の光に照らされた夕刊の紙面を見渡しても、やはり私の憂鬱を慰むべく、世間は余りに平凡な出来事ばかりで持ち切ってゐた。講和問題、新婦新郎、涜職事件、死亡広告。

这段文字进一步描写出主人公空虚、苦闷、悲观厌世的心情，以及对冷酷无情的社会现实所表现出的茫然不安。

前面已经提及，本文是芥川龙之介发表于 1919 年的作品。1919 年不仅对于芥川本人来说是比较特殊的一年，对于整个世界形势来说也是具有非凡意义的一年。文中提到的「講和問題」，即指 1919 年 1 月第一次世界大战结束后，胜利的协约国集团为解决战争所造成的问题以及奠定战后的和平而召开的巴黎和会。日本是当年巴黎和会参加国之一，报纸上连篇累牍的和会报道或许已经让主人公感觉厌倦不已。

因此，这里谈及的「講和問題」实际上给读者提供了一个重要的背景信息，而在我们的翻译实践中，大部分学生忽略了对这种信息的解读和传递，而将其简单地翻译为"讲和问题"。还有学生翻译为"和平谈判、议和问题、签订合约、和谈问题、战争和解问题"，等等。尽管这些译词表面上都可以让人们单纯了解到"和谈"这件事情，但是却很难让中国读者将这里的"和谈"与巴黎和会牵上直接关系。所以，笔者认为，为了能让中国读者更好地了解本文所反映的时代背景，此处的「講和問題」应进行加注说明为妙。

例③　私はこの時始めて、云ひやうのない疲労と倦怠とを、さうして又不可解な、下等

な、退屈な人生を僅かに忘れる事が出来たのである。

姐弟间的亲情给了"我"强烈的情感震撼,安抚了"我"疲惫而又空虚的心。但"我"是否自此就会因为小姑娘丢下的"令人喜爱的金色橘子"而从"疲劳与倦怠"中得到解脱呢? 事实并非如此,《橘子》结尾部分写道"直到这时我才聊以忘却那无法形容的疲劳和倦怠,以及那不可思议的、庸碌而无聊的人生"。「僅かに」(稍微地、暂时)一词作者下足了工夫。从这一结尾方式可以看出芥川龙之介所强调的瞬间美的可贵。

大约半数以上的学生解读出了作者此处「僅かに」的真正用意,将其对应翻译为"直到此刻,我才得以暂时忘却……""直到这时我才聊以忘却……"等。但还是有不少学生忽略了「僅かに」在结尾处的重要意义,而将本句翻译为"直到此时,我才得以忘记……""这时我才开始忘却……",甚至还有的学生添油加醋,将其翻译为"此时,我已经完全忘记……""自那以后,我终于才能忘记……""直到这时,我才将那……忘得干干净净"。

小姑娘给予"我"的感动,是一种瞬间感受到亲情、温暖,心灵得到涤荡的感觉。但是,在此之后,"我"的观念发生了什么改变,这种感动带给"我"怎样的思考,这些问题芥川在文中并没有明确地提出来。小姑娘又回到了原来的座位,人生依然循着不可思议的庸碌而无聊的轨道前行。只有桔子那瞬间的鲜亮明艳烙印在"我"的心头。笔法锐利的芥川用先抑后扬、然后再抑的表现手法,突出表现了阴郁俗世中一丁点闪亮的温暖。作者从几个桔子中感受到了美好的亲情,心情舒畅之余更令他倍感酸楚与痛苦。可见,《桔子》结尾处"我"的感动只是一种暂时的、难以言明的美好情绪而已。

作为译者,如果细致地进行以上文本解读,就会明白"我已经完全忘记""我终于才能忘记""忘得干干净净"显然没有反映出作者的真实心情。

3.文学文本的解读过程

在以上介绍的翻译实践中,学生们在译文中还出现了其他形形色色的问题,比如将"汽車"错误地对应为"汽车";将「車内の誰かに祝儀の礼を云っている赤帽」中的「赤帽」错解为"戴红帽子的人";将「日和下駄」简单翻译为"短木屐、晴天矮木屐",等等。中日同形词、文化空缺词等词汇的翻译在此次翻译实践中表现出较多的误译问题。由于篇幅关系,本文没有过多列举词汇误译的问题,仅仅列举例①—例③的3个实例,初步分析了文学翻译中文本解读的重要性。

从分析中不难发现,作为译者,要想准确把握文学文本的内涵,需要经历一个复杂的文本解读的过程。文学文本的解读过程一般分为以下三个阶段:

一是一般性阅读阶段,即"由通晓文字(字、词)到把握作者意图或文本原意的阅读过程"。二是细读阶段,指"在一般性阅读基础上,通过细致研究词的搭配、特殊句式、句群、意味、语气,以及特殊修辞手段的运用等来细致地体味每个词的本义、暗示义、联想义,在词句中的关系,也即由上下文构成的具体语境中,重新确定词义的过程"。三是批评性阅读阶段,

即"将文本与作者、时代联系起来,对文本作延伸性阅读的过程"。[1]

可见,对文本的解读并非一个简单的阅读过程,译者理解的"意义"也并非语言符号与所指概念的固定关系,而是一种融合文本符号、语境和主体因素的视域融合。

4. 结　语

文学翻译者的工作就是依据自己的理解,在另一种语言中创造一部新的作品。文学文本的解读是一个读者(译者)的主观活动与文本的客观存在交流互动的过程。对文本的解读往往是一个仔细、反复的阅读过程,同时伴随着对原作和作者的广泛研究。文学是语言的艺术,因此,文学文本的解读要求读者(译者)具备对语言艺术的感受力、理解力、想象力和审美力,以及必要的生活阅历和知识储备。

因此,作为译者,不仅需要不断培养和提高译作能力、语言修养及美学意识,还需要养成良好的文本解读习惯。除此以外,作为一种"为读者而翻译"的服务理念,或者也可以称为翻译技巧,对于艰涩难懂之处加入译者的阐释,适当地补充背景知识,引导读者了解翻译对象国的价值观、风俗、信仰等也尤为重要。

参考文献

[1] 许钧. 翻译论 [M]. 武汉:湖北教育出版社,2003.

[2] 王耀辉. 文学文本解读 [M]. 武汉:华中师范大学出版社,1999.

[3] 胡显耀,李力. 高级文学翻译 [M]. 北京:外语教学与研究出版社,2009.

[4] 芥川龙之介. 芥川龙之介小说选 [M]. 文洁若,吕元明,等,译. 北京:人民文学出版社,1981.

[5] 刘云虹,许钧. 文学翻译模式与中国文学对外译介——关于葛浩文的翻译 [J]. 外国语,2014,37(3).

基金项目

本文系西安外国语大学科研项目"陕西代表作家在日本译介与受容研究(13XWA01)"的阶段性成果。

作者简介

吴少华,西安外国语大学日本文化经济学院教授,研究方向:日本文学。

联系方式

(E-mail)wushaohua@126.com

---

〔1〕王耀辉:《文学文本解读》,华中师范大学出版社1999年版,第4页。

关于钱稻孙的《万叶集》中译本研究

孙伏辰

（中国·西安交通大学）

1. 引　言

　　钱稻孙自 20 世纪 40 年代选译《万叶集》以来，迄今为止先后出版了三个译本。最早出版的是 1959 年在东京出版的《汉译万叶集选》（以下简称译本一），日本学界对此译本十分珍视。汉学家吉川幸次郎称赞说，钱稻孙的主要成就当推这部《汉译万叶集选》（钱稻孙，1959），此译本即使作为中国的诗作来看，也是很美的。第二个译本是 1992 年在我国出版的《万叶集精选》（钱稻孙，1992）（以下简称译本二）。2012 年在我国出版的《万叶集精选（增订本）》（钱稻孙，2012）（以下简称译本三）收录译文数量最多，共 1035 首。后两个译本都是在钱稻孙去世以后出版的。

　　迄今为止，关于钱稻孙翻译策略的先行研究为数不多。松冈香（1989）在对译本一的研究中指出，与主张传递原文大意的周作人相比，钱稻孙重视原文的音律，他将万叶原诗进行解体，再重组为中国的诗经体形式的翻译策略，虽然不能完全与原诗"同质"，但在某种程度上能够传递原诗的风貌。邹双双（2014）对译本一和译本二进行了研究，指出钱稻孙尝试用诗经体翻译《万叶集》的同时，也考虑了其他体裁，如三言、六言、七言等，以期寻找最适当的形式。同时也提到译文中出现不少难以理解的生僻字，不便于古文造诣不高的现代受众阅读。田寨耕（2014）以译本三为中心，从耐达"功能对等"理论出发评价译作，认为诗经、楚辞体比较适宜古老久远的诗歌；唐诗体不但在格律、节奏上与原诗相差较大，而且增添了原诗没有的内容，对原诗不够忠实；宋词最接近原诗的体裁。而且白话文从格律、节奏、风格上都不对等于原诗，因此不适合作为万叶诗歌的翻译形式。以上研究都集中在一、两个译本中，一方面，在全面、客观地评价钱稻孙翻译策略这一点上有很大的局限性，也很难看到译者翻译策略动态调整的过程。另一方面，客观评述译本需要更详细的数据分析，然而先行研究中的数据资料匮乏，研究结果缺乏有力的证据支撑。

　　因此，本文将围绕钱稻孙的三个译本，从选译的部类、歌体、译文文体形式等入手，并以雄略歌的几种译文为例，分析译本中的翻译策略。通过详细的数据统计和分析，以期客观地评价译本，为和歌翻译研究提供值得借鉴的经验。为研究方便，本论文中的数据均参照 1999 年岩波书店出版的 4 部《新日本古典文学大系　万叶集》（佐竹昭宏，1999：卷 1—卷 4）。

2. 选译分布情况分析

　　《万叶集》共收录 4516 首和歌（按序列号统计），译本一选译和歌 311 首。前三卷、卷十三、卷十九选择量相对较多；第十三卷中选译的长歌较多。第十、十一、十二卷各选译 2

首,选译量在二十卷中最少。译本二选译和歌 692 首,比译本一增补了 381 首,其中卷七增补 50 首。因为卷七类别多,分杂歌、譬喻歌、挽歌等,以歌体分类、以题咏事物分类等特点,逐渐开展后世和歌分类之风,所以此卷增补量最多,其次是卷二,增补了 44 首。译本三选译和歌 728 首,比译本二增补 36 首。其中卷十六增补了"筑前国志白水郎歌"10 首。其余卷增补量较少。译本三在三个译本中选译数量最多,但与《万叶集》收录总量相比,仅占总量的16.1%。虽然选译数量少,却覆盖了杂歌、相闻、挽歌、譬喻歌、问答歌、防人歌等各部类的内容。从这一点上来讲,中国受众通过钱稻孙的译本基本可以窥视到《万叶集》全貌。再从各卷选译数量与原作各卷收录数量的比率来看,第一卷选译数量比率最大,达到 61.90%,其次是第二卷,为 44.67%。这两卷居于《万叶集》卷首这一重要位置,汇集了格调高古、文雅气派的诗歌,这些诗歌大多是天皇、女王、皇子、皇女等皇室成员及贵族的作品。两卷中行幸、宴会、旅行、恋歌、挽歌等与宫廷密切相关的内容极其丰富,秩序井然。因此,选译量较大,突出了两卷的重要地位。再看比例最低的第十卷,《万叶集》中此卷共收录 539 首和歌,是二十卷中收录数量最多的一卷。钱稻孙选译了 21 首,仅占原作收录总量的 3.90%。此卷虽收录量大,但除少量作品出自柿本人麻吕歌集外,其余均作者不明,相对第一卷和第二卷的社会影响力小。而且内容几乎都是有关花鸟雪月之咏物、寄物之事,单调欠缺变化。(高木市之助,1960)

从歌体来看,在《万叶集》中所见的长歌、短歌、旋头歌、佛足石歌、连歌等五种歌体中,短歌总量压倒性地占全卷总量的 92.74%。译本一选译长歌 115 首、短歌 185 首、旋头歌 11 首;译本二选择长歌 131 首、短歌 536 首、旋头歌 25 首;译本三选择长歌 132 首、短歌 571 首、旋头歌 25 首。可见钱稻孙选译长歌较多,突出了长歌的特点。《万叶集》产生以后,长歌这种文学形式逐渐走向衰退,集中收录优秀长歌作品是《万叶集》的特色。然而,佛足石歌体在《万叶集》中只有唯一一首(卷十六 3884),未被选译。

3．文体形式分析

钱稻孙在翻译实践中,对于译文采取文言还是白话、字数、句数怎样等关于形式的问题进行了长期的探索。作为最早的尝试,译本一 311 首和歌的译文全部采取文言文体,每一首歌只有 1 个译文。译本二共有 914 首译文,其中文言文体有 651 首,占译文总量的 71.23%;白话文体有 216 首,占 23.63%,其余 47 首是半文言半白话形式。译本三的 1035 首译文中,文言体有 742 首,占 71.69%;白话体有 246 首,占 23.77%,其余 47 首为半文言半白话形式。卷二十大多是防人歌,译文统一以文言体译出。译本二、三中的半文言半白话形式,主要是文言体中加入个别口语或俗语使用的字词,也有少量是白话体中加入个别文言字词。以上分析所见,钱稻孙还是将文言视为和歌翻译正统、主要的文体,将白话视为和歌翻译副次、补充的文体。(金中,2014)

从译文每句的字数统计结果来看,译本一五言最多,其次是四言、杂言。在译本二和译本三中仍然是五言最多,其次是杂言,再次是四言。以译本三的短歌为例,五言 332 首中,有324 首是齐整的五言四句,这种形式明显接近唐诗的五言绝句。杂言有 250 首,集中在前六

卷,除第三卷外,其余五卷杂言的译文超过五卷译文总量的半数。杂言当中有些是模仿诗经的形式,比如雄略歌;还有模仿宋词的形式。关于旋头歌的翻译,译本三有51首译文,其中四言六句20首,杂言22首。无论短歌还是旋头歌,都有其固定的形式,尽管每句字数不尽相同,但这种不均衡的形式表现了日本诗歌独特的音韵美。五言四句,四句六言等虽符合中国人的审美习惯,但与和歌本身的音律相去甚远。译本中的杂言体与各词牌有其固定形式的宋词亦不同。同样的短歌形式,译文句数三句、四句、五句都有,因此,非定型的杂言体不能表现和歌这种定型诗的形式特征。

4．枕词的翻译策略

关于枕词的汉译问题,李灈凡(2007)认为,在将古典诗歌翻译成汉语时,不能以现代人的目光视其为多余无用之物,而舍弃不译。枕词在中译文中是万万不可丢掉的,即使译文难懂,也不能擅自舍弃。的确,枕词是和歌的修辞手法之一,起着独特的作用,枕词中不但有丰富的日本历史典故,还有佛教思想等大陆文化的痕迹。钱稻孙对枕词的翻译处理,可以说是其译本的一大特色。以枕词数量最多的译本三为例分析如下。

在他选译的728首和歌中,共有枕词246个,其中没有译文的有53个,有译文的有193个,占枕词总量的78.46%。其中只有1种译文的是104个,其余89个枕词都有2种及以上的译文。按照被枕词的词性分类,名词居首位,有175个,其次是动词61个,其余少量的为形容词和副词。名词作被枕的情况,除75个地名以外,其余为表示人、天象、四季、自然物、方位、色彩等的名词。以为数最多的地名为例,其枕词翻译策略归纳如下:①枕词成为被枕名词的定语,用"的""这""兹""之"等连接,比如:「たまもよし讃岐」译为"海藻丰茂的赞岐国"。②枕词与被枕是并列关系,比如:「ひのもとの大和」译为"日本大和国"。③枕词被译为独立的句子,与被枕无任何关联。比如:「みこころを吉野」译为"独得吾王欣赏",与"吉野"无关。④枕词动词化,被枕的地名成为行为进行的场所。比如:「こもりくの泊瀬」译为"密隐泊濑里",产生一种动态感。⑤枕词成为被枕的喻体。比如:「とぶとりの明日香」译为"飞鸟般迅流的明日香河"。⑥直译枕词的字面意思。比如:「とりがな東」译为"鸡鸣东国"。虽然不易理解,但也会使受众联想到东方日出雄鸡鸣叫的画面。

动词为被枕时的主要有以下3种翻译手法:①"像""如""般"等词置于枕词之前后,表示比喻意义。比如:「かもじもの水に浮く」译为"涉水如凫鸭"。②枕词成为后项被枕动词的宾语。比如:「わかくさの思ひつく」译为"心窃慕芳草"。③枕词成为被枕动作的主语。比如:「さねかづら会ふ」译为"菟丝女萝终合并"。

以上可见,钱稻孙不拘泥于一种翻译技巧,通过改变词语顺序,调整词与词之间的关系来尝试多种方式的组合,不但保留了原诗的枕词,还表达出了枕词的深层意义。可以说,他在某种程度上汲取了《诗经》的经验,移植了《诗经》中以物起兴的表现手法。比如:《万叶集》第196首柿本人麻吕悼念明日香皇女的挽歌,诗中「あさとりの通ふ」译为"劳劳晨鸟空往返",与《诗经·秦风·黄鸟》中的"交交黄鸟,止于棘。谁从穆公?子车奄息"。(周振甫,2010)以黄鸟起兴,悼亡秦穆公的表现手法相似。虽然中国诗歌中没有枕词这一修辞方法,

但是同样经历了集体生活的古代先民，对于自然万物的认知和对万物寄予的情感有很多相通的部分。钱稻孙将《万叶集》一度解体，重组为中国受众便于接受的形式，努力唤起的就是人们共通的、丰富的情感。当然，因为不同文化中诗歌的表现技巧不同，枕词也会有无法译出的情况。

然而，是否所有的枕词都能够被翻译呢？通过分析53个没有译文的枕词，发现有些枕词本身语义不明，比如：「ももきね」为什么成为「美濃」的枕词无从知晓；有些枕词与被枕之间只有读音的关联，比如：「あぢかをし」中「ちか」与「值嘉」读音接近，然而「あぢかをし」本身语义不详。虽说枕词作为和歌修辞一大特色，应该尽量译出，但如果遇到以上这些情况的话，如何解决？省略不译，还是"硬译"？李濯凡（2007）提出，可以通过采取脚注等方法来解决译文意义不明带来的鉴赏困难。但是如果脚注过多反而可能使受众感到啰嗦而厌烦。因为完全再现原文是不可能的，翻译本身就是一个跨文化交际的问题。因此，我们探讨的应该都只是再现原文的程度问题。那么，多大限度地再现原文应从译文、枕词等实际出发，枕词不译不能说明译文是失败的。

5．对雄略歌译文的分析

原文（佐竹昭宏，1999：卷1）如下。

> 籠もよ　み籠持ち　ふくしもよ　みぶくし持ち　この岡に　菜摘ます児
> 家告らな　名告らさね　そらみつ　大和の国は　おしなべて　我こそ居れ
> しきなべて　我こそいませ　我こそば　告らめ　家をも名をも

译文（钱稻孙，2012）如下。

> 译文一：有女涉冈，携圭及筐，以彼圭筐，采菜未遑。之子焉居，我欲得详；曷示我氏，毋使我彷徨。天监兹大和，悉我宅京，无或不秉我承。维以我为兄，亦昭我氏名。
>
> 译文二：筐兮筐兮，明筐在旁，圭兮利圭，利圭在掌。子姝者子，采菜在冈。之子其焉居，曷告我尔名。天监兹大和，率我所舍，率我之坐。今我则告尔，我名亦我家。
>
> 译文三：筐兮，明筐是将；圭兮，利圭是掌。之姝者子，采菜在冈。我思闻之，家其焉居？曷我诏兮，以子之名！天鉴兹大和，率唯我所居，率唯我所坐。唯我其告兮，尔家亦尔名！
>
> 译文四：筐兮明筐，携在旁，圭兮利圭，执在掌。有女其姝，采菜斯冈。言告我以家，其诏我以名！天阜盈大和，率唯我平治，率唯我敷坐。唯我斯告兮，尔名亦尔家。
>
> 译文五：筐儿也，拿的好筐儿；签子也，拿的好签子。在这山冈上，挑野菜的

小娘子，你家住在哪里？你叫什么名字？大天底下这大和地，全是我在镇定的；全是我在治理的。我的家，我的名，可都不来告诉你。

译文六：筐儿也，拿的好筐儿；竿儿么，拿的好竿儿。在这冈坡儿上，挑野菜的小姑娘儿！家住哪里？叫甚名字？天生来这大倭国，满是我的住家；全是我的坐地。你但告诉我，你的家和你的名儿。

以上译文的翻译策略归纳如下：①文体。钱稻孙的前4首译文是文言文体，仿诗经的古朴格调；后两首是白话文体，接近民谣的风格，每句字数不统一，属于杂言。②增译和减译。钱稻孙译文一的增译内容最多："以彼圭匡""未遑""毋使我彷徨"；译文二、三、四均增译了形容少女美丽的"姝"字。减译在钱稻孙译文中，只有译文一出现三处——「み」「よ」「家をも」。③对句。钱稻孙的译文一对「籠もよ　み籠持ち」「掘串もよ　み掘串持ち」这两组对句使用合译法合并成了一句四言的"携圭及筐"；「おしなべて　われこそ居れ　しきなべて　われこそ座せ」译为"悉我宅京，无或不秉我承"，两句字数不一致；其余译文皆两句对仗。④枕词。钱稻孙6首译文均有枕词的翻译。⑤转译。「この丘に　菜摘ます児」中的「菜摘ます」，是「児」的定语。在钱稻孙的4首文言体译文中，"采菜"变成了谓语。⑥反译。钱稻孙译文一"有女涉冈"与"携圭及筐"，译文五"我的家，我的名"与"可都不来告诉你"与原文顺序颠倒。

钱稻孙对和歌背景的描述是："格调很古，还没有完成五七调的句律，在《万叶集》中为最古的一首。"对译文的注释为："以天皇之尊，其天真熙然若是，其造语之亲霭复若是；则译文宜择真率古朴之体，庶见其情也。"（钱稻孙，2012）因此，钱稻孙的前4首译文仿诗经形式，是为求再现原文高古之风。钱稻孙的译诗，不但受诗经形式的影响，还借用诗经的不少字词。枕词的翻译可以说是钱稻孙译文的一大特色，雄略歌中「そらみつ」是「大和」的枕词。译文一、二译为"天监兹大和"。松冈香（1989）指出，"天监"二字传递出了《日本书纪》中饶速日命乘天磐船俯视大和国的传说，二字的翻译体现了钱稻孙对日本文化的深刻理解。那么，"天监"二字出自哪里呢？笔者推测"天监"二字很可能出自《毛诗序》。《诗经·大雅·皇矣》曰："监观四方，求民之莫。"（周振甫，2010）《毛诗序》注解："《皇矣》，美周也。天监代殷，莫若周。"《笺》注："监，视也。天视西方可以代殷王天下者，维有周耳。"（周振甫，2010）可见，如果从中国古诗中借用现成的词语，就会在原文与译文之间找到最大关联，使中国受众易于理解。"监"，动词，"监视"之意；"兹"，代词，"这个"之意，与日语「つ」的发音接近，译文兼顾了音与意，体现了和歌枕词的特色。译文三的"天鉴兹大和"，"鉴"也有"审察"的意思，与"监"接近。译文四的"天阜盈大和"难以理解。脚注说："原文「虚見津　山跡乃國者」，其中「見津」可训'见'或'满'之义。然兹按万叶真名当解为'见'，则'天阜盈'数语不确。"（钱稻孙，1992）"盈"有"充满""多余"之意，「みつ」也理解为「満つ」。"阜"有"（物资）多"之意。"天阜盈大和"可能是"天赐与这富饶的大和国"之意。然而，注解的人都不明白的意思，受众又能理解多少呢？译文五的"大天底下这大和地"，这是从天与地的上下空间位置关系上理解的，枕词与被枕之间是方位关系，但未译出"见"的意思。把大和国的国字改为"地"，是与"天"呼应，因为天是无限辽阔的，在大天底下的大和这片土地也是辽阔无边的，为了凸显后两句的"全"字，即大和之地"全是我在镇定的；全是我在治理的"。译文六的"天牛来这大倭国"与原文的意思相去甚远。总体看来，"天监兹"和"天鉴兹"最接近原文的「そらみ

つ」。以上对比发现,钱稻孙的译文三总体上更接近原文风貌。

6. 结　语

综上所述,钱稻孙的译本有以下特点:推崇文言五言文体形式和诗经体;模仿中国古诗的格调,力求再现《万叶集》古朴诗风;尽力将枕词、对句等和歌独特的表现技巧翻译体现出来。同时,通过雄略歌译文的研究发现的问题如下:文言文体葩经而译,虽再现了古朴之风,但不易理解,比如"天皇盈"的翻译很难懂;白话文体过于直白,民谣味道浓厚,失了和歌古朴的格调。笔者对于译本的研究尚处于起步阶段,除枕词以外的序词、挂词等的翻译方法将在未来的研究中讨论。

参考文献

[1] 佐佐木信綱,ほか. 漢訳万葉集選 [M]. 錢稻孫,訳. 東京:日本学術振興会,1959.

[2] 钱稻孙. 万叶集精选 [M]. 北京:中国友谊出版公司,1992.

[3] 钱稻孙. 万叶集精选 [M]. 增订本. 上海:上海书店出版社,2012:2-5.

[4] 松岡香.「万葉集」の中国語訳について(その1):錢稻孫を考える [J]. 北陸学院短期大学紀要,1989(21):A2-A5.

[5] 鄒双双.「文化漢奸」と呼ばれた男—万葉集を訳した錢稻孫の生涯 [M]. 東京:東方書店,2014.

[6] 田寨耕. 翻译优美,韵味各异——从耐达的"功能对等"理论看钱稻孙译的《万叶集精选》[J]. 成都大学学报(社会科学版),2014(5):84.

[7] 佐竹昭宏. 新日本古典文学大系　万葉集(一～四)[M]. 東京:岩波書店,1999.

[8] 高木市之助. 日本古典文学大系　万葉集一 [M]. 東京:岩波書店,1957.

[9] 高木市之助. 日本古典文学大系　万葉集三 [M]. 東京:岩波書店,1960.

[10] 金中. 日本诗歌翻译论 [M]. 北京:北京大学出版社,2014:26.

[11] 李濯凡. 枕词的汉译 [J]. 日语学习与研究,2007(4):85.

[12] 周振甫. 诗经译注 [M]. 北京:中华书局,2010:169,382-387.

作者简介

孙伏辰,西安交通大学外国语学院在读博士,西安外国语大学继续教育学院讲师,研究方向:日本文学。

联系方式

(E-mail)sunfuchen765@sina.com

文学作品中日语复合动词的翻译研究
——以夏目漱石作品中出现的「～込む」复合动词为中心

张 蠢

（中国·西安外国语大学日本文化经济学院）

1．复合动词「～込む」的先行研究

根据姫野昌子在『複合動詞の構造と意味用法』的「複合動詞リスト」中列举了常作为复合动词后项出现的 32 个动词并列出了它们分别能构成的复合动词及其数量。其中构成复合动词数量最多的前 10 个词位为「～あう」（319）、「～こむ」（285）、「～きる」（251）、「～だす」（158）、「～あげる」（152）、「～つける」（107）、「～なおす」（105）、「～ぬく」（99）、「～あわせる」（84）、「～あがる」（83）。姫野昌子针对使用频率高的复合动词「～込む」的意思做了以下整理。

（1）内部移动
①閉じた空間への移動　例：投げ込む　飛び込む
②個体の中への移動　　例：植え込む　埋め込む
③流動体の中への移動　例：漬け込む　もぐりこむ
④隙間のある集合体または組織体への移動　　例：染み込む　編み込む
⑤動く取り囲み体への移動　　例：くるみこむ
⑥自己内部（自己凝縮体）への移動　　例：折れ込む　絞り込む
⑦「その他」　　例：のぞきこむ　見込む
（2）程度进行
①「固着化」　例：眠り込む　黙りこむ　考え込む
②「濃密化」　例：老け込む　冷え込む　咳き込む
③「累積化」　例：走り込む　使い込む　磨き込む

据姫野（1999）的统计，构成「～込む」的复合动词中，80% 表示主体或客体从某容器外向容器内做位移的用法。王秀英（2012）调查了日中对译语料库，结果显示表示内部移动的「～込む」复合动词中有 85% 翻译成中文为"～进""～入"。金惠莲（2009）从认知的角度比较了日语复合动词和汉语"进"，在句法和语义的特点，认为汉语的"进"只有"内部移动"意思，而日语「～込む」还具有位移后的状态持续保持的含义，并对各自的构文特征进行了总结。王秀英（2012）从认知论的方面阐明了日语的「～込む」复合动词和汉语动补式复合动词"～进／入"各自意思间的关联性和意思扩张机制和方式。

综观以上的研究，都对「～込む」复合动词所包含的各种意义进行了分析，认为大都翻译为汉语的"～进"或"～入"，但实际的文学作品中翻译是具有多样性的。本论文旨在归整

理出「～込む」复合动词在文学作品中多样的翻译形式和特点，并从认知的角度解明这类复合动词在翻译时的认知特点。

2．调查方式

本文先用"青空文库"从『三四郎』『それから』『門』三篇作品的上篇中找出所有带「～込む」复合动词的句子，然后根据《夏目漱石小说选》（陈德文译）整理相应的译句。然后对其数量、翻译形式进行整理归类。

3．夏目漱石的作品中「～込む」类复合动词的数量和翻译形式

3.1 复合动词数量

本文先用"青空文库"从上述三部小说中整理出 176 个与「～込む」结合的复合动词。其形式和出现的次数如表 1 所示。

表 1

词例	出现次数	词例	出现次数	词例	出现次数	词例	出现次数
のぞきこむ	12	切り込む	3	滑り込む	2	回り込む	1
ひっこむ	11	掻きこむ	3	持ち込む	2	追い込む	1
飛び込む	9	駆け込む	3	立てこむ	2	ふさぎこむ	1
潜り込む	7	飲み込む	3	打ち込む	1	食い込む	1
思いこむ	6	詰め込む	3	仕込む	1	申し込む	1
吹き込む	6	ほうり込む	3	座り込む	1	落とし込む	1
突っ込む	5	積み込む	3	射こむ	1	畳み込む	1
踏み込む	5	釣りこむ	2	流れ込む	1	忍び込む	1
考え込む	4	たたきこむ	2	数えこむ	1	売り込む	1
押し込む	4	割り込む	2	刻みこむ	1	汲みこむ	1
吸いこむ	4	落ち込む	2	嵌めこむ	1	しまいこむ	1
巻き込む	4	寝こむ	2	乗り込む	1	聞きこむ	1
注ぎ込む	4	浸みこむ	2	へこむ	1	迷い込む	1
入り込む	3	抱え込む	2	おりこむ	1	住みこむ	1
買い込む	3	上がりこむ	2	塗りこむ	1	紛れ込む	1
使いこむ	3	刈り込む	2	折れ込む	1	染み込む	1
射し込む	3	付け込む	2	せきこむ	1		

续　表

词例	出现次数	词例	出现次数	词例	出现次数	词例	出现次数
投げ込む	3	差し込む	2	連れ込む	1		

3.2　翻译形式

表2

翻译类型	具体形式	百分比	词例
动趋式复合动词 动词＋单音节补语	动词＋进／入	9.66%	駆け込む（跑进）；飛び込む（跳进）；潜りこむ（钻进）；染み込む（渗进）；注ぎ込む（投入）；巻き込む（陷入）；嵌め込む（嵌入）
	动词＋上／成／起／过／着／了	11.36%	積み込む（装上）；刈り込む（剃成）搔き込む（吃起）突っ込む（凑过）；覗き込む（窥视着）；使い込む（花了）
动趋式复合动词 动词＋双音节补语	动词＋下去／下来／进来／进去／过来／过去／出去	13.07%	飛び込む（跳下去）；座り込む（坐下来）；射し込む（射进来）吸い込む（吸进去）；駆け込む（跑过来）；回り込む（绕过去）引込む（退出去）
复合动词短语①	动趋式复合动词＋场所＋里／中／上／下	15.91%	放り込む（放到……里）；投げ込む（扔到……里）；潜り込む（钻到……里）；紛れ込む（夹在……中）；飛び込む（跑回……中）；織り込む（编在……中）；積み込む（装在……上）；押し込む（塞在……下）
复合动词短语②	场所＋里／上／中＋动趋式复合动词	2.84%	汲みこむ（……里灌上）；注ぎ込む（……里贴进去）；聞き込む（……中听到）；刻み込む（……里留下）；切り込む（……上刻下）
介词结构	向／朝＋场所＋里（内）＋动词	4.55%	覗き込む（向……里窥视）；覗き込む（向……里瞅）；吹き込む（向……里吹气）；吹き込む（朝……里灌）；突っ込む（朝……里捅）；覗き込む（向……内瞥）；抱え込む（向……内抬）

翻译类型	具体形式	百分比	词例
不规则	没有固定形式的译词	42.61%	立て込む（特别多）；落とし込む（引导……按照）；飲み込む（灌输）；引っ込む（远离）；考え込む（沉思）；落ち込む（凹陷）；せき込む（心里焦躁）；注ぎ込む（惦记）；滑り込む（滑向）；食い込む（深究）；ふさぎ込む（沉默）；追い込む（局促）；付け込む（趁……期间）

如表2所示，在文学作品中，日语中与「～込む」结合的复合动词能翻译成"～进""～入"的所占比例很少，「込む」在翻译时不仅对应表示向内部移动的"进""入"，根据说话人看移入空间的视点，还有上、下、远、近之分。对应译词有"上""下来""下去""过来""过去"等。「～込む」复合动词并不是只翻译为汉语的动趋式复合动词，还可以处理为动趋式复合动词短语或介词结构的短语。更值得注意的是有将近一半的「～込む」复合动词没有固定的有规律的翻译方式，要根据具体的语境做灵活的翻译。这就是对日语学习者来说「～込む」复合动词难以掌握的原因所在。

3.3　按照姬野昌子的分类看「～込む」的翻译特点

按照姬野昌子的分类，小说中出现的「～込む」复合动词分布如表3和表4所示。

表3　复合动词的分布

Ⅰ 向内部移动

移动后的领域	主体移动还是对象移动	例词
封闭空间	主体移动（自动词）	ひっこむ　飛び込む　もぐりこむ　吹き込む　踏み込む　注ぎ込む　入り込む　射し込む　駆け込む　乗り込む　回り込む　忍び込む　聞き込む　迷い込む　住み込む　つけこむ
	对象移动（他动词）	吹き込む　押し込む　吸い込む　買い込む　投げ込む　掻い込む　飲み込む　詰め込む　ほうり込む　積み込む　釣り込む　叩き込む　差し込む　持ち込む　打ち込む　仕込む　射込む　刻み込む　追い込む　連れ込む　申し込む　落とし込む　売り込む　汲み込む　しまい込む
固体	主体移动（自动词）	食い込む
	对象移动（他动词）	突っ込む　叩き込む　打ち込む　刻み込む　塗り込む

移动后的领域	主体移动还是对象移动	例词
液体	主体移动（自动词）	（漬かり込む　溶け込む　ひたりこむ　沈み込む　もぐりこむ）
	対象移动（他动词）	（漬け込む　溶かし込む　ひたしこむ　沈めこむ）
松散的集合体	主体移动（自动词）	紛れ込む　染み込む
	対象移动（他动词）	織り込む
可以包裹的物体	〈対象〉を〈包围体〉に / で〜こむ	抱え込む　巻き込む
	〈対象〉に〈包围体〉を〜こむ	（被りこむ　はきこむ　背負い込む　着せ込む　被せ込む）
自身内部		ひっこむ　へこむ　落ち込む　折れ込む　畳み込む　刈り込む　使い込む
其他		のぞきこむ

注：（）中的词是没有在作品中找到相应例词的。

表 4　复合动词

Ⅱ程度进行

「〜込む」	例词
固着化	思い込む　考え込む　塞ぎ込む　寝こむ
濃密化	立て込む　急ぎこむ
累積化	使い込む

①同一个词不同场景，译法多样。

汉语对「〜込む」的翻译不局限于"进""入"等，根据场景，有丰富多样的翻译方式。比如「のぞきこむ」，就有如下所示的多种翻译方式：

a. 風呂敷包みをさげたまま、仕切りの唐紙《からかみ》を鋭どく一尺ばかりあけてきっとのぞきこんだ。

（他拎着包裹，将格子门拉开一尺来宽，向里头窥视。）

b. 入口の書生部屋を覗き込んで、敷居の上に立ちながら、二言三言愛嬌を云った後、すぐ西洋間の方へ来て、戸を開けると、嫂がピヤノの前に腰を掛けて両手を動かしていた。

（代助向门口青年男佣的房里瞅了一眼，站在过道里殷勤地喊了几声，立即来到西式房间里。推开门，看见嫂嫂正坐在钢琴前不停地摆动着两手。）

c. 部屋の中を覗き込んで、始めて吃驚した様子で、…

（他向屋内瞥了一眼，这才露出吃惊的样子。）

d. 「だって、色沢が悪いのよ」と梅子は眼を寄せて代助の顔を覗き込んだ。

（"你脸色很不好呀！"梅子仔细端详着代助的面容。）

e. 御米はすぐ枕元へ来て、上から覗き込むように宗助を見た。

（阿米立即来到他的枕边，俯视着宗助的面孔。）

f. ちょっと襖を開けて、御米の姿を覗き込んだが…

（小六走出六铺席房子，将门打开一道缝儿，看了看阿米。）

g. この経験自身の奥を覗き込むと、それ以上に暗い影がちらついている様に思ったからである。

（因为他觉得对自身生活经验的进一步探求，会发现内部有一个更大的暗影在晃动。）

②表示内部移动时，只有物理性的封闭空间的内部移动可与汉语的"进""入"相对应。有一些抽象空间的移动也有可以与"入"相对应的。

「風呂桶の中へ飛び込んで」（跳进澡桶）

「蒲団の中にもぐり込んだ」（钻进被窝）

「代助の頭に吹き込んで来た」（吹进头脑里）

「奥の方へ駆け込んで行った」（跑进后门）

「屑籠へ放り込んだ」（扔进故纸堆）

「バケツの中へたたきこんで」（扔进水桶）

「車を門から中へ引き込んだ」（拉进了门）

「旅宿へ踏み込まれて」（闯进旅馆）

「頭の中に吸い込まれた」（吸进脑袋）

「着物の織目に染み込む」（渗进衣纹）

「ポケットへ押し込んで」（装进衣袋）

「邸内に忍び込んで」（潜进宅子）

「壁の中へ嵌め込んで」（嵌入墙壁）

「資本を注ぎ込んで」（投入资本）

「大きな狂瀾に捲き込まれて」（陷入时代的狂澜）

③内部移动的「～込む」不仅可翻译为"进""入"，还可翻译为"里""中"。

「頭の中に飛び込んで」（飞到脑袋里）

「宅へ飛び込んで」（跑回家中）

「鉢に放り込んだ」（放到水盆里）

「六畳の中へ引っ込みたくなった」（缩到六铺席房子的里头）

「池の中へ投げ込んだ」（扔到池子里）

「広い座敷へ射し込んで」（映到轩敞的客厅里）

「狭い所に割り込みながら」（夹在窄小的天地里）

「山の中へ迷い込んだ」（闯到山里）

「与次郎は平気なもので、一人でのみこんで」（可他阴阳怪气地闷在肚子里不说）

「腋の下に抱え込んで」（把书夹在胳肢窝下）

「しぜんとこの経緯のなかに織りこまれている」（自然地编入这个组织中了）

「世間の活動に捲き込まれて」（卷入世界中）

「この青年の隊伍に紛れ込んだ」（夹在青年人的队伍中）

④内部移动的「～込む」在翻译时还会考虑到移动的方向性和移入的走势。

「灯火の影が、襖の間から射し込んだ」（灯光从隔扇缝里照了进来）

「携帯品を少し詰め込んだ」（把日常用品一件件放进去）

「駈け込む様に勝手から上がった」（从厨房里跑过来）

「御辞儀をしただけで引込んでしまった」（行完礼就退出去了）

「その谷が途中からだらだらと向こうへ回り込む」（那个谷底半道上向对面缓缓绕过去）

「時計を枕の下へ押し込んだ」（塞到枕头下边）

「どんな所から飛び込んだか」（从什么地方跳下去的）

「そこへ坐り込んで」（一坐下来）

「堅い樫の板をきれいに切り込んだ」（在坚硬的木板上刻下整齐的刀纹）

「一つの車に積み込んだ」（装上一辆车子）

「背中へ、自然と浸み込んで」（照在他的脊背上）

「香油を塗り込んだあとを、よく拭き取った様に」（仿佛涂上了一层香油又细心揩拭过一般）

⑤向自身内部移动的「～込む」多作为一个整体的词来理解，也都翻译为与"进""入"毫无关系的词。

「新しい家が往来から二、三間引っ込んでいる」（新的房屋都离马路一两丈远）

「足の畳み込める食卓」（折叠饭桌）

「疲労に少し落ち込んだ眼を霑ませて」（因疲劳而凹陷的眼睛湿润了）

「三角に刈り込んだ」（剃成三角形的胡须）

「基金を使い込む」（盗用基金）

「その葉を折れ込んだ手前から、剪って棄てた」（将那片断叶剪掉了）

⑥表示程度进行的「～込む」复合动词都没有固定的译词，或者只翻译出前项动词的意思，或者用了新的词意译，后项「込む」的意思很难翻译出。

「思い込む」"认定""想肯定是""想""相信""一直认为""总想"；「考え込む」"沉思""陷入沉思""思考着"；

「塞ぎこむ」"沉默"；「寝込む」"睡上""睡了一觉"；「住み込む」"住到"；「立て込む」"特别多"；

「せき込む」"心里焦躁"；「使い込む」"花了""用了""超支"。

4. 从认知的角度看翻译不完全对位的原因

"人类认知体系是一个隐喻性结构系统。为了深刻认识并理解周围世界，人们本能地寻求不同概念之间的相似点，从而创造隐喻，发展语言。所以，隐喻不仅仅是语言的装饰，更基本的是人们思维、认识世界的方式。"（赵艳芳，1994）

笔者在王秀英（2012）研究的基础上，结合姬野昌子的分类对日的「～込む」复合动词语义扩张过程做了变动，如图1。「～込む」的语义通过隐喻，由具体的移入空间转到抽象的移入空间，继而进一步高度抽象到进入一个空间中更深入的一个抽象空间并滞留在那儿不动。动作的程度由不断地累积到浓密进而到达一个更深入的空间固定不动。汉语对"～进""～入"的认知仅完成了从物理性空间的内部移动到抽象空间的内部移动，没有进一步涉及程度方面的认知，所以只有在封闭的物理性空间移动和部分抽象空间的移动上日语的「～込む」和汉语的"～进""～入"是可以很好对应的。而汉语表示内部移动的词不仅限于"～进""～入"，还有"～里""～中"等多样的表达方式。

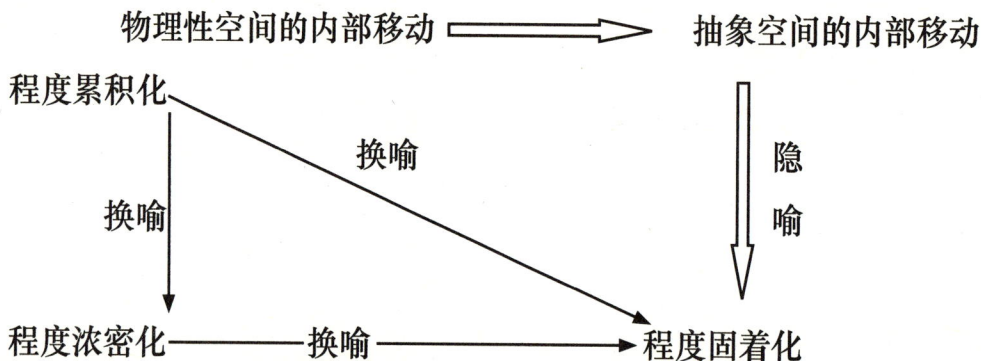

物理性空间的内部移动 ⟹ 抽象空间的内部移动

程度累积化

换喻　换喻　隐喻

程度浓密化 —— 换喻 —— 程度固着化

图1　隐喻

日语的「～込む」对进入的空间的认知仅有里外的区分，而汉语对进入空间的认知根据说话人的视点还会有上、下、远、近的不同，这个特点在对「～込む」的翻译中都表现了出来。

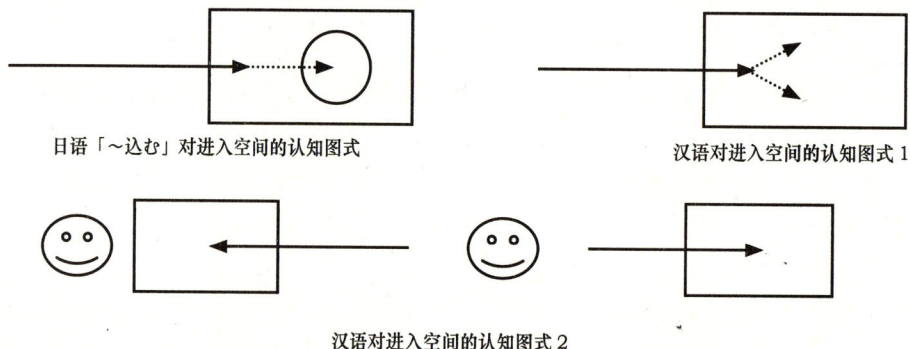

日语「～込む」对进入空间的认知图式

汉语对进入空间的认知图式1

汉语对进入空间的认知图式2

图2　日语和汉语对进入空间的认知图式

参考文献

[1] 姫野昌子. 複合動詞「〜こむ」および内部移動を表す複合動詞類 [C]// 東京外国語大学外国語学部付属日本語学校. 日本語学校論集, 1976(3).

[2] 姫野昌子. 複合動詞の構造と意味用法 [M]. 東京: ひつじ書房, 1999.

[3] 金慧莲. 从认知角度看复合动词「〜こむ」的句法及语义特点——与汉语趋向动词"〜进"比较 [J]. 日语学习与研究, 2009(3).

[4] 王秀英. 日本語の複合動詞「〜こむ」類と中国語の複合動詞"进 / 入"類との対照研究 [J]. 言語科学論集, 2012(16).

[5] 赵艳芳. 隐喻的认知基础 [J]. 解放军外语学院学报, 1994(2).

[6] 森雄一, 高橋英光. 認知言語学 基礎から最前線へ [M]. 東京: くろしお出版, 2013.

[7] 夏目漱石. 夏目漱石小说选(上)[M]. 陈德文, 译. 长沙: 湖南人民出版社, 1984.

基金项目

本文为陕西省教育厅项目"日汉 V-V 复合动词构词法的对比研究"(批准号: 14JK1600)的阶段性成果。

作者简介

张蠡, 西安外国语大学日本文化经济学院副教授, 研究方向: 日语教育、日语语言文化。

联系方式

(E-mail) xinyuzhang49@hotmail.com

文学翻译中的归化与异化
——《青梅竹马》两译本比较研究

何 芳
（中国·大连科技学院）

1. 引 言

归化与异化是文学翻译中一对非常重要的翻译策略。归化，按《辞海》的解释，即为"入籍"。翻译中的归化，则是指翻译过程中，把"客籍"语言纳入"归宿"语言中，使译文符合译入语言及文化规范，从而使译入语读者读译文时感觉不到"洋味"，仿佛是在读一篇用母语写成的作品，从而产生认同感。所谓异化，是指译者采用相应于译出语作者使用的表达方式，再现原文的内容和异质因素，从而更好地传达原文所蕴含的异域文化特色和语言形式。

《青梅竹马》是日本明治时期著名女作家樋口一叶的代表作之一。作品以细腻的笔触描述了吉原花街周边一群天真少年的生活点滴及青春期少男少女若即若离的情愫。一叶作品文体多为"雅俗折中体"，即叙述部分为"和文体"文言，会话部分为白话。且作品中运用了大量的典故、和歌、小曲、隐喻、双关语等，因此对译者的文字功底要求极高。在我国《青梅竹马》已出版的译本中，萧萧翻译的《樋口一叶选集》和林文月翻译的《十三夜——樋口一叶小说选》两个版本影响较大。由于译者所处的时代以及翻译策略的不同，这两个版本在译文文字和风格上呈现出较大差异。

2. 两译本的对比研究

一般来说，归化与异化包含两个层面。其一是指语言形式，其二是指文化内容和内涵。在语言形式这一层面上，归化／异化是指将译文与译语进行比较，按译语的行文习惯来衡量译文，看译文是否与译语语言习惯、表达方式、语言结构等不同。在文化内涵的传达上，归化／异化是指如何处理文本中的文化因素，尤其是源语文化与目的语文化差异较大的文本。因此，本文将从语言风格、文化因素等两个方面来分析不同翻译策略对文本的影响。

2.1 语言风格

一叶的作品中，主语经常不明示或省略，有时行文很长后才在后文出现或只能通过前后文或会话的交错来推断。这种句式在《青梅竹马》中多次出现。例如：

(1) 解かば足にもとゞくべき毛髪を、根あがりに堅くつめて前髪大きく髱おもたげの、赭熊といふ名は恐ろしけれど、此髷を此頃の流行とて良家の令嬢も遊ばさるゝぞかし、色白に鼻筋とほりて、口もとは小さからねど締りたれば醜

くからず、一つ一つに取たてゝは美人の鑑に遠けれど、物いふ聲の細く清しき、人を見る目の愛敬あふれて、身のこなしの活々したるは快き物なり、柿色に蝶鳥を染めたる大形の裕衣きて、黒襦子と染分絞りの畫夜帶胸だかに、足にはぬり木履こゝらあたりにも多くは見かけぬ高きをはきて、朝湯の歸りに首筋白々と手拭さげたる立姿を、今三年の後に見たしと廓がへりの若者は申き、大黒屋の美登利とて……

林译：把松解下来约可及脚边的长发，在发根处扎实地结牢，前面的刘海丰饶，髻子厚重，这称作"赭熊"的发型，虽然名称可怕，时下可流行得很，大家闺秀之间也竞相仿梳呢。肌肤白皙，鼻梁挺直，嘴巴虽不怎么小，紧抿着倒也不难看；若是一一细究起来，也许算不得美人坯子，可说话时声音细柔清脆，瞅人之际眼角儿温温婉婉，而举手投足间又活活泼泼，十分讨人喜爱。身着橘红色印染大型蝶鸟图案的浴衣，胸前高高地系着黑锦缎和混色染织的腰带，脚上穿着漆了颜色的木屐，底跟的高度，在这一带都是少见的。晨浴回家时露出白白的颈项，手提着浴巾那姿色，引得游罢勾栏将回去的年轻荡子纷纷艳羡道："瞧她，三年后不知道有多标致！"

这"大黑屋"的美登利 ……

萧译：大街上有一个小姑娘，人人都管她叫大黑屋美登利。这个姑娘把解开来怕要垂到脚跟的头发，从发根紧紧地扎着，前发松松蓬起，在头顶上挽成一个大发髻。这种发型叫作"赭熊"髻，名字虽然有点可怕，但现在连大户人家的小姐们都爱梳这种头了。她雪白的皮肤，高高的鼻子，虽然不是什么樱桃小口，但紧紧抿着的两片嘴倒也顺眼，要是细细品评起来，或许还不能算是美人，但那柔细悦耳的声音，讨人喜欢的眼睛，灵巧的动作，都让人觉得非常可爱。她身穿白底橙色蝶鸟胡杨的单衣，高高地系着黑缎里、染花缎子面的昼夜带，脚穿连花街也少见的漆色高木屐，脖子上擦了一层官粉，手拿湿手巾，看去像是早浴回来的样子。从花街回来的小伙子们看见她这姿容，都说："真想看看她三年后的风姿哩！"

这段话描写的是作品的主要人物美登利第一次出场时的情景，一叶从举止、风貌等方面对她进行了非常细致的描写。这么多的内容一气呵成，中间仅用逗号分隔，直至描写结束才将人物的真实身份道出。林的译文基本遵循原文的句子结构，用一个单独的段落详细描写出场人物，但句中主语并不出现。直至描写结束后，才另起一段将出场人物隆重推出。"这'大黑屋'的美登利 ……"可见，林的行文趋向异化，有浓烈的日文色彩。而萧的译文打破了原文的句子结构，在文字开头，就将主语补足，使译文形成第三人称的叙事方式。"大街上有一个小姑娘，人人都管她叫大黑屋美登利。"接下来分别用了五个独立的句子来描述美登利的发型、样貌、服饰和他人的评价，且每句的开头都有明确的主语，使读者对所描述的内容了然于心，语言表达符合汉语习惯，比较流畅自然，具有明显的归化倾向。这两种不同的处理方式在两个译本的类似表现中多处可见。无论归化还是异化的处理方法，两种译文都比较流畅地将美登利的形象生动地呈现在读者面前。

一叶文体的另外一大特点是除会话部分外行文较长且无句逗点分隔，但本身带有日语

固有的节奏和韵味。

  （2）赤蜻蛉田圃に乱るれば横堀に鶉なく頃も近づきぬ、朝夕の秋風身にしみ
  渡りて上清が店の蚊遣香懐爐灰に座をゆづり、石橋の田村やが粉挽く臼の音さ
  びしく、角海老が時計の響きもそゞろ哀れの音 ……

  林译：田亩上红头蜻蜓已乱飞，而壕沟周遭已渐渐可闻鹌鹑啼鸣了。朝晚的秋风袭人
颇有寒意。"上清"杂货店里卖的蚊香，已让位于怀炉，石桥边的"田村屋"磨米的臼声，听来
有些凄凉，"角海老"的钟响，也有说不出的哀伤气氛。

  萧译：红蜻蜓就在地里飞舞，花街水沟的旁边又传来了鹌鹑的叫声。从这时候起，早晚
就吹来瑟瑟的秋风，怀炉炭也代替了上清店的蚊烟香。石桥附近田村商号磨粉的声音，都仿
佛带着一缕缕的哀愁。在花街拐角，海老妓楼的大时钟的响声，也缓缓发出了凄凉的调子。

  这段情景描写也不例外。从和歌韵律的角度来看，它有着和歌式的七五调韵律，体现
了一叶小说文体的独特风格。从两段译文的比较中可见，林的翻译采用排比句式，"秋风袭
人""颇有寒意""凄凉""哀伤"等一系列词语的运用，表达出一叶文体中散文和诗文的节
奏韵律，讲究节奏和文字之美，体现出强烈的异化倾向。

  （3）龍華寺は何ほど立派な檀家ありと知らねど、我が姉さま三年の馴染に銀
  行の川樣、兜町の米樣もあり、議員の短小さま根曳して奥さまにと仰せられし
  を、心意氣氣に入らねば姉さま嫌ひてお受けはせざりしが、彼の方とても世に
  は名高きお人と遣手衆の言はれし、嘘ならば聞いて見よ、大黒やに大卷の居ず
  ば彼の樓は闇とかや……

  林译："龙华寺"有多少后台，我不知道，可我姊姊的老主顾当中，有银行家的川先生，兜
町的号子老板米先生，还有小矮个儿议员先生想要替姊姊赎身，娶她做太太；姊姊虽嫌弃他，
没答应，可大伙儿说人家还是颇有名气地位的呢。不相信的话，去打听打听，"大黑屋"若是
没有了大卷，那楼可就暗淡无光了。

  萧译：要说他龙华寺有好多有钱有势的施主，可是我姐姐也有不少老相好是官老爷呢。
光算三年来要好的，就有银行的川老爷、兜街交易所的米老爷；还有那个矮个儿的米老爷，
想要给姐姐赎身，娶她做正房，但是姐姐不喜欢他的气质，没有答应。听鸨母说，那人在官场
上也很有名气。不信去打听好了，人家都说大黑屋要是没有大卷，那生意也就完了。

  「檀家」原为佛教用语，指施主。「馴染」意为熟人、熟客。「樣」是结尾词，用在姓氏或
职位后表示对人的一种尊称。「奥さま」是对他人妻子的称呼，相当于夫人、太太。那么，再
看林的译文，「馴染」译为"老主顾"，「銀行の川樣」译为"银行家的川先生"，「奥さま」译为
"太太"，可见译者尊重原文，比较准确地译出了原文的意思，用语比较轻快活泼。只有「檀
家」一词采用归化策略，译为"后台"。而萧的译文中"有钱有势的施主""老相好""川老

爷""米老爷""正房"等等一系列具有明显归化倾向的汉语词汇的运用反而使读者明显感受到了原作的时代气息,比较传神地展现了当时的时代风貌。

2.2 文化内涵 ·

翻译是一种跨文化的信息交流活动,除了文字信息,作品中那些负载着文化信息的符号也应该得到很好的解释和传播。《青梅竹马》这部作品取材于明治初期东京下层社会,所谓"下町"的民俗文化在作品中随处可见。两位译者对作品中文化信息的诠释并不相同。

> (4) 八月廿日は千束神社のまつりとて、山車屋臺に町々の見得をはりて土手をのぼりて廓内までも入込まんづ勢ひ、若者が氣組み思ひやるべし、聞かぢりに子供とて由斷のなりがたき此あたりのなれば、そろひの裕衣は言はでものこと……

林译:八月二十日是千束神社的<u>祭庆日</u>。每个地区都在所抬出的神舆和轿车上别个苗头,准备爬上河堤,抬进廊内来,年轻人的兴奋,可想而知。由于耳濡目染,小孩子们也不能小看他们。大伙儿们相约穿着一式的<u>浴衣</u>。

萧译:八月二十日是千束神社的<u>庙会</u>,神社附近的每条大街,都要互相比比高低,各自搭了有趣的山车和屋台车,小伙子们个个兴高采烈,看那神气似乎是要拉车爬堤坝,闯进吉原花街里去似的。这附近的孩子们当然不肯放过这机会,听来大人们商量的一句半句,就模仿大人相互约定,不用说,大家要穿一色的<u>夏衣</u>。

「まつり」是日本社会的一大特色,最初是以祭祀为目的开展的祭礼、祭奠活动,类似于中国的庙会。但随着时间的流逝,渐渐地从最初的祭祀仪式演变成一种庆祝活动。在日本,各个地方乃至县、市甚至街道、学校等都会有各具特色的「まつり」。小说中多次提到这一日本民俗。林的译文无一例外地将其译为"祭庆日"。"祭庆"二字忠实地还原了「まつり」的内容。而萧的译文则将其译为"庙会"。庙会一词是汉语中的固有词汇,虽然对于中国读者来说比较容易理解,但"庙会"与「まつり」并不是完全对等的,因此有欠妥当。此外,「浴衣」一词在文中也多次出现,萧取其意,在本处译作"夏衣",在他处译为"单衣";而林直接引用原文译作"浴衣",并在文后加注释(日式和服之便装。通常于浴后穿着,节庆之际抬轿或观赏,亦多穿此)。可见,在对日本固有文化词的处理上,林的翻译力求忠实原文,体现原作的味道;而萧的译文则以归化为主,多用汉语中耳熟能详的词汇。

一叶自小学习汉学,具有很高的文学素养,作品中大量地运用典故、和歌、双关语以及隐喻等。这是一叶作品的一大特色,但同时也向翻译者的文学素养提出了挑战。

> (5) 廻れば大門の見返り柳いと長けれど、お齒ぐろ溝に燈火うつる三階の騒ぎも手に取る如く……

林译:从大街上拐个弯儿,到大门回望柳那一带的路程虽然挺长,但灯火映入黑齿沟的

三楼里头喧嚣不已，却是清晰如在眼前手边。

萧译：要绕过这儿，才能走到吉原大门，门前的回顾柳，枝条如丝，长长地下垂着。三层妓楼的灯影映射在黑浆沟里，楼上一篇喧哗的声音一直传到这胡同里来。

原文中「いと」为双关语，一指柳树之"丝"，二为文言中副词，意为「非常に」。从原文内容来看，「長い」修饰的是柳丝，而不是路程。林的翻译似是有意而为之，舍其本意而使"路程之长"和"喧嚣之近"形成鲜明对比。可见，对这个双关语的处理上，萧的译文基本遵循了原文的意思，而林的译文在传达原文韵味方面下了一番功夫。

(6) 此年三の酉まで有りて中一日はつぶれしかど前後の上天氣に大鳥神社の
賑ひすさまじく此處をかこつけに檢査場の門より乱れ入る若人達の勢ひとて
は、天柱くだけ、地維かくるかと思はゝ笑ひ聲のどよめき……

林译：这一年共有三个酉日，中间一天因下雨而报销，可是前后两天都是极好的天气。大岛神社的热闹，可真有得瞧。许多年轻人趁势从检疫所那边的门窜进来，笑闹声简直天柱折地围缺似的。

萧译：近年冬月有三个酉日，"二酉"庙会虽因下雨没举行，但"三酉"前后几天到是好天气。大岛神社附近人山人海，小伙子们借口参拜神社，从健康检查所的大门成群结队地冲进花街里来，花街里每条胡同都被他们的纷扰喧笑声震得几乎要"天崩地拆"了。

日本明治时期仍沿用中国的干支计日法，每逢酉日便有市集聚会。一叶为了表现集会当日人山人海、热闹非凡，仿佛要把大地震裂的景象，引用了汉语《列子·汤问》中的语句。明治时期日本青少年一般都学习汉文，因此具备中国语文常识。一叶除了日本古典文学外，也掌握一定的汉学知识。林的译文将「天柱くだけ、地維かくる」直接还原为汉文，同时在文后加上出处和解释，一方面展现了一叶的汉学修养，另一方面也最大限度地再现了原作的韵味和特征。而萧的译文直接将其意译出，表达并无不妥之处，但相比林的译文，对原作韵味的把握上稍稍逊色。

(7) 吝嗇な奴め、其手間で早く行けと我が年したに叱かられて、おつと來たさ
の次郎左衞門、今の間とかけ出して韋駄天とはこれをや……

林译："小气鬼，还不快去！"
被年少的正太骂了也不介意。
"次郎左卫门这就去也！"
说罢，一溜烟跑开，快得跟韦陀似的。
萧译："你这家伙真小气！有说这话的功夫，快去得啦！"
三五郎挨了比自己岁数小的正太郎的骂，一面喊着："好好，这就去！"一面没命地往外跑，好像韦陀天跑路的样子……

次郎左卫门是歌舞伎《笼钓瓶花街醉醒》中的主角,韦陀天则是日本传说中守护佛法的神,因当捷疾鬼夺佛舍利逃跑时,韦陀追捕取回之,故被视为善于跑路的神。一叶借此典故表现三五郎虽被正太责骂却不生气而是模仿次郎左卫门的口气回答后迅速跑开时天真无邪的情景。林的译文忠实传神地表现了三五郎纯真的孩子气,而萧的译文将次郎左卫门的部分略去不译,"好像韦陀天跑路的样子"没有准确译出原文的味道。

以上从语言风格和文化因素等两个方面对两译本进行了比较。由于两译本采用了不同的翻译策略,所呈现的译本无论内容还是风格都有所不同。

林文月在每篇译作后附译后小记,或解题,或谈及小说技巧,在代跋中林文月对此予以解释:"因为我觉得译文有时不能完整把握文字表面,同时又兼顾文字内层所隐藏的更深韵味 …… 我不希望只是做个故事的代言人而已,总是希望通过译文,让读不懂原文的人也能欣赏到原著丰饶的文学内涵,或者帮助他们了解较深的文化背景。"由此可见,林文月在译著时重视原作品的文体和文字韵味的传达,具有明显的异化倾向。为了再现原作中一叶文体的特色和异国情调,译文对文体和句式的处理忠实于原文,叙事方式多以第一人称娓娓道来。对于一叶作品中出现的典故、隐喻、民俗文化等,多取直译后附注释的方式,忠实地再现原作的味道。然而,由于过分拘泥于日文的结构和行文习惯,对中国读者来说表达略显生硬,在着力传达文字内层所隐藏的更深韵味方面反而有所束缚。

与之相对,萧的译文注重归化。这是因为在萧萧翻译一叶文学的五六十年代,当时国内的文学翻译多以归化为原则。萧的译文在文体和句式上并没有遵循原文的句子结构,多以拆译的方式译成,译文符合汉语的行文习惯,比较流畅,用灵活的表达方式准确地传达了原作的内容,也很好地再现了原作的语言及文采。但是,在体现原作特征的韵律方面略显不足,没能很好地体现原作的氛围和文体特色。

归化与异化,各有优势又各有不足。二者并不是相互对立的,而应该相辅相成。笔者认为,为了让读者更好地了解和欣赏外国文学特有的韵味,要提倡异化,但不排斥归化。要适当采用异化法还原异域文化,使读者体会不同的地域风情。而在语言表达的处理上应该灵活地使用归化与异化两种策略,使语言不生硬并贴合原文语境,准确、传神地再现原作的神韵。

参考文献

[1] 李建忠. 翻译中的归化与异化 [J]. 北京第二外国语学院学报,2004(4):40-42.

[2] 樋口一叶. 十三夜——樋口一叶小说选 [M]. 林文月,译. 台北:洪范书店,2004.

[3] 萧萧. 樋口一叶选集 [M]. 北京:人民出版社,1962.

[4] 刘燕. 樋口一叶文学在中国的接受、译介及译本研究 [J]. 湖北第二师范学院学报, 2010(5):123-126.

基金项目

本文系辽宁省教育厅科学研究一般项目"樋口一叶作品在中国的译介与研究（W2015075）"。

作者简介

何芳,大连科技学院讲师,研究方向：日语语言文学。

联系方式

（E-mail）hefang119119@163.com